XIANDAI KEXUE YU JISHU GAILUN

现代科学与技术概论

主　编　刘啸霆
常务副主编　张秀华
副主编（按编写顺序排名）
杨瑜玲　张亚娜
张晓荣　王立志

高等教育出版社·北京

内容简介

本书是高等学校非理工类专业学生的现代科学与技术课程教材或自学读本，其特点是对自然科学和技术的主要内容及思想方法作概要式的定性描述或鸟瞰，因而兼有一定的普及性质。

本书借鉴以往同类教材的相关经验，在保证基本知识的科学性、丰富性、系统完整性和简明可学性的基础上，于观念、内容、体例、形式等方面都依据学界当前研究的最新进展做了一定拓展和探新。在观念上，书中明确把科学和技术区分开，突出了“科学、技术与社会（STS）”的科学观和技术观，并特别凸显了古代博物学和东方思想的基础地位；在内容上，书中增加了近年发展起来的若干新学科新知识，如工程学和公民科学素质等内容；在体例上，全书坚持史、论、用三结合的立场，突出了科学和技术使用中的人文关怀与伦理约束；在形式上，为便利读者在学习中的系统把握还专门增加了延伸阅读和思考题等辅助内容。

本书适合于各专业学生把握现代自然科学与技术的基本知识、方法、思想、精神及其与社会的关系，也适合于各类读者对现代自然科学和技术的一般性了解或提升科学与技术素质时选用。

图书在版编目（CIP）数据

现代科学与技术概论 / 刘啸霆主编. -- 北京 : 高等教育出版社，2014.4（2025.1重印）
ISBN 978-7-04-032821-9

Ⅰ. ①现… Ⅱ. ①刘… Ⅲ. ①科学技术-概论-高等学校-教材 Ⅳ. ①N1

中国版本图书馆CIP数据核字(2014)第020075号

策划编辑　周亚权　　责任编辑　周亚权　　封面设计　李小璐　　版式设计　于　婕
插图绘制　尹　莉　　责任校对　胡晓琪　　责任印制　耿　轩

出版发行　高等教育出版社
社　　址　北京市西城区德外大街4号
邮政编码　100120
印　　刷　山东临沂新华印刷物流集团有限责任公司
开　　本　787 mm×960 mm　1/16
印　　张　24.5
字　　数　440千字
购书热线　010-58581118
咨询电话　400-810-0598
网　　址　http://www.hep.edu.cn
　　　　　http://www.hep.com.cn
网上订购　http://www.landraco.com
　　　　　http://www.landraco.com.cn
版　　次　2014年4月第1版
印　　次　2025年1月第8次印刷
定　　价　43.00元

物 料 号　32821-00

目　　录

第三篇　现 代 技 术

绪论　科学与技术概述

当前,人类已经进入科学和技术发展的一个特殊时期,科学和技术相互推进及其在生产和生活领域的快速扩张,正在引发一场新的革命,也对人的基本素质提出了新的要求。其中,不同专业与不同行业的人学习和掌握基本的科学技术知识已成为时代的一种内在需要。为此,世界各国都在提高公民科学素质方面采取大动作,以适应新时代的生存与竞争。本书即是为非自然科学和技术专业的学生学习科学和技术的基本知识而编写的。书中按照学界关于科学和技术的最新理解,针对近年来不断变化的学生的实际情况,力争在当代视域下说清科学和技术的基本知识、方法、思想和精神外,还特别考虑学生的可学性和教师的可教性;既照顾到知识体例的完整性和清晰性,又适当介绍一些学科前沿的最新进展,以适应读者的不同口味和需要。本部分则是对全书的一个导引性叙述。

第一节　科　　学

科学是我们这个时代的一个高频词也是一个"大词",它不仅是一个独立的领域,而且在很多时候成为一种判据和标准,影响和干预着人们的生产和生活。之所以如此,是因为科学在其自身的发展中发挥了其他任何领域所没有的作用。

人们最初创造"科学"这个词时,基本上是把它看成了知识的同义语。梵语中"科学"指"特殊的智慧";拉丁文中"Scientia"就是"知识"的意思;英、德、法文中的"科学"皆由拉丁文衍生而来,英文之"Science"也是知识的意思,法文之"Science"则泛指一切学习形式,德文之"die Wissenschaft"与科学通用,主要也是知识的意思,意大利文之"Scienza"、西班牙文之"Ciencia",本意也是"知识"。古代的科学传到近代,由于科学革命的发生而形成了新的特性,特别是到18世纪,分类学开始出现,于是科学在其字面含义上就是"分科之学"的意思。中国本无"科学"一词,其现今的含义最初由"格致"(格物致知)来指称,主要也是知识的意思。1893年康有为翻译日文著作首先移用了"科学"一词,随后严复在翻译《天演论》和《原富》时也将Science译成"科学"。或许,他们也已考虑到这个舶来的洋学问与中国传统的"格致"还是有根本不同的。无论如何,"科学"一词登陆中国以后,很快就被广泛采用和流行起来。

一、科学的概念

历史上曾出现过多种关于科学的定义，但发展至今总括起来，大体都可以归结到四个向度上，即知识维、活动维、社会维、文化维。现在，人们已普遍将它们联系起来用以说明什么是科学，那就是科学是一种以特定活动为基础，而反映客观事实和规律的知识体系及相关的社会事业与文化规范。该定义包括四层含义：

第一，科学是反映客观事实和规律的知识体系。对科学是一种特殊知识的认识，在12世纪的欧洲就已开始流行。当时主要是从与神学相对立的角度来说的，如宇宙论者威廉就将科学定义为以物质为基础的知识的一部分。到了16、17世纪，培根提出“知识就是力量”时，也还是把科学当作一种知识。今天，随着人类认识手段的进步，科学作为一种知识的地位日益巩固并已超越最初的零散性，而形成一种各门类交织复杂的庞大知识体系，它所反映与揭示世界的深度广度和丰富性也大大地推进了。

第二，科学是一种探求真理的实践活动。科学知识离不开科学活动，知识是探求的结果，而活动才是内容本身。英国科学史家辛格就认为，科学创造知识但它并不就是知识本身，“科学”往往同“研究”等同。苏联哲学家凯德格夫则认为，科学的概念既用于表示科学知识的加工过程，也用于表示实践检验其客观真理性的知识的整个体系，因而不能将两个方面对立起来。特别地，我们看到，近代科学的诞生就是与近代技术化的实验活动密切相关的，正是一系列专业化的实验活动所探究的信息和形成的新规范最终引发了人类历史上最伟大的科学革命。进入现代，随着科学活动的日趋精细复杂，其职业化、专业化、技术化的程度愈来愈高，也越来越依赖一定的外界条件，科学作为一种专业技术活动和探究过程的观念已深入人心，从根本上突破了将科学看作一种纯粹知识的理解限度。

第三，科学是一项复杂的社会事业。18世纪以来，随着科学院、学会和大学科学研究机构的纷纷建立，科学活动规模日益扩大，科学研究方式也从个体自由探索、集体分工合作走向社会协作组织。特别是20世纪40年代美国实施曼哈顿计划，以国家规模的建制研制出原子弹的国家规模建制以后，人们的视野终于超越古代的“小”科学、近代的“中”科学，而把现代科学看成“大科学”，看成一种社会行业或建制，即科学活动是社会上的一个专业部门、一种新兴的社会产业，从而使企业和政府都直接参与了科学事业，实现了科学家和企业家、政治家的结合。近年来，由于跨国公司有了很大发展，国家的地域化、集团化发展趋势，使不同国别的科学家之间实现合作，于是科学成为一项国际事业或全球事业。

第四，科学是一种新型文化。随着科学影响的日益扩大，科学在精神文化方面的特征也越来越显现出来,人们也更看重科学的精神文化功能。这种文化是在近代之初与其他文化主要是基督教和希腊自然哲学的比照中逐渐析离和凝聚而形成的。这是一种承接希腊的理性思维而又不同于其思辨特性的实证精神,是一种承接了基督教的普遍主义追求而又不同于其信仰的现代性。这种文化在随后的成长中又由于技术的功能性掺入而凸显出功能主义的一面,遂成为一种知识与价值合一的精神存在。中国人经常说的"科学发展观",使用的主要就是价值维度的科学含义。而当前科学受市场影响和决定,乃至关于科学的一些评论如"科学技术是第一生产力"等,也是由于其功能性的特性。当科学精神成为全社会普遍适用的一个时代性的尺度时,科学作为一种文化就成了社会直接的现实而不能回避。

总之,科学的上述含义表明,科学正在从一种简单的知识单元和求知活动,变成渗透于社会各个方面的全人类事业。这一方面反映了科学的作用不仅有精神文明方面的,也有物质文明方面的,特别是正在成为重要的生产力;另一方面也反映了人们参与和发展科学的自觉性。

二、科学含义的历史性

科学概念中的几个方面不是同时出现、一下子形成的,而是有其漫长的历史过程的。也就是说,在科学的概念中折射着科学的历史。这是因为科学按照发生学的方式可以分为三大历史范式——古典的博物学范式,近代的数理范式,当代的STS(科学、技术与社会)范式,完整的科学概念或描述,必须显示科学的全部历史,充分体现历史与逻辑的统一(对立)性。

博物学范式是以古代的采集、观察、亲知为基础所形成的经验知识类型。博物学,按其字面意思,就是能"辨识许多事物"。所谓"博物洽闻"指的即是这个意思,也就是见多识广,知识渊博,通晓万物之谓也。[①] 一如孔夫子所说的"多识于鸟兽草木之名"。[②] 西方人把博物学叫做"Natural History",翻译成汉语叫自然史或自然志;有时也叫博物志,指对大自然的宏观观察和分类,包括今天所说的天文、地质、地理、生物学、气象学、人类学等学科中的部分内容。比如,传统的地质学、矿物学、植物学、昆虫学,都来源于博物学,最近比较时髦的生态学也是从博物学中产生的。

由于博物学是基于初民在大地上最基本的生存经验而形成的,因而它就具有自然性、本土性、个体性、切近性、涉身性和具体性等特点,并体现为和人安身立命直接相关的基础性。

---

① 刘华杰.看得见的风景:博物生存[M].北京:科学出版社,2007:83.

② 孔子.论语·阳货[M].西安:陕西师范大学出版社,2010.

数理学是以数学方式加工由物理方式所获得的经验即物理经验而形成的知识类型,包括现代各门常规学科。数理范式是以近代数理科学为基础所形成的重实验数据、逻辑和公理的理论知识类型,这是因为近代科学的规范是以数学方法整合物理(实验)所获得的新经验而形成的。近代以来,随着数理科学或实验科学话语主导权的确立,在完成自然知识规范一统的同时,也使人类因自然的数学图像化和活动的技术化间隔,而使对自然的理解和感受变得技术化和形式化。这正是现代性干预人类经验的一个后果。

STS 是一门研究科学、技术与社会相互关系的规律及其应用,并涉及多学科、多领域的综合性学科。STS 登上当代科学舞台,也经历了从领域到学科,再到交叉学科、超学科和科学范式的复杂进程。STS 最初只是被看作一个交叉学科领域,主要关注由于科学和技术发展所带来的社会问题,核心是科学、技术与社会的关系。从领域的角度看,这个三角域的关系首先承认科学、技术、社会三个独立工作的领域,然后寻找其中的交叉域或公共域。此时的域之间基本不存在互视关系,它们只是共同关注某个问题或领域。如就学科的角度而言,科学依旧是科学、技术依旧是技术,社会则只是一个领域。是问题拉动促使科学和技术这样运转,从而关注三者之间的共同域的,过去把这叫做多学科攻关。此时的 STS 所倡导和体现的只是多学科合作。后来,以对这个问题域的探索为基础,逐渐形成作为一门交叉学科的新型 STS。再后来,人们发现,交叉学科的身份也越来越无法全面展示 STS 丰富的内涵。于是,试图从一个超越于学科交叉之上的跨学科视角来理解 STS 即成为必然选择。这是一种完全不同于以往学科理念的超学科类型。

从古代博物学的范式走向近代数理学的范式有一个过程,所谓近代科学革命,描述的就是这一转换。同理,从近代的数理学范式走向当代的 STS 范式也有一个过程。我们一般定义或描述科学时习惯讲科学有三个维度:知识维度、活动维度、社会维度。当说科学是一种知识时,博物学就已经是了;当添加科学是一种活动(主要指实验探究)时,指的就是近代数理科学了;当再添加科学是一种社会建制时,一般就是指当代的大科学了。当然,每增加一个后项,前项的含义也因之发生变化,这才导致古往今来科学含义的演变。

三、关于科学的 STS 理解

由于学科的固有特性,沿着 STS 自身发展顺序所形成的领域性、交叉学科性、跨学科性三种不同存在形态,很自然地就构成不同的 STS 观察视野。这是一个由三级理念和方法所组成的逐级包容的复式观察视野。人们可以借此观察和反思科学或 STS 其他组分,形成对它们的新的不同理解。而且,由于科学是 STS

的一个部分，因此以 STS 为视野来观察科学，就具有涉身性或自相关性的特点，也就是既存在着科学的他解，也存在着科学的自我理解。

当然，STS 视野中的科学是一种关于科学的后向说明。所谓后向说明，是指按照发生学的思路，从后起的新事物和新视角来理解曾经存在的对象的过程。STS 视野中的科学之所以是一种后向说明，是因为现代严格的科学差不多已经存在 4 个世纪，而且已经形成不同的理解，而规范的 STS 研究至今实际不到半个世纪，在发生学上是从后的。用这样一种眼光去看科学，可能会看出现存的关于科学的多样化理解的某种合理性，并为新的科学理解导入某些思路，使之达到一个新的境界。

1. 纯科学：领域性 STS 视野中的科学

就科学而言，我们看到的是一个自在“自主”的“纯”科学。最初，人们定义科学为一种知识和知识体系，主要是把科学当作一种自然知识或其集成；随后又将科学增进理解为一种探索过程，主要是看到了科学专业化的色彩和其分门别类的特征。这两种理解大体符合科学的基本义，实际是普赖斯所说的“小科学”观念。

作为知识系统的科学理解，是科学的第一义，这是现代知识论及正统科学哲学所关注的核心。目前，虽然关于科学知识的价值还存在争论，但其对具体问题说明上的某些优势，人们大体是存在共识的。

作为活动过程的科学理解，主要看到了科学发展的延续性和其不断推陈出新、更加系统化的特点。就科学家的科学探索活动而言，以往曾被涂上一层神圣的灵光，成为社会效法的榜样。但是随着科学知识社会学（SSK）中关于科学社会建构的相对主义观念问世，以往关于科学活动的神圣性正面临前所未有的质疑。

2. 技科学与社科学：交叉学科 STS 视野中的科学

在问题引导、领域聚合的基础上，人们发现了作为 STS 支点的科学、技术和社会之间存在超越于领域之上的新关系，也即作为学科之间的基本联系。人们首先发现了科学和技术的联系，只不过这种联系受到科学中心化的影响，而主要把技术看作是科学的应用，在中国甚至一度将他们合称为“科技”。

随后，人们看到了科学和社会的联系，从培根的“知识就是力量”到贝尔纳的《科学的社会功能》出版，集中体现了这一线索。再往后，人们也看到了技术与社会的联系。

但就技术、社会与科学的关系而言，人们最初主要是以科学为中心，把科学作为观察点，谈论它们之间的关系，这与科学在近代是最早用新的思路武装起来的体系有直接联系，也是后来科学主义滥觞的一个原因。然而，当科学发展到巨型状态，需要更多的其他资源支撑的时候，我们看到了三角关系的另外指向，即技术和社会对科学的重要影响力。

一方面，我们看到了现代科学的发展越来越需要比较复杂的技术条件支撑，而它本身的存在形式和特点也受到了这个技术条件的影响，甚至技术的快速发展还在一定的意义上开拓出了科学中过去没有过的新分支，人们把它叫“技科学”。

同样，现代科学也与社会发生了广泛的联系。这种联系不仅使得二者间难以做简单的区分，甚至社会性因素已经作为一个成分影响到科学的构成和存在样态，人们把这样的科学叫“社科学”。最简单的事例，如来自政府、企业和社会团体等不同方面的科研投入，所关注的科学重点是不同的，它们对科学发展产生的影响也是不一样的。最重要的是，社会对科学的影响已经越来越使自然科学的某一部分与社会科学中的临近部分融合，逐渐消融了过于分明的学科边界。

技科学和社科学的出现是学科交叉的一个直接后果，也属于近现代学科发展的一种新形式，其实他们是“中”科学——以共同体、实验、规范和社会互动为基础的科学。前者亦科亦技，后者亦科亦社，体现了新兴学科的复合性特点，成为科学系统中最有活力、发展最快的一个部分。

3. 整体理解：STS 视野与科学内涵演进的对应性

超学科的 STS 是指超越于传统学科理念和学科依附的 STS。这样的 STS 在基本理念上与作为交叉学科的 STS 有根本的不同。它不再承认 STS 只是科学、技术和社会三个学科群的交叉，而是承认自己有独立的不能还原到传统三个学科群进行解释的新质。也就是说，它虽然承认学科形成史中的前后依托关系，但强调自己的不可肢解的独立性特征，并认为这才是 STS 的根本。特别是对作为学科的 STS 来说，应把“科学、技术与社会”作为一个先验的不可分离的基础概念来使用。其中的“科学”部分，应该视为 STS 的一个当然组成部分。

STS 的概念是一个不断发展的过程，最初是“科学”“技术”“社会”这些单一的概念，然后是“科学技术化”“技术科学化”“科技社会化”“社会科技化”这种复合的概念，它们主要揭示的是一种单向的关系，再之后发展为“科学和社会”“技术和社会”“科学和技术”“科学、技术与社会”这类双向的关系概念。由于社会实践的发展和需要，会不断生长出来新的 STS 领域的关系，也会不断地给 STS 的理论带来新的概念，如“科学技术和可持续发展”“人工智能和社会”“混沌理论和社会”等。这些新的 STS 的概念，终将会为社会发展提供新的思路和新的动力。因此，对 STS 概念的理解要转换视角，不能从现成的东西出发，而要回到事物自身那里去。按照这样的理解，STS 应该有非常复杂的内部结构，并呈现为多种存在形态。它包含着自然科学、社会科学和人文科学的融会在内，使科学本身巨量化,成为一种新的知识工程或科学工程。

需要说明的是,此处对科学现实状况的描述,丝毫没有贬低小科学的意义。巨量科学之外的“小科学”在体制的存在形式,恰恰体现了自由研究的不可替代的价值。

从 STS 的不同构成组分及其延展逐级审视科学的形成,可以形成关于科学理解的一个梯度展开过程。该次序正好对应着前述把科学理解为知识、活动、社会制度、实践和文化的连续序列。

最初,人们看到的主要是孤零零的“小科学”,比较单纯地研究自然现象;后来,科学和技术、社会融合,形成了作为活动过程和社会体制的科学的不同侧面也就是“中科学”。这不是科学单方面发展的结果,而是包括技术与社会等多方面力量运行的综合结果。当代科学步入 STS 视野时,便深入到实践科学观的境地。这使当代科学发生了重大转变,由过去的单一的“纯粹的”科学,转变为后现代的、生态的、智慧的科学,其中充满丰富的人文社会含量。即使是科学精神中,也包含着丰富的人文诉求。

这表明,科学的发展是一个有机的后向综合的特征抽提过程。也就是随后出现的每一种科学形态,都以极其凝练的方式从不同角度概要式地体现了科学形成不同环节和时期的典型特征。可见,STS 视野中的科学不仅能够描述科学在历史上的变化历程,也可以展现不同层面科学的特点,从而形成一个关于现实的“真科学”的描述样态。

第二节 技　　术

技术作为人类改造自然能力的标志,同科学一样,在本质上也是一个历史性的范畴。从起源上看,技术比科学要久远得多,因为从人类打制和加工木器、石器开始,就已经有了技术和技术问题。

一、技术的概念

技术,通常被认为是为达到某种目的而采取的手段和方法。其实,从字面上看,“技术”由“技”和“术”两个字组成,技是技巧或技能,术是规范和要求。于是,技术就是规范化的技巧和技能,也就是方法。此外,当然还要包括实现技能技巧时的各种工具或设备,也就是手段。前者是技术中的软件,后者是技术中的硬件。

由于活动水平和范围的限制,古代的人把技术主要看成是人的主观技能和技巧,近代以后则偏重于把技术看成是客观的物质活动,现代则被看作是科学的应用,是科学应用于生产过程的中介。

根据现有材料,在西方对技术的本质和意义的深入思考始于古希腊哲学家亚里士多德,他把技术看作是制作的智慧。中国古文献《考工记》中所谓的“天有时,地有气,材有美,工有巧,合此四者然后可以为良”中的“工有巧”,也是把技术看作是制造的技艺和技巧。

17世纪,英国的弗朗西斯·培根(1561—1626)提出,把技术作为操作性学问来研究。到18世纪末,法国百科全书派的科学家狄德罗(D.Diderot,1713—1784)在其主编的《百科全书》中列入了“技术”条目。他指出:“技术是为完成特定目标而协调动作的方法、手段和规则相结合的体系。”这是较早给技术下的完整定义。狄德罗在这个定义里实际上提出了技术构成的四个要素:

(1) 目的性——凡技术都是服从于某一目的而存在的,这就把技术与科学区别开,因为技术是“有目的的”;

(2) 规则性——技术的主要表现就是规则和技能,技术的实现是按照规则,通过广泛“共同协作”完成的;

(3) “工具”性——技术的实现离不开设备和条件,技术的首要表现是生产“工具”,即生产使用的工具、方法、制度等知识,这就是软件;

(4) “体系”性——完整的技术和科学一样也是成套的知识和知识系统。

1877年,德国地理学教授卡普提出了关于技术的“器官投影说”,他认为技术是人类自身器官结构和功能变化为外部世界工具的手段和方法的总和。如手是一切人造物和一切工具的原型,铁路是循环系统的外延,电报是神经系统的扩展。他将技术视为人体各个器官功能的投影,工具和机器等技术产物都是人类骨骼和器官向大自然的外化、延伸及投影,它们扩展、强化和补充了人体器官的各种技能,增强了人类控制自然和改变自然的能力。马克思关于技术是人的器官的体外延伸的观点,一定程度上是受到了卡普的技术“器官投影说”的影响。

技术的概念虽然随着时代的变迁而不断发展,但是,不同时期的技术从本质和规律上说又存在着一定的内在联系,从而为建立具有普遍意义的技术概念提供了客观基础。具体地说,技术泛指根据生产和生活的实践经验及自然科学原理而发展成的各种工艺、操作方法与技能。

此外,根据前述关于科学的STS理解,我们对技术也可以作如是观,这样技术就有了三种大的历史形态:古代单纯的技术,近代以来被科学“化”的技术,当代STS式的复杂的高技术。

二、技术的根本特征

把技术放到生产实践的过程中考察,其本质特征表现在以下三个方面:

1. 技术是客观的物质因素和主观的精神因素相互作用的产物,也就是知识、经验和技术同一定的物质手段相结合的系统体现。技术意味着人对自然界有目的的变革,在本质上是人对自然的能动关系。把技术放到人类生产实践中来理解这种能动关系,则技术就是按照人类的目的而使自然界人工化的过程,并且是实现自然界人工化的手段。也就是说,技术是在客观的物质因素和主观的精神因素相结合的基础上产生和发展起来的,有特定功能的系统。由于这种结合性,人类在判断技术进步时,往往以所运用的生产技术的物质手段为依据。譬如,人类就是按照利用自然力和加工自然物的技术水平将自身历史划分为石器时代、铁器时代、黄金时代、电气时代、原子能时代等。

2. 技术是直接生产力。技术在社会经济系统中,属于直接生产力的范畴。这一点主要是因为技术本身渗透在整个生产实践的过程中,表现为劳动者的技能、生产过程的物质手段、工艺流程和操作方法。甚至也可以说,生产力的各个要素,实际上不过是技术的不同表现形态而已,因此技术的状况是生产力发展的直接标志,对生产力的发展总是起到直接的影响。

3. 技术是人们控制、改造、利用和保护自然的一种动态过程。这主要是指发明、设计本身就是一个从无形技术(搜集材料、选题、设想和构思)向有形技术(图纸、说明书)再到现实技术(研制、变革的实践)转化的动态过程。只有在这一动态过程中,人为地把技术的方法、程序与技术的物质手段结合起来,才能变革自然、创造人工自然。

总之,技术是主体与客体在生产劳动的实践过程中的统一,是依据科学原理,按照人类的需要利用各种物质手段使自然界人工化的动态实践过程。

三、技术的分类

了解技术的分类可以帮助人们理解各种技术的特点及其在整个技术中的作用,从而把握各种技术之间的联系。但是,对于技术的分类,时至今日还没有找到一个公认的标准。在这里仅对现行的技术分类的标准和方法简单地列举几种情况:

1. 按照技术为生产服务的功能可将技术分为两类:生产性技术,包括土木建筑技术、材料技术、机械技术等;非生产性技术,包括日常生活技术、医疗技术、军事技术等。

2. 按照劳动手段在劳动过程中的不同地位和作用可将技术分为三类:直接劳动手段的技术,如工具、机械、容器等;间接劳动手段的技术,如房屋、道路、机场等;劳动对象的技术,如矿山、种子、材料等。

3. 按人与自然的关系可把技术分为两大类:直接利用自然的技术,如采集技术、储藏保存技术、饲养栽培技术;广义加工技术,如加工物体技术、重新组合物体结合状态的技术、重新组合物体核外电子结合状态的技术（化学反应）、重新组合基本粒子间的结合状态的技术（核反应）。

4. 按照研究与开发（R&D）的层次，可以把现代技术分为实验技术、基本技术和产业技术三大类。其中：

实验技术是为了科学认识而探索自然客体的技术手段，往往通过运用和操作科学仪器如显微镜、计算机、加速器等来体现。按自然界的主要运动形式及实验者的介入方式，实验技术可分为：力学实验技术，主要用于改变对象的机械运动状态；物理实验技术，主要用于改变探测对象的物质物性（即物性）；化学实验技术，主要用于分析对象的物质成分和变化以及合成人工物等；生物实验技术，主要用于揭示生命运动的状态和性质。

基本技术是实验技术的泛化，是广义的走出实验室而在生产和生活领域广泛发挥作用的实验技术，对应于实验技术的四种类型，分为广义机械技术、广义物理技术、广义化工技术、广义生物技术。在人类的各个时代都存在着这四种基本技术，只是在不同发展时代各有其带头和主导技术而已。

产业技术是由不同劳动过程中的不同技术组成的服从特定产业生产目的的更为复杂的技术系统。详细考察技术与产业的关系，会发现与某一类劳动技术相关或以这类技术为主便产生了相应的产业，如植物栽培育种技术→农业、林业，采掘技术→采油工业、采煤工业、矿业，动力技术→电气行业，通讯技术→电讯行业，等等。这是因为经济中的每种产业都是各种劳动过程的综合，劳动过程中的技术只有加入到产业生产系统中变为产业技术，才能有经济效益和社会价值。反之，每种产业的崛起也都引发一批相应技术的产生，所以产业化是市场经济时代技术发展的一大趋势。此外，按技术与经济的关系还可将产业技术分为劳动密集型技术、资本密集型技术和知识密集型技术等。

第三节 科学与技术的关系

科学和技术各有其内涵，但彼此又不是孤立的，从总体上来说，它们各有自己的独立性，存在明显的区别，但又相互联系，以此构成统一的整体。

一、科学和技术的区别

科学与技术之间的关系错综复杂，不仅在古代、近代和现代的各个历史时期各不相同，而且对于不同的科技领域也有一定差异。

1. 两者的目的和任务不同。科学的直接目的和任务是认识世界，探索和揭示未知的事物和规律，从而增加人类的知识财富；而技术的目的和任务是利用自然,控制自然,创造人工自然并协调人与自然界的关系。

2. 两者要解决的问题和存在形态不同。科学主要解决对象“是什么”“为什么”以及“能不能”的问题,它的课题是相对单纯的,对于经济因素、资源条件、法律因素等较少涉及。科学以认识的形态存在,是由实践向理论转化的领域,属于精神财富。技术要解决的是“做什么”“怎么做”以及“做出来有什么用”的问题。技术需要借助一定的物质形态而存在,是由理论向实践转化的领域,属于社会财富。由于这一点,作为科学成果的知识是人类共享的,科学家的业绩就表现为对某些发现或问题回答的优先权,而技术是可以买卖的,发明者享有专利权。

3. 两者的研究过程和劳动特点各异。科学研究是创造知识的探索性活动,其目标相对不确定,活动的自由度较大,选择余地也宽。而技术是综合利用知识需要的研究,具有相对确定的目标和较为明确的方向和步骤,活动的计划性和目的性十分突出。此外,科学活动的个体性色彩较强,技术的集体活动性较强;科学特别是基础科学对物质设备条件的依赖相对较小,其取得成果的时间普遍较长;技术特别是现代高技术极大地依赖物质设备,其取得成果的时间也相对较短。

4. 两者的发展进程存在差异。历史上,技术的起源早于科学,但科学革命的高潮在时间上都早于技术革命的高潮。16、17 世纪发生了科学革命,18 世纪至 19 世纪初才发生了第一次技术革命;19 世纪三四十年代自然科学全面繁荣,而电力技术的高潮却在 19 世纪后半叶才兴起;20 世纪初自然科学(尤其是物理学)进入崭新阶段,生产技术面貌的重大变化却发生在 20 世纪四五十年代。可见,科学革命同技术革命的发生并非同步。

5. 两者的社会功能和价值标准不同。科学具有广泛的社会作用,具有认识、文化、教育和哲学等多方面的价值,但很难说有明确具体的社会目的;而技术是社会目的性和客观规律性的直接统一,它直接追求经济的、社会的或军事的实际效益。结果,纯粹的科学研究以政府和公共机构支持较多,而技术研究则更多地以企业和商家的投入为主。

由于今天的人们越来越发现技术有许多不同于科学的特征,技术并不是科学的应用和延伸,而是有自己独立个性的一种特殊的人类活动。于是,在国内曾经一直被简化使用的“科技”甚至“科学技术”一词,也已在越来越多学者的文字里被“科学和技术”这一国际通行的用法所取代。

二、科学和技术的联系

科学和技术之间存在明显的区别,也有内在而广泛的联系。

1. 根本目标的一致性。虽然科学的根本职能是认识世界,技术的根本职能是改造世界，但对于人类来说，认识世界与改造世界不是互相矛盾，而是互相促进的统一关系，也就是说，科学、技术都是掌握自然规律、为人类服务的。

2. 互为前提、相互促进、连成一体。一方面，科学是技术发展的理论基础，它既为技术探索提供理论依据和知识储备，又为技术应用开辟新的领域；另一方面，技术的创新和发展既可以为科学研究提供新的课题，又为科学探索提供必要的手段和物质基础。因此，科学是高技术产生和形成的基础和知识源泉，技术需要是科学发展的强大动力。

3. 当代科学和技术相互渗透。在当代，除了个别基础理论的研究，很少有科学和技术各自独立活动的领域，更多的则是二者相互渗透、共同发挥作用。一方面，科学中有技术，如物理学中应用的实验技术；另一方面技术中也存在科学，如杠杆、滑轮中存在的力学理论。甚至很多学科既是理论又是技术，如计算机科学即是其一。不仅如此，技术的应用可产生科学，如射电望远镜的发明与使用产生了射电天文学；科学理论中也可产生新技术，如电磁感应现象的发现导致了发电机的产生。有些学科长期进展缓慢，其根本原因是技术上的创新没能跟上。有的尖端技术在发明和使用的同时也伴随着新的理论说明和解释。科学和技术的发展趋势是二者越来越不可分割，彼此拥有，就像太极图所显示的那样，二者互根互用、共同发展。

三、科学技术体系

19 世纪之后，由于社会的需求和科学技术两者自身逻辑发展的需要，科学和技术之间的联系日益密切，科学和技术逐渐一体化。这种一体化是在当今科学技术高度分化的基础上出现高度综合的趋势。一方面，科学技术的发展使学科之间分化日益精细，学科分支不断增多；另一方面，科学技术的发展使学科间的联系越来越密切，越来越朝着综合的方向前进，日益表现出在相互联系中发展的特点。这导致现代科学技术形成一个门类繁多、结构完整的庞大体系，其内在的逻辑联系越来越决定着它的整体发展，而这种逻辑联系来自客观事物本身的逻辑运动以及人类探索这种运动规律的活动特性。

现代科学和技术体系像一座雄伟壮观而又秩序严谨的大厦，内部各分支具有一种物各有度而又自质其中、相互交织而又层位分明的相对稳定的联系方式，构成一个精美的艺术整体（图 1）。基于我们关于科学和技术的 STS 的理解，可以想见，科学和技术的体系一定是异常庞大和复杂的。下图是经过比较和改造后，所选择的最简单的一种体系结构。[①] 这个体系虽然简单，但却线索清晰、特

---

① 黄天授等 . 现代科学技术导论［M］. 北京：中国人民大学出版社，1995：22.

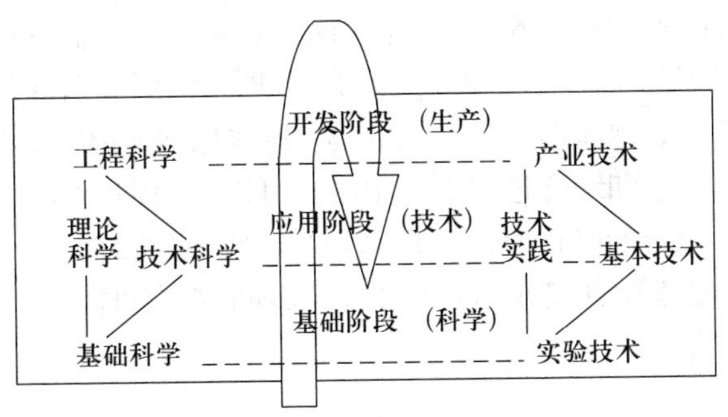

图 1　现代科学和技术体系

征突出，具有明显的优点。

1. 突出科学和技术体系的整体发育性。从纵向维度看，现代科学和技术是通过其全体的集合作为一个个体发育过程的三个阶段，通过连续推进而联结成一个整体系统的。第一个阶段是基础阶段，它反映基础理论和实验技术的矛盾运动；第二个阶段是应用阶段，它反映技术理论和基本技术的矛盾运动；第三个阶段是开发阶段，它反映工程理论和产业技术的矛盾运动。任何一项科学和技术的发育只有经历这三个阶段，才能使科学、技术、社会（生产）达到完美的统一，进而构成一个既自足又开放的动态结构系统。

2. 展现体系内部的结构对应性。上图中很明显地标明了科学和技术的三种对应结构：基础科学对应实验技术，表明基础科学以实验技术为手段，实验技术为基础科学发展提供帮助；技术科学对应基本技术，表明技术科学关注更为一般的技术存在形式，从科学角度整理关于技术的一般性知识，而基本技术则通过自身的发展丰富和推进技术科学的视域；工程科学对应产业技术，表明工程科学的视点是同生产和经济效益等紧密相关的。三组对应结构中的每一组对应内部都是互相关联互相制约的，对应的任何一方的发展也同时标明了对方的发展，反映了科学和技术的内在一体性及三种存在状态在人类社会实践中的不同地位。

3. 揭示体系内部的自相关性。现代科学和技术的整体结构分为科学和技术两大门类，每一大类又自觉地成为一个整体。在现代科学的体系中，基础科学、技术科学和工程科学形成了一个“三足鼎立”结构，三者相互联系、相互促进。其中，基础科学是基石，技术科学是转化的中介，工程科学是生产中的应用。“三足”互为依托，循环促进，形成一个动态整体。在现代技术的体系中同样存在实验技术、基本技术和产业技术构成的另一个相似的“三足鼎立”结构，其基本关系也与科学体系中的类似，反映了科学和技术各自的完整性。

此外，现代科学和技术的整体性还表现在科学和技术的发展日益求助于多学科融合战略解决各种问题的趋势,这就导致了新的跨学科研究领域的出现,最终结成了具有确定的特有概念和方法论的新学科和新领域,而且开辟了一系列全新的研究领域。如物理化学、分子生物学、地球化学等边缘学科就是在现代科学与技术的相互渗透和综合过程中产生的。可以说,21世纪将会是不同领域科学和技术创造性融合的时代,科学、技术和社会将更加接近,各种不同的科学和技术领域之间将会发生共鸣作用和共振现象,随时都有可能产生爆炸性的效果。

拓展阅读

1. 刘华杰. 博物人生[M]. 北京:北京大学出版社,2012.

2. [美]米切姆. 技术哲学. 载吴国盛《技术哲学经典读本》[M]. 上海:上海交通大学出版社,2008:4~68.

思考题

1. 什么是科学?
2. 什么是技术?
3. 科学和技术是怎样的关系?
4. 科学和技术的体系结构有何特性?

第一篇 科学技术的由来

按照发生学的方式可以将古往今来的科学形态分为三大历史范式，即古典的博物学范式，近代的数理范式，当代的STS（科学、技术与社会）范式。STS登上当代科学舞台，也经历了从领域到学科，再到交叉学科、超学科和科学范式的复杂进程。人类对科学的理解推进到STS阶段，其最深刻的启示在于促进科学技术与社会协调发展的一系列新的观念和视角。①

现代科学技术在经历了从古代、中古时代的一系列文明成果漫长沉淀时期后，积累了丰厚的宝贵财富。本篇以素描的形式，大尺度地（但是在关键时期也进行重点勾勒的方式）对人类从古代到近代再到现代的科学技术进程给予介绍与分析，进一步展现出现代科学技术发展的脉络和图景。

---

① 刘孝廷. STS视野中的科学传播[J]. 科普研究，2012(10).

第一章　古代科学和技术的起源

古代科学技术是指近代科学产生之前世界各文明古国所产生的科学技术，它包括四大文明古国、古希腊、古罗马和古阿拉伯的科学技术知识基本属于农业时代。其中，古希腊的科学思想和中国的四大发明，分别为近代科学的产生作了思想理论和技术条件上的准备；同时借助于古代阿拉伯的科学技术知识，欧洲实现了从古代科学技术向近代科学技术的过渡。

第一节　古代科学和技术的萌芽

人类早期关于自然界知识的积累和在此基础上出现的技术发展，是一个十分艰难而缓慢的过程。大约从一万多年前的新石器时代人类开始定居生活，他们制造工具、开垦土地、种植谷物；他们保存火种照明、取暖、烧煮食物；他们驯养家畜，缝织衣服，储存食物繁衍人口。特别是在几个土地肥沃的地区，曾浮现出最早期的发达文明。其中古代中国和古印度的科学技术成就在轴心时代继续影响后世，而古巴比伦和古埃及的文明后来慢慢消失了，所以这一节重点介绍这两大文明古国的科技成就。古代中国的科技发展将放在第二节详细介绍。

一、工具的制造

迄今为止，有文字记载的人类历史约 6 000 年。在此之前的人类历史是通过考古学家对当时遗留至今的考古发现来再现人类的史前史的。一般来说，史前史的考古学分期是按照制造工具的原料以及制造技术来划分的。如此，可将人类进化的谱系、分期、时间对照如表 1.1：

表 1.1

人类进化谱系	考古分期	绝对年代 / 万年
直立人	旧石器时代早期	300~30
早期智人	旧石器时代中期	30~5
晚期智人	旧石器时代晚期	5~1B.C
现代人	新石器时代	1~0.4B.C
	青铜器时代	0.4~0.1B.C

人类的进化是在同恶劣的自然环境作斗争的漫长进程中展开的。生活在旧石器时代之前的古猿慢慢学会使用天然的诸如石块树枝之类的工具，直到旧石器时代早期才开始有制造工具的痕迹。在各种材料制成的工具中，最重要的是石器工具，因为石块坚利、取材便利、用途也较为广泛，而且石制工具还可以成为制造工具的工具。到旧石器时代中期，石器工具开始专门化；到旧石器时代晚期，生产工具和生产技术都有很大发展，以动物骨头和角作为原料制造的工具开始大量出现，这时的工具也由单一走向组合，出现“复合工具”。弓和箭是旧石器时代最有代表性的复合工具。后来人们发明了磨制技术，将原来打制的笨重粗糙的石器，再用砂子和水加以研磨，使其尖利，便于使用。这标志着“新石器时代”的到来，也标志着人类适应和改造自然能力的不断提高。

二、火的使用

在远古时代，火作为雷击电闪、火山爆发、自燃等自然现象的出现，并不为人类所认识。人类对火的认识经历了一个从怕火到利用天然火再到人工取火并有效使用火的漫长过程。现在已知的人类用火的最早遗迹是我国云南元谋旧石器时代遗址中发现的，大约在直立人阶段的后期。晚些时候的用火遗迹在世界各地都有发现。人类最早的人工取火难以考证，大约出现在旧石器时代的晚期。人工取火的方法可能是用燧石相击而引燃易燃物，或以木木相摩擦而生火。取火方法的发明是人类历史上的一件划时代的事件，恩格斯评价说：“就世界性的解放作用而言，摩擦生火还是超过了蒸汽机，因为摩擦生火第一次使人支配了一种自然力，从而最终把人同动物界分开。”这样，人类就能自由、有效地使用火了。

火的使用对人类的生存和演化具有关键性的作用。第一，人类的体质得到加强，大脑进一步进化发达。因为有了火，人类就开始食用熟食，食物的种类和范围扩大，营养丰富了。第二，改善了人的居住条件，扩大了生存范围。因为火可以照亮潮湿和阴暗的洞穴，使人类由野居变成洞居，火也使寒冷的冬季容易度过，人类不仅可以在热带、亚热带生活，在温带也可以生存了。第三，为生产提供帮助。因为火可以烧烤木头的尖端使之硬化，也可以烘烤枝条使之软化弯曲成形以制造某些器具，从而具备了与直立动物相比的某种生存优势。第四，为社会发展创造了条件。有了火，人类谋取食物提供了更多的便利，而且由于围火而居，增进了社会性的交往和信息沟通，从而为形成通用语言和社会规范、促进社会进化创造了前所未有的条件。可以说，火的使用给人类带来了光明，这光明驱散了蒙昧黑暗，也带来了人类的文明。

三、语言的进化

在人类文明的长河中，人与人之间的交往需要传递信息，尤其是直立行走以后，人的胸腔被解放出来，胸腔不再受到四肢行走时的脊柱的压迫。这样，舌、齿、颚与胸腔容易构成共鸣腔，为语言的产生准备了条件。一开始的劳动信息的交流只是一些简单的音节，随着大脑和身体的进化，喉头发音的大小、高低、长短变化的种类逐渐增多，口腔、舌头、牙齿、嘴唇对喉音的调控技能逐渐精巧，大脑的逻辑思维能力和支配能力同时提高，使人类发出的声音出现了千变万化的情况，人们交流的信息内容大量增多。随着社会交往的增多，人类使用工具的复杂性日益增强，人类的大脑不断完善，语言的内容也随之越来越丰富，语言成为人类思想交流的主要方式。

人类的语言，既是人类思想的一种表现形式、承载物，也是一种传送工具。语言在社会文化方面的功能很多，主要包括交际、文化录传等功能。语言最初产生就是交往的需要，人类要利用语言进行交际，就必须把自己所发现和创造的一切，融入语言之中。它是文化的记录者和传播者。因为，语言是一种特殊的文化，它本身就是人类所拥有的最重要的一种文化，而且语言也只有能载录人类所发现和创造的一切，才能很好地发挥交际工具的作用。正因如此，语言可以成为文化的记录者。而且，随着语言在同代人中的横向交流和向后代的纵向传承，文化也就会因此而远播后世。所以，语言不仅是文化的记录者，也是文化的传播者。由此，异域的文化可以相互交流，前代的文化可以承继，文化在横向交流和纵向传承中得以发展。因而，从人类文化的发展历史来看，可以说，没有语言的产生与发展就没有人类文化的传承与进步。

四、原始农业、畜牧业的出现

石器工具的制造和火的使用，使人类从原本仅从自然界中获取生活需要的采集和渔猎的生活方法，开始向“刀耕火种”的原始农业过渡，可以把采集来的野生植物果实用木棒、石锄之类的工具播种在先用火烧掉树木荆棘的土地上，待作物成熟后用石镰或蚌镰割下，再用石磨或石碾等加工。自此人类便开始了简单的农业生产。在这样的过程中，人类不仅学会制造和使用各种农具，而且获得了农业生产的各方面的知识。到新石器时代晚期，人们还懂得了用拦截河水的办法进行人工灌溉，而有意识的人工施肥随后也开始了。据考证，西亚人最早开始种植小麦和大麦，中国人最早开始种植谷子和稻子，玉米和马铃薯的故乡则是在中美洲和秘鲁。

原始畜牧业是在原始农业的发展过程中从狩猎活动中发展而来的。畜牧是将猎获的易于驯服的动物饲养起来，并让其在驯养的条件下生殖繁衍。人类最早驯养的动物是现在常见的狗、羊、猪、牛、鸡等。后来，在一些临近草原的地方，人们发现畜牧业比种植业更为有利，畜牧业的比重就越来越大，当牧畜的数量超过一定限度，原有的草场不能满足需要时，那里的人们便开始了游牧生活，并最终导致畜牧业从农业中分离出来，形成了以农业为主和以畜牧业为主的人群，出现了人类社会的第一次大分工。

五、制陶技术与原始手工业的兴起

大约在八九千年前的新石器时代早期，出现了制陶技术。早期的陶器简单、粗糙，烧制的火候不够。到新石器时代后期，制陶逐渐形成了一套比较完整和合理的工艺，陶坯的加工使用了陶轮，随后陶器的彩绘工艺也发展起来。陶轮的发明是科技史上的一件大事，是人类最早使用的一种加工机械，一直沿用至今。

手工业直接起源于原始人制造工具的活动，当农业和畜牧业的发展能够为人们提供充裕的食物时，一部分专门从事诸如生产工具和生活器具的制造、榨油、酿酒等手工业开始兴起。制陶的发展促成了手工业的建立，而手工业的建立标志着手工业与农业的分离，这是人类社会发展过程中的又一次大分工。

人们在烧制陶器的过程中有机会接触金属矿石，并逐步学会冶炼它们。虽然人类最早发现的金属是以游离态存在的黄金，但从铜矿石中冶炼出金属铜的技术，是冶金技术的开始，它预示着石器时代行将结束，广泛应用金属的青铜时代即将来临，人类历史开始迈向新的阶段。

六、文明的浮现

(一) 四大文明古国

四大文明古国的出现是人类历史上辉煌的篇章：古巴比伦(公元前4000—公元前2250年)、古埃及(公元前3500—公元前600年)、古印度(公元前2500年)、古中国(公元前2070年)，它们都起源于大河流域，这些地方自然地理条件都比较优越，尤其是河流提供了肥沃的冲积平原和有利的灌溉条件，极大地促进了农业的发展，从而在此基础上发展出其他科学技术，创造出伟大的古老文明。同时，它们的科学技术大多都产生于社会实践，有着相似的青铜时代的农业实践模式。这使它们的科学技术在许多方面都有着共同的地方，在许多方面都获得了辉煌的成就。但由于生产实践的差异，它们的科学技术仍有许多差异。古埃及由于尼罗河泛滥后重新丈量土地的需要，对几何学比较重视，同时人们为了保存尸体，其医学也比较发达，金字塔也体现了其工程学的伟大成就；古巴比伦则因为农业生产依靠天文历法，因此其天文历法比较发达，算术成就也非常突出；印度则受宗教影响较大，其医学比较发达，而且人们重视纯粹的思辨，佛教是世界上哲学水平很高的宗教。中国人的祖先在实践基础上，创造了以技术为主导型的发达的手工业，积累了丰富的人文与社会思想成果。

（二）古代两河流域和古埃及的科学技术

“两河流域”指的是地处幼发拉底河与底格里斯河中下游一带（即今伊拉克及其邻近地域），在公元前数千年的历史中，有好几个民族先后在这一地区创立了高度发达的苏美尔文化、巴比伦文化和新巴比伦文化，直到公元前6世纪为波斯人所占领，被并入波斯帝国的版图，从而结束了古代两河流域的文明史。古埃及指的是非洲东北部的尼罗河中下游（即今埃及）地区，在这里孕育了另一个文明古国。大约在公元前3500—公元前3000年，上埃及国王美尼斯统一埃及建立第一王朝，直到公元前332年亚历山大大帝征服埃及为止。3 000年间，不论是古代两河流域还是古埃及都创造了灿烂的文化，在科学技术上取得了丰硕成果。

1. 文字和书写技术

文字是文明发展的重要条件，有了文字，人类的知识才能记录下来并得以传播。在苏美尔人建立起奴隶制城邦时期，他们就发明了文字，开始时是象形文字，后来演变成楔形文字。他们以湿软的泥板为文字载体，用小木棒或芦苇秆在上面斜压一些笔画组成文字。有些泥板书保存至今，被考古学家发掘并译读。古埃及人的文字是象形文字和拼音文字的并用，这种拼音文字传到了欧洲，对西方文字的发展有很大的影响。古埃及人的书写技术与两河流域不同，他们是用芦苇之类作笔，蘸上由菜汁和黑烟末混合制成的墨，将文字写在一种草纸上。这样写成的草纸书也有不少留存到现在。

2. 农业和手工业技术

古代两河流域和古埃及的主要农作物有大麦、小麦和亚麻等许多品种，农具也多种多样，人们已能利用牲畜牵犁耕地。大约在公元前19—公元前16世纪，人们就掌握了青铜冶炼技术，金属工具登上历史舞台；到公元前7世纪，发明了冶铁技术，铁器取代铜器的地位。其他手工业技术也有了很大的进步，纺织、制革、制陶、酿酒、榨油等技术达到了相当的水平。建筑技术在这个地区达到极高的水平，留下许多建筑奇观，如古埃及人建于公元前27~公元前16世纪间的作为帝王陵墓的金字塔，今伊拉克境内的巴比伦城遗址和塔庙等。

3. 天文学和数学知识

当人们发现季节变化与天文现象有关而开始有意识地观察天象时，最早的天文学就产生了，制定历法也就成了天文观测的一项重要内容。两河流域的人们和古埃及人分别以月亮运行的周期（阴历）和以太阳运行的周期（阳历）作为他们的历法。当时的天文观测达到了相当的精确程度，两河流域的人们已经能区分行星和恒星，对恒星也进行了观测，绘制了世界上最早的星图。另外，美索不达米亚人的计时方法对后世产生了很大的影响，例如将圆周分成360度，1小时分成60分钟，1分钟分成60秒，以7天为一个星期等，一直沿用至今。数学知识源于天象观测、土地丈量和商品交换的需要，两个地区很早就有自己的数学知识。两河流域的记数法是十进制与六十进制并用；他们编制了许多数学表，像乘法表、倒数表、平方根表和立方根表等等；不但能解一元一次、多元一次方程，也能解一些一元二次和一些特殊的三次和四次方程；也有许多几何学方面的知识。古埃及人记数用的是十进制，能解一些代数方程，他们在几何学上的成绩似乎更大一些，但保存下来的文献不多。不过，据记载，其一度采用的圆周率 $\pi=3.16$ 已经精确到0.6%，还有文献中提到截锥体(frustum)的体积的准确公式，在希腊数学中是到公元1世纪才明确提出来的。[①]

4. 医学和生物学知识

在古代两河流域，医生已经成为一种职业，并用许多方法治病，所用的植物药物已有150多种。古埃及人已经具有内科、眼科、妇科等多方面的知识，也具有解剖学、生理学和病理学方面的知识，使用许多药物和药方治病，他们制作的木乃伊显示了当时的医学水平。生物学知识在当时也相当丰富。在两河流域的泥板书上可以看到约100种动物和250种植物的名称，还对动物作了世界上最早的分类，古埃及人对于动物也作过许多解剖研究工作，取得不少成果。

5. 地理学和化学知识

古代两河流域留下的泥板中，有一块刻着当时的尼普尔城的地图，还有一块则是他们在公元前700年左右所绘制的世界地图，虽然这些地图与实际情况相去甚远，但它们仍反映了那时的人们已经具备了一些地理学方面的知识。另有一块约公元前17世纪的泥板记载了一种制造铜铅釉药的方法，被认为是世界上最早的化学文献，而在公元前2200年时，美索不达米亚人就已经会制造玻璃了。

(三) 古代印度的科学技术

古印度是指南亚次大陆及其邻近岛屿，其历史从史前史的哈拉巴文化时代(公元前2500—公元前2000年)开始，经过吠陀文化时代和史诗时代(约在公元前600年结束)，以及列国争雄时代，直至19世纪中期沦为英国殖民地为止。古印度人创造了自己特色的科学技术和文化。

1. 技术

在哈拉巴文化时期，古印度人已经发明畜耕，青铜制的农具也已使用，冶金

---

① 陈方正．继承与叛逆[M]．北京：生活·读书·新知三联书店，2010：45.

技术达到相当水平，畜牧业也相当发达。到吠陀时代，他们懂得了人工灌溉和施肥，铁器的使用，使农业生产有较大发展。作为棉花的最早种植者，古印度人有相当高的棉纺织和染色技术。他们是最早使用烧制的砖建房的人，在哈拉巴文化时代，城市建设就有了相当的规模。在佛教流行和伊斯兰教盛行之时，相继出现了许多宏大精致的宗教建筑。

2. 科学

在吠陀时代，古印度人已有不少天文历法知识，比较著名的天文历法著作出现于公元1世纪以后；到公元505年，天文学家彘日汇集了古印度五种最重要的天文历法著作编成《五大历数全书》，在天文学史上很有参考价值。古印度人的数学成就主要是在算术和代数方面，在哈拉巴文化时代，他们就采用了十进制记数法。公元5世纪初，印度数学家创造了零的概念及其符号0，在《圣使历数书》中出现了平面图形的求积，他们还引进了负数、无理数的运算，学会处理二次方程的求根问题和解不定方程。在医学方面，古印度人达到相当的水平。他们识别了黄疸、麻风、天花、关节炎等许多疾病，有关于临床治疗、人体解剖学、植物药学等方面的知识，还能做剖腹、断肢、眼科、耳鼻唇整容等外科手术。约在公元前6世纪，印度已出现了医科学校和专职医生，在以后几千年间，印度医学逐渐发展，形成了自己独特的医学体系。

总的来说，印度文化主要是一种宗教文化，它推崇来世，强调人生的无常和空虚，主张清心寡欲，反对执著追求，这种观念从总体上说是不利于科学发展的。但是，作为古老而又持续发展的文明，它在与人类的物质生存活动密切相关的知识方面，也做出了独特的贡献。

（四）古代中国的科学技术

中国古代有着特殊的地理环境，北面是寒冷的西伯利亚荒原，东面和南面是浩瀚的大海，西面是高山、沙漠和戈壁，西南是喜马拉雅山脉，浩瀚大海和高山沙漠形成了一个相对封闭的地理环境，境内的黄河、长江作为两条生命的纽带，哺育着华夏民族。

大约在公元前3000年，在初期的部落联盟中产生了像尧舜这样杰出的军事领袖，舜禅让位于禹之后，禹建立了中国历史上第一个王朝——夏朝。约公元前1700年，商王汤推翻夏桀建立商朝，约公元前1100年，周武王灭商纣建立周朝。

大约公元前21世纪到公元前770年的漫长历史时期，是中国的奴隶制社会由盛到衰的一个时期。这一时期的重要工具是青铜器，因此称这一时期为“青铜器时代”，青铜器的普遍使用使人类的生产力水平发展到了一个更高的阶段，迎来了辉煌灿烂的青铜文明。农业作为人们主要的生产部门，由于实践的需要，发展得较快，考古发现在夏代已经有谷、稻、麦、菽、瓜等多种农产品。到西周时代，牛耕、施肥、人工灌溉等技术已经开始应用。传说禹的大臣仪狄开始造酒，夏王少康又发明了酒的酿造方法。此外，制陶业在夏代可能已经成为一个独立的极为重要的行业，并进一步促进了瓷器的出现。纺织业已出现丝、麻、毛纺织的分类。

科学方面，在天文学上，夏代已经有了世界最早的观测记录。为了适应农业生产的需要，探索出农事季节的规律，现代仍旧流行的有时称为夏历的农历就是那个时代发明的。数学方面，中国在这一时期发明了十进制记载法，发现了勾股定理；医学方面，出现了专业化分科。

另外，交通运输方面，奚仲改造马车，使中国成为世界上最早发明和使用马车的国家。

可见，在从古代到夏商周时代所创造的青铜文明，为中国此后的科学技术的发展开辟了道路，同时这些文明也反映了中国古代辉煌文明已经出现萌芽。

第二节　古希腊、罗马和中国科学技术规范的建立

古希腊和古罗马两大文明是西方文化的摇篮，无论在文化史上还是科学史上都达到了后人难以超越的高度。其中古希腊文化又是古罗马文化的源头。古罗马文化在其基础上不断地发展创新，为人类留下了宝贵的文化财富，尤其是一些体现其杰出技艺的建筑作品，同时在引水工程、农业等有了较大的发展，在数学、天文学、物理学等自然哲学等方面取得一定的进展。

古代中国的时间轴确定在中古之前，从西周末年开始到秦汉之前的这段时期，由于当时在政治上一直处于分分合合状态，直到公元前 221 年，秦始皇统一中国，这一大一统局面为先进的科学技术产生和稳定发展提供了社会基础。而在此之前的春秋战国时期为秦汉时期的科学技术逐步壮大起来，并为科学与技术逐渐自成体系奠定了坚实的基础，确立了初步的科学与技术的规范。

一、古希腊的科学技术

（一）背景

古代希腊是包括希腊半岛本土、爱琴海东岸的爱奥尼亚地区、南部的克里特岛以及南意大利地区在内的广大地域。正是在这片土地上，古代希腊人创造了辉煌的科学文化成就。古代希腊文化是从爱琴文明，经过“荷马时代”发展而来的，伴随着早期城邦制开始于公元前 800 年，在公元前 5 世纪时达到顶峰，

并一直延续到公元前232年亚历山大大帝的死亡。在其鼎盛时期,以雅典为代表的城邦,注重发展手工业、商业和海上贸易,政治上推行民主体制,文化上呈现出百花齐放、百家争鸣的局面,为科学和哲学的发展提供了良好的社会环境。

公元前338年,崛起于巴尔干的马其顿人战胜希腊而控制了各城邦,并发动东侵,击败波斯人,吞并埃及,历史进入"希腊化时期"。从此,希腊本土文化开始逐渐衰落,文化中心转移到希腊人统治下的埃及的亚历山大城。在这里产生了古代世界最杰出的科学家和科学成就。后来,意大利半岛上的罗马日益强盛,不断向外扩张,到公元前30年,当最后一个主要的希腊化国家埃及陷落于罗马人手中时,希腊化时期结束,罗马形成了跨越欧亚非的大帝国。罗马帝国在公元1—2世纪达到其鼎盛时期,自公元3世纪开始走向衰落,直到公元5世纪末西罗马帝国灭亡。

(二) 技术

古希腊的文化虽然也是以农业开始的,但由于地理条件的限制,希腊本土的农业并不很发达,社会的经济支柱主要是手工业和商业。人们种植葡萄酿酒,种植橄榄榨油,这些都是他们换取粮食和其他农产品的出口物。因而,他们的手工业门类众多而且技术精良,采矿和冶金、造船、制陶、制革、家具制造等都是比较发达的行业。特别是铁器工具的广泛使用,带动了古希腊社会的经济繁荣。

古希腊的建筑技术别具一格,对日后整个西方建筑的发展有着重要的影响。建于公元前5世纪的雅典卫城是雅典建筑中最杰出的代表。生活在公元前1世纪的维特鲁维奥写出十卷本的《论建筑》一书,总结了古希腊以来的建筑经验,涉及建筑的理论、设计原理、建筑师的教育等各方面的问题,是世界上第一部建筑学专著。

希腊化的亚历山大时期在建筑工程方面有许多建树,尤其是在机械制造方面,被称为"古代科学巨匠"的阿基米德有许多创造发明。亚历山大的工程技术在公元1世纪达到高峰,希罗在他的《机械术》中记载了许多机械发明,包括杠杆、滑轮、斜面、轮子、尖劈等机械工具的组合使用。

在罗马帝国时期,罗马人的手工业技术有了进一步的发展,特别是建筑工程技术方面,达到了相当高的水平。建于公元70—82年的古罗马最大的建筑物罗马大角斗场,建于公元120—124年的罗马万神庙都是当时的杰作,至今尚存。

(三) 科学

1. 数学

古希腊的数学成就与毕达哥拉斯学派的数理思想直接相关,该学派把主要精力集中在几何学方面，证明了几何学中关于平行线、三角形、圆、球和多面体的许多定理，包括勾股定理在内。公元前 5 世纪智者派中的一些数学家提出了只用圆规和直尺作某些几何图形的问题，使几何学得到进一步的发展。亚历山大时期的欧几里得，把古希腊以来的数学成果加以系统的整理和总结，写出传世著作《几何原本》。该书以严密的演绎逻辑把建立在一些公理之上的初等几何学知识构建成一个严整的体系。其后的阿基米德，注重数学的实用性，在逻辑论证上更加严密，他研究了许多比较复杂的几何图形的面积和体积的计算方法。再稍后的阿波罗尼奥斯在圆锥曲线的研究上做出了突出的贡献，他的《圆锥曲线》一书被认为是古代最杰出的数学著作之一。

希腊数学几乎可以等同于希腊的几何学，直到希腊化时期的晚期，有个叫刁番都的人写出六卷本的《数论》，表明代数学作为一门独立的学科开始出现。他收集了 189 个代数问题，还首先提出了三次以上的高次幂的表示法。

2. 天文学

古希腊的天文学，除了为制定历法服务外，主要研究宇宙模型的构想。毕达哥拉斯学派以数的观点最先开始构想宇宙模型，认为整个宇宙是由一系列半径越来越小的同心球所组成，每一个球都是一个行星的运行轨道；宇宙中心是“中心火”，所有的天体都绕“中心火”转动，并作匀速圆周运动。公元前 4 世纪的欧多克索斯以实际观测数据为依据，构想了一个以地球为中心的同心壳层球宇宙模型。亚里士多德曾试图改进这个模型，增加了更多的同心球，但仍不能得到满意结果。

公元前 2 世纪的伊巴谷建立“本轮—均轮模型”，他设想恒星都在远离地球的天球之上，日月和行星则沿着各自的圆形轨道（本轮）匀速运行，而它们的圆心又在围绕地球的不同的圆形轨道（轮）上匀速运行。对于日、月来说，它们在本轮上的运转方向与本轮中心在均轮上的运转方向相反而速度相同；对于行星来说，它们在本轮上的运转方向与本轮中心在均轮上的运转方向相同而速度各异 。公元 2 世纪的罗马人托勒密进一步改进这个模型，增加了更多的轮子，使其模型与实际观测相符合，因而在西方被奉行了一千多年，直到 16 世纪才被哥白尼的日心说所代替。

3. 医学

毕达哥拉斯学派的阿尔克芒可能是古希腊最早研究人体解剖的人；公元前 6—公元前 5 世纪，希波克拉底将医学从原始巫术中拯救出来，以理性的态度对待生病、治病，创立“四体液说”，成为西方医学的理论基础。公元 2 世纪间的盖伦，是古希腊医学的集大成者。他系统地总结了古希腊医学自希波克拉底以来的成就，创立了自成体系的医学理论，写了大量的医学著作，在解剖实践和临床实践的基础上，对人体结构和器官的功能有比较正确的描述和说明，其理论对后来整个欧洲近代医学的发展产生了深刻的影响。

4. 生物学

在古希腊早期的自然哲学中，有一些有关生物学知识的朴素思想。在生物学上贡献最大的是亚里士多德，他在实践观察的基础上，收集和整理了许多资料，研究和解剖了许多种动物，还对所知动物进行了分类，开创了生物学分类之先河。

（四）自然哲学

古代希腊留给后人的是它的精神遗产——希腊精神。诗人荷马是希腊精神的塑造者，在他的伟大史诗《伊利亚特》和《奥德赛》中所表现的思想——对世界永恒秩序的认识和追求完善的个人的观念，是古希腊世界观的基础，由此形成了独具特色的理性主义自然观，这正是科学精神最基本的因素。古希腊把自然界看成一个独立于人的一个有规律的，并且其规律可以为人们所把握的对象，他们创造了一套数学语言，力图把握自然界的规律。

古希腊出现的第一个哲学学派——米利都学派，用具体的诸如“水”“气”之类的物质性的东西作为本原，来解释世界万物的变化发展；而稍后的毕达哥拉斯学派却用数，即事物的几何结构或形式作为本原，来解释世界万物的变化发展，从而开辟了注重心灵的理性世界而轻视外部感性世界的理性主义传统。

再后来的赫拉克利特，一方面仍然遵循米利都学派的思路，用“火”及其性质来解释世界万物的生灭变化；另一方面又提出“逻各斯”作为把握对象的原则，从而把认识客观对象和把握人的思想统一起来，奠定了西方认识论的理论基础。

德谟克利特作为古希腊原子论的主要代表，用肉眼所看不见的物质微粒即原子在虚空中的运动变化来说明世界万物的变化发展，它在思想和方法上对后世都有深远的影响。不仅从伽桑狄到道尔顿的近代原子论与之有渊源关系，就是牛顿的科学思想也与之不无关联。

公元前4世纪的亚里士多德，在总结前人成就的基础上，创造性地提出了自己的理论。他研究了事物的本性和原因，提出“四因说”和“目的说”，认为一切事物都有其存在的原因和目的。他把世界分成月亮以下和月亮以上两个截然不同的世界，认为月亮以下的世界是由火、水、土、气四种元素组成的、趋向自身天然位置的直线运动的有限世界；而月亮以上的世界是由“以太”组成的、进行圆周运动的无始无终的世界。在此基础上，他试图描绘一幅比较严整的宇宙图景。他还提出了比较严密的科学论证方法，创立了逻辑学，成为后世科学思想方法的重要组成部分。古希腊哲学在亚里士多德那里达到其发展的顶点。

二、古罗马的科学技术

（一）背景

古罗马文明起源于意大利中部台伯河入海处，语言为拉丁语。相传古罗马城建于公元前753年，后来逐渐强大，征服了周围其他地区，乃至整个意大利半岛和地中海周围广大地区。罗马起初实行王政，公元前509年实行共和制，公元前1世纪30年代初屋大维·奥古斯都建立“元首制”，罗马进入帝制。古代罗马是一个奴隶制国家，共和国后期奴隶制经济迅速发展，公元1–2世纪是罗马帝国最强盛的时期。约从公元3世纪起，罗马帝国开始衰落。公元4世纪末帝国分解为东西两部分。公元5世纪后期西罗马帝国灭亡，西欧进入中世纪，帝国东部则进入封建制的拜占庭时期。古罗马文明的发展晚于西亚各古代国家和埃及、希腊的文明。但古代罗马在建立和统治庞大国家的过程中，囊括和吸收了先前发展的各古代文明的成就，并在此基础上创建了自己的文明。

古罗马注重实用工程和崇尚实用的精神。他们的建筑技术非常发达，但理性思辨的成果却比较少。古罗马的这些文化特色同古希腊文化相互补充，形成了希腊—罗马文化结构，产生了许多科学家，取得了相当的科学技术成就。

（二）技术

1. 建筑知识

代表古罗马建筑成就的是著名的万神庙和椭圆形大罗马竞技场。万神庙是罗马皇帝哈德良于公元120—124年建造的，保存完好。它的屋顶是圆的，直径长达42米，前门由两排16根立柱支撑，带有希腊式神庙的建筑风格，气势宏伟，撼人心魄。公元72—80年间建成的椭圆形竞技场，长轴直径达180多米，短轴也有150多米，周围是四层高的看台，据说可容纳五万观众。除此以外，罗马的公共建筑还有凯旋门、纪功柱和公共浴场等，都体现出罗马人高超的建筑艺术。

维特鲁维奥的《论建筑》一书是建筑学上的奠基性著作。《论建筑》共十卷，第一卷讲建筑原理。第二卷讲建筑史和建筑材料。第三、四卷分析了希腊式神庙包括爱奥尼亚式神庙、多里亚神庙和科林斯神庙的建筑结构，讨论了其中的工程技术问题。第五卷谈及城市整体规划，包括公共建筑、剧院、音乐厅、公共浴场、港口等。第六卷谈民居。第七卷谈居室设计。第八卷谈供水技术。第九卷讨论计时器。第十卷讨论一般工程技术问题，包括建筑工具如吊车的使用等。因此，这本书内容十分广泛，材料也很丰富，成为最早的建筑学百科全书，千古流传。在维特鲁维奥、赫伦等影响下，同时也为了政治、军事上的需要，罗马帝国大兴建筑，留下了许多建筑杰作。首先以罗马城为中心，建立了通往各省的公路网。公路网上遇河架桥，逢山凿洞，表现了高超的工程技术水平。人们今天还说“条条大路通罗马”。

2. 引水工程

罗马的引水工程建设也是很先进的,它的引水道工程尤其著名。罗马附近的引水道长约200公里,进入低洼地位采用架桥方法,还采用了虹吸技术,所引之水供应了罗马城近100万人所需,当时的引水技术所达到的高度可见一斑。

3. 罗马的农业科学

古罗马是以农业立国,农业科学技术有了很大的发展,许多行政长官和学者都写过有关农学的著作。最著名的要属公元前180年罗马监察官卡图(公元前234—前149年)发表的《论农业》一书。公元前37年,大法官瓦罗(公元前116—前27年)在卡图的基础上,重新撰写了《论农业》。瓦罗还是一位著名的拉丁语作家,他开创了罗马时代百科全书式的写作传统。他把学问分为九科,即文法、修辞、逻辑、几何、算术、天文、音乐及医学、建筑。

另外,在古罗马出现过蒸汽机的雏形,代表人物是赫伦,他是公元前古罗马的一位杰出的技术发明家。他曾效仿阿基米德,试图把科学知识付诸技术应用。他发明了一个能围绕水平轴旋转的空心球,球周安装着一根根沿切线方向伸出的弯管。通过中空的轴杆把蒸汽输入球内,蒸汽沿着那些弯管顺切线方向冲击,蒸汽的反作用力迫使球旋转。这是历史上把热能转变为机械能的第一个装置,可以认为是近代工业革命时期蒸汽轮机的雏形。

(三)科学

1. 儒略历和数学知识

古埃及实行太阳历,古希腊实行太阴历,它们都不太精确和方便。罗马人结合它们各自的优点,制定了儒略历。儒略历比较精确,也更符合地球上节气的变化,对农业生产非常有利。但它与实际的回归年仍有一点差距,时间久了就会产生误差。到公元16世纪,医学教授李利厄斯改进了这一历法,并被教皇格里高利十三世所推广,成为现行的公历。制定准确的日历是古代文明的重要标志,因为它对人类赖以生存的农业来说生死攸关。要得到准确的日历,必须把空间和时间结合起来进行长期的考察。儒略历是以罗马统帅朱利亚·恺撒(Julius Caesar)之名命名的一种历法,是现行公历的基础。

在数学方面,帕普斯写了八卷本的《数学汇编》。其中提出的“圆面积大于任何同周长的正多边形面积”、“球体积大于任何同表面积的立体的体积”的著名命题。帕普斯提出了属于射影几何的概念,给17世纪射影几何的诞生提供了思想萌芽。他还研究了极值问题,其中最值得注意的是他第一次指出了生物的智慧——六棱柱的蜂巢是一种最节省材料的形式。

另一位数学家弟奥放达斯对古巴比伦和埃及的代数学进行了重新系统的

研究，写成了《算术》一书，他因此被称为代数学的创始人。他第一次专门研究了不定方程问题，即求得整数解的问题。人们把这类方程称为“弟奥放达斯方程”。他还第一次提出了有别于日常语言的代数语言系统，成为今天代数演算系统的祖先。

2. 天文学知识

托勒密（约公元 90—168 年）是古罗马天文学的集大成者，他的天文学理论深刻影响了近代天文学发展。托勒密系统地总结了希腊天文学的优秀成果，写出了著名的《天文学大成》、被阿拉伯人称为“伟大之至”的《至大论》。该书阐述了“地心说”的基本理论，绘出了地心体系的基本构造，并用一系列观测事实论证这个模型。

3. 物理学知识

卢克莱修（公元前 99—前 55 年）是古罗马的原子论者，他系统地阐明和发挥了古希腊后期原子论学说的代表人物伊壁鸠鲁（公元前 341—前 270 年）的学说。他写的长诗《物性论》是古代原子论哲学的顶峰。卢克莱修认真研究了物体的下落，认为平常物体下落速度的不同，并非如亚里士多德所说的那样是由于构成该物体的元素不同或质量不同，而是由于空气和水对它们的阻力不同。重的物体所受阻力小，所以下落快些，而轻的物体所受阻力大，所以下落速度慢些，如果在真空中，所有物体都将以同等速度下落。这种观点成为以后伽利略落体实验和落体定律的基础。卢克莱修提出世界是由原子组成的，是无限的，处于不断的发展变化之中。他还提出了生物进化方面的一些观点，认为人也是随着自然的发展而不断进步的。卢克莱修所探讨的问题是纯粹的科学问题，没有任何政治、经济、军事或宗教目的，尽管卢克莱修的原子学说来自猜测，但对后代物质来源的研究，起了一定的指导作用。

4. 医学百科全书

塞尔苏斯生活于公元 1 世纪左右，他用拉丁文写作，向罗马人介绍了许多希腊的科学知识，尤其是医学知识，被人们称为“医学上的西塞罗”（西塞罗是罗马著名的著作家）。塞尔苏斯自成体系的医学著作推动了西方医学的发展。尤其是在外科学和解剖学方面，他谈到了扁桃体摘除术，白内障和甲状腺手术以及外科整形手术。文艺复兴时期，他的著作在医学界备受推崇，西方医学的许多解剖学术语都来自于他的著作。

塞尔苏斯之后，罗马出现了一位医学的集大成者——盖伦（公元 129—200 年）。他建立了系统的解剖学、生理学、病理学理论，描述了肝脏、心脏、脑髓的功能，故有解剖学之父的美称。盖伦的医学尽管有很多错误，但一直成为中世纪的统治医学，历时千年之久。当然，他的权威和错误严重阻止了医学的发展，直到

18 世纪的哈维，才用实验推翻了他的错误理论。

5. 生物学知识

普林尼（公元 23—79 年）是罗马的一位博物学家，生于意大利北部的新科莫。他少年时赴罗马学习文学、辩论术和法律；青年参军，后来周游欧洲各地，曾经担任西班牙行政长官和罗马海军司令。他学识渊博，勤于著作，积累了大量的自然科学知识。他撰写的《自然史》成为古代自然科学的百科全书，他也为探求科学真理而献出了生命。长达 37 卷的《自然史》对古代自然知识进行了全面总结，涉及天文、地理、动物、植物、医学等众多科目。他以古代世界近 500 位作者的 2 000 多本著作为基础，分 34 704 个条目汇编自然知识，成为古代自然科学的百科全书。《自然史》为后人研究古代人的自然科学知识提供了珍贵的依据，他所阐述的人类中心论的观点贯穿始终，被后来的基督教所认同，产生了很大的影响。他复述了前人的许多神话鬼怪故事，把美人鱼、独角兽等都作为真实的生物，虽然他对这些观点没有加以批判，却使我们了解到了古人的真实想法。公元 79 年，意大利那不勒斯附近的维苏威火山爆发，附近的古城庞培被猛烈的火山灰全部淹没。普林尼率领罗马舰队当时正驻留在那里，为了记录和考察火山爆发的实况，普林尼独自一人直奔现场，由于逗留时间太久，火山灰和有毒气体使他窒息而死。普林尼为探索自然的奥秘献出了自己的生命，为后世所敬仰。

（四）历史命运

罗马人崇尚军事武力，注重眼前效益，对纯理论科学研究不多，因此其成就远逊于希腊。在屋大维统一了地中海地区后，自由思想逐渐让位于皇权专制，哲学逐渐成为宗教的婢女。古希腊—罗马知识体系也最终随着罗马帝国的灭亡而最终衰落。欧洲开始了由宗教统治的漫长时代。

三、古代中国的科学技术

（一）背景

古代中国在西周末年，诸侯势力强盛，王室日益衰微，平王被迫东迁后，进入春秋战国时期，公元前 770 年，东周开始，东周分为春秋和战国两个时期，春秋时期诸侯林立，战争不断导致“分久必合、合久必分”的局面。这种状态一直持续到公元前 221 年，秦始皇统一中国。自此，长达五个多世纪之久的春秋战国时期才宣告结束，开始了中国长达 2 000 多年的中央高度集权制的封建专制政治格局。这种高度集权的皇权政治，保证了在此之后的各朝代在极长时期内政治稳定以及经济和科学文化的稳定发展。因此，秦汉时期的大一统局面是先进的科学技术产生和发展的基础。春秋战国时期是中国科学技术的进一步积累和奠基的重要时期，为秦汉时期的科学技术逐步发展壮大，并逐渐自成体系奠定了坚实的基础。秦汉时期科学技术最明显的特点是科学建制完整、技术体系统一。在这一时期，传统的农、医、天、算四大学科体系框架基本形成，冶铁、纺织、土木建筑、造纸、船舶制造等主要技术体系及风格也大体确立，为近千年的中国科技发展确立了大方向和基础。

（二）技术

1. 冶铁技术及手工业发展

在春秋战国时期，我国的青铜冶炼和铸造技术已经非常成熟，几乎达到了完美的程度。从已经出土的一些青铜文物看，我国在春秋战国时期已经掌握了金属合成技术，并应用到生产实践中，这种复合金属制造技术在其他国家直到近代才被掌握。越王勾践剑、吴王夫差矛、国宝曾侯乙编钟等青铜器堪称这一时期青铜器中的精品。

春秋战国时期，手工业发展很快。一方面是原有的操作工艺更为纯熟；另一方面又产生了许多新的工艺，许多人都比较重视实践，关心社会的进步和生产技术的发展，鲁班、墨翟、李冰等一批杰出的学者、技术发明家便是这一时期产生出来的。为了进一步组织和指导生产，需对已获得的生产经验和技术思想进行总结，《考工记》便是在这一社会大背景下产生出来的。《考工记》是我国古代科学手工艺技术的巨著，是集中国先秦物理知识在工艺技术上应用之大成，可称为“百工之事”，共记载了300多项手工业生产的设计规范和制造工艺。它对后世的手工艺制作、简单机械、度量衡、建筑等有很大的影响并起到了很大的推动作用。

2. 农业技术

随着生铁和钢冶炼技术的出现和逐渐成熟，铁制农具得到广泛应用；牛耕技术开始出现并广泛使用，这是耕作技术的一次重要改革；这一时期农业生产力的显著进步，畜力与铁器的结合，给精耕细作提供了条件，从而开创了我国农业精耕细作的优良传统。我国春秋战国时期的农田施肥在世界上居领先地位，欧洲要到10世纪和11世纪，才开始施肥，比我国晚了1 300~1 400年。此外，大型水利工程的兴建，如都江堰、郑国渠等，还使农田水利灌溉水准得到了大幅提高。

战国时期已有专门的农书《神农》二十篇和《野老》十七篇，但都散佚无存。我国现存最古老的农学论文是《吕氏春秋》中的《上农》《任地》《辩土》《审时》四篇，反映了春秋战国时期农业科学技术发展的水平。其中《上农》篇论述了农业理论政策，反映了新兴的地主阶级的重农思想和奖励农桑的政策。《任地》《辩土》《审时》论述了从耕地、整地、播种、定苗、中耕、除草到收获以及农时等一整套具体的农业生产技术和原则。

（三）科学

1. 天文学

据考古发现和文献记载，约公元前24世纪的帝尧时代就有专职的天文官，从事观象授时；到春秋战国时期，中国天文学开始由一般观察发展到数量化观测，出现专门的天文学著作；到了汉代，形成自己独特的天文和历法体系。以后历代天文学家不断修订历法，使其更为精确。与制定历法工作密切相关的天象观测构成了中国天文学的主要内容，在恒星、行星、日月和异常天象观测方面都有杰出的成就。自秦汉以来，我国出现一大批杰出的天文学家，像张衡、祖冲之、郭守敬，他们不仅有精湛的观测技术、高超的计算水平，还制造出许多传世的天文观测仪器。

2. 中医药学

中医药学是我国古代发育最成熟的学科。春秋战国时期，医学体系得到初步建立；公元前5世纪的扁鹊代表那个时代医学的最高成就，他所采用的切脉、望色、闻声、问病四诊法一直沿用至今；《黄帝内经》是当时医学的集大成著作，书中提出的脏腑学说和经络学说为中医药学理论奠定了基础。东汉张仲景在他所著的《伤寒杂病论》中提出“辨证施治”的原则，又为中医的临床医学奠定基础。从此，中国传统医药学大踏步前进。在中药学方面，现存最早的药物学专著是汉代的《神农本草经》，在此之后的各朝代都有这方面的专著。

3. 数学

汉代出现的《周髀算经》是现存我国最古老的数学著作，其中叙述了勾三股四弦五的规律。汉代出现的另一本著作《九章算术》标志着我国古代数学体系的初步形成，书中载有246个应用问题及其题解，涉及算术、几何、代数等许多方面的问题，被公认为是世界数学史上的名著。后来，我国数学的发展一直侧重代数学方面，至宋元时期达到高潮。

此外，春秋战国时期的《墨经》是几何学、力学、光学的系统总结，反映当时的科学知识水平。地理学方面涌现出了许多地理学的著作，如《山海经》《禹贡》等。《尔雅》记载了明确的动植物分类系统，是中国动植物学方面的巨著。

（四）自然观

中国古代哲学家虽然更关心各种社会问题和人际关系，但他们也就世界本原、世界万物运动变化的基本规律等问题提出过许多有价值的见解。

形成于商周之际的阴阳说和五行说对中国古代自然观的形成和发展有深远的影响。阴阳说认为世间万事万物都有阴阳之分，任何事物都受阴阳的总的规律所支配，阴阳是一切事物运动变化的内在原因。阴阳是事物的两极。“阴”指的是柔弱、消极、退守、安静等性质以及具有这些性质的事物；“阳”指的是刚健、积极、进取、活泼等性质以及具有这些性质的事物。阴阳两极的性质不是绝对的，一事物对某一事物表现为阴，对另一事物也可以表现为阳；某阳性事物的内部亦有阴阳之别，反之亦然。天为阳，地为阴，天地交感，产生了雷、火、风、泽、水、山，这八种自然物就是自然界一切总的根源，它们相互交感又产生了其他事物。五行说认为，万事万物是由水、木、火、土、金五种物质元素所构成的。这五种元素之间存在一种对应关系，既有相互转化的关系，又有相互制约的关系，即它们之间存在"相生"和"相克"的复杂关系。阴阳说和五行说构成了中国古人考察万事万物生衍变化的途径和规律的基本理论框架。

古代中国也曾有过类似于"原子"的概念，这就是战国时期墨翟及其弟子的著作《墨经》中所说的"端"，但没有形成类似于古希腊人的原子论。在古代中国占主导地位的是以在空间连续分布的"元气"来解释万物及其运动变化的"元气说"。这一思想包含物质守恒、永恒运动、物质运动变化的原因在于自身等有价值的思想。但是，这些只是学者们的思辨说法，与具体自然现象的研究无关，在自然科学知识的发展中没有产生多大的实际作用。

第三节　中古时期科学技术的演变

中古时代是历史学名词，专指世界范围内 5—15 世纪末的历史。当时的世界是划分为地区的世界，以自然经济为主，世界还没有联为一体，所以世界中古史是按照若干文明地区（西欧罗马天主教文明区，东欧希腊东正教文明区，西亚北非阿拉伯 - 伊斯兰教文明区，南亚、东南亚佛教印度教文明区，东亚儒学文明区）在历史学上分别表述的，同时中古时期是信仰的时代，故基督教（天主教和东正教）、伊斯兰教、印度教等宗教的社会政治作用和不同特点决定了当时世界的特点是划分为相应的宗教文化圈。

在世界史概念里，中古史也可以称为中世纪历史，我们所说的西方的"中世纪"概念就是从此而来。一般世界历史的中世纪概念是公元 476 年西罗马帝国灭亡到 15 世纪土耳其灭亡东罗马帝国这一段时期的历史，中国则相对应的是南北朝到明朝这一段时间的历史。

在这一节中将简要介绍人类科学技术发展的三种不同类型。现代关于中世纪的研究发现，中世纪是一段复杂而丰富的历史，对人类文明产生的影响也是复杂而深远的。在这段时期，历史上有三个地区的科学技术对人类近代的科学技术产生了较为突出的影响，而它们的发展风格也是迥然不同的。概括地讲，中国的科学技术秉承着一贯的传统长驱直入，在中世纪为人类的近代文明做出了很大的贡献。中世纪的欧洲在前期发展很缓慢，从科学成果来看，基本上处于停滞状态,科技发展似乎呈现出中断的局面;但是到了后期则慢慢复苏,并不断走向繁荣,直至为近代科学奠基。而此时阿拉伯地区的发展,尤其是在科学技术上的异军突起,为人类未来的科学技术的发展打下了不可或缺的基础,在人类历史上留下了自己的足迹。

一、中国的科学技术

秦汉之后,正是欧洲开始进入黑暗时期之际,中国却迎来了历史上的盛唐时代,在随后的宋朝达到了科学技术发展的高峰,而此时的欧洲,才刚刚开始文化的复兴。古代中国在辉煌的历史文化中创造了独具特色的科学技术,构成这一独特的科技体系的有农医天算四大学科以及陶瓷、丝织、建筑三大技术和闻名于世的四大发明。

中国从秦汉时期的三国鼎立,到明末的"西学东渐"的潮流到来的这段时间,中国的科学技术取得了辉煌的成就。而且中国在这一时期的科技发展对以往时代的科技传承的这一特点极为明显,所以这部分将以朝代作为分界线来介绍科学技术。主要分为以下四个时期:

(一)魏晋南北朝的科学技术

从三国经两晋至南北朝时期(史称魏晋南北朝时期),历时 360 年,期间政局不稳,战事频发,除了西晋的短暂统一之外,中国基本处于分裂状态。但是在这段历史中,科学技术以其强大的生命力在曲折中进步,有些方面甚至取得突破性的成就。

魏晋南北朝时期的科学技术主要表现为农业、机械、天文历法、地理、医学、数学等领域的成就。农业方面,北朝贾思勰著《齐民要术》,比较全面地反映了中国古代农学成就,总结了魏晋南北朝时期北方的生产经验,是我国现在最早的完整农书。机械制造方面,以马钧为代表发明了新式织绫机、龙骨水车、指南车、发石车等军民两用机械。在天文历法方面,编制了《大明历》。地理方面,西晋裴秀著《禹贡地域图》,创制了"制图六体"的原则,提出了绘制地图的基本理论;北魏郦道元著《水经注》是中国古代一部全面系统的综合性的地理学专著。

在数学方面,魏晋时期刘徽的"割圆术"所体现的极限思想和曲直转化思想,是中国和世界数学史的一大飞跃,并提出了计算圆周率的方法,为计算圆周率和其他相关问题建立起相当严密的理论和完善的算法。南朝祖冲之第一次将圆周率的值精确到小数点之后七位,比西方早了近 1 000 年。而且他还著有《缀术》,并在天文历法、机械制造等方面取得了大量的重大成就。

医学方面,王叔和的《脉经》,是现存最早的脉学专著。皇甫谧(215–282 年)的《针灸甲乙经》是中国现存最早的一部针灸学专著,也是最早将针灸学理论与腧穴学相结合的一部著作。《神农本草经》简称《本草经》或《本经》，是中国现存最早的药物学专著。《神农本草经》成书于东汉，并非出自一时一人之手，而是秦汉时期众多医学家总结、搜集、整理当时药物学经验成果的专著，是对中国中草药的第一次系统总结。其中规定的大部分药物学理论和配伍规则以及提出的"七情合和"原则在几千年的用药实践中发挥了巨大作用，被誉为中药学经典著作。

（二）隋唐时期的科学技术

581年，北周大臣杨坚夺取政权，建立了南北统一的隋朝，结束了中国自西晋以来的近300年的分裂状态，曾出现社会富足稳定，科学技术长足进步。618年隋朝灭亡，唐朝建立。唐朝中期，中国的政治、经济、文化和科技都取得了空前的发展，被誉为"大唐盛世"。

唐朝的科学技术可谓全面推进，重点突破，主要体现在农业、数学和医学方面。唐朝在农业上获得了较大的发展，尤其在茶叶的栽培上可以说是唐代农业的亮点。隋朝开辟的京杭大运河是世界最早、最长的人工河。还有以赵州桥为代表的桥梁技术也达到了当时世界的前沿。天文学家僧一行在世界上首次测量了子午线的长度；药王孙思邈的《千金方》是不可多得的医书，吐蕃名医元丹贡布编著的《四部医典》，在国内外有重要影响；868年，中国《金刚经》的印制是世界上已知最早的雕版印刷。在古代的丝织技术的基础上，唐代丝织品在安史之乱后，江南的丝织业也迅速发展起来。这时丝绸的染色、印花技术和纺织机械都有了很大改进，织出的丝织品相当精美。在此之后的宋代、元代和明清，丝织技术又有进一步的发展。约在公元前4世纪我国的丝织品就远销国外，汉代以后形成了著名的"丝绸之路"。公元5—6世纪间，波斯曾派专人来我国学习丝织技术，其后丝织技术才传到欧洲。

唐高宗时编修的《唐本草》，是世界上最早的、由国家颁行的药典。中国的造纸、纺织等技术通过阿拉伯地区远传到西亚、欧洲。

此外，唐朝出现了"唐三彩"，瓷器是陶器的进一步发展。

（三）宋元时期的科学技术

960年到1368年，北宋、南宋、辽、西夏、金王朝连同元朝统称为宋元时期，虽说这一时期仍是战火纷飞，社会动荡，但科学技术却进入了一个前所未有的黄金时代。

在数学方面，数学家秦九韶、李治、杨辉和朱世杰成就最为突出，被誉为"宋元数学四大家"，还有数学家贾宪为数学做出了很大的贡献。例如朱世杰的专著《四元玉鉴》讲述了如何解多元方程组，提出消元法，比西方早300年。自秦汉以来，我国数学的发展一直侧重代数学方面，至宋元时期达到高潮。北宋贾宪在他的《黄帝九章算法细草》中提出求任意高次幂正根的方法和指数为正整数的二项式定理系数表；南宋秦九韶在《数书九章》中讨论了对数方程的解法，能解许多二次和二次以上的代数方程。宋元时期的应用数学也取得了高速发展，算盘的使用和传播开辟了数学史上的新时代。此时，元朝中国的数学发展已经接触到欧几里得的《几何原本》，阿拉伯数字也在此时传入中国。

在医学方面，宋元时期是中国医学发展史上一个承前启后的重要阶段。北宋时的三大发明（火药、指南针和活字印刷术），对社会经济和科学文化的发展起着极其重要的推动作用，也有力地促进了医学著述的刻印和传播。宋元时期，全面整理了前代本草文献，取得了卓越的成就，在同时期世界药物学领域占领先地位，对后世产生了深远的影响。针灸学在宋元时期有了很大的发展，出现了闻名国内外的“针灸铜人”以及新的针灸专著，如《新铸铜人腧穴针灸图经》《针灸资生经》《十四经发挥》等元代医药学。宋慈的《洗冤集录》则标志了法医学的诞生。

农业科学成就以王祯《农书》最有代表性，是我国第一部对研究农业系统的农书。沈括创立“十二气历”，著有《梦溪笔谈》。郭守敬是一位大天文学家，他创制了一部历法——《授时历》，同时主持通惠河的开凿。他们的成就是这一时期整个科学技术发展水平的最好证明。

另外农业技术的极大发展也为纺织、制糖、制茶、造纸、酿酒等手工业提供了充足的原料，同时促进了矿冶、工具制造、陶瓷、船舶、兵器、印刷等手工业技术的发展。北宋苏颂、韩公廉主持制造的水运仪象台，是集天文、机械制造、数学知识于一体的杰作。还有兵器和火器制作方面的理论研究都达到了一定的高度。

（四）明清时期的科学技术

1368年，朱元璋建立明王朝，明朝中叶资本主义也开始萌芽，并缓慢发展。明末李自成起义推翻了明王朝的统治，不久，清兵入关，建立清王朝。

明末时期，纺织、冶金、制瓷、制糖、造纸、印刷、造船等手工业的规模和技术都有相当程度的发展。医药学家李时珍编著的《本草纲目》全面总结了我国古代药物学的成就。宋应星的《天工开物》全面反映了当时农业和手工业生产技术的发展状况，被称为“中国17世纪的工艺百科全书”，他强调人类要和自然相协调，人力要与自然力相配合。徐光启的《农政全书》是农业百科全书，是最早传播西方科学知识的书籍。地理学家徐宏祖（别号霞客）写了一部优秀的地理著作，名为《徐霞客游记》。这些著作对中国古代农业、手工业以及医药学、生物学、地理学等各个领域的重要成就做了系统总结。明朝编撰了中国古代最大的百科全书《永乐大典》；清朝时期又编撰出集大成的类书《古今图书集成》和《四库全书》。对天文、地理著作的搜集整理，校勘注释，都促进了传统科学技术的成熟。还有明朝使用热兵器的部队，海军达到世界一流，初步使用水雷。另外，明代的炼钢和矿业也具有很高的水平。

（五）四大发明

中国古代的四大发明——造纸、印刷术、火药和指南针，对整个世界近代文明和科学的发展做出了巨大贡献。马克思曾说："这是预告资产阶级社会到来的三大发明。火药把骑士阶层炸得粉碎，指南针打开了世界市场并建立了殖民地，而印刷术则变成新教的工具，总的说来变成了科学复兴的手段，变成对精神发展创造必要前提的最强大的杠杆。"

1. 造纸术

在纸出现之前的中国，我们的先辈曾用甲骨、竹简、木牍、棉帛等做文字记录材料。这些东西或使用不便，或价格昂贵，都不能满足当时人们使用上的需要。纸的出现，是书写材料的一次革命。世界上最早的植物纤维纸，到西汉已由中国人发明。西汉古纸主要由大麻和丝麻纤维制成，即麻纸，它质地较粗糙，不便书写。后来，东汉蔡伦以树皮、破布、废麻和旧渔网为原料，制成了质量较好的纸，从此物美价廉的纸就迅速推广。不久，我国制造的纸就远销国外许多地区。在18世纪之前，世界各国都沿用我国的造纸术，后来欧洲人有了新的发明，才在技术上超过我们。

2. 印刷术

据史书记载，印刷术开始于隋文帝开皇十三年（公元593年），是雕版印刷。这种雕版印刷术在宋代达到了极高的水平，但它很费事费时。北宋时期的毕昇发明了活字印刷术，使印刷技术得到重大改进。元代著名农学家王祯用木活字改进了毕昇的泥活字，他还在《王祯农书》里专门写了一节"选活字印书法"，这是世界上最早阐述活字印刷工艺的著作。欧洲人在15世纪开始使用活字印刷术。

3. 火药的发明

火药是炼丹术士在炼丹中偶然发现的。唐代著名医药学家孙思邈在他的《丹经》一书中，首次记载了配制火药的基本方法；到唐代末期，将碳、硫磺和硝石混合的真正黑色火药才出现；到了北宋年间，火药用于战争中的火器已比较普遍；到了明代，火药武器种类繁多，还发明了多种火箭。火药和火药兵器是经过战争传到西方去的。欧洲人在13世纪时从阿拉伯人那里知道了火药，在14世纪中期学会制造火药。

4. 指南针

指南针的基本原理是磁针的指极性，中国人在公元前3世纪的战国时期就认识到这一点。之后，许多人制造了诸如"司南""指南鱼"之类的磁性指向工具，沈括在他的《梦溪笔谈》中记载了指南针的制造技术，还讨论了磁针装置的四种方法及其优劣。指南针作为导航工具，在航海业中发挥巨大作用。宋代期间，我国与阿拉伯地区海上往来频繁，指南针很快传到阿拉伯，其后又传到了欧洲，打开了近代欧洲人的视野。

但是，由于从明代14世纪60年代末以来，中国对外长期实行"闭关锁国"政策，影响了近代科学技术在中国的传播和发展，并使之处于相对停滞状态。

与此同时，欧洲成为现代科学的发源地，生产力突飞猛进，科学技术获得迅速进展。中国逐渐拉大了与世界先进国家的距离。

（六）历史命运

纵观中国古代科学技术发展的基本进程，自春秋战国时期直至宋元时代，中国古代科学技术取得了丰硕成果，一直处于世界先进行列，为世界文明做出了重大贡献。明代中期即16~17世纪间，资本主义制度在欧洲兴起，近代科学技术随之在那里出现并迅速发展起来；而此时的中国，社会生产力增长缓慢，封建制度势头减弱并趋向衰落，科学技术的发展不可避免地走向低潮，由先进转变为落后。近代中国科学技术的落后有多方面的原因。从古代中国科学技术本身看，它偏重于实用，理论性不强，也没有形成较为系统的科学方法，因而它为自身设定的发展空间极小，没有发展潜力。从古代中国科学技术的外部环境看，中国封建制度的保守、僵死和排他性，也无法为科学技术的进一步发展提供良好的外部环境，恰恰成为科学技术发展的桎梏。对这一问题的研究，目前还没有一个定论，也是国内外学术界正在研究的课题之一。

二、欧洲的科学技术

与中国科学技术的稳定发展不同，欧洲的科学技术则在中世纪经历了大起大落。继古希腊、古罗马的辉煌之后，逐渐走向衰落，甚至曾一度处于停滞状态，直到中世纪后期，欧洲的科学才慢慢苏醒过来，并不断发展，直至走向繁荣。

公元5—15世纪，是欧洲的封建社会时期，史称中世纪。根据封建制生产方式由兴起到衰落，与其相适应的生产力和科学技术的发展状况，这一时期可分为前后期两个阶段：5—11世纪是封建生产方式的形成阶段，11—15世纪是封建生产方式的兴盛阶段。从科学技术的成果来看，从11世纪开始已经在为后来的繁荣打下了一定的基础。

中世纪前期基督教会迅速发展，势力逐渐强大，此时期史称黑暗的时代，思想大大倒退，科学受到严重摧残，造成了长达数百年停滞不前的局面，但是技术上有一些进步，钟表、水磨、风车、酿酒、鼓风炉等手工业工艺也相继出现和使用并逐渐进步发展。

欧洲中世纪的许多科学成果，都是从阿拉伯引进的。特别是发生在11—13

世纪的“十字军东征”,虽然在近200年的8次的东征中,都以失败而告终,但它在客观上却动摇了欧洲社会的基础,并引进了许多伊斯兰的科学技术。可以说,正是十字军东征,伊斯兰科学文化的引进,才为停滞的欧洲点燃了奋进的火把,推动了社会的发展和科学文化的进步。

(一) 中世纪技术的发展

1. 农业技术

欧洲中世纪首先发展起来的技术是农业技术,农业是中世纪欧洲社会经济基础。封建领主的庄园农业,对欧洲农业生产的发展,起过一定的促进作用。农业机具上,开始在大家畜身上使用类似现代挽具的一整套装置,使得大家畜得到了更充分的利用。8世纪后期,欧洲又出现了三圃耕种制度。三圃制使农业得到了很大的进步,导致小村庄的衰落和大农业村落的兴起。到了13世纪,一种新的重轮犁连同模板和舵投入了实际使用。水力、风力也得到了更充分的利用。

2. 手工业技术

10世纪以后,欧洲普遍利用水轮磨和风轮磨来加工粮食、榨糖、榨油、抽水、制革、采矿、锯木等。欧洲的纺织技术革新就是沿着机械化的道路不断发展的结果,它揭开了众所周知的近代产业革命的序幕。炼铁技术也经过阿拉伯人传入欧洲,14世纪时已为欧洲人所掌握,从而扩大了铁制机具的应用范围。15世纪,英国率先使用水力来鼓风炼铁,改变了原有的炼铁工艺,出现了竖炉炼铁技术。这期间采矿业也发展了,以水为动力的矿井排水机械已开始使用。养蚕技术和丝织技术自中国传入后,欧洲人已开始生产自己的丝织品。欧洲传统的毛纺织业又有了新的发展。15世纪时,欧洲人已有了自己生产的瓷器,以甘蔗为原料的制糖业开始发展起来。

3. 建筑技术

欧洲中世纪经历了近千年的封建分裂状态和教会的统治。教堂和城堡作为城市建筑的主要代表,体现了当时最高的建筑技术和艺术成就。10世纪开始,教堂建筑采用拱券结构,风格模仿罗马建筑。早期的教堂建筑反映了当时人们的厌世心理,朴素简单,少有装饰。后来由于市民文化的兴起,人们越来越多地在教堂建筑上增加装饰性,增加雕塑,浮雕和壁画,虽然题材仍然主要是宗教性的,但是对市民阶层的审美趣味也产生了很大的影响。拜占庭建筑继承古希腊古罗马的建筑遗产,同时吸取了波斯、两河流域等地的经验,形成独特的建筑体系。在拜占庭建筑中,中心对称式构图的艺术形象与铜结构技术相协调。代表作是君士坦丁堡的圣索菲亚大教堂。罗曼式建筑(又译为罗马风建筑、罗马式建筑等)原意为罗马建筑风格的建筑,10—12世纪在欧洲基督教流行地区比较盛行。罗曼建筑的代表作是意大利比萨主教堂。11世纪下半叶,法国北部地区开始兴起哥特式建筑，13—15 世纪流行于欧洲，主要见于天主教堂，也影响到世俗建筑。今日可以见到的法国巴黎圣母院和兰斯大教堂、德国的科隆大教堂、英国的林肯大教堂、意大利的米兰大教堂，都是比较有代表性的中世纪哥特式教堂建筑。

中世纪的发明还包括机械锯等。机械的发明在印刷机和火药武器的使用中达到了顶点。水力的应用使得熔铁、铸铁变得容易。同时，航海业也得到了发展，能够造出更大更长时间连续航行的舰船。到 12 世纪，欧洲粮食的生产和人口都有了显著的增加。随之而来的是工业、工匠技艺、商业贸易以及城市中心的发展。中世纪早期的发明以及工业技术的改进，改变了欧洲社会的面貌。在南欧，柑橘和其他一些亚热带水果的种植也发展起来，畜牧业也日渐兴盛，良种绵羊的数量因毛纺织业的需要而大增。

十字军东征以后，欧洲人对东方的农业生产技术有了较多的了解，水稻、甘蔗、棉花被引进欧洲。作为欧洲传统作物之一的葡萄在中世纪进一步发展，葡萄酿酒技术已比较成熟。

事实上，现代技术文明是在工业革命前漫长的历史时期逐渐建立起来的。在中世纪的这段时期，技术的发展并没有停滞不前，而是孕育了 18 世纪末工业大发明的萌芽。

（二）中世纪的科学发展

复苏时期的农业、手工业技术进步和城市经济政治的兴起为近代科学在欧洲的诞生奠定了基础。11—13 世纪，学术活动的复活使欧洲文化有了生气。翻译古代著作的重要时期是从基督教徒十字军向西班牙穆斯林的西征开始的。他们在 11 世纪末占领了托莱多，并把它变成了一个基督教大主教的教区，那里成了学者们相互影响的重要地区。正是十字军东征，伊斯兰科学文化的引进，才给沉闷的欧洲点燃了火把，推动了社会的发展和科学文化的进步。

12 世纪后，古希腊的科学思想以及中世纪阿拉伯的科学成就在欧洲日益传播。通过翻译活动，欧洲人恢复了大部分古代科学和伊斯兰世界的科学成就。到 1200 年，所谓的“西方”传统已开始在西欧形成。到了 13 世纪，欧洲人开始消化吸收古代和伊斯兰的科学和哲学传统。这种吸收过程就是使基督教世界观与亚里士多德的希腊传统协调一致。中世纪并非全是黑暗时代，11 世纪后开始进入复苏时期。但从整体来看，大部分科学基本处于恢复状态。主要的科学进展表现在以下几个方面。

1. 地理学

在 1271—1295 年，意大利人马可·波罗花了 24 年时间在中国与亚洲游历，归国后写了《马可·波罗游记》，在地理大发现的历史上发挥了极大作用，成为许多著名地理学家和航海家手边的必读之物。

2. 医学

中世纪后期，欧洲许多城市建立了大学。14 世纪时著名的医学学校有萨勒诺、柏龙拉、巴丢阿、蒙派尔、巴黎，这些大学为中世纪欧洲医学发展起了推动作用。中世纪的欧洲，两种医疗方法十分流行——“尿诊术”和“放血疗法”。“尿诊法”促进了人们对尿液的科学研究，“放血疗法”也包含了一定的科学原理。

3. 数学

在中世纪初期，数学在几百年的时间基本处于停滞状态。到 1100 年，随着新兴城市的出现，人们对于世俗知识的需求增加，在一些城市中开始开设非教会的学校，并在一些学校的基础上的发展为大学。意大利的波隆尼亚大学（1158 年）、法国的巴黎大学（1160 年）、英国的牛津大学（1168 年）和剑桥大学（1209 年）等大学的产生和发展，既形成了欧洲数学的中心，也是诞生数学家的摇篮。

4. 物理学

14 世纪中叶，巴黎大学校长琼·布里丹（约 1300—1360 年）为解释物体受力后之所以继续运动，提出了一个新理论——“冲力理论”。“冲力说”的早期代表是 6 世纪亚历山大里亚的一个学者约翰·斐劳波诺斯。他认为上帝创世之初就赋予天体一种不随时间消逝的“冲力”，这种冲力可以维持物体永远运动下去。后来，牛津大学的威廉·奥卡姆根据磁棒可以使一块铁动起来而不碰到它，认为真空是可以存在的，从而支持冲力说。布里丹把冲力定义为“物体的质量与速度的乘积”，这是最早的动量概念。布里丹应用“冲力说”，把天体运动和地面上物体的运动合在一起；冲力暗含着力改变运动而不单是维持运动的想法；冲力概念把作用力从媒质转移到运动物体上，从而又使人能考虑没有媒质的真空。这三点使布里丹成为现代动力学的奠基人之一。

另外，中世纪欧洲物理学家在几何光学方面建立了比较坚实的理论基础。因为欧洲人可以直接从古希腊人和阿拉伯人的著作中吸收光学知识，所以到 1200 年，光学上的一些基本定律如直线行进、反射定律、折射定律都为欧洲人熟知。还有关于球面镜和抛物面镜的知识，球面像差，针孔照相机，透镜的用途，眼镜的功能，大气折射现象，放大视像，这些都从阿拉伯人那里传到了欧洲。欧洲的物理学家继续把光学推向前进。其中罗吉尔·培根的工作较为突出，他所从事的科学实验工作，大多是光学的内容，有不少光学实验是根据阿尔·海兹恩的著作进行的。他还通过实验证明了彩虹是太阳光照射空气中的水珠而形成的自然现象，并非上帝所造。同时，欧洲物理学家还根据光被透镜折射的知识，定出了一些透镜的焦距，研究了透镜的组合，提出用透镜组合放大视像的意见。他们改进了解释虹彩的理论。13 世纪中叶，玻璃镜的制造完善了。罗吉尔·培根通过研究光在眼睛中的折射规律，发现了凸透镜对恢复人的视力有着重要作用，他的这项成果促进了眼镜的诞生。从 1299 年起有了眼镜。维特罗观察到光在折射下的散射现象(他让白光通过六角形晶体，产生出有色光)。他又引导光通过一碗水来研究彩虹,注意到光通过一碗水射出后出现彩虹中的颜色。由于欧洲物理学家的努力,光学成为一门重要的物理科学。

同时,罗吉尔·培根研究的范围十分广泛,不仅研究“实验科学”的新学科,还包括天象、闪电、炼金术、火药、显微观察等。罗吉尔·培根也像炼金术士一样,曾企图寻找能使一切金属变为黄金的“哲人之石”,从中也取得了许多有价值的科学实验成就。他还介绍了许多外国的自然科学知识和发明,如在 1249 年的一封信中,他提到了火药。他还曾设想过动力驱动的自行车、船、飞机等。

三、阿拉伯的科学技术

(一) 兴起

生活在阿拉伯半岛的阿拉伯人,直到公元 5 世纪还过着部落游牧生活,从 6 世纪后期开始,阿拉伯人在伊斯兰教的名义下逐渐组织起来,形成一股政教合一的势力。经过不断的征战,至 8 世纪,他们的势力已囊括中东、北非以及西南欧洲地区,成为独据一方的强大帝国,其文化事业开始兴盛起来。他们从波斯、拜占庭那里获得许多希腊书籍,在首都巴格达广泛收集和整理古希腊文献;他们广泛地从希腊语、波斯语、叙利亚语翻译希腊科学著作,也从梵文翻译印度的科学和医学著作。这一翻译运动不仅使阿拉伯人很快掌握了最先进的科学知识,也为进一步的科学创造打下了基础。正当学术在西欧中世纪被人遗忘之际,阿拉伯人却迎来了学术的黄金时代。

(二) 主要贡献

阿拉伯人在科学技术上的成就主要表现在数学、天文学、医学、物理学和炼金术等方面。他们在数学上的一大贡献就是把古印度人的十进位值制记数法传遍欧洲,后来在欧洲演变成现今世界上通用的“阿拉伯记数法”;阿拉伯人在代数学方面有很好的成绩,研究了许多代数方程的解法;他们还把三角学看作是数学的一个分支来研究,证明了许多三角学的基本公式,为三角学的建立与发展奠定了基础。

在天文学方面,阿拉伯人在吸收印度和波斯人成果的基础上,通过天文观测,对托勒密体系进一步完善。他们还编制许多天文表和星图,在西方也很有影响。在医学方面,阿拉伯人广泛地吸收了希腊、印度和中国的医学知识,建立了有自己特色的医学体系,有许多著名的医学家和医学著作。9—10 世纪间的拉齐据说有 100 种医学著作,他最重要的著作《医学集成》很早就被译成拉丁文在欧洲流传;10—11 世纪间的伊本·森纳的《医典》是阿拉伯医学的一部百科全书,既论述了卫生学、生理学和药物学，又记载了大量临床实例。在17世纪以前一直是西欧医科学校的教科书和主要参考书。这部著作对后来欧洲近代医学的初期发展起了奠基性作用，伊本·森纳亦被誉为“医学之王”。

在物理学方面，阿拉伯人在光学上的工作最为突出，10—11世纪间的伊本·海赛木的《光学》一书是古代物理学最重要的著作之一。该书问世后不久即传入欧洲，成为其后相当长时期内光学著作的蓝本。

阿拉伯人的炼金术是在吸收希腊和中国的炼金（丹）术之后才开始的，他们很重视定量研究，并有使它向实用化学发展的趋势。该技术后来传入欧洲，对近代化学在欧洲的产生有重要影响。

虽然古代阿拉伯人的科学文化繁荣只经历不长的历史时间，它的历史进程又被打断了，但对于他们此前几乎是一无所有的状态，到短暂时间之内其科学技术能达到如此高的水平，堪称是科学技术发展史上的一个奇迹。

（三）历史命运

从历史的发展进程上看，正是在古希腊的学术几乎已被欧洲人所遗忘、大量典篇散失殆尽之时，阿拉伯人却强盛起来，并有意识、有组织地致力于收集和翻译古希腊文献，使这些宝贵的典籍资料能在阿拉伯人的手中得以保存和延续下来。就在阿拉伯文明开始衰退之际，欧洲则从11世纪开始，掀起了学术的复兴运动。在十字军东征中，欧洲人从东方带回了阿拉伯的科学、中国人的四大发明、希腊人的自然哲学文献，在12世纪掀起了翻译阿拉伯文献的热潮。欧洲人像当年阿拉伯人吸取古希腊文献一样学习和研究阿拉伯文献，大约到13世纪，古希腊的学术思想大体上已为欧洲人所知。从此，欧洲人的眼界大开，为后来的文艺复兴和近代科学的产生打下了良好的思想理论基础。因此，从一定意义上来看，阿拉伯人是希腊科学文化遗产的传承者，是希腊思想和西方近代文明的中介，是西方近代科学文明的秘密所在。

拓展阅读

1. 高奇等．走进中国科技殿堂［M］．山东：山东大学出版社，2005.
2. ［英］丹皮尔．科学史［M］．李珩译．北京：商务印书馆，1995.
3. 世界中世纪科技史．http://www.lantianyu.net/pdf32/ts041031_2.htm.

思考题

1. 简述工具的制造和火的使用过程及其对人类文明发展的重要作用。

2. 简述古代中国的科学技术成就及其对世界科学技术发展的贡献。
3. 简述古希腊的科学技术成就。
4. 简述古代阿拉伯的科学技术成就及其对世界科学技术发展的贡献。
5. 试比较古代中国自然观与古希腊自然观的异同。

第二章　近代科学技术的形成

从16世纪到19世纪末约400年是近代科学技术的发展时期。在此之前，从5世纪西罗马帝国灭亡到15世纪意大利文艺复兴1 000多年称为中世纪。但是，中世纪也并非一片空白，特别是中世纪后期，工艺的改革、技术的进步、生产的提高、学术的复苏，为资产阶级登上历史舞台准备了条件。随之而来的地理大发现和文艺复兴则为近代科学的诞生铺平了道路。从此，近代科学技术在资本主义生产发展的推动下以惊人的速度前进，经过一批批科学家和几代人的不懈努力，到19世纪末期已获得全面发展，极大地改变了整个人类的历史进程和社会面貌。

第一节　近代科学诞生的社会基础

长达1 000年的中世纪是欧洲封建制的建立、发展和衰落时期。从5世纪到11世纪为中世纪前期。这一时期，自给自足的庄园经济是社会经济的基本形式，农业、手工业不发达，商品流通缓慢，城市萧条。然而，基督教会却在这几百年间迅速发展，形成最大的封建领主和最有权威的政治势力，宗教神学主宰着意识形态领域，控制着人们的思想和精神，科学成为神学的婢女，史称“黑暗”的年代。

自欧洲封建制度建立以后，生产技术缓慢地有所进展，到了11世纪，生产力有了明显提高，经济得到相当程度的发展，手工业逐渐从农业中分离出来，商品交换渐趋活跃，城市重新有了活力。从11世纪末到13世纪末，西欧封建领主和教会为扩大势力，以保护基督教为名，组织十字军，先后向东地中海一带发动八次侵略远征，这就是历史上有名的十字军东征。东征使各国人民蒙受了战争带来的巨大灾难和损失，但是它在客观上却促进了东西方的物质和科学文化交流。因为十字军东征为欧洲带来了东方先进的手工业技术、农业技术和科学知识尤其是阿拉伯文化和中国古代的四大技术发明（指南针、造纸术、火药、印刷术），十字军还从阿拉伯带回了一些古希腊自然哲学的经典著作，当时欧洲人进行了大量的翻译工作，这些都使得欧洲的科学技术面貌发生了很大改观。因此，中世纪后期，由于中国古代四大发明和东方的其他一些先进技术传入欧洲，大大促进了欧洲生产技术的进步。

另外，航海探险和地理大发现也为欧洲的中世纪腾飞准备了条件。14—15世纪，标志着资本主义生产方式诞生的手工业工场出现了，广泛采用了各种机械，生产规模的扩大使经济迅速发展，经营工商业的市民阶层富了起来，开始了原始积累，资产阶级逐渐形成。由于新兴资产阶级已不满足于封建社会所留下的狭小市场和原料供应地，迫切要求扩大海外贸易，以寻求更多的财富。因此，航海探险事业应运而生，并形成一股热潮。其中最著名的几次远航探险活动是：1492 年意大利人哥伦布率领船队横渡大西洋，发现美洲新大陆；1497 年葡萄牙人达伽马绕非洲好望角航行，开辟第一条由欧洲经非洲通往亚洲印度的新航线；1519—1522 年，葡萄牙人麦哲伦的船队实现了环球航行，确证了地球为圆形。

航海探险和由其导致的地理大发现对欧洲的社会和科学技术发展产生了极大的促进作用。一方面，它为欧洲人开拓了市场，给他们带来了更多的财富，加速了资本的积累。另一方面，远航探险的需要，刺激了造船业、冶金业、枪炮制造业以及各种出口产品工业的发展和技术的改革，同时推动了天文学、地理学、物理学、生物学和数学的发展。另外，从狭小的欧洲大陆和地中海域进入广阔的大洋和大陆，使欧洲人扩大了视野，丰富了他们的知识，启发了他们的思想，激励着他们去从事科学研究工作。随着航海而来的科学探险、科学旅行和各种科学考察活动意味着近代科学开始登场。

一、中世纪后期欧洲学术的复兴

从 11 世纪开始，欧洲进入了中世纪的鼎盛期，除了前面提到的欧洲中世纪科学技术的成就之外，在思想上也为近代科学的产生奠定了基础，突出地表现在罗吉尔·培根的工作上。

罗吉尔·培根曾就读于牛津大学和巴黎大学，并曾在这两校任教，他认真钻研古希腊和阿拉伯著作，深知前人的学说又强烈反对盲目崇拜权威。他非常重视经验在知识体系中的地位，认为经验科学是高于其他科学的、唯一可以提供确定性的、能够认识现象原因的科学。

罗吉尔·培根积极主张并且从事科学实验活动，认为观察和实验才是获得真知的唯一方法。罗吉尔·培根的实验科学观点对自然科学的发展影响极大，从他开始，实验科学开始逐渐发展起来，并很快成为科学研究的重要方面。他积极倡导科学实验，认为实验方法远胜于思辨方法。因此，尽管中世纪的物理学本身的成就并不突出，但可以认为是近代物理学的思想方法的萌芽时期。

罗吉尔·培根十分重视对数学的研究。他认为数学对于人的教育和训练是有力的工具，也是研究其他学科的必不可少的基础知识。他认为要了解经验就不能离开数学，只有运用数学才能发现和表达可靠无误的真理，他指出："数学是科学大门的钥匙”,数学应先于逻辑,而逻辑必须依靠数学。培根这种“实验—数学”思想萌芽在他的著作中更是明确地表达出来。尽管培根的这些见解超越时代太远了,并不为当时多数人所理解,更为宗教所不容,他也因此被投入牢狱达 14 年之久。但是,他的思想代表着对中世纪窒息科学的反叛,表明新的科学思想和科学方法已在欧洲的土地上萌生。仅此而言,罗吉尔·培根堪称近代实验科学方法的先驱。

中世纪欧洲的物理学成就虽然不多,而且当时的学术工作有很多缺点:思想不分明,神秘主义,教条主义,以及咬文嚼字地引述权威著作。但是,运用实验方法和归纳法获得一般原理和科学规律,已经开始成为知识的重要来源。这无疑可以看作是中世纪欧洲物理学家为经典物理学的诞生做出的重要贡献。

除此之外,大学的出现和经院哲学对逻辑理性的强调都为欧洲中世纪的学术复兴准备了直接或间接的条件。

二、新兴城市的兴起

西欧中世纪早期,由于北欧人的入侵,各地战事不断,社会生活动荡不安,世俗文化遭遇摧残。但是从公元 11 世纪开始,战乱渐止,西欧社会逐步稳定下来,进而在经济和文化等方面得到初步的恢复,在农业发展的基础上,纺织业、采矿、冶炼、金属制造业和建筑业开始兴起。手工业者由于受到农村封建主的剥削与压榨,纷纷迁移到人员流动量大的交通要地或要塞居住并从事贸易活动。于是,自治城市逐渐在手工业者和商人聚集、商品交换活动活跃的地区出现。在这种自治城市中,手工业者和商人组成的市民阶层逐渐占到城市人口的绝大部分,城市市民阶层逐步形成,并进而发展为城市的主体。通过和教会势力、封建领主势力的长期斗争,市民阶层逐渐获得了城市的管理权。自治城市的出现,为大学的产生提供了适宜的土壤。因为:

第一,自治城市的地理位置为学术交流提供了便利的空间条件和经济基础。自治城市多处于交通要道或商业水陆要冲,人员流动量大,商业活动发达。人员流动量大,为各类人员包括大批学者的来往和聚集提供交流的空间。商业活动的发达促进了社会财富的聚集。富裕的城市为大学的产生以及大批学者的游学奠定了扎实的经济基础。

第二,自治城市的管理产生了对专业管理人员的现实需求。在 11~12 世纪,随着工商业的发展、自治城市的出现以及国际贸易的日益活跃,新兴的工商业者对教育提出了更高的要求,教会学校已无法满足世俗社会的需要。自治城市由市民阶层管理,管理好城市这个新兴的社会组织形态也亟须通过教育活动培养一批城市管理人员。另外,与教会势力、封建领主的斗争,自治城市的发展和社会分工的进一步分化和复杂化，也对大学的产生提出了现实需要。经院哲学日趋混乱，一些老牌的修道院威信扫地，在这种情况下，一些世俗的各种类型的公立或私立学校如雨后春笋般涌现出来。这些学校的兴起，标志着欧洲中世纪科技教育的发展。

因此，新型城市的兴起为大学的出现提供了现实的基础。

三、大学的出现

随着生产的发展、城市的兴起，在欧洲逐渐形成了作为资产阶级前身的市民阶层，人们对于世俗知识的渴求越来越强烈，于是出现了一些世俗学校，以此为基础出现了一批大学，如意大利的博隆尼大学(1088 年)、法国的巴黎大学(1160 年)、英国的牛津大学 (1168 年) 和剑桥大学 (1209 年) 等。虽然神学仍是这些大学中讲授的重要内容，但是医学、自然科学知识的传授开始进入大学讲坛，满足了人们追求世俗知识的需要，成为具有近代精神的欧洲学术活动中心。

11 世纪后期，意大利博隆尼的法律学校改造成为一所多学科性的学校，成为中世纪时期的第一所大学。随后在欧洲各地相继出现了许多大学。到 13 世纪，欧洲已有 5 所名牌大学，除巴黎大学、牛津大学和剑桥大学以外，还有奥尔良大学、昂热大学。这些大学开设的课程，有的偏重于人文科学，有的偏重于自然科学。1229 年建立的牛津大学，到 14 世纪已经发展到几千人的规模。据统计，到了 15 世纪末，整个西欧已有 80 所大学。

如上所述，城市的出现为大学的出现准备了现实基础，从大学自身的发展来看，以下方面为大学产生准备了内部条件：

首先，经院哲学的发展为大学的形成产生了积极的推动作用。随着生产力的发展和社会经济结构、政治格局的不断分解变化，代表各种不同阶层和不同利益的神职人员、哲学家对“圣经”的阐释和理解也出现了较大的分歧，从而对“教父哲学”和原始基督教基本教义产生了疑问，掀起了多次大规模的辩论活动。辩论活动进一步动摇了基督教神学不可侵犯的理论基础，拓宽了人们的视野，启发和促使学者以一种更加理智的眼光和更为科学的思维方式对自然、对社会、对神学进行深入的思考和探索。同时，在一些哲学问题辩论的中心，汇集了大批来自西欧和其他地区的学者，其中一些比较著名的学者还各自设立了讲学机构，招纳弟子，传播自己的学术思想和观点。这样的讲学机构，为大学的产生和发展奠定了坚实的学术基础。

其次，阿拉伯帝国的向西扩张和“十字军”东征，也为大学的产生提供了文化基础，“十字军”东征带回的大量集中翻译的文化作品，促进了古希腊、古罗马文化的广泛传播，使社会文化进入快速发展期，大批自由的游历学者活动频繁。到12世纪初，亚里士多德有关形而上学、逻辑学、自然哲学和伦理学等方面的著作逐渐被介绍到西欧，东方的几何、天文，古希腊的欧几里得的几何学，阿拉伯世界的算术、代数、几何、三角、医学等著作，也几乎全部被翻译成拉丁文，介绍到西欧。在东西方文化的传播与交流中，西欧逐渐形成了许多的学术研究中心。这些学术研究中心的形成，也对大学的产生起到了直接的推动作用。因此，欧洲大学体制的确立不但是受到内在发展与外来学术这两方面的刺激，更有邻国文明的先进体制提供示范作用①。

大学的师资也是中世纪大学蓬勃发展的一个重要原因。当时的教会具有国教地位，与世俗权力密切结合，由于出现了一些违背基督教基本宗旨的现象，教会内部一些有识之士开始挑战政教合一的体制，他们创办修会，不沾染世俗的权位，潜心修学，在大学教书，成为推动大学学术发展的重要力量。虽然大学的发展引起了教会的恐慌，但大学最终还是冲破重重阻力而生存下来，为中世纪晚期的欧洲社会注入了新的活力，从而确保了欧洲文明在中世纪的持续繁荣。进一步地大学的发展为职业科学家队伍、专业化分工准备了必要的条件。

综上，尽管大学产生之初，难免显得散漫和混乱，但却在系统地培养人才和开辟学术研究阵地等方面做出了重大的贡献，在客观上传播和普及了有用的知识，唤起了人们的理性思维欲求，为后来的欧洲科学技术的起飞准备了条件。

四、文艺复兴与宗教改革运动

（一）文艺复兴运动

14—16世纪，欧洲新兴资产阶级为维护资本主义经济利益，在意识形态领域发动了一场反对宗教神学的思想文化运动。因为这一运动是以复兴古希腊文化和艺术为旗帜，故称文艺复兴运动。但它绝非只是简单地复兴古典文化，而是新时代思想的启蒙。在这场运动中，一批适应时代潮流的知识分子宣扬人性、批判神性，提倡人权、鄙薄神权，歌颂世俗、蔑视天堂，崇尚理性、摒弃神启，鼓吹个性解放、反对宗教桎梏，主张把人从神的控制下解放出来，坚持尊人爱人的人文主义中心思想，用人道反对神道，以承认情欲来反对禁欲主义。其结果是直接导致欧洲文化的繁荣，在历史上产生了相当积极的进步作用。其主要意义可归结为以下三点：

1. 推动了西欧各国的宗教改革，打击了罗马教会的权威，冲破了神学的桎梏，解放了人们的思想，为近代科学的崛起营造了民主的学术氛围，并提供了唯物主义的认识方法。

---

① 陈方正．继承与叛逆[M]．北京：生活·读书·新知三联书店，2010：396.

2. 大批希腊的古典著作和优秀思想得以进一步传扬，鼓起了人们彻底摆脱传统观念而倡导理性思考的勇气，给近代科学的诞生提供了丰富的思想养料。

3. 涌现了一大批文学家、艺术家和思想家。他们当中不乏在自然科学和工程技术方面同时做出重要贡献的伟大人物，他们的科学精神和科学思想直接为近代科学的诞生作了必要的思想准备。

在一大批时代英雄中，意大利的达·芬奇是最杰出的代表。达·芬奇有着超乎寻常的才智，科学研究涉及了众多的学科领域，因此他既是科学家、哲学家、画家，又是工程师、建筑师。在绘画上，他留下了《蒙娜丽莎》和《最后的晚餐》等不朽名作；在科学上，他研究过光的入射和反射以及水波、声波的传播规律等；在技术上，他发明、设计过纺车、挖洞机、起草机等机械。他不仅重视实践，而且重视理论，他尤其崇尚实验和数学，深知定量的实验在科学方法上的重要性，认为“科学始于实验，终于数学”。他的科学成就代表了那个时代生气勃勃的思想和精神，新的科学思想和科学方法正是在这种氛围中孕育的，于是近代科学的崛起也就成为必然发生的大事件。

（二）宗教改革运动

随着西欧商品经济和资本主义的发展，天主教会逐渐成为资本主义发展的最大障碍。由于天主教会的日益腐败，不仅向全体居民征收什一税，还到各国出售赎罪券，使各国的白银大量流入罗马，不仅影响了人民生活水平，更严重阻碍了资本主义的发展。到文艺复兴晚期，教会更是变得极度腐败，作为神职机构的教会已经变得与其职责极为不符，甚至是可以形容为腐败变质，所以改革教会的呼声越来越高。这是各国宗教改革的根本原因。

1517 年，为反对教皇兜售赎罪券，德意志维登堡大学神学教授马丁·路德以学术争论的方式，在维登堡城堡大教堂的大门上张贴了“欢迎辩论”的《九十五条论纲》。路德明确断言《圣经》的权威至上，否认教皇权威；教皇不是《圣经》的最后解释人，每个信徒都可以直接与上帝相通，无需神职人员作为中介，即“因信称义”的原则。他还提出了简化宗教仪式，驱逐大主教会势力的主张。1520 年，路德公开发起宗教改革，建议组织不受罗马教廷控制的民族教会，号召把教会的土地收归国有，不再向罗马输送钱财。

宗教改革后，一些诸侯国成为路德派新教国家，同天主教诸侯抗衡。到 16 世纪 50 年代，双方缔结条约，确立了“教随国定”的原则，即各诸侯国有权决定自己臣民的信仰。路德创立的新教派不仅在德意志的广大地区取得了合法地位，而且传播到德意志以外的一些地区。

不管各国宗教改革的具体情况如何，它们的共同点都是反对当时罗马腐败的天主教会。因此，宗教改革的历史意义有以下三个方面：

1. 它是一场在宗教外衣掩饰下发动的反对封建统治和罗马教会的政治运动,其结果打击了西欧的封建势力,有利于资本主义的发展,间接地推动了近代科学的发展。科学社会学家默顿曾对此予以关注,并将此概括为宗教对科学产生的“始料未及”的后果。①

2. 它摧毁了天主教会的精神独裁,传播了资产阶级的意识形态,促进了西欧各国的民族文化和教育事业的发展。为即将到来的资产阶级革命作了思想意识准备。

3. 宗教改革之后的清教主义的价值观对近代科学的价值观的影响也是不容忽视的,默顿在《十七世纪英格兰的科学、技术与社会》一书中指出,清教主义的价值观对近代科学的价值取向起到了引导的作用,并进行了较为深入的探讨和论证。②

第二节 近代科学技术革命的进程

地理大发现、文艺复兴、宗教改革、大学的出现为近代科学的诞生创造了必要的外部条件,但它们不能代替自然科学本身的推动。自然科学要取得独立生存的权利,还要具有产生和发展的内部条件,还必须进行自身的革命。16 世纪中叶,一场酝酿已久的科学革命开始了,近代科学就在这场伟大的革命中诞生。

第一次技术革命又称第一次工业革命,以蒸汽机的发明和广泛使用为主要标志,是使生产力空前发展的一场巨大的社会变革。

一、近代科学的奠基

(一) 哥白尼革命

1543 年,波兰天文学家哥白尼的不朽著作《天体运行论》问世,这是自然科学从神学中解放出来的独立宣言,它奏响了科学革命的序曲。

哥白尼早年在波兰哥拉科夫大学学习数学和自然科学时,就对天文学产生浓厚的兴趣,学会了使用仪器观测天象。此后,他到意大利攻读法律和医学,但仍继续钻研天文学,主要研究托勒密地心体系。此间他接触了几位有思想的天文学家,受到了很大影响和启发,逐渐形成了日心说的基本观念。回到波兰后,他一面进行天文观测,一面根据观测结果修正数据,完善他的日心学说。经过 30 多年的努力,终于写成了六卷本的《天体运行论》,提出了以太阳为中心的宇

① Merton. Robert. “The Unanticipated Consequences of Purposive Action”. American Sociological Review 1(6): 894–904. *American Sociological Review*, 1936(1): 894.

② [美]默顿. 十七世纪英格兰的科学、技术与社会[M]. 范岱年,译. 北京:商务印书馆,2002.

宙日心体系。其基本观点认为:太阳是宇宙的中心,行星都绕太阳运转;地球是围绕太阳运转的一颗普通行星,本身在自转着,月球是地球的卫星,地球带着月球绕日运行,行星在太阳系中的排列次序是土、木、火、地、月、金、水，它们的绕日周期分别为 30 年、12 年、2 年、1 年、几个月,在这些行星中心的是太阳。这一学说能够比较合理地解释行星的不规则运动及其他天体运动现象,整个宇宙模型显得简洁、和谐。然而,更为重要的是,日心说把被托勒密地心说颠倒了 1 000 多年的地日关系重新颠倒过来,摧毁了地球居于宇宙中心是上帝安排的神学宇宙观,是向宗教神学的挑战。它不仅是天文学发展中的重大突破,而且是科学史上具有划时代意义的观念革命。

(二) 医学生理学革命

人体血液循环论的发现与天文学日心说革命几乎同时发生,引发了医学领域的根本性变革。比利时解剖学家维萨留斯在哥白尼出版《天体运行论》的同一年,发表了《人体的构造》一书,打破了统治西方医学界 1 000 多年的盖伦学说,给传统的医学观念以巨大的冲击,为近代医学和生理学诞生做出了不朽的贡献。在维萨留斯之后,西班牙著名医生塞尔维特继续进行血液运动方面的研究,发现了血液的心肺循环,为正确研究人体全身的血液循环过程铺平了道路。1628 年,英国医生哈维在对大量动物的心脏作解剖、实验和对胎儿血液流动进行研究的基础上,出版了《心血运动论》一书,完成了血液大循环理论。其主要内容是:血液在人体中沿着一个闭合的路线作循环运动;人体动脉和静脉的末端必定有一种微小的通道把二者沟通,才使得从右心室输出的静脉血经过肺部变为动脉血到达全身,再沿静脉回到心脏;心脏是血被循环的动力,它收缩时将血液排出,舒张时血液流入,犹如一个水泵不断推动着血液运动。哈维的血液循环学说不仅科学地描述人体的血液循环运动,解释了生命现象的生理基础,而且扫除了传统的盖伦的“肝为血液循环中心说”,使生理学成为一门真正的科学,因此他被后人誉为“近代生理学之父”。

(三) 经典力学的奠基

1. 开普勒行星理论的贡献

沿着哥白尼学说继续前进并做出突出贡献的是德国天文学家开普勒。开普勒一生崇尚真理,追求数的和谐与完美。他信仰哥白尼学说,一方面认真地做深入研究,一方面又对第谷遗留下来的大量天文观测资料进行探讨,终于发现了行星运动三定律。其内容为:第一定律——行星轨道是椭圆,太阳位于椭圆的一个焦点上,或称“轨道定律”;第二定律——在相等的时间内,行星和太阳的连线扫过椭圆的面积相等,或称“面积定律”;第三定律——任何两行星公转周期的平方同轨道长半轴的立方成正比,或称“周期定律”。开普勒的行星理论把哥白尼日心说向前推进了一大步，并把它放在力学系统中加以考察，为后来牛顿建立万有引力定律和经典力学体系奠定了基础。

2. 伽利略的最后奠基

伽利略是经典力学的奠基人，也是近代科学方法的创立者，他为近代科学的建立做出了具有划时代意义的贡献。伽利略 1564 年生于意大利比萨，在比萨大学学习时，就对数学十分着迷。此后，他开始倾心研究欧几里得几何学和阿基米德物理学，很快便取得一系列成就。在科学成果方面，伽利略的贡献主要是天文学和物理学，在科学研究方法上，伽利略的贡献则在于把实验提高到真正的科学水平，又将实验方法与数学方法成功地结合起来。

在天文学上，伽利略于 1609 年制成世界上第一架天文望远镜，并首先把它指向星空，由此发现了月球、金星、太阳等天体上一系列肉眼观察不到而前所未知的天文现象，大大开阔了人们认识自然的眼界。伽利略把上述发现写成《星际信使》一书，后来又发表《关于托勒密和哥白尼两大世界体系的对话》，为哥白尼学说的传播和发展提供了科学论证。

在物理学上，伽利略的主要成就是发现了著名的自由落体定律、惯性原理和抛射体的运动规律，并深入研究过摆的等时性运动，取得了颇有价值的成果，所有这些都为经典力学的创立奠定了基础。

在科学研究方法上，伽利略一方面将实验对象和操作过程加以理想化，通过人为的控制减少非必要因素的干扰，使自然过程更加纯化，从而创立了真正的科学实验方法，另一方面在把实验方法与数学方法二者的结合中，他尤其注重分析过程，使对自然界的认识更加深化、精确，同时他对数学赋予了确定的物理意义，使实验数学方法更加成熟、完善，成为科学家们追求的工作目标和工作方法。由于伽利略为近代科学的创立做出了奠基性贡献，因此他被尊称为“近代科学之父”。

二、科学典范的确立

（一）科学体系的建立

1. 万有引力定律的发现

开普勒行星运动三定律的发现，打破了天体必然作等速正圆运动的观念，使哥白尼学说更为简洁，太阳系的空间形态基本得到澄清。但是它只解决了天体运动学方面的问题，而没有回答动力学方面的问题。因此，开普勒之后相继有荷兰物理学家惠更斯、英国物理学家胡克、英国天文学家哈雷等人对行星运动的原因作了深入的研究，并且提出了向心力公式和引力的平方反比关系，这对牛顿后来建立万有引力定律起到了至关重要的作用。

牛顿是英国著名的物理学家和数学家，科学史上划时代的人物。当他还在剑桥大学三一学院学习时，就开始对力学和光学进行研究。毕业后，他将研究推向深入。1665—1666 年，他独立发现了地球与月球间的引力与其距离平方成反比的关系，并把这种引力推广至太阳系。牛顿认为太阳系中任何两个天体间存在着相互吸引的作用力，并且这一引力也存在于地面的任何两个物体之间，称为万有引力。牛顿指出，这一引力的大小不仅与物体间的距离平方成反比，而且与两物体的质量的乘积成正比，这就是万有引力定律。根据万有引力定律，牛顿重新推算出开普勒三定律，证明天体在这一引力作用下的运动的确遵循开普勒定律，万有引力是维持太阳系“秩序”的动力学原因。

发现万有引力定律的科学意义在于该引力理论把天上的和地球上的物体所作的机械运动统一起来，透过不同的现象看到了相同的本质，将人类对力学的研究提高到一个新的水平。

2. 运动三定律的提出

运动三定律的提出，也是牛顿在力学上的一项伟大贡献。运动第一定律即惯性定律，是牛顿在继承伽利略和笛卡尔工作成果的基础上，加以发展和完善而成的，运动第二定律即动量定理的微分表述，也是在伽利略研究的基础上，进一步弄清了质点动量的时间变化率与施于该质点的力的关系，建立的数学表达式。运动第三定律即作用力与反作用力定律，是由惠更斯等人发现的，牛顿则进行了深入的研究并加以概括而建立的。最后，牛顿将这三个定律归结为一个整体，成为动力学的基石。

可见，万有引力定律和运动三定律的发现既有前人奠定的基础，又有牛顿的深入观察、实验和理论概括，既有众多科学家艰苦的劳动，又有牛顿广泛利用人类已有的智慧和成果，经过辛勤工作所付出的心血。这正如牛顿自己在临终时所说的话“如果我比别人看得远一些，那是因为我站在巨人们的肩膀上。”

1687 年牛顿出版了代表他科学思想和科学成就顶峰的巨著《自然哲学的数学原理》，这是科学史上一部重要的文献。在该书中，牛顿把过去人们一向认为互不相关的地上物体运动规律和天上物体运动规律及自然界中一切力学现象都概括在一个以空间、时间、质量和力为基础，以运动三定律为核心，以万有引力定律为综合，用微积分作为数学工具来描述的完整的、普遍的、严密的经典力学理论体系之中，实现了物理学史上也是科学史上第一次大综合，成为科学革命的一座历史丰碑。

（二）科学方法的使用

1. 伽利略的数学与实验相结合

从伽利略开始出现了学科意识。在伽利略的研究成果得到公认之前，物理学以至整个自然科学是基本上包含在自然哲学之中，没有完全取得自己的独立地位。当时，哲学家们被束缚在神学和亚里士多德教条的框框里。伽利略敢于向传统的权威思想挑战，不再陷于思辨，而是先观察自然现象，由此探索自然规律。他摒弃神学的宇宙观，认为世界是一个有秩序地服从简单规律的整体，要了解大自然，就必须进行系统的实验定量观测，找出它的精确的数量关系。

在这一思想观念的指引下，伽利略倡导了数学与实验相结合的研究方法。这种研究方法是他在科学上取得伟大成就的源泉，也是他对近代科学的最重要贡献之一。也因此伽利略被誉为“近代科学方法的奠基人”。尽管用数学方法研究物理问题，公元前 3 世纪的阿基米德就已经开始了，包括 14 世纪的牛津学派和巴黎学派以及 15、16 世纪的意大利学术界，在这方面都有一定成就，但他们并未真正将实验方法放在首位，并真正付诸实践得出科学规律。伽利略进行科学实验的目的主要是为了检验一个科学假设是否正确，而不是盲目地收集资料，归纳事实。伽利略不但亲自设计和演示过许多实验，而且亲自研制出不少实验仪器。他的工艺知识丰富，制作技术精湛，他所创制的许多实验仪器在当时及对后世都很有影响，比如浮力天平、温度计、望远镜。因此，他是科学革命的先驱，也可以说是“近代科学之父”。

2. 培根的实验归纳法

弗兰西斯·培根（Francis Bacon，1561–1626 年）是英国经验主义的代表，他在文艺复兴时期的巨人中被尊称为哲学史和科学史上划时代的人物。马克思称他是“英国唯物主义和整个现代实验科学的真正始祖”，他第一个提出“知识就是力量”。培根极力批判经院哲学和神学权威。他还进一步揭露了人类认识产生谬误的根源，提出了著名的“四假相说”，他主张科学理论与科学技术相辅相成。他主张打破“偶像”，铲除各种偏见和幻想，他提出“真理是时间的女儿而不是权威的女儿”，对经院哲学进行了有力的攻击。培根的科学方法论以实验定性和归纳为主，培根的归纳法集中体现在他的《新工具》一书中。他批判了亚里士多德以及后来经院哲学中对演绎法的过分依赖，认为三段论不能给人以新知识，新的科学工具就是实验和归纳。认为科学知识是经过证明了的知识，理论的基础、原始的概念和命题是依靠经验得出来的，从经验上升到理论是一个逐步上升的过程。

培根被称为“科学方法的哲学代言人”，虽然他并非科学家，也几乎没有进行过真正的科学实验，但他是近代哲学史上首先提出经验论原则的哲学家。他重视感觉经验和归纳逻辑在认识过程中的作用，开创了以经验为手段研究自然界的经验哲学的新时代，对近代科学方法的建立起了积极的推动作用，对人类哲学史、科学史都做出了重大的历史贡献。为此，罗素尊称培根为“给科学研究程序进行逻辑组织化的先驱”。

3. 笛卡尔的数学演绎法

笛卡尔(Descartes.René,1596–1660年),法国数学家、科学家和哲学家。他的哲学与数学思想对科学产生了很大的影响。他不仅在科学领域上的成就硕果累累,在科学方法上尤其是演绎方法的影响也极其深远,人们在他的墓碑上刻下了这样一句话:“笛卡尔,欧洲文艺复兴以来,第一个为人类争取并保证理性权利的人。”

1628年,笛卡尔从巴黎移居荷兰,开始了长达20年的潜心研究和写作生涯,先后发表了许多在数学和哲学上有重大影响的论著。1634年写了《论世界》,书中总结了他在哲学、数学和许多自然科学问题上的看法。1641年出版了《形而上学的沉思》,1644年又出版了《哲学原理》等。他的著作在生前曾遭到教会指责,死后又被梵蒂冈教皇列为禁书,但这并没有阻止他的思想的传播。

笛卡尔是欧洲近代哲学的奠基人之一,黑格尔称他为“现代哲学之父”。他推崇理性,是唯理论的代表。笛卡尔的演绎法不是简单的重提古希腊的演绎法,而是认为作为演绎法的出发点的命题与数学公理相类似,是直观的可靠的真理。

笛卡尔不仅在哲学领域里开辟了一条新的道路,同时他又是勇于探索的科学家,在物理学、生理学等领域都有值得称道的创见,特别是在数学上他创立了解析几何,为微积分的创立奠定了基础,开拓了变量数学的广阔领域,从而打开了近代数学的大门,在科学史上具有划时代的意义。笛卡尔堪称17世纪欧洲哲学界和科学界最有影响的巨匠之一,被誉为“近代科学的始祖”。

4. 牛顿的科学方法

牛顿的科学方法主要体现在两方面,一方面是牛顿实现了人类认识自然及历史的第一次大飞跃和理论的大综合,另一方面是牛顿对科学方法的理解与实践。

(1) 牛顿所使用的方法。牛顿的成就堪称时代的代表,他的突出贡献是集16、17世纪科学先驱们成果的大成,建立起一个完整的力学理论体系,把天地间万物的运动规律概括在一个严密的统一理论中。这是人类认识自然的历史中第一次理论的大综合。牛顿在科学上所取得巨大成就与他的哲学思想和科学方法是密切相关的。在物理学科中伽利略的实验工作是实验物理学的开端,牛顿深受其影响。随后牛顿使作为实验科学的物理学形成一个光辉体系,同时也使科学实验方法闯入了哲学思想的殿堂。

(2) 牛顿论方法。牛顿认为从现象中可以得出科学原理,或者说科学基本原理可以从现象中导得或推出。牛顿在《自然哲学之数学原理》和《光学》两书中明确地表达他的做学问的方法,即要明白无误地区别猜测、假设和实验结果(及由此而归纳得出的结论),还有从某些假设条件下所得到的数学推导。牛顿指出,在自然科学里,应该像在数学里一样,在研究困难问题时,总是应当先用分析的方法,然后才用综合的方法。但从对演绎与归纳方法的重视程度上来看,牛顿似乎更崇尚实验,他不相信假说,也自认为从未使用过假说。

(三) 科学观念的形成

科学观念的形成主要体现在两个方面,第一方面,在这一时期形成了科学对世界的观念,即以牛顿力学为代表的机械论的自然观,在整个自然科学领域中取得了长达两百年的统治地位。第二方面是这一时期科学对自身的认识的科学观念,突出体现在科学共同体的出现。

1. 机械自然观的形成及其影响

由于牛顿创立了经典力学体系,故后人干脆将经典力学称为"牛顿力学",并出现了一股思潮:力图将力学的规律和对自然现象的说明方法推广到一切自然研究活动中去,推广到所有科学领域中去,由此产生了机械自然观。这一自然观遂成为18—19世纪自然科学中,特别是物理学中占主导地位的科学思想和认识方法。

首先,机械自然观认为,所有物体运动变化的原因都在物质外部,都是由于力的存在和作用,所以出现了在许多学科中滥用"力"这一概念的现象。例如,到19世纪40年代,当物理学已揭示了多种运动形式之间的转化,并以"能量"这一概念来量度转化中的当量关系时,有的科学家仍然用"力"的"守恒"来描述"能量",由此在科学中造成了混乱。

其次,机械自然观主张所有的运动变化只能引起量变,而不可能发生质变,机械力学是全部科学的基础,各种运动变化都可以用机械力学来说明,以致在生物学中出现了"动物是机器""人是机器"这种把高级运动形式归结为低级运动形式的生命观。最后,机械自然观还认为,人们运用牛顿运动定律可以从物体的初始运动状态,精确地推算出在此以前或以后任一时刻的运动状态,这些运动状态之间具有确定的、必然的因果联系,根据这一情况在一切自然现象中都能找到这种因果联系,建立类似力学运动的物理模型。这种决定论的因果观抹杀了自然界中存在的必然性(又叫决定性)的因果关系和偶然性(又叫随机性)的因果关系之间的区别。

总之,机械自然观的特点是把力学的规律作为说明一切自然现象的依据,用力学的尺度衡量一切自然事物,抹杀了各种运动形式之间的区别,对近代自然科学的发展产生了多方面的负面影响。

2. 科学共同体的出现

早期的科学研究大多处于零散和无组织状态。较早出现在1560年的那不勒斯的学术团体是学会和学院的成立，1651 年，梅迪奇贵族们在佛罗伦萨创立了“西芒托学院”。

弗兰西斯·培根在《新大西岛》一书中曾构想了“所罗门之宫”，作为科学家们交流和潜心研究的工作场所，人们开始意识到科学家之间进行沟通、交流与合作对于科学研究的重要性。英国著名的格雷山姆学院就是培根“所罗门之宫”的最初实践。格雷山姆是英国麦塞斯公司的老板和英国皇家交易所的创办人，他临终时把自己所有的财产奉献给科学家，建立了一所从事科学活动的学院，成为当时英国科学家自由聚会的活动中心。17 世纪中叶，英国著名的皇家学会就是在这个基础上成立的。从某种意义上说，英国皇家学会是科学共同体的雏形，它对科学的发展产生了深刻影响。[①] 自此，科学家们开始有意识地建立科学组织，同时展开交流与合作，对近代科学的发展产生了深远的影响。

三、第一次技术革命

（一）纺织机的发明

第一次技术革命又称第一次工业革命，发源于英国，从 18 世纪 60 年代开始，到 19 世纪 40 年代完成。以蒸汽机的发明和广泛使用为主要标志，是使生产力空前发展的一场巨大的社会变革。如果说，工具机的革新是工业革命的导火索，那么纺织机的发明则是工具机革新的火车头。

到 18 世纪，纺织业已成为英国工业的最重要部门，纺织技术不断改进。1733 年，兰开夏织布工人约翰 ·凯伊发明了织布用的飞梭，虽然它还只是一个机件，但已经使手工织机的效率提高了 1 倍。1764 年，织布工哈格里沃斯发明了能提高 8 倍效率的珍妮纺车。 1790 年，珍妮纺车在英国普遍推广，它使英国纺织业状况发生了根本性变化。 1768 年，阿克莱特发明水力纺纱机，这是世界上第一台“大机器”，需要很多人围着它转。紧接着，世界上第一个工厂诞生了，其规模达到 400 多人。纺织机的不断革新引发了与之相配套的一系列机器的诞生如净棉机、梳棉机、自动卷纱机、整染机等也都先后发明制造出来，实现了整个棉纺织业的机械化。

纺织工业的机械化，带动了所有工业部门的机械化，从而迎来了工业化新时代。大量新的工作机的出现，必然给动力机的变革提出了要求，于是，研制新的动力机成为机械化前进的必由之路，蒸汽机的发明和改进就在这样的历史条件下应运而生。

---

① 英国皇家学会创建于 1660 年，是由英国国王查理二世于 1662 年授予的第一个自治的学术团体，而且它还是一个注册的慈善基金机构，是世界上最古老而又从未中断过的唯一科学学会。

（二）蒸汽机的发明与革新

最早的一批蒸汽机是由巴本、塞维利等人发明的，主要解决矿井的排水问题。其工作原理都是利用蒸汽冷凝形成局部真空，而后靠大气压力做功，由此产生动力。

1690年，法国物理学家巴本在先前发明压力锅的基础上又创造性地设计了汽缸—活塞装置想用高压锅产生的高压蒸汽来推动活塞在汽缸中运动，这实质上就是一台活塞蒸汽机。但是他没能把这个设想转化为可以实际应用的现实。继巴本之后，英国工程师塞维利发明了第一台实际应用于矿井抽水的蒸汽机。与巴本的蒸汽机不同的是，它没有气缸—活塞装置，而主要靠蒸汽冷凝形成的真空，靠大气压力做功。但是这种蒸汽机的缺陷十分明显：作为抽水机，它不可能将水提得很高，因为那将需要较高的蒸汽压，而锅炉却不能安全地提供这样高压的蒸汽，并且它的热损失极大，效率很低。

1705年，英国锻工纽科门（Newcomen）综合了巴本蒸汽机和赛维利蒸汽机的优点，发明了大气压力活塞式蒸汽机。该主机采用低压蒸汽制造局部真空，靠大气压力的平衡重力动作，避免了高压蒸汽的危险性。为了提高冷凝速度，纽科门在汽缸里装了一个冷水喷射器，大大提高了热效率。另外，它还和抽水机完全分开，成为可以放在矿井上面的独立动力机。由于具有以上特点，纽科门的蒸汽机很快被普遍使用。到1712年，英国的煤场和矿场基本上都使用了这种新式蒸汽机。但是，它仍存在不少必须克服的缺点，如效率还是很低，大约为0.5%左右；体积庞大而笨重，只能作直线往复运动，使用范围受到限制。对纽科门蒸汽机进行重大改进使其能真正登上近代工业舞台的是瓦特。瓦特是英国格拉斯哥大学的一名仪器修理工。他曾到伦敦学习过仪器制造，并对物理学、化学有浓厚的兴趣和丰富的知识。

1763年，瓦特在格拉斯哥大学修理纽科门蒸汽机的过程中，集中精力研究了机器效率低的原因。由于得到该校物理学教授布莱克的帮助，具体应用了“比热”和“潜热”的理论，所以，瓦特认识到机器效率低是因为很大一部分蒸汽消耗在做无用功上，热量损失太大。经过认真思考和反复验证，他终于在1765年发明了能提高热效率的分离冷凝器，并于1769年获得专利。1776年，他成功地创制出第一台实用的瓦特蒸汽机。此后，他又将机器活塞的直线往复式运动改进为轮轴的旋转运动，而且进一步设计出双向汽缸，使机器的应用范围更广，热效率更高。至此，瓦特完成了使蒸汽机从抽水的动力机向适用于一切动力机械的万能“原动机”的转变，蒸汽机改变整个世界的时代真正到来了。因此，人们把蒸汽机的发明归功于瓦特。

（三）第一次技术革命的特点

1. 技术体系形成

机器—蒸汽机时代技术体系的形成是因为工具机的革新，带动了所有工业部门的机械化，从而促进了蒸汽机的改进。所以蒸汽机一旦获得可以实际地普遍使用的形式，便很快在各个工业部门得到广泛的应用。1800年，英国使用的蒸汽机仅300多台，共5 000多马力，到1825年就上升至15 000台，共375 000马力，猛增几十倍。1840年后，整个欧洲国家和美国都普遍推广应用了蒸汽机，无论是工厂或矿山，只要是需要动力的地方，就有蒸汽机的出现。由于在瓦特之后仍有许多人致力于提高蒸汽机效率的研究，因此蒸汽机技术不断得到改进，效率有了更大的提高。许多厂矿都只使用一台或数台大型蒸汽机去推动纺织机、鼓风机、抽水机、磨粉机等众多的工作机。蒸汽机已经成为在新兴的机器大工业中占主导地位的动力源。蒸汽动力技术的广泛应用，引起了一系列连锁反应。燃料业、冶金业、机器制造业、交通运输业和其他工业部门迅速发展，形成了一个以蒸汽动力技术为核心的近代工业技术体系。

2. 技术革新的主题由操作技术向动力技术的转移

第一次科技革命形成了以纺织业为先导，以蒸汽技术为主导的技术体系，从原来的手工业的操作技术转移到以蒸汽为动力的技术。机器大工业代替了工场手工业，进入了社会化大生产，实现了以蒸汽机的应用为标志的第一次技术革命，极大地改变着整个社会的面貌。恩格斯在总结工业革命的意义时指出“蒸汽和新的工具机把工场手工业变成了现代大工业，从而把资产阶级社会的整个基础革命化了。工场手工业时代的迟缓的发展进程：变成了生产中的真正的狂飙时期。”①

3. 科学与技术新型关系的形成

这次技术革命是以第一次科学革命的牛顿力学为基础的，造就了科学与技术的新型关系。

工业革命为科学发展和运用开辟了道路，工业革命使科学与技术成为生产过程中不可缺少的因素。生产过程成为科学的应用，技术发明成为一种职业。

第三节 近代科学的全面发展

正如其他学科一样，自古代到近代，数学在欧洲也经历了一个曲折起伏的发展过程。古希腊数学的辉煌在进入中世纪后也逐渐衰落了，在漫长的1 000

---

① 马克思恩格斯选集[M].北京：人民出版社，1972，3：301.

年中几乎谈不上有什么进展。伴随着文艺复兴运动的掀起，人们的思想得到了解放，而古希腊学术的重现和阿拉伯数学的传入又激发了人们对数学的巨大热情，数学又焕发了青春。当然，揭开数学发展新篇章的根本动力来自欧洲社会的变革、经济的进步和自然科学的新进展，特别是天文学、力学这些当时的前沿学科和航海、军事、工场手工业等各项事业发展的迫切需要。

一、近代数学的发展

（一）变量数学的产生

17 世纪是数学史上成就辉煌的时期，其主要标志是变量数学的观点、方程的产生与形成，它以解析几何和微积分为代表。法国的费马和笛卡尔分别独立地创立了解析几何。费马是一位业余数学家，但他却取得了十分突出的数学成就。他是为微积分的创立做出贡献最多的一位科学家，他和惠更斯等人一起被称为概率论的创始人，17 世纪的数论几乎是费马的世界。他在创立解析几何上所作的贡献是通过坐标系把几何曲线和代数方程联系起来，从而把几何学和代数学联系起来，并且还提出了一般的方法，但他还没有从古希腊阿波罗尼的思想方法中完全解脱出来，仍然是一种古典形式，因此显得不够成熟。对解析几何创立做出突出贡献的是著名科学家、哲学家笛卡尔。他以两个观点为基础来研究解析几何：一是把几何的点和代数的数联系起来的坐标观点；二是把有互相关联的两个未知数的任意代数方程看成平面上的一条曲线的观点，这种引入坐标和变量的观点是研究曲线方面的重大突破，不仅扩大了数学范围，而且扭转了代数对几何的从属地位。这是数学史上的一次重大变革。

微积分的创立是 17 世纪数学发展的里程碑，其奠基者是牛顿和德国数学家莱布尼茨。牛顿是由解决力学的运动问题入手，并首先从微分出发，再从变化率去解决面积、体积问题而得到微积分的。莱布尼茨则是由几何学的求积问题和求切线问题入手，并先从积分出发，自无穷小数求和开始再求微分而得到微积分的。牛顿得到微积分的时间早于莱布尼茨，但正式发表的时间却迟于莱布尼茨。牛顿的微积分是经验的、具体的，侧重于实用；而莱布尼茨的微积分是富于想象的侧重于建立一般的规则、记号和公式系统。

由于变革的引入和解析几何学的创立，特别是微积分的诞生，使常量数学迈入了变量数学领域，初等数学进入到高等数学领域。这不仅是数学内容上的重大转变，而且是数学思想和数学方法上的重大转变。还要指出的是，经过 18—19 世纪数学家的努力，以微积分为基础的分析学已成为一门严格、成熟、综合的数学分支学科。

(二) 统计数学的出现

同样产生于17世纪的概率论是研究自然界中随机现象统计规律性的一个数学分支，随着它在国民经济、工农业生产和科学技术领域的广泛应用，后来发展成一个庞大的数学分支——统计数学。

费马、帕斯卡和惠更斯等人是概率论的创立者。概率论的研究起源于考察一些有关赌博的问题。比如"掷骰子问题"，要是只掷一次，出现任一个面的点数(1~6)的可能性是一样的，即都是总次数的机会，至于实际上出现一个点数纯属偶然；但如掷的次数很多，出现某一个点数的次数就将接近1/6，掷的次数越多就越接近，这就表现为一种统计上的必然性。比例中的1/6就是掷骰子时出现某一个点数的概率。由此还说明，在大量偶然现象的背后，隐含着必然的规律。而探索这些规律正是概率论和数理统计的任务。1654年，法国数学家帕斯卡与费马通信讨论从赌博中提出的一些问题，这被看作数学史上最早的概率论文献。1657年，荷兰科学家惠更斯发表了《论赌博中的推理》一文，建立并解决了一些新问题，尽管定义仍采取赌博术语，但推广到别的场合也没有困难。同时他已经预见到，正在发展的这一新的推理和计算方能具有强大的生命力。在他们三人之后，还有伯努利、莫瓦夫尔、拉普拉斯等数学家又对概率论作了巨大的推进，终于形成了今天的现代统计数学。

(三) 非欧几何的问世

以古希腊欧几里得的《几何原本》为代表的几何学自建立以来，一直占据着几何学领域的统治地位，前后长达1 000多年。虽然17—18世纪有解析几何、画法几何与射影几何的出现，已经使得传统几何学面目一新，但是几何学领域的巨大革命当推19世纪非欧几何学的创立。欧几里得几何是从一些被认为适用于一切科学的、不证自明的公理出发，通过一系列逻辑推理和计算，阐发了许多具体的定理，从而构成了严密的几何体系。但是长久以来，人们也注意到逻辑完美的欧氏几何的第五公设存在着一些问题，并试图从其他四条公理推证出第五公设，但都没有成功。19世纪初，有三位数学家另辟蹊径，采用一条新的公理替换了第五公设，其他公理仍保持不变，并由此同样地推导出一系列定理，构成了一门新的几何学——非欧几何学。1817年德国大数学家高斯首先得到这个结果，但由于谨慎和多虑而没有发表。1823年，匈牙利数学家鲍耶得到这一成果，虽已写成文，但未及时发表便已逝世。1826年，俄国数学家罗巴切夫斯基在喀山大学首先公开发表了非欧几何的革命思想。1854年，德国数学家黎曼又发展了罗氏几何，创立了一种更为广泛的非欧几何——黎曼几何。非欧几何的面世是几何学的划时代革命，1915年爱因斯坦在广义相对论中将其作为数学工具，使人们理解了它的现实意义，从此非欧几何在数学领域中的合法地位牢固地确立起来。它所引入的新思想不仅在数学,而且在人类思想史上都产生了极其深远的影响。

二、科学化学的建立

(一) 燃素化学时期:科学化学的孕育

把化学从炼金术中解放出来而确立为一门科学的工作,是由英国化学家和物理学家波义耳完成的。其突破性的成果是给化学元素下了一个科学的定义。燃烧现象是自然界发生的最重要现象之一,人们对其本质有各种认识。18 世纪中叶前,在欧洲占统治地位的是一种“燃素说”。1777 年,法国化学家拉瓦锡在对燃烧现象进行全面研究的基础上,揭示了燃烧和空气中氧的真实联系,提出了燃烧的氧化学说。1789 年他出版了名著《化学纲要》,系统地建立了科学的氧化理论,彻底批判了燃素说。氧化说的建立揭开了人们长久未能解释的燃烧秘密,把过去在燃素说形式上倒立着的化学正立过来,使得 18 世纪某些混乱的化学思想得到了澄清和统一,为建立近代化学奠定了基础,因而被认为是一场真正的化学革命。

(二) 定量化学时期:科学化学的奠基

1. 原子—分子论的诞生

1803 年,英国化学家道尔顿引入了化学元素原子量的概念,使近代原子论真正建立起来。1808 年,他在《化学哲学的新体系》一书中正式发表了新原子论,其主要观点是:物质是由不可分割的原子组成,同一元素的所有原子在质量及性质上都相同,不同元素的原子,在质量和性质上都不相同;两种不同元素的原子以简单数目的比例相结合,就形成化学中的化合现象。新原子论能够比较好地解释一些化学现象和当时的经验定律,为化学的发展提供了理论基础。它提出后不久经过法国化学家盖·吕萨克、意大利科学家阿伏伽德罗和坎尼扎罗等人的努力,“分子”的相统一的原子量被确定下来,原子—分子论也完全建立了,化学在科学的理论基础上获得了更加迅速的发展。

2. 有机化学的兴起

有机化学是研究有机物即碳氢化合物及其衍生物的一个重要的化学分支。近代有机化学的创立是从对有机物的提纯、有机物的分析和有机合成中开始的。到 18 世纪后期,人们分离和提纯有机物的工作取得了很大成绩,加深了对有机物的认识。此后,拉瓦锡、盖·吕萨克、李比希等科学家通过对大量有机物的分析,逐步了解了它们由什么元素和以怎样比例组成,并初步写出这些有机物的化学式。

1828 年,德国化学家维勒首先用无机物合成了有机物——尿素,它表明无机物与有机物之间没有不可逾越的鸿沟，为有机化学的合成提出了方向。很快人们又相继合成了醋酸、葡萄酸、柠檬酸、苹果酸及油脂类、糖类等许多重要有机化合物。随着有机物不断出现，为了解决有机物有哪些种类，其中的各个组成部分。

为什么要以一定的比例结合以及它们是如何构成的一系列问题，促使人们又投入了对有机化合物的分类和结构理论的研究。1857年，德国化学家凯库勒受李比希和维勒提出有机化合物是由“基”组成的启示，奠定了原子价理论的基础。原子价学说揭示了各种元素化学性质上的一个重要方面，阐明了各种元素相化合时遵循的规律，大大推动了有机化合物结构理论和整个有机化学的发展。有机化学的另一个重要进展是立体有机化学理论的建立，它使有机结构理论大大向前迈进了一步。

3. 元素周期律的发现

到19世纪中叶，大量新的化学元素不断被人们发现，关于原子量的知识也积累得相当丰富，这些都为元素周期律的发现奠定了基础。

俄国化学家门捷列夫根据当时已经发现的63种化学元素，随着原子序数变化而化学性质也发生质的变化的现象，于1869年提出元素周期律，即“按照原子量的大小排列起来的元素，在性质上呈现明显的周期性”，并发表了他的第一个周期表。同年，门捷列夫在《元素属性和原子最关系》一文中论述了他的元素周期律的基本观点。1871年，他根据周期律正确地修改了8种元素的原子量，并预言了21种未知元素的存在。后来，化学家们陆续发现了一些元素的物理、化学性质与门捷列夫的预言惊人的一致，从而进一步证明了元素周期律的正确性。元素周期律的发现，揭示了各种元素之间的内在联系，是无机化学在近代发展时期中理论上所取得的最大成果，为现代无机化学奠定了基础。

三、生物学的演进

（一）分类学的发展

人与动植物是自然界中极为复杂的生物，虽然自古以来就有对生物的研究，但是生物学的发展一直较为缓慢。到了17世纪，人们所认识的物种已由古代的几百种增加到6 000多种，于是对大量物种进行一定的分类就成为人们探索的课题。17世纪产生了两种生物分类法，一种是考虑物种亲缘关系和连续性的“自然分类法”，另一种是将生物在形态上或习性上的某些特点作为分类依据的“人为分类法”。对分类学发展做出重大贡献的是18世纪的瑞典生物学家林耐。林耐青年时就担任了植物园园长，壮年时又到欧洲各国实地考察，搜集了大量植物标本，1735年他出版了主要著作《自然系统》一书，对当时已知的180 000

种植物采用人为分类法，以花的对应数目和位置作为划分植物的特征标准，把有花植物分为23纲，把无花植物总括为一纲，形成“林氏24纲”，每纲又分为目、属、种，从而建立了植物分类的体系。他还创立了生物命名的“双名法”，即无论动、植物或微生物，都用两个拉丁字表示，第一字是属名，第二字是种名，这样就澄清了以往植物名称的混乱。18世纪对生物进行分类研究的还有法国生物学家布丰，他写有30多卷的《动物自然史》巨著，对大量动物作了详细的分类。

（二）进化论的完成

“进化论”一词最早是由法国博物学家拉马克提出的。1809年他出版了《动物学哲学》，提出环境对生物进化的直接影响，如动物器官因用得过多或过少而导致进化或退化（即“用进废退”），这些后天获得的性状改变是能够遗传的（即“获得性遗传”），并逐渐形成新的物种。他的这种“用进废退”和“获得性遗传”等理论，描述了动物进化的过程，为达尔文科学进化论的完成创造了必要条件。

英国生物学家达尔文于1831年在海军勘探船上进行了历时五年的环球旅行，观察和收集了关于动植物和地质等方面的大量资料，经过综合与分析，形成了生物进化论的概念。1859年，他将几十年理论上的研究与实践上的探索所取得的成果写就了《物种起源》一书。其基本观点是：遗传变异和自然选择是物种进化的原因和条件，生物中普遍存在变异现象，而变异的发生直接来源于生活条件的变化，生物通过与环境之间，不同物种之间及种内不同个体之间的生存斗争，适者生存，不适者被淘汰，生物逐步产生新的类型或物种，从而客观进化，这样就构成了整个生物进化的图景。

达尔文的进化学说把生物领域的各门学科理论综合起来，形成统一的一门科学，第一次对整个生物界的发生、发展做出了较完整和规律性的解释，是生物学上划时代的里程碑。

（三）细胞学说的提出

17~18世纪，人们已经观察到细胞的存在并有所认识，但尚未提出关于细胞的理论。到了19世纪，随着动植物解剖学的发展，细胞学说逐渐形成。

1838年，德国植物学家施莱登发表《论植物的发生》一书，提出了植物学领域的细胞学说；1839年，德国动物学家施旺又把施莱登的植物细胞说扩大到动物界，使之成为适用于整个生物界的细胞学说。细胞学说的核心思想是：一切动物和植物有机体都是由细胞构成，都是由细胞的繁殖和分化发展而来的。每个细胞是生命的独立单位，同时又在生物机体内相互协调构成统一的整体。细胞学说的提出有力地推动了生物学的发展，生物进化论、能量守恒与转化定律一起，被恩格斯称为19世纪自然科学具有决定意义的三大发现。

四、近代天文学和地质学的探索

（一）天文学的重大发现

18~19世纪，由于望远镜等天文仪器的发展，使天文观测手段有了很大进步，取得了许多新的成就。

英国天文学家赫歇尔是这一时期在天文观测上做出重大贡献的人物。他制造过当时世界上最大的望远镜，他一生中观测、记录了3 000多颗恒星，又发现了天王星和它的两颗卫星，还发现了土星的两颗卫星。此外，他还发现了大部分双星，编制了双星表。1781年，当赫歇尔将望远镜对着星空时，注意到了一颗星的异常情况，认定它既不是一颗恒星，也不是一颗彗星。后经另一位英国天文学家麦斯克雷的观察，确认它是太阳系中的一颗新行星，即天王星。1830年，人们发现天王星的实际运行情况与根据1781年至1821年间的观测资料所编制的星表有明显差别，这表明天王星有"越轨"行为。由此推测，在天王星附近可能还有一颗未知行星，其引力干扰着天王星的运动。法国天文学家勒维耶经过计算，于1846年公布了这颗未知行星的轨道参数。三个多星期后，德国天文学家加勒根据勒维耶算出的数据果真找到了这颗星，这就是海王星。海王星的发现验证了牛顿万有引力定律的正确性。此外，天文学家还发现了小行星以及恒星的光环带等，使人类对太阳系的组成和天体的运动有了更全面的认识。

（二）太阳系起源研究关于天体乃至整个宇宙是如何形成、发展的问题，自古以来就为人们所关心并进行过探索。

在科学史上，第一位提出比较科学的太阳系起源学说的是德国著名哲学家康德。1755年，康德的《自然通史和天体论》一书问世，提出了太阳系起源的星云假说。康德认为，太阳系是由原始星云在斥力和引力作用下演化而成的。弥漫在空间的微粒构成了原始星云，由于引力的作用使微粒互相接近，大微粒吸引小微粒而凝聚成较大团块，随着团块增大，在引力最强的中心部分密度最大，并迅速生长成为原始太阳。其周围的微粒在太阳吸引下向中心体下落时，由于相互间的碰撞和斥为的作用，造成运动方向偏离，使垂直的下落运动变成回绕太阳的圆周运动，并逐渐形成一个薄盘云状物。云状物又逐渐形成几个引力中心，这些引力中心最后便凝聚成行星，同时行星又在斥为作用下自转，并分出一些物质生成较小困盘，形成卫星。因为行星是由循着圆周轨道运动的微粒所构成，所以它们自然会朝着同样的方向，以同样的速度继续作同样的运动。

由此，康德解释了行星运动具有的近圆性、共面性和同向性。虽然康德的假说偏重于哲理，也较含糊，但他能运用当时科学理论作为自己假说的基础和依据，具有相当的合理性。尽管如此，这一假说并未引起人们的注意，直到1796年，法国物理学家、数学家拉普拉斯出版《宇宙体系论》著作，独立地提出太阳系起源的星云假说，并从数学上加以论证，康德的学说才被人们重新提起。由于康德和拉普拉斯各自的星云说的基本观点非常类似，都认为太阳系内一切天体都有形成的历史形成过程，都是由一个原始星云按照万有引力定律逐步演化而成的。因此，人们把二者合称为康德—拉普拉斯星云说。该假说的哲学意义在于将自然界视为一个运动、发展、变化的过程，而整个太阳系的形成就是自然界本身物质内部的排斥和吸引相互作用的产物，这种物质永恒运动的辩证自然观在僵化的形而上学自然观上打开了第一个缺口。

（三）关于地质运动的论争

随着各门科学在18~19世纪的大踏步前进，地学也发展进来了，并逐渐成为一门独立的科学。这一时期在对地质状况特别是地层、化石的起因和形成的认识问题上，出现了“水成论”和“火成论”两个对立学派的论争。“水成论”的代表是德国地质学家维尔纳。该学派认为：水是改造地球表面的决定因素。原始地球的表面为大洋所淹没，由于溶解在大洋中的矿物质逐渐沉积，便形成了铺盖在地球表面的第一批岩石——“原始岩层”。由于水一次次下降便依次又沉积形成过渡岩层、沉积岩层等五个构造层。“火成论”以英国地质学家赫顿为代表，他们认为，地层不可能是矿物质在“原始海洋”中沉积的产物，而是高强融熔物质冷却后形成的结晶体。也就是说，地下热通过火山爆发固化为岩石，形成人们观察到的地表状况。两个学派的论争虽互不相让但他们分别从不同的侧面揭示了产生某些地质现象的原因，促进了当时地质学的研究和发展。

关于地壳运动变化的方式，在同一时期也出现了“灾变论”和“渐变论”之争。灾变论的代表人物是法国的生物学家、动物学家居维叶。他认为不同时代的地层与物种的化石是地球上一次次大灾变造成的。灾变后新地层与新物种形成了，而下一个灾变又把旧的毁灭，再产生一个新地层和新物种，如此反复便形成一层层的地层及与之相联系的物种。渐变论以英国著名地质学家赖尔为代表。他认为地壳的变化不是灾变造成的，而是在火山、地震、风雨、冰雪等各种自然力长期作用下而渐渐形成的。

在岩石成因和地壳的变化观点论争中，逐渐形成了从赫顿到赖尔的地质学思想，特别是1833年，赖尔的《地质学原理》出版，为近代地质学奠定了科学的基础。与此同时，地质学的许多分支学科，如地层学、矿物学等也都得到迅速发展。

五、物理学的进展

（一）热学的形成

自牛顿建立经典力学体系，完成物理学上第一次理论大综合后，物理学其他领域也都出现了飞速发展的势头。到19世纪,人们对热现象、光现象和电磁现象的研究也相继取得了重大的成果。

在热现象的认识方面,19世纪的许多科学家和工程师在已有的热学、气体热定律学说的基础上,又对热传导、热容量、热平衡、热功转换和热效率进行了实验探索和理论分析。1840年,德国医生迈尔在随船航向热带的途中,发现了患病船员的静脉血比在欧洲时红亮的现象,由此提出了保持人体温的热能、肌肉运动的机械能均来自食物的化学能的观点。1842年他又研究了热能与机械能转化的定量关系,并根据气体膨胀中的热变化粗略地计算出了等价于一定数量的热的机械功的数值。英国物理学家焦耳通过电能与热能的转化、机械功与热能的转化等实验,测定了电热当量和热功当量,不仅发现了电能和热能转化的焦耳定律,而且给出了比较精确的热功当量值。与迈尔、焦耳同时独立进行类似研究的还有德国物理学家赫尔姆霍茨和英国的业余科学家、律师格罗夫等人。

1851年英国物理学家开尔文和德国物理学家克劳秀斯提出,把能量守恒与转化定律作为自然界的普遍规律,并确定为热力学第一定律。这一由十几个不同国籍的学者彼此独立地、通过不同的途径又几乎同时发现的定律被公认为19世纪自然科学上的三大发现之一。热力学第一定律确立后,科学家们围绕热机效率问题又有了新的发现。法国工程师卡诺提出了关于热机效率的卡诺公式。克劳秀斯和开尔文从卡诺的工作中得到启示,分别于1850年和1851年独立地发现了热力学第二定律,揭示了热运动过程的不可逆性。1857年,克劳秀斯提出分子运动论,引入“烟”这个新概念,揭示出客观热现象与分子微观热运动状态之间的联系。至此,热学体系形成。

(二)电磁学理论的建立

电学是发展较慢的一个学科,直到19世纪之前,还没有超出静电学的范围,且基本上停留在定性的观察和实验阶段。另外电与磁被孤立地研究,尚未将二者联系在一起。

1786年,意大利医生伽伐尼在做青蛙解剖实验时偶然发现了电流的存在,这是电学中的一个重大转折,标志着在静电之外开辟了动电即电,流研究的新领域。1799—1800年,意大利的伏特制成了“伏特电池”为科学研究提供了最早的电能,是物理学上的一个创举。1826年,德国物理学家欧姆在实验研究中发现了电位差、电流强度和电阻之间的定拉关系总结出 $U=I\cdot R$ 的基本规律,即欧姆定律。

19世纪电学发展中最具深远意义的事件是电流磁效应和电磁感应定律的发现,它们最终导致了电磁学的建立。1820年,丹麦物理学家奥斯特在实验中发现了电流能够产生磁场的现象,即电可以转化为磁。之后,法国物理学家安培、毕奥和萨伐尔等人又陆续建立了有关电和磁的一些基本定律。1831 年，工人出身的英国实验物理学家法拉第在对电流磁效应作深入思考后，提出了既然电能生磁，那么磁也应该能够生电的设想。经过大量的实验研究，法拉第终于发现了著名的电磁感应定律，即当闭合电路的磁通量发生变化肘，回路中就产生感应电流，其电动势的大小与穿过闭合回路的磁通量变化率成正比。电磁感应定律的发现，全面地揭示了电与磁的相互转化和统一关系，为电磁理论的建立和现代电工学奠定了基础。

完整的电磁学理论的确立是由伟大的英国物理学家麦克斯韦完成的。从 1855 年开始，麦克斯韦继承和发展了法拉第有关电与磁的思想，系统地考察了 19 世纪前 50 年取得的一系列电学成就，用数学方法把全部电磁学内容概括为一组简洁、优美的方程式，完整地解释了各种客观电磁运动现象。麦克斯韦还由这组方程导出电磁波的传播速度为光速，进而预言，光波就是电磁波。麦克斯韦的电磁理论把电、磁、光统一起来，实现了物理学理论上的又一次大综合。

（三）光学的发展

光学是较古老的学科，光的直线传播现象早为人们所知。17 世纪初，随着望远镜、显微镜的发明，光的反射和折射定律也建立起来了。1666 年，牛顿通过三棱镜分光实验，证明了光是由各单色光复合而成的，并且他还发现：当某一单色光透过一块重叠在平面玻璃上凸面向下的半凸透镜时，在这两块玻璃的接触点会出现以其为圆心的明暗相间的圆环，如果用复色光照射，则形成彩色圆环，此称牛顿环。1670 年，丹麦的巴塞林发现发光通过石晶体时产生的双折射现象。针对光学上的一系列发现，科学界形成了对光本性认识的两种学说。以牛顿为代表的微粒说认为，光是光源发出的微粒组成的；以惠更斯为代表的波动说则认为，光是一种在以太中传播的纵波。由于牛顿的权威，光的微粒说在整个 18 世纪占据统治地位。但进入 19 世纪后，情况便发生了变化。

1801 年，英国物理学家托马斯·扬进行了光的干涉实验，引入了光的“波长”概念，成功地解释了牛顿环和薄膜的彩色现象，并且提出光是横波的观点。1818 年，法国工程师菲涅耳从托马斯提出光是横波的思想出发，运用严格的数学推理，成功地解释了光的衍射、干涉和偏振现象，为光的波动说赢得了胜利。1849 年，在法国人索斐用高速旋转齿轮首次测得空气中的光速，此后直到 1862 年间，他与另一位法国科学家傅科又测定了不同介质中的光速。实验结果表明，光在水中比在空气中走得慢，且其比值等于水和空气折射率之比，从而证实了波动说的预言，成为波动说战胜微粒说的决定性实验。至此，光的波动说取得了更加巩固的地位。

六、第二次技术革命

第二次科技革命发生于19世纪中叶，在热力学的指导下，内燃机的发明和热力技术的创新，成为第二次技术革命的先导和主要内容。同时，在电磁学的实验发现和理论成就的推动下，掀起了一场电工技术革命，这中间还交织着基础材料产业的化工技术革命和钢铁技术革命。

（一）内燃机的发明与热力技术的革新

内燃机是燃料在汽缸内直接燃烧，由燃烧时产生的高温高压气体推动活塞或转子做功的动力机，广泛应用于卡车、拖拉机、公共汽车、船舶及机车，成为运输工具的主要动力机。

内燃机的发明始于对活塞式蒸汽机的研究和改进。在它的发展史中应当特别提到的是德国人奥托和狄塞尔，正是他们在总结了前人无数实践经验的基础上，对内燃机的工作循环提出了较为完善的奥托循环和狄塞尔循环，才使得到他们为止几十年间无数人的实践和创造活动得到了一个科学的总结，并有了质的飞跃。他们将前人粗浅的、纯经验的、零乱无序的经验，加以继承、发展、总结、提高，找出了规律性，为现代汽油机和柴油机热力循环奠定了热力学基础，为内燃机的发展做出了伟大的贡献。

17世纪下半叶，惠更斯设计过一种用火药为燃料的内燃动力机，但内燃的概念在当时还是早产儿。经过蒸汽机一个多世纪的实践，积累了大量的技术经验和理论知识。活塞、气门、轴承等机械结构；冶金、铸造、轧制、焊接等加工技术逐步完善。加上卡诺等人对热机做功效率的理论研究，都为内燃机的产生做好了准备。内燃机的发明经过了许多人的探索：1794年英国人斯特里特发明一种燃气发动机；1820年英国人塞西尔的燃气发动机初次运转成功，但为正蓬勃发展的蒸汽机所压制；1823年英国人布朗发明最初的实用内燃机；1833年英国人莱特设计出实用的内燃机；1838年英国人巴尼特发明压缩式内燃机；1860年法国人雷诺制造出最初商品化的内燃机。法国发明家雷诺于1860年制成了第一台实用的内燃机，尼科劳斯·奥古斯特·奥托（1832—1891年），德国工程师，内燃机技术奠基人，发明第一台四冲程内燃机，1866年提出四冲程内燃机的“奥托循环”理论，1872年建立滋道依茨发动机制造公司，1876年制成了第一台实用的四冲程内燃机。1883年，戴姆勒和迈巴赫制成了第一台四冲程往复式汽油机，德国狄塞尔博士于1892年获得压缩点火压缩机的技术专利，1897年制成了第一台压缩点火的“狄塞尔”内燃机，即柴油机。

（二）电力技术革命

电磁学的建立，为电力技术进入社会生产和生活领域起到了先导作用。自法拉第发现电磁感应定律后，人们便一直在进行发电机的研制和改进。1832年，法国的毕克西制出世界上第一台永磁式直流发电机；1866年德国的西门子制成自激式直流发电机；1870年，比利时的格拉姆制成具有环形电枢的直流发电机。至此，发电机进入了实用阶段。与此同时，电动机的设计和制造也在迅速进行并被试用于工业生产。

由于低电压的直流电在远距离传输中能损耗大且存在技术上的困难，因此人们又发明了高压交流输电，并相继建成了交流发电站、三相交流供电系统。远距离输电技术的发展，为广大地区的工业生产提供了比蒸汽机更为强大的动力，到19世纪70年代后，电力已成为取代蒸汽动力而占统治地位的新的能源。电力的广泛应用，有力地推动了一批新兴工业的诞生，促进了一系列技术发明的问世。由大型发电厂、高压输电网、变电站组成的电力工业发展起来了，而制造发电机、发动机、变压器和电线电缆等为主的电气设备工业也迅速兴起。1844年，美国人莫尔斯发明了有线电报；1876年，美国人贝尔发明了电话；1879年美国大发明家爱迪生发明了白炽灯；1895年，意大利马可尼与俄国人波波夫发明了无线电通信。这一切都标志着电力已经作为一种主要的能量形式支配着整个社会的生产、经济和生活，一场继蒸汽动力革命之后以电力革命为主要标志的第二次技术革命，使人类进入了一个更加光明、更加美好的电气新时代。

（三）钢铁化工技术革命

1. 钢铁技术革命

1851年英国人威廉·凯利发明锅炉吹气法炼钢；1855年，亨利·贝塞麦发明“空气精炼法”炼钢；1860年，贝塞麦发明酸性转炉炼钢法[磷]，贝塞麦法的诞生标志着早期工业革命的“铁时代”向“钢时代”的演变。1878年，英国人托马斯发明脱磷方法：碱性转炉炼钢法，将酸性炉衬换成碱性炉衬。1856年，F. 西门子和W. 西门子发明炉温废气预热的蓄热法。1868年，威廉·西门子发明平炉炼钢法，用反射炉的蓄热法进行铁和铁矿石炼钢。平炉炼钢法周期长(24小时)，但产量大(上百吨)、原料不限(铁水、生铁、废钢、铁屑、熟铁或者矿石)，而且钢的质量稳定、均匀。至此，近代炼钢技术基本形成：转炉炼钢法(贝塞麦酸性转炉法和托马斯碱性转炉法)和平炉炼钢法。1870年，西门子发明电力炼钢法。从1870年到1900年，全世界钢产量从51万吨越至2 783万吨，猛增五十倍。从此，钢铁时代来临。

2. 化学技术革命

1861年，索尔维发明了氯化钠、二氧化碳、氨气制造纯碱的氨碱法(循环过程)。1890年，德国人斯特劳夫又发明了电解苏打法。1840年，德国化学家李比希提出合成肥料理论，从此开始了化学肥料的工业化生产。1856年，铂金用铬酸钾处理硫酸苯胺，得到人造染料——苯胺紫。德国开始了人工染料的工业化生产。德国这一时期培养了大批世界一流的化学家：霍夫曼、铂金、库珀、凯库勒等。1865 年，德国化学家帕克人工合成第一种热塑性塑料赛璐珞，开启了人工塑料的工业化生产。1867 年，瑞典化学家诺贝尔发明安全烈性炸药，为火药工业的迅速发展铺平了道路。

（四）第二次技术革命的特点

1. 由经验性、规则性技术向以理论为基础的科学性技术转变。出现以科学发现为先导、基于科学的技术产业。

2. 形成以电工技术为主导的各种技术全面变革的新技术体系。其主导技术是电力技术和电报、电话及无线电通信技术，为 20 世纪技术革命奠定了基础。

3. 第二次技术革命，是动力技术的第二次革命，使得动力技术达到了极致，至今未有新的突破，即使现在的电子信息技术也未能超越电力技术而独立存在。

拓展阅读

1. [美]J.E. 麦克莱伦第三，哈罗德 . 多恩 . 世界科学技术通史[M]. 上海世纪出版集团，2005.

2. 世界中世纪科技史 . http://www.lantianyu.net/pdf32/ts041031_2.htm.

3. 金观涛，樊洪业，刘青峰 . 历史上的科学技术结构——试论十七世纪之后中国科学技术落后于西方的原因[J]. 自然辩证法通讯，1982(10).

4. 金观涛，樊洪业，刘青峰 . 科学技术结构的历史变迁——二论十七世纪之后中国科学技术落后于西方的原因[J]. 自然辩证法通讯，1983(3).

思考题

1. 简述文艺复兴对近代科学兴起的意义。
2. 简述哥白尼日心说和哈维血液循环论的基本观点。
3. 如何理解牛顿机械力学体系与机械自然观形成的关系？
4. 简述瓦特蒸汽机的工作原理及社会价值。
5. 如何把握近代科学全面发展的思想线索？

第三章　现代科学技术的发展

现代科学技术是在近代科学技术全面展开的基础上进一步发展起来的，在科学技术的内容、思想和方法上进一步完善，并逐渐呈现出多元化的特征和趋势。

第一节　现代科学技术革命的基础

现代科学技术革命是在近代第一次和第二次科学与技术革命的基础上出现的，近代科学技术中理性要素不断增长，为现代科学技术的产生与发展奠定了理论、方法和社会基础。当这些条件具备以后，现代科学技术革命爆发。

一、近代后期科技中理性要素的增长

（一）自然科学由搜集材料阶段进入到系统研究阶段

1. 自然科学由经验向理论的转化

人们一般将 16~19 世纪科学技术的历程称为近代科学时期。而这一时期又可分为两个阶段，即 16~18 世纪是近代科学前期，19 世纪是近代科学后期。将二者作一比较可以发现有两个明显的不同：从方式上讲，前者尚处于自然知识的搜集和积累阶段，而后者则进入了系统理论知识的阶段；从形态上讲，前者仍处于经验科学阶段，而后者则进入了理论科学阶段。

19 世纪，自然科学在各个领域的全面跃进和第一次技术革命的延续以及第二次技术革命的发生，成为促使自然科学由经验向理论转化的根本动力。

一方面，19 世纪的科学家们在各个学科领域对大量实际的经验材料作了整理、加工和改造，在此基础上又进行了理论分析和综合概括工作。他们在热学、电磁学、光学、物质结构、化学、生物学等诸多学科中提出了许多原理、假说，能解释并预见更多的自然现象和事实，建立起各个知识领域之间的正确联系，使自然科学走进了理论科学的殿堂。这是一个从现象到本质，从对自然界的感性认识上升到理性认识的飞跃过程。需要指出的是，数学在 19 世纪已经成为科学家进行理论思维的辅助工具和表现方式，尤其在理论物理学领域更是这样。例如前面已谈及的伟大的物理学家麦克斯韦，以其非凡的数学才能和惊人的科学洞察力，导出了一组偏微分方程，圆满地解释了电磁感应现象，预言了电磁波的存在，

建立了完整的电磁相互联系和相互影响的经典电磁场理论，把电与磁的研究推向一个新的高峰，与此同时还开辟了新的物理学——场物理学。麦克斯韦的成果代表着19世纪理论科学的最高成就，标志着近代科学已经完成了从经验向理论的转化。另一方面，技术革命为科学实验提供了更强大的物质手段，使实验研究在更多的领域和更广的范围内展开。19世纪的科学实验研究还具有更为明确的目的性，更有科学假说或理论指导，更有自觉性，从而使实验与理论结合得更加紧密。总之，19世纪的科学无论在广度上还是深度上都比16~18世纪的科学有了更高程度的发展。

2. 科学研究成为社会建制

19世纪科学的重大进展及其产生的深刻的社会影响，使得科学作为一项社会事业而日益引起各国政府的重视和人们的兴趣。

首先，科学教育体系和研究组织在政府的控制和掌握下建立起来。例如法国大革命以后，政府即对高等教育和科学组织进行了许多重要改革，将一些科学家吸收到政府机构中工作，科学家能参与国家对科学和教育的管理，从而提高科学在社会中的地位和威望；设立了若干所由一批知名科学家组成师资队伍的高等学校，在高校内建立起实验室，配备了卓越的实验室人员，在大学初步确立了一些制度，如某些自然科学系科的设置，科学教授职位的设立，提倡学术自由等等，这些做法受到知识分子和科学家的普遍拥护。其后，德国对大学进行了更为有力的改革，特别是奉行“教学与研究相统一的原则”实施文理共存而不过于专业化，通过建立规模大、组织好、效率高的具有现代意义的大学实验室，从事专门的研究工作，并以创造性方式培养科学和教育人才，使大学成为国家科学研究的主力军，从而形成了一套被公认为19世纪最优越的科学与教育模式，标志着科学工作已经走向制度化。

其次，科学社团的完善。科学社团是伴随着文艺复兴和科学革命出现的，经过二、三百年的发展，一些有名的科学社团由政府将其转为官办，形成官方的科学院、研究院和专业性学会等科学研究机构和组织，吸引了一大批国内外的研究者。此外，一些有志于科学的人，经过大学学习而后进入科学研究机构，可以成为有科学造诣的人，于是从事科学事业的人更多了，分散的研究者汇成了一股整体的社会力量，科学的进步也就加快了。

总之，大学和专业的科学研究机构、科学社团在19世纪的进一步完善，加速了科学的制度化进程，使科学活动更加社会化，科学已经开始成为推动社会进步的主导因素。

3. 科学自然观和方法论的确立

被称为“科学世纪”的19世纪，不仅完成了科学由经验向理论的转化和形成科学活动日益社会化的局面，而且在自然观和方法论方面也发生了根本变革，彻底动摇了牛顿时代以来形成的机械的、形而上学的自然观基础，并最终确立了辩证唯物主义自然观。

能量守恒与转化定律揭示了热、机械、电、化学等各种运动形式之间的统一性，电磁理论把电、磁、光融合为一体，细胞学说阐明了生物世界的统一基础，进化论展示了自然界生命的发展图景，元素周期律描绘了物质世界多样性与一致性的统一，用无机物人工合成有机物的成功，打破了无机物与有机物之间不可逾越的界限的传统观念……这一系列代表性科学成就的革命意义在于说明了自然界是一个相互联系、相互作用、运动变化的大系统，意味着用辩证唯物主义自然观取代形而上学自然观的时机已经成熟。

马克思和恩格斯正是在这样的历史背景下，一方面深刻地概括和总结了当时科学技术的伟大成就，另一方面清除了黑格尔哲学体系中唯心主义的糟粕，吸取了其辩证法的“合理内核”，建立了辩证唯物主义的自然观和科学方法论。它的核心内容和思想是从自然科学中提取大量哲学精华，用辩证唯物主义哲学分析和研究自然科学问题，从而总结出自然界运动变化的基本规律，指出运动、时间和空间都是物质的固有属性和存在方式，描绘了自然界各种关系和种种联系交织起来的图景，探索了自然界的发展前途。总之，科学自然观和方法论的确立，是人类科学思想史上一次重大的革命性变革对自然科学的发展和哲学的丰富有着划时代的意义，并成为20世纪现代科学技术产生的思想基础。

（二）技术的基础发生变化：转向为技术的理性寻找基础

随着科技的发展，人类对自然界的控制能力随着一次又一次的科技革命而变得越来越强，自然界已从近代之前人类赖以生存的基础状态，转变为被人类征服和控制的外在对象。科学和技术的发展为人类提供了前所未有的物质财富和高质量的生活条件，技术对人的物质和精神需求的满足以及技术在社会生活中的决定作用，使得科技“进步”的神圣感和人类对技术的依赖感日益加强，这样一来，技术理性便取代了宗教神学的“上帝”而成为人类新的崇拜对象。人们坚信，凭借科学技术，人类不但可以无限制地控制自然，获得外部世界的真理性，而且人类自身也会得到自由和解放，最终实现人的全面发展和社会进步。

但是，科学技术在不断发展的同时，其异化现象也越来越明显，人们开始对技术的知识基础、技术的本性、技术的发展规律、技术的社会应用等进行反思。

二、现代科学技术革命的背景

现代科学技术革命的产生是科技自身发展这一内因和强烈社会需求这一外因共同作用的结果。就其内因来说，自然科学进入19世纪以后，在搜集到的大量科学材料的基础上进行整理,分门别类地加以研究,使各门学科都得到了发展。这为现代科技革命打下了坚实的基础。19 世纪末物理学实验上一系列的重大发现冲击着经典物理学的连续观念、绝对时空观念和原子不可再分的观念,原有的经典理论显得无能为力,所以自然科学刚跨入 20 世纪,物理学领域内首先掀起了革命的浪潮。在科学家们共同努力下,量子论、相对论和原子结构理论先后诞生,人们的观念为之一新。在物理学革命的深刻影响下,化学、生物学、天文学等都有了新的发展,甚至连古老的地学,也在探讨海陆的起源。所有感兴趣的问题都在不断被探索着,人们想探究原来想知道而还没能知道的问题。于是很多学科向着纵深的方向发展,从而构成了现代科技革命产生的内因。

就其外因来说,主要是由社会中如下几方面需求的作用:劳动过程省力化——要求解除或减轻笨重的、危险的体力劳动,缩短工作时间,保障劳动安全;知识财富平均化——要求普及文化和科学教育等;经济活动民主化——要求南北贸易平等,消除东西方经济壁垒,实行全球经济合作;生活水准高级化——要求普遍满足温饱,确立健康保障,实现物质和精神生活的舒适和富裕。尤其是面对人口爆炸、资源枯竭、生态失调、战乱和军备竞赛等方面问题,人类社会强烈地依赖着科技发展。为此,科技研究不再仅仅是依赖个人求知欲和兴趣来推动的行为,而更多是由政府或企业来"精心饲养以求利"的行为,这使科技获得了前所未有的发展环境。

怎样摆脱人类面临的困境,减轻客观的压力,满足主观的需求,使人类社会得到更好的发展呢?人们把眼光移向科学技术的进步。科技显现的能力已使人们获得这样的信念:通过谋求科技与人类、科技与自然、科技与经济、科技与环境、科技与文化的协调发展、和谐共进,人类完全可以凭借不断跃升的科技力量,在经济基础的支撑下,在科技与社会及自然的协调中,去解除或缓和世界承受的压力,去满足人类日益增长的物质和精神需求。现代科技革命正是在这种背景下应运而生并获得持续快速发展的。

第二节 现代科学技术革命的意涵

科学革命是指人类对客观世界规律性的认识发生具有划时代意义的飞跃,从而引起科学观念、科学研究模式以及科学研究活动方式的根本变革。科学革命的实质,是包括科学事实、科学理论、科学观念三个基本要素组成的科学知识结构体系的根本变革,其中作为体系内核的科学观念居于最高层次,它代表着一个时代科学思想的精华,为科学理论活动和实践活动提供基本准则和框架。因此,只有相对稳定的科学观念发生根本变革,并在科学家中得到确认,才能够成为科学革命。

一、现代科学技术革命的历程

19世纪末经典物理学,包括力学、光学、热学、电磁学等都取得了辉煌成就,可以说整个物理学领域“晴空万里”,但也有经典物理学无法解释的迈克尔逊—莫雷实验和黑体辐射现象(即“两朵马云”)。正是这“两朵马云”以及19世纪末X射线、天然放射性物质和电子三大发现掀起了物理学革命的风暴。为了说明迈克尔逊—莫雷实验及其他一些科学疑难,20世纪最伟大的物理学家爱因斯坦提出了相对论(包括狭义相对论和广义相对论);为了解释黑体辐射现象,普朗克、爱因斯坦、玻尔、薛定谔、海森伯等一大批物理学家创立了量子力学;为了解释X射线、天然放射性物质和电子这三大发现,汤姆逊、卢瑟福、玻尔、泡利、费米、哈恩等一大批物理和化学家,建立了以原子结构理论为核心的原子物理学。

物理学革命的成功很快扩展到其他学科领域,推动了现代科学革命的深入发展。化学由于原子结构理论的建立以及用量子力学的原理和方法来研究分子的微观结构,出现了化学键理论,并产生了量子化学、有机合成化学、高分子化学等一系列新的分支学科。如果说19世纪末以前的生物学,已经对个体、器官、组织、细胞进行了研究,那么进入20世纪以后,生物学开始向微观拓展,已进一步深入到细胞以内。1909年出现的基因是生物遗传单位的概念,以及1926年美国生物学家摩尔根等人提出的把基因理论系统化的思想,为当代生物学深入到分子水平的研究奠定了基础。天文学也出现了研究天体微观结构的新特点。即在物理学革命的推动下,运用微观物理学的理论和方法对天体的成分、结构和演化进行研究,产生了恒星演化学等新的天文学分支。也由于不同学科的相互渗透,又推动这些学科走向新的综合。随着物理学、化学、生物学、天文学等学科的分化和综合,借助控制、信息、系统、反馈等概念,在20世纪40年代把研究对象作为系统来考察的横断学科——控制论、信息论和系统论也应运而生。控制论、信息论和系统论的创立和20世纪初的物理学、化学、生物学、天文学等领域的革命一起,彻底改变了世界科学图景和人们的思维方式,构成了现代科学革命的主要内容,同时也为现代技术革命的产生准备了理论基础。

技术革命是指在一系列的渐进过程中,由于科学原理的物化及技术手段的重大发现而形成的技术体系的本质变革。现代技术革命开始于20世纪40年代,这次技术革命的主要标志是原子能技术、空间技术和电子计算机技术的广泛应用。这次技术革命与前两次技术革命不同,它不是某一单项技术为主导的技术革命,而是以核技术、电子计算机技术、空间技术等新兴技术群为核心的现代技术体系的确立为特征的技术革命。现代技术革命这一基本特征是现代科学革命的各门学科综合发展的必然结果。例如,是原子核物理学产生了核技术,数理逻辑和电子学等产生了电子计算机,空气动力学、材料科学和电子学等产生了空间技术。现代技术革命的发展大体经历了两个阶段:20世纪40~60年代为第一阶段,期间核技术、电子计算机技术、空间技术逐渐走向成熟;70年代以来为第二阶段,即人们通常说的新技术革命阶段,这一阶段以微电子技术为核心的新兴技术群(主要包括信息技术、生物技术、航天技术、新材料技术、新能源技术和海洋技术等)引起了当代技术领域的巨大变革。

二、现代科学技术革命的意义

现代科学技术革命对人类的存在和发展意义巨大而深远。一方面,它使科学技术进入一个新时期,改变了人们所固有的陈旧观念,使人类获得了全新的思维方式,从而使整个科学体系中的科学思想、概念、定义、定律、理论、方法都发生了根本性的变革,并被赋予了全新的解释,也使人类的认识范围向宏观和微观两个方向突进,给人类展现了一幅全新的世界图景。另一方面,现代技术革命中出现的新技术投入实际应用,直接促进以电子计算机的发明和应用为前提,以新兴知识密集、技术密集型产业的确立为代表,以生产自动化为主要标志的现代产业革命(第三次产业革命)的爆发。

首先,电子计算机的广泛应用,使传统的劳动方式发生了质的飞跃。20世纪40年代诞生的世界上第一台电子计算机主要为了战争和军事目的,而且由于体积大、造价高、运算慢、故障多等缺陷,而未能在生产领域普遍使用。到了20世纪50年代和60年代,随着电子计算机技术的改进,以晶体管取代电子管的第二代电子计算机、以集成电路为基础的第三代电子计算机、特别是70年代以大规模集成电路为基础的第四代电子计算机以及微型机的出现使计算机设计达到了通用化、系列化和标准化的共用阶段,电子计算机的应用越出了军事、科研的使用范围,进入到工农业生产、人民生活以及社会管理的各个方面。在工业上出现了以电子计算机控制的程序、数控机床和生产流水线,以及机器人操作的自动生产线、自动车间和自动工厂。电子计算机在生产过程中的广泛使用,改变了传统的劳动方式,使以往在生产过程中由人的生理机能来操纵机器的功能,交给计算机来完成,电子计算机由此而成为衔接人与机器之间的自动控制机。当代工业发达国家的自动生产线或自动无人化工厂的出现,就是电子计算机的广泛应用使新的劳动方式代替旧的劳动方式的体现。

其次,在宏观产业结构上,新兴产业群的建立使生产体系发生了巨大变革。由于全新的劳动方式的出现,促进以微电子技术为基础的知识密集型新兴产业群的出现。由于新兴产业群的出现必然使整个社会物质生产领域内工业比重的上升和农业比重的下降，以及整个国民经济领域内物质生产比重的下降，商业、金融、保险、科技、教育、卫生、服务等非物质生产部门比重的上升。产业体系的这种变化，处于第三次产业革命前列的发达国家表现得尤为显著。例如美国从20世纪50年代开始已进入第三次产业革命时期，出现了以微电子、计算机、激光与光纤通讯、新能源、新材料、生物工程、航天工程、海洋工程为标志的新兴产业。1956年美国从事脑力劳动的"白领"职员人数第一次超过从事体力劳动的"蓝领"工人人数。1980年美国国民生产总值中服务行业的总产值第一次超过产品生产总值；美国的钢铁、汽车、纺织、建筑等传统"夕阳工业"的地位在不断下降，而高技术的"朝阳工业"的地位在不断上升。在日本，由于新兴产业群的出现，宏观产业结构也发生了巨大的变化，产业结构也从劳动密集型、资金密集型转变为知识、技术密集型。

总之，第三次产业革命始于20世纪50年代，随着科技革命的发展，目前仍方兴未艾。它必将全面地推进社会的物质文明和精神文明建设，从而使人类社会进入到一个更美好的时代。

三、20世纪科学技术的主题

20世纪科学技术的主题表现在以下几个方面：

（一）一种技术：计算机技术

20世纪最重大成就之一是计算机的发明和计算技术的应用和发展，自1945年美国莫切利和埃克特发明第一台电子管计算机以来，仅仅经历了50多年的时间，计算机的软硬件及其应用技术都得到飞速的发展，计算机不只在工业、农业、国防等部门得到广泛应用，并已深入到日常办公及家庭生活中，计算机作为信息技术的核心，已在各个领域、各个部门发挥着愈来愈重要的作用，到现在我们所有的工作几乎都离不开计算机。

（二）两个理论：相对论与量子论

爱因斯坦相对论的提出，跨出了牛顿力学的范畴，对宇宙空间发生的一些物理现象有了正确的解释。例如，爱因斯坦提出物体内部蕴有巨大的能量，表述了物质质量与其所产生能量的关系，即能量等于质量乘以光速的平方，核爆炸以及宇宙形成过程的核子大爆炸都可以用这一基本理论进行解释。

1900年普克朗发表了量子论，1925年海森堡提出了量子力学，量子论的提出也是20世纪的另一重大理论成果，它所产生的深远影响不仅涉及材料学和原子结构理论等，对于核能的利用和信息技术的发展也产生了十分深远的影响。

（三）三项突破：核能利用，空间科学，人类基因序列

核能利用：自从1945年美国在日本广岛扔下第一颗原子弹以后，1951年美

国建成第一个核电站,核能开始和平利用。目前法国核电站的总量已超过总发电量的70%,美国和日本约占30%~50%。由于我国煤炭资源丰富,电力主要依靠火电,但最近也已建成两座核电站,大概占总发电量的1.5 %。在国防工业中,核潜艇也是利用核能作为动力。

空间科学:1957年苏联将第一颗人造卫星送上天空,接着又于1961年将载人人造卫星送上天空,目前人造地球卫星在气象预报、通讯、对地面农作物生长情况及病虫害、水灾进行监测、在无重力或微重力作用下制造优质产品等方面,已发挥了十分重要的作用。

人类基因序列:这一秘密于20世纪末被揭开了,一个由6个国家组成的(包括中国)国际人类基因工作计划联合研究小组,于2000年6月26日公布了人类基因工作草图,这标志着人类在解读自身“生命之书”的路上迈出了重要的一步,2001年2月12日,公布了人类基因组织图谱,据称人类基因由31.647亿个万碱基对组成,共有3万至3.5万个基因。

(四)四个模型:夸克模型,宇宙大爆炸模型,地球板块模型,DNA双螺旋结构模型

夸克模型:物质构成的最小微粒,直至今天被认为是夸克,早先认为质子和中子里有三种夸克,1972~1974年诺贝尔奖获奖者美籍华人丁肇中教授通过实验证明了还有第4种夸克 –J粒子的存在,可能还有第5种和第6种。

宇宙大爆炸模型:长期以来,宇宙是怎样形成的谜底始终没有被揭开。本世纪提出了宇宙大爆炸模型,认为宇宙大约是在150~160亿年以前核子爆炸而形成的。

地球板块模型:地球板块模型的提出,为人类对地震的发生及陆地的形成及飘移等有了较合理的解释。

DNA双螺旋结构模型:核糖核酸双螺旋结构模型的提出,对研究细胞核及基因的结构、组成和功能,都起到了十分重要的作用。

第三节 现代科学技术的特征与发展趋势

科学技术在现代的发展表现出多种复杂化的趋势,此处仅就三种最基本的表现做一简要描述。

一、现代科技的加速发展

第二次世界大战以来,科学技术发展之快,发展规模之大,发生作用范围之广,影响之深远,是历史上前所未有的。其加速发展集中表现在以下四个方面:

(一) 当代科学技术成果呈指数增长

科学发展的指数增长规律可分为恩格斯的科学发展加速度模式、普赖斯的指数增长和逻辑增长模式。它们都是对科学知识积累在时间序列上的纵向发展规律的研究和描述。

1844 年,恩格斯在《政治经济学批判大纲》一书中指出:“科学则与前一代人遗留的知识量成正比例地,因此,在最普通的情况下,科学也是按几何级数发展的。”[①]1875 年他又在《自然辩证法》“导言”中进一步指出,科学的发展“可以说是与从其出发点起的(时间的)距离的平方成正比的。”[②] 恩格斯提出的科学发展的规律可以称为科学知识“几何级数”增长模式或者加速度模式。这些论断,明确指出了科学知识增长的指数规律和科学发展的加速性。这也为一百多年来科学发展的事实所证实。

20 世纪 50 年代,美国科学学家普赖斯用计量的方法对科学家人数、科学杂志和科研论文数、科研经费、科研机构等表征科学活动总量的科学指标进行了统计分析,绘出了这些科学指标的增长曲线,定量地分析了科学发展的加速度规律。他的统计分析表明,几乎所有与科学有关的科学指标每隔十五年都翻了一番。在《小科学,大科学》一书中,普赖斯指出,科学的发展“把我们带进现今科学世纪的每十五年一次的稳定倍增”的趋势。其函数表达式为:$W=AeKT$,其中 W 为科学指标,A、K 为常数(对应于不同的科学指标,A、K 取相应数值),T 为时间(年代)。[③] 这就是著名的普赖斯科学发展指数增长律。

普赖斯发现英国皇家学会出版的《哲学会刊》所发表的科技文献增长分布为:1665 年 1 篇,1765 年 100 篇, 1865 年 10 000 篇,1965 年 1 000 000 篇。每个世纪数量增加 100 倍,大体为 18 年倍增周期。普赖斯又进一步对各种科学指标的增长情况进行了概括整理,他发现杰出物理学家的倍增周期为 20 年,重大科学发现的倍增周期为 20 年,科学期刊的种类倍增周期为 15 年,各种学会成员数目为 15 年,各种科学文摘数为 15 年,发电量为 10 年,国际间电话通讯量为 5 年,加速器能量增长为 1.5 年。

科学发展的指数增长律定量地反映了近代以来科学急剧增长的现象,产生了广泛的影响,也引起了直到今天仍在进行的争论,争论的焦点是科学指标的“增长佯谬”问题。如果科学按指数增长律发展下去,势必会出现科学指标超过社会总指标的局面。比如科学家数量指标按照上述函数式计算,总有一天会出现科学家人数超过社会总人数的情况,这无疑是非常荒谬的。普赖斯也清晰地

① 马克思恩格斯全集[M].北京:人民出版社,2002,3:469.

② 恩格斯.自然辩证法[M].北京:人民出版社,1984:8.

③ [美]普赖斯.小科学,大科学[M].宋剑耕,戴振飞,译.世界出版社,1982:7.

认识到了这一点，他说："很清楚，我们不能让科学在经历了五个数量等级的发展之后，再跃升到另两个数量级上。假如我们这么做了，那么人口中每一个男人、女人、小孩和狗中间就会有两个科学家"。[①] 针对此一缺陷，普赖斯等人又提出科学是以逻辑型或S型曲线增长模式发展的。在逻辑型曲线中，曲线先是呈指数型地变化，并保持这一速率达到"地板"(科学发展的基值)与"天花板"(科学发展的极值)的中点。此后发展速率放慢，整个曲线呈现为S形。"S曲线"显示出各项科学发展的社会指标。但这仅是一种理论模式，它并没有考虑到各种复杂因素对科学增长的制约，例如，不同国家受到不同的历史因素等的影响，科学的总量增长有极大的差异。

(二) 科技知识的更新速度在加快

当今工程师知识的半衰期是5年，即5年内有一半知识已过时。近10年内，一个工程师所掌握的90%的知识与计算机的最新发展有关，如美国国立卫生研究院的计算机储存的资料每5年增加85%。科技知识的加速度增长加快了社会劳动结构和工作岗位的不断变化，职业培训成为一种终身教育。20世纪90年代美国向高技能职业提供600万个工作岗位，受培训的人员达4%。美国各公司培训费20世纪80年代末已达800亿美元，到21世纪初则翻了一番。

(三) 现代科技成果转化为商品的周期越来越短

科技成果从发明到实际应用的时间，18世纪末以前一般在70年以上，如蒸汽机为84年；19世纪一般在40~50年，如电动机为55年；20世纪前半期为10年左右，如飞机为14年；20世纪后半期为1~3年，如集成电路为3年，激光为1年。

(四) 科技研究力量成倍增长

随着社会发展和对科技的需要，社会对科技人员、科技规模、科技投资等多方面的投入也在不断增加，使科技发展的规模也越来越大。据联合国教科文组织统计，20世纪50年代以来，全世界科研人员每十年数量就翻一番。目前科学家和工程师人数已达5 000万，比牛顿时代增100万倍。全世界用于科研开发的经费投入也比20世纪初增长了近1 000倍，而且除各国政府投入外，企业也大量投资研究和开发活动，并逐步成为技术创新的主力军。

二、现代科技的周期性变化

(一) 带头学科更替理论

苏联哲学家凯德洛夫提出带头学科更替理论。他指出带头学科更替具有周期和加速规律。他指出在科学发展过程中，各学科的发展并不是齐头并进的，而

---

① [美]普赖斯.小科学，大科学[M].宋剑耕，戴振飞，译.世界科学社，1982:16~17.

是总有一门或一组学科作为先导走在学科的前面，我们可以称之为学科地位的不平衡性。通过对学科发展不平衡规律的研究，苏联科学史家凯德洛夫在20世纪70年代初提出了科学发展的带头学科更替理论。他认为在一定时期内担当整个科学发展主导的并处于领先地位的学科就是带头学科。

带头学科的更替具有两个鲜明的特点：更替的周期性和更替的加速性。更替的周期性是指某一单个学科或一组学科轮流成为带头学科。近代自然科学的第一个带头学科是力学，从17世纪到18世纪单独领先了200年；19世纪，化学、物理学、生物学这一组学科取代力学成为带头学科，为时100年；20世纪上半叶的50年中，量子物理学成为单一的带头学科，紧接着的一组带头学科是控制论、原子能科学和航天科学，领先时间约25年。凯德洛夫当时预测20世纪80年代的带头学科是分子生物学，带头的时间约为12.5年，此后至21世纪初，心理学、行为科学等一组学科代替分子生物学成为带头学科。凯德洛夫还发现，由于科学发展的不断加速，带头学科的更替也日益加快，带头时间不断缩短，其递减率用公式可表示为$T=200/(2n-1)$。①

带头学科的更替取决于实践的需要和科学发展的内在逻辑，并不是主观随意的。带头学科更替理论揭示了科学发展的不平衡性，同时又反映了近代以来科学发展的状况和趋势，总的看来还是与历史有相当程度地吻合，对预测科学未来有一定的价值。

（二）科学中心转移规律

除了上面提到的各门学科的发展不平衡之外，科学的发展在地域上也具有不平衡性，表现为科学中心的长周期转移和短周期转移。

1954年，科学学创始人贝尔纳根据科学发展的不平衡性，在《历史上的科学》一书中提出了“科学活动的主流”的概念；1958年，英国科学家W．丹皮尔明确提出了“科学中心”的概念。这样，他们开拓了科学中心转移规律的研究。1962年，日本学者汤浅光朝在前人工作的基础上，用统计的方法发现了“科学活动中心转移”的规律。他认为，衡量一个国家科学是否发达的主要标志，是科学研究成果的多寡。若某国家在某一时期内的科学成果数超过全世界总数的1/4，即成为“科学中心”。但科学中心的这种转移并不意味着原先处于领先地位的国家科学规模的绝对下降，而只说明另一国家的科学水平在一定历史条件下发展更为迅速。汤浅光朝发现近代以来科学中心转移的顺序大致为：意大利（1540—1610年，中心城市：佛罗伦萨）、英国（1660—1730年，中心城市：伦敦）、法国（1770—1880年，中心城市：巴黎）、德国（1810—1920年，中心城市：柏林）、美国

① ［俄］凯德洛夫．自然科学发展中带头学科问题．社会发展与科技预测译文集［C］．北京：科学出版社，1981.

(1920年至今)。科学中心兴隆期在各国的平均年限大约为80年。科学中心的这种规律性转移,被称为“汤浅现象”,我们称它为短周期科学中心转移。

我国学者赵红洲提出了长周期科学中心转移的规律。所谓长周期科学中心转移,一般指每次中心保持的平均周期约为500年,每两次中心转移的周期(即两中心开始出现的时间间隔)为1 000年以上。科学发展中曾出现过三个长周期的科学中心,两次长周期中心转移。第一个科学中心出现在奴隶社会的古希腊,从公元前9世纪到公元前3世纪;第二个中心出现在中国的唐代,为公元2世纪至8世纪;第三个中心出现在欧洲与美国,其时期为16世纪至20世纪。每次中心保持周期约为600年,每两次中心转移的周期约为1 200年。

三、现代科技的综合化特征

综合化包括两层含义:一是科学与技术在发展中的日益不可分离的趋势,二是科学技术与人文社会科学日益不可分离的发展趋势。这种趋势反映了科学技术发展中的内在整体化特征。

(一) 科学与技术的综合化趋势

现代科学与技术的关系已密不可分。现代技术完全建立在科学理论的基础之上,现代科学也装备了复杂的技术设施。科学技术化和技术科学化就是现代科学技术的鲜明特征。在一定程度上,科学正在变成技术,越是新技术,包含的科学知识越密集。高新技术就是包含密集科学知识的技术。现代科学的进步总是依赖最新的复杂技术装备的支持。现代科学与技术两者之间的界限变得越来越模糊。与现代科学各门学科相互交叉渗透的整体化趋势相联系,现代科学与技术的紧密结合还表现在这一事实上,即现代各种技术融合出现了一系列的新技术。重大的高新技术都具有多个领域的技术相互融合的性质。

当代科技发展有两种形式:一是突破,二是融合。突破是线性的,即以研究开发的新一代科技成果取代原有的一代科技成果;融合是组合已有的科技成果发展成为新技术。科技融合是非线性的,它们是互补和合作,混合许多原先不同领域的科技,进而发展出新产品,形成革命性市场。21世纪,将是不同领域科技创造性融合的时代。各种不同科技领域之间发生共鸣作用和共振现象,随时有可能产生爆炸性的波及效果。

在当代科学技术综合化发展趋势中,现代科学具有如下特征:

1. 研究的完整性

现代科学的发展正在向自然界微观的各层次和宏观的各层次两方面延伸,对自然界层次的认识更加清晰,而且对自然界的认识深入到过程的动力学机制及与此相联系的结构功能。从层次、过程、结构和功能诸多方面揭示自然界的规律，人类获得了对自然界越来越完整的认识。而成熟的科学理论知识本身又可转化为进一步研究的方法论。层次理论、过程的动力学理论、结构功能理论正在转化为当代的普遍的科学认识方法。这种研究的完整性表明科学和技术的界限越来越不明显，二者在实质上已经成为一个庞大的学科体系，只不过是各有侧重而已。

2. 研究对象的多学科性

采用多种学科的方法研究某一物质客体或某一课题，这是当代科学研究的一大特点。特别是在高科技领域，研究的对象和课题大都具有多学科的特点。组织多学科的联合攻关是高科技研究取得突破性进展的主要形式。综合运用各种科学方法研究某一特定对象，是当代科学发展最有前途的方向。

3. 学科的多对象性

它反映了各门学科之间的横向联系越来越紧密。现代科学研究向横向和纵向两个方面延伸，各门科学不断扩展自己的研究领域。特别是在高科技领域，各门科学的研究需要紧密配合。如计算机科学技术的研究，离不开材料科学的配合；人工智能的研究，必然要向认知科学、心理学、脑科学等领域延伸。当代科学研究具有高度的综合性，必须是学科配套，同步前进，整体突破。

4. 科学研究的信息化

计算机信息处理技术是当代科学技术发展的主导领域，信息处理技术的巨大进步是当代科学革命的核心过程。计算机信息处理技术已广泛渗透于各种科学技术领域。

由于现代科技的融合化趋势，各种高新技术都具有组合技术的性质，因此技术不断向大型化、复杂化方向发展。而大型、复杂技术成功的关键就在于由机械技术向"智能技术"的提高。所以从硬件技术转向软件技术，从有形新产品的开发转向无形产品开发，从偏重硬件的发展路线转向注重整体的发展路线，这是当前技术发展的新趋势。当代技术发展的方向是标准化、大型化、组合化、高速化、集约化和信息化。高技术不仅能保证最佳技术性能，而且能保证最优工艺质量，从而改造整个生产工艺方式。现代新工艺具有如下特点：少工序性；少废性或无废性；高度灵活性生产系统；高精密性和高可靠性；从宏观的机械加工向微观改变物质结构的新工艺发展等。

（二）科学技术与人文社会科学的综合化趋势

当代科学技术的飞速发展不仅实现了科学和技术的综合，而且日益体现出科学技术与人文社会科学的综合，传统的那种认为科技与人文两大领域互不相干的时代一去不复返了。这种综合的原因也是由两大领域的快速发展造成的。

首先,科学技术作为第一生产力,不仅推动了社会生产和生活的发展,并且由此引出了一系列问题要求从人文社会科学角度来回答和治理;同时,由于科学技术在文化中的地位越来越突出,不仅给人文社会科学的发展提出了课题和任务,也提供了必要的手段和工具。其次,人文社会科学在研究和发展中越来越发现科学技术单向发展引出了许多其自身无法回答和解决的问题,从科学家的人文理想到科技成果的社会应用都涉及一系列人文问题,也反映出科学技术永远无法摆脱的内在人文特性。

当前科学技术与人文社会科学的综合化主要表现为下述几种形式:

1. 人文社会科学引入自然科学的理论和方法进行课题研究和学科建设。这项工作从19世纪即已开始,但以第二次世界大战以来为甚。如今,已出现了大量介于两大领域之间但更倾向人文社科研究的新学科,如数量经济学、数理哲学、计量历史学、数理社会学等。

2. 人文社会科学开始关注和研究科学家的活动和科学技术成果的应用,如科学家的人文理想、科学家的宇宙宗教情感、科学道德、科学社会学等,也已成为一个新兴的学科群。

3. 科学技术与人文社会科学共同探讨各种社会问题。这是由当代社会历史的客观进程所决定的。因为当代问题一般都具有高度的综合性质,需要综合运用多学科的知识和方法来共同解决。在这些问题中兼有自然和人文两大属性的越来越多,人类活动越来越多地深入自然内部,其存在更多地牵扯自然,对自然进行深层的变革,而其本身也越来越多地表现出某些自然性征和趣味。资源和环境问题等的这种特性就更为明显。

4. 科学技术与人文社会科学在发展中互为环境和条件。科学技术发展需要良好的人文环境,这已是人所共知的事实,而科技的发展又为人文社会科学的思想解放和理论建构提供了前提,当人们说我们生活在科学时代时指的就是科技的背景意义。这种互为背景的关系表现了二者互相促进、积极渗透的发展趋势。

总之,科技全面综合化的发展趋势意味着一种整体化的思想时代已经来临,说明人类关于各个方面的理论和知识表现出了强烈的内在统一性。这正如物理学家普朗克所说的那样,“科学被分为各个门类,那是由于人类认识的局限,而世界本身是统一的”。

四、现代科技的社会化特征

科学技术的社会发展趋势集中表现在两个大的方面:科学技术活动的社会化以及科学、技术、生产的一体化。

（一）科学技术活动的社会化

由于当代科学技术的不断综合化越来越强，从而使它们彼此渗透，构成了一个十分庞杂而严密的知识体系结构，以至使得任何一个科技工作者都无法像过去那样可以同时从事几门学科的研究和应用，甚至连一门学科都无法全部精通。在这种情况下，传统的个体研究方式已成为历史，代之而起的是集群协作。近几十年来科技工作又逐步扩大到国家规模和跨国合作，一系列跨专业的大规模研究课题和开发项目，往往是通过国家组织或国际合作才能完成。这使得科学技术日益成为一种多功能的重要社会事业，使科学研究和技术开发日益成为社会化的劳动，成为一项全球全人类共同参与的领域。

另外，在20世纪80年代网格计算、90年代公用计算，21世纪初虚拟化技术、SOA、SaaS应用的支撑下，云计算作为一种新兴的资源使用和交付模式逐渐为学界和产业界所认知。中国云发展创新产业联盟评价云计算为“信息时代商业模式上的创新”。云计算由一系列可以动态升级和被虚拟化的资源组成，这些资源被所有云计算的用户共享并且可以方便地通过网络访问，用户无需掌握云计算的技术，只需要按照个人或者团体的需要租赁云计算的资源。云计算是继1980年代从大型计算机到客户端—服务器的大转变之后的又一种巨变。云计算的出现并非偶然，早在20世纪60年代，麦卡锡就提出了把计算能力作为一种像水和电一样的公用事业提供给用户的理念，这成为云计算思想的起源。

继个人计算机变革、互联网变革之后，云计算被看作第三次IT浪潮，是中国战略性新兴产业的重要组成部分。它将带来生活、生产方式和商业模式的根本性改变，云计算将成为当前全社会关注的热点。①

（二）科学、技术和生产一体化

在当今知识经济已见端倪的时代，要保障国家经济的持续稳定增长，就必须在生产过程中不断采用能够提供这种可能性的新技术。而一切新技术无不是建立在科学研究的基础上的，从获取基础科学知识到在技术上予以实现，而后应用于生产，这是一个极其艰巨的任务。要完成这个任务，就需要建立起有效的“科学—技术—生产”体系。这种“三位一体”的综合体的出现，是当代科学技术发展到一定阶段的产物。如今，许多国家已建立了多种多样的这类综合体。其中美国在“二战”后很快就建立了“科学一工业综合体”。这种综合体有三个特点：其一，科技和生产之间的相互影响十分明显，集中表现为社会大生产对科技创新的依赖和科技发展对人力、财力、物力、政策和市场的依赖；其二，在“三位一体”中技术起中介作用，它的突起空前密切了科学和生产的关系，并使20世

---

① http://baike.baidu.com/view/1316082.htm.

纪比之19世纪更似一个技术化时代，各国对此十分重视，中国政府于1994年成立了一个独立设置的工程院；其三，综合体的出现大大缩短了科学向生产转化的周期，反过来也缩短了理论发现的行程，推动了科技和社会的共同进步。

对于科技与生产的关系，近年来在美国兴起一门STS（科学、技术和社会）学科，从更广阔的视野给予研究和探讨，目前已经风行世界，我国也成立了STS研究中心和研究会。这说明关于科技与生产、经济、社会的复杂关系已不仅是一个现实问题，而且已上升到系统理论研究的层次。

此外，科技社会化的基本含义不仅包含社会"化"科技，而且还内在地含有科技"化"社会的意趣，也就是不仅科技以生产力的方式改变社会的物质生产，而且以思想、精神的方式改变了社会意识，成为社会进步的理性杠杆。

五、现代科技的全球化趋势

科技全球化是经济全球化的核心和重要组成部分，经济全球化必然要求科技全球化，而科技全球化在更深层次上推动了世界经济向全球化方向迈进。科技全球化的特征主要表现为科学研究活动日趋全球化、跨国公司研究开发的全球化程度不断加深，企业间策略性技术联盟迅速发展、区域科技合作不断增强。

20世纪90年代以来，以信息技术为主要标志的高新技术取得了空前发展，科学技术对经济发展的影响程度不断加深。从整体看，经济全球化是各种全球化网络的交织与叠加，其中科技全球化是经济全球化的核心和重要组成部分。因为推动经济全球化的根本力量是现代科学技术和生产力的进步，特别是近十年来，以信息技术革命为中心的高新技术的飞速发展，全球网络化程度进一步提高，在更深层次上推动了世界经济向全球化方向迈进。

同时，经济全球化进程进一步加快了科学技术的全球化趋势。经济全球化，使得科学技术交流与传播的范围、速度、规模都达到空前水平。先进的科学技术通过贸易向全球各个角落渗透，迫使每个市场竞争者必须在全球化背景下从事研究开发活动。不同国家的研究机构之间的界限日益模糊，实验室之间、大学之间正在按项目要求实行重组。信息技术的飞速发展，虚拟实验室的出现，使得地域概念不再重要，一些重大的全球性项目在全球开展成为可能。一些跨国公司为了开拓世界市场，不断推进其研究开发活动的全球化，不惜巨大投入，到他们认为能够最好发挥人才作用的国家或地区开办自己的研究机构等等。

全球市场竞争的焦点是科技实力的竞争。经济全球化要求科技全球化，科技全球化又主导着经济全球化中的世界分工秩序与竞争格局。因此，在经济全球化中，科技全球化具有十分重要的地位和作用。

总之，现代科学的宏观特征：从结构到过程的改变；从无机世界到有机世界;从古代知识态到近代的经典态,再到现代的非经典态。科学观也经历了从机械论到机体论、从构成论到生成论、从公理论到模型论的改变。

拓展阅读

1. 董光壁.五百年来科学技术发展的回顾与展望[J].自然科学史研究,1997(2).

2. [美]J.E.麦克莱伦第三,哈罗德.多恩.世界科学技术通史[M].上海:上海世纪出版集团,2005:第18章.

思考题

1. 如何理解现代科学技术中理性要素的增长?
2. 简述19世纪自然科学三大发现的意义。
3. 简述现代科学技术的发展趋势。

第二篇
现代科学

现代科学技术诞生于19世纪末20世纪初,并以这一时期物理学上的三大成就为基础构建了现代科学技术体系。人类在宇宙、地球、生命、智慧的起源和演化及物质的微观结构等基本问题的探索上取得了重大进展。在这些进展的基础上,先后建立了相对论、量子力学、宇宙大爆炸学说、现代分子遗传学、地球板块构造学说等新的理论。在现代科学发展的过程中,数学的应用更加广泛,大规模地向生物学、经济学、社会学、语言学等领域进军,使各门科学向着定量化方向发展,借助于计算机建模,数学也呈现出技术化趋势。随着现代科学技术的飞速发展,出现了很多交叉科学,并在非线性科学和复杂性研究方面开拓了新的领域。

第四章　现代物理学

在19世纪，由于能量转化与守恒定律的发现以及麦克斯韦电磁学理论的建立，使得原先各自独立发展的力学、热学、电磁学和光学融会贯通为一体，最终形成一个完整、系统、成熟的经典物理学体系，并且在应用上取得了辉煌的成就。因此，到19世纪末，人们普遍认为物理学的发展已经达到了十分完善的地步，物理学中的一切主要规律都已找到，所有基本问题都得到了解决，今后的理论只是如何应用这些理论提高实验精度的问题。1900年，著名的英国物理学家开尔文（Lord Kelvin，1824—1907年）在总结近百年来物理学所取得的成就时说："在已经基本建成的科学大厦中，后辈物理学家只要做些零碎的修补工作就行了，只是在物理学晴朗天空的远处，还有两朵小小的令人不安的乌云。"这两朵乌云是指用已有的物理学理论无法解释的迈克尔逊—莫雷实验所得出的以太漂移"零结果"问题以及黑体辐射研究中的"紫外灾难"问题。其实，两朵乌云仅是个代表，随着物理学的深入发展，出现了越来越多用经典物理学解决不了的现象。这意味着物理学并非大功告成，而是面临着新观念的挑战，而又正是这种挑战，才诱发了世纪之交的物理学革命。经过这场革命的洗礼，物理学由经典物理学阶段推进到现代物理学阶段，产生了这场革命的最主要的成果——相对论和量子力学，它们构成了现代物理学的两大理论支柱。物理学以其崭新的姿态从近代时期大踏步地迈入现代时期。

第一节　世纪之交的物理学危机

19世纪末，物理学取得了新的进展，X射线、放射性、电子被人们先后发现。同时，迈克尔逊和莫雷的以太漂移实验的"零结果"和黑体辐射研究中的"紫外灾难"问题等一起形成了经典物理学上空的朵朵乌云，这些现象在经典物理学原有的理论框架内难以解释，经典物理学出现了危机。

一、19世纪末物理学的三大发现

1859年，德国物理学家普吕克尔（J.Plücker，1801—1868年）在进行真空放电实验时发现，当电流经过低压气体放电管时，阴极一端出现放射现象，在正对着阴极的管壁上出现绿色辉光。1876年，德国物理学家戈尔茨坦（Eügen

Goldstein，1850—1930 年）认为，这种辉光是由阴极上产生的某种射线引起的，故将其命名为“阴极射线”。阴极射线的本质到底是什么？在围绕着阴极射线的争论和研究中，导致了物理实验上的三大发现，揭开了现代物理学发展的序幕。

（一）X 射线的发现

1895 年 11 月 8 日，德国物理学家伦琴（W.K.Roentgen，1845—1923 年）在进行阴极射线研究时偶然发现了一些奇异的现象：位于高真空阴极射线管附近的用黑纸严密包好的照相底片会被感光；用黑纸包裹的阴极射线管也能使荧光物质发出荧光，而阴极射线是透不出玻璃管的。因此，伦琴认为，还存在着发自阴极射线管，但又非阴极射线的另一种看不见的射线，他把这种射线称为 X 射线。进一步的研究表明，X 射线具有很强的穿透力，除了少数几种物质外，几乎所有的物质都能被它穿透。伦琴还用 X 射线拍下了呈现他夫人手骨结构及手上所戴金戒指的轮廓的照片。这意味着从今以后，人类就可以借助 X 射线透视人体，因而这张照片有着其特殊的历史意义。经过 6 个多星期的深入研究，伦琴于 1895 年 12 月 28 日向德国维尔茨堡物理医学会递交了他的研究成果，即《一种新的射线——初步报告》的论文。这一伟大发现很快轰动世界，引起了许多国家科学家们的极大兴趣，他们竞相开展类似的研究，仅 1896 年一年，就发表了相关研究的文章 1 000 多篇。在 X 射线发现 3 个月后，维也纳医院在外科医疗中便首次应用 X 射线拍片，对病情进行诊断。1901 年，伦琴因发现 X 射线而获得首届诺贝尔物理学奖，人们称这种新射线为“伦琴射线”。

1912 年，德国物理学家劳厄（Max von Laue，1879—1960 年）从晶体衍射的新发现中判断 X 射线是一种频率极高的电磁波，从而揭示了 X 射线的本质。不久后，莫斯莱（H.Moseley，1887—1915 年）证实它是由原子中内层电子跃迁所发出的射线。X 射线的发现虽是偶然的事件，但它却是科学认识必然性的体现。因为正是高速电子打到靶上，才有可能激发出这种高频辐射，所以如果伦琴没有发现，一定还有别人会发现，然而，伦琴能首先抓住这一机遇，则取决于他“2% 的灵感加上 98% 的汗水”。

X 射线的发现重新燃起了人们对于物理学研究的兴趣和热情，使人们认识到物理学的研究并没有走到尽头，还存在着需要进一步探索的空间。

（二）放射性的发现

X 射线是在研究阴极射线过程中被发现的，由于阴极射线管的玻璃壁同时发出荧光，因此，一些物理学家便试图从能发出荧光的物质去寻找 X 射线的来源。1896 年 2 月，法国物理学家贝克勒尔（A.H.Becquerel，1852—1908 年）选择了一种荧光物质——铀盐做实验，结果发现，不仅受阳光照射发出荧光的铀盐能使照片底片感光，而且包于黑纸中未受阳光照射的铀盐也能使底片感光。经过反复实验,贝克勒尔证实铀盐无需任何外界作用就能自发地放出一种穿透力很强的射线,这种射线显然只与铀盐有关而与荧光无关,是有别于X射线的新射线。于是人们就把物质能自发地放出射线的性质叫做放射性,把具有放射性的物质称为放射性物质。

贝克勒尔的新发现引起了世界各国科学家的关注和兴趣,著名的法国女科学家居里夫人(Marie Curie,1867—1934年)和她的丈夫居里(Pierre Curie,1859—1906年)投入了寻找像铀那样的其他放射性元素的工作。经过系统的研究和艰辛的努力,他们相继发现了比铀具有更强放射性的钍、钋、镭等元素。其中镭的放射性比铀强200多万倍,因而更便于研究放射性现象的本质。居里夫妇将放射性的研究推向了一个新的高度,并为科学事业献出了毕生的精力,在科学史上写下了光辉的一页。1903年居里夫妇因发现放射性与贝克勒尔共同分享了诺贝尔物理学奖。1911年,居里夫人因为发现钋和镭两种新元素又获得诺贝尔化学奖,成为历史上唯一一个两次获得诺贝尔奖的女科学家,也是唯一一个同时获得物理和化学两种诺贝尔奖的科学家。

放射性分为天然放射性和人工放射性。天然放射性物质(如镭、铀等)自发放射的特性,称为天然放射性。通过核反应,利用反应堆、加速器造出来的放射性,称为人工放射性。放射性又称为“核辐射”,当今的核武器、核电站等,都利用了放射性。放射性的发现证明原子是可变的,它的发现虽然没有X射线的发现那样轰动一时,但意义更为深远,因为这是人类第一次接触到核现象,为后来核物理的发展开辟了道路。

(三) 电子的发现

为了弄清阴极射线的本质,许多物理学家纷纷投入到解开阴极射线之谜的行列中。经过许多实验研究,基本上形成两派观点,一派认为阴极射线是类似光的一种电磁波,另一派提出阴极射线是一种带电粒子,两派为此争论不休。

1897年,英国物理学家汤姆逊(J.Thomson,1856—1940年)对阴极射线的本质作出了正确的回答。作为世界著名的卡文迪什实验室主任的汤姆逊,他设计了许多巧妙的实验,以取得确凿的证据。首先,他测出了阴极射线的传播速度远远小于光速,因而证明它不是电磁波,接着汤姆逊又用电磁场把阴极射线引到另一种用于测电荷的接收器中,证明它是一种带负电荷的粒子流。更重要的是,他还测出了这种粒子流的电荷量与质量的比值(名为荷质比,即 e/m),其值仅为氢离子的1 /1 000,而该粒子流所带电荷又与氢离子属同一数量级,这就证明了其质量只有氢离子的1/1 000(后来精确到1/1 837)。也就是说,它是一种比最小的原子——氢原子还要小得多的粒子。另外,汤姆逊还将多种不同的气体充入放电管内,并用不同的金属材料做阴极,结果测出的阴极射线粒子的荷质比都相同,由此表明了该粒子是所有物质的共有组成部分。汤姆逊起初称该粒子为“微粒”,后来又采用了爱尔兰物理学家斯托尼(G.J.Stoney,1826—1911 年)于 1891 年提出用来表示电荷最小单位的“电子”一词称之。

电子被发现之前,人们都认为原子是物质的最小组成单元,因而电子的发现不仅揭示出物质本质,而且向世人宣告,原子已不再是组成物质的最小粒子。为表彰汤姆逊的贡献,1906 年的诺贝尔物理学奖便授给了这位敢于冲破传统观念的束缚,最先打开通往基本粒子物理学大门的科学家。

二、经典物理学的危机

三大发现在物理学史上具有重要的意义,标志着人们对物质结构的认识进入了一个新的层次,将人们的视野由宏观领域引向微观领域,开辟了人类认识自然奥秘的新纪元。但三大发现在打开原子世界大门的同时,也向传统的物理学观念提出了严峻挑战,不仅原来的原子不可分学说由于电子的发现而必须摒弃,而且过去认为一种元素不可能转变为另一种元素的观点,也因为现在看到放射性元素在放出某种射线后就逐渐转变成另一种元素的事实而应该予以推翻。

19 世纪中后期,电磁学的理论体系由于麦克斯韦的出色工作而被完成。麦克斯韦预言光是一种波长很短的电磁波。这时人们针对光波能在真空中传播的事实,设想“以太”(“以太”这个名词源于古希腊,原意是高空。笛卡尔首先把它引入科学,赋予它能够传递力的性质)是一个弥漫于宇宙空间且无所不在的理想参考系,电磁波就是以它为介质来传递的。1876~1887 年,美国物理学家迈克尔逊(A.A.Michelson,1852—1931 年)和化学家莫雷(E.W.Morley,1838—1923 年)进行了以寻找“以太”为目的的判定性实验。但与预想的结果相反,他们得到的明确结论是地面上根本找不到“以太”的存在,这就是 1900 年开尔文讲话中所指的两朵乌云之一——“以太”飘移实验的“零结果”。特别有意义的是,该实验没有找到“以太”,反而证明了光速与参照系无关。由于原来认为“以太”是静止的,充满整个宇宙空间的,因此它正是牛顿绝对空间的化身。而迈克尔逊—莫雷以太漂移实验的“零结果”既然表明“以太”根本不存在,那么牛顿所说的绝对空间也不复存在,这意味着经典物理学大厦行将倒塌,使得物理学界大为震惊。

19 世纪末飘荡在物理学晴朗天空中的另外一朵乌云即是所谓的“紫外灾难”,即有关黑体辐射的实验结果与经典物理学理论发生了尖锐的矛盾。所谓黑体,是指能全部吸收外来电磁辐射而毫无反射和透射的理想物体,它也被称为“绝对黑体”。从 19 世纪中叶起,先后有基尔霍夫(G.R.Kirchhoff,1824—1887 年)、斯特藩(J.Stefan,1835—1893 年)和玻尔兹曼(L.E.Boltzmann,1844—1906 年)等物理学家对黑体辐射的总能量作了许多研究,但并没有真正揭示出辐射能量的分布规律。1896 年,德国物理学家维恩(W.Wien,1864—1928 年)建立了一个关于黑体辐射能量按波长分布的“维恩公式”,该公式在波长较短、温度较低时才与实验结果相符,但在长波内完全不适用。1900~1905 年,英国物理学家瑞利(L.Rayleigh,1842—1919 年)和金斯(J.H.Jeans,1877—1946 年)也推算出一个公式,该公式在波长较长、温度较高时都与实验事实相符,但在短波范围内与实验结果完全不符,而且随着波长变短,能量密度随之增加并趋向无穷大,这一结果显然是荒唐的。由于“瑞利—金斯”公式是在短波(紫外光)区出现问题的,因此人们便称之为“紫外灾难”。

总之,物理学恰恰在自己的高潮中陷入了重重危机,然而,正是在这重重危机中,出现了以爱因斯坦为首的卓越的巨人时代,掀起了一场举世瞩目的物理学革命,把物理学由经典物理学阶段推进到现代物理学阶段,这场革命的最重要的成果是相对论和量子力学,它们构成了现代物理学的两大理论支柱。

第二节 相 对 论

以爱因斯坦(A.Einstein,1879—1955 年)为主要创始人和奠基人的相对论,对统治人们思想达千年之久的经典时空观进行了历史性的变革,从而开辟了人类认识世界的新途径。相对论有“狭义”和“广义”之分。狭义相对论是在惯性系(相对于地球静止或做匀速直线运动的参考系)中讨论问题,是一种新的时空理论;广义相对论是在非惯性系中讨论问题,是一种新的引力理论。

一、相对论思想形成的历史过程

经典力学的主要部分有两个,一个是牛顿运动三定律,另一个是万有引力定律,而这些定律都是建立在牛顿的绝对时空观基础上的。那么什么是绝对时空观呢?我们知道物质世界中有三个最基本的概念:物质、运动和相互作用。牛顿认为,物质的质量不会因机械运动而变化,是绝对的;描述物体运动的时间和空间不依赖于物质的运动,是绝对存在的;时间和空间互不相关,是孤立的。在牛顿看来,空间像一个大容器,它为物体的运动提供了一个场所,但它与物体绝对无关。物体放进去也好,取出来也好,它依然存在,本身并不会发生什么变化,这种空间称为绝对空间,正如他所说“绝对的空间,就其本性而言,是与外界无关而永远是相同的和不动的。”[①] 而时间像川流不息的河流,有事件发生也好,无事件发生也好,它总是不断地、均匀不变地流逝着,与物质运动绝对无关,与任何

① [美]H.S. 塞基耶 . 牛顿自然哲学著作选[M]. 上海:上海人民出版社,1974:19.

观察对象的运动保持绝对的独立性。这种时间称为绝对时间，用牛顿的话来说，这种“绝对的、真正的和数学的时间自身在流逝着，而且由于其本性而在均匀地、与任何其他外界事物无关地流逝着，它又可以名之为‘延续性’”。[①]

牛顿的绝对时空观夸大了时空的绝对性，割裂了时空与物质及其运动的关系，虽然是一种形而上学的时空观，但是由于经典力学研究的对象是宏观物体的低速运动，因此其片面性和局限性在当时并没有表现出来，只是随着人们的视野进入微观高速的领域后，这种绝对时空观才发生了动摇。

由于牛顿在经典力学中引入了绝对静止的时间和绝对不变的空间两个概念，因而人们习惯于用经典力学的观点去看待麦克斯韦的电磁场理论，认为电磁波是一种机械波，其传播以以太为媒介。但在19世纪，人们通过对电磁现象的研究发现下列四种结果与经典力学的概念相抵触：(1)运动物体的电磁感应现象表现出相对性——无论是磁体运动还是导体运动其效果一样；(2)麦克斯韦磁场方程不能满足伽利略相对性原理，即用伽利略变换去套麦克斯韦方程，遇到了困难；(3)迈克尔逊—莫雷所寻找的以太漂移实验零结果，说明以太根本就不存在；(4)在实验中，电子的惯性质量随电子的运动速度的增加而变大。

为了解决这些矛盾，荷兰著名理论物理学家洛伦兹（H.A.Lorentz，1853—1928年）提出了收缩假说，推出了洛伦兹变换——不同参考系中时空坐标之间的数学变换，这实际上已经到达了相对论的大门口。法国著名物理学家、数学家庞加莱（H.Poincare，1854—1912年）已经接近狭义相对论的关键内容，即指出光速的有限性和光速的作用，他怀疑以太的真实存在，认为物理学定律对于洛伦兹变换具有不同的形式。这些观点都已具有相对论的雏形，但最终他们都没有真正从牛顿绝对时空的框架中解脱出来，没有意识到必须变革经典物理学的基础，因此，也都不能成为相对论的创立者。

世纪之交的物理实验和理论准备表明，建立新的时空和物质运动理论的条件已经成熟，爱因斯坦正是在这样的科学背景下创立了相对论学说。

二、狭义相对论的创立

过去人们认为，所谓的“同时性”具有绝对的意义。在经典力学中，当世界上所有的钟在某一时刻校准后，那么它们在不同参考系中将永远保持同步。爱因斯坦不赞成人们用绝对静止的观念去解释麦克斯韦方程，从根本上抛弃了绝对静止的参照系和绝对时空的概念，并抓住了问题的实质——同时性的定义，以洛伦兹变换为核心，创立了狭义相对论。

---

① [美]H.S. 塞基耶．牛顿自然哲学著作选[M]．上海：上海人民出版社，1974:20.

1895 年,爱因斯坦 16 岁时,他正在瑞士苏黎世联邦工业大学就读。当时他对物理学有浓厚的兴趣,并时常想着一个问题:如果一个人以光速跟着光线一起跑,那将看到一幅什么样的世界图景呢?对这个问题他一直思索了 10 年。1905 年春天,他终于找到了以时间的同时性问题为突破口,即"对于在一个参考系的观测者来说是同时发生的事件,对在另一个参考系的观测者不见得是同时的"。爱因斯坦设想这样一个实验:有一列匀速驶进站台的火车,一节车厢的中间挂着一个信号灯,当灯发出的光信号到达车厢的前门或后门时,门将打开。设定某时刻灯向前门和后门发出光信号,对于在车厢这个参考系中的观测者来说,因为光信号走到前门和后门的距离是相等的,而光速是个定值,所以他必然认为光信号"同时"到达前门和后门,即前门和后门是"同时"打开的。但是对于在站台这个参考系上的观测者来说,在光信号向车门传播的这段时间间隔内,前门已随列车向前移动了一段距离,则光信号还要用一段时间才能到达前门,而后门却迎着灯光而来,因此光信号是先到达后门而后到达前门,而他必然认为前门和后门不是"同时"打开的。这就说明了对同样的事件,不同的参考系可以有不一样的"同时"标准,同时性不具有绝对意义而具有相对意义。这一结论实际上是否定了牛顿的绝对时空观,提出了具有革命意义的相对论时空观。

爱因斯坦正是在对旧的时空观彻底变革的基础上建立起他的狭义相对论。1905 年 6 月,他发表了《论动体的电动力学》论文,宣告了狭义相对论的诞生,文中提出了狭义相对论的两条基本原理。第一条:相对性原理。即物理规律在任何惯性参照系中都一样,不存在一种特殊的惯性系(牛顿定律适用的参照系);第二条:光速不变原理。即对任何惯性系,真空中的光速 C 皆相同。

由上述两条基本原理出发,爱因斯坦得出了狭义相对论的基本观点:空间和时间并不是互不相干的,而是存在着本质的联系;空间和时间都同物质的运动变化有关,并随物质运动的速度变化而变化;对于不同的惯性系,时间与空间的量度不可能是相同的。

狭义相对论还得出了一些新的推论:

1. 一个物体相对于观察者静止时,它的长度测量值最大。如果它相对于观察者运动,则沿相对运动方向上的长度要缩短,速度越大,缩得越短。一句话,运动的尺子要缩短。比如,一列长 100 米的火车,当它以 1/2 光速行驶时,地面上的人就会发现其长度只有 85 米。

2. 一只时钟相对于观察者静止时,它走得最快,如果相对于观察者运动,它就走得慢,运动速度越大,慢得越多。一句话,运动的时钟变慢。比如一对双生子,一个乘高速宇宙飞船遨游太空一年后,回到地球时会发现比他的孪生弟兄年轻。

3. 在任何惯性系中,物体的运动速度都不能超越光速。光速是物质运动的极限速度。

4. 如果物体运动速度比光速小很多，相对论力学就还原为牛顿力学。

上面第1、第2点都是相对论时空观的基本属性，与物体内部结构无关。它们已被不少实验事实所证明。尤其是在物体作高速运动的情况下，当速度越接近光速，效应就越明显。如1971年，一个美国物理学家小组把一个原子钟放在作环球旅行的喷气式飞机上，另一个钟放在机场上，结果当飞机返回机场时发现，放在飞机上的钟比机场上的钟走得慢，由此检验了时钟变慢效应。我们日常生活中之所以看不到这些效应，是因为物体的运动速度比光速小得多。所以，在通常情况下，只要用牛顿力学来处理宏观低速运动的问题就可以了。

三、广义相对论的建立

狭义相对论所讨论的问题是以惯性系为前提的，但爱因斯坦认为，相对性原理是普遍存在的，它不仅适用于惯性系，而且也适用于非惯性系。因此，狭义相对论发表后，他又致力于把相对论原理推广到作加速运动的非惯性系的研究。1916年，爱因斯坦又建立了广义相对论。广义相对论以惯性质量和引力质量相等的事实为依据，提出了两个基本原理——广义协变原理和等效原理。

（一）广义协变原理

由于宇宙中不存在严格意义上的惯性系，因此要使这个世界是可认识的，必定要求所有的自然规律在不同的参照系中全部是等价的，即广义协变原理：自然规律对于任何参照系而言都应具有相同的数学形式。

如果自然规律仅满足狭义相对论的相对性原理，即仅仅在惯性系中成立，就会出现同一个自然规律在不同地点、不同时刻形式不同的情况，那么科学研究就会失去意义。因此，广义协变原理是狭义相对论的相对性原理的自然推广。

（二）等效原理

等效原理的得出也是通过一个思想实验——爱因斯坦升降机实验完成的。即当人站在静止的电梯内时，会感觉到重力的存在，他的脚对地板的压力等于他的体重。当电梯加速上升时，他会感觉到超重，反之，加速下降时，会有失重之感。这样一个过程，对电梯内的观察者而言，他虽然感觉不到自身运动，但能感觉到作用力的变化，他可以认为，电梯开动时加速度的效应，等价于地球引力场的增加，而减速效应等价于地球引力场的削弱。由此，一个加速度为g的参考系(电梯)即非惯性系等价于一个静止参考系（地球）即惯性系内存在一个附加的强度为g的均匀引力场。这种等价性意味着两者在物理观察上的不可分辨性。也就是在电梯内的观察者无论如何是判断不出他是处在一个以加速度g向上运动的非惯性系中，还是处于一个内部有强度为g的引力场的惯性系中，因为他所感觉的物理效应都是地板对他的支持力为 mg。这就是等效原理——匀加速参照系与引力场中静止的参照系等效,即非惯性系与某一引力场等效。

爱因斯坦以这两个基本原理为基础,建立了广义相对论。广义相对论的基本观点认为:物质存在的现实空间不是平坦的,而是弯曲的;空间弯曲的程度(曲率)取决于物质的质量及其分布状况;空间曲率体现为引力场的强度。广义相对论实质上是一种引力理论,认为万有引力的产生是由于物质的存在和一定的分布状况使时间和空间的性质变得不均(即时空弯曲)所致。它将几何学同物理学统一起来,用空间结构的几何性质来表述引力场,从而使非欧几何获得了实际的物理意义。广义相对论揭示了四维时空同物质间的统一关系,指出时间—空间不可能脱离物质而独立存在,时空结构和性质取决于物质的分布。物质分布得越密,时空弯曲就越厉害,物质周围的引力场就越强。这就从新的高度和更深的层次上彻底否定了牛顿的绝对时空观,比起狭义相对论来包含着更为深刻的科学与哲学思想。

第三节 量子力学

20 世纪初物理学上的另一大成就是量子论的产生和在此基础上建立起来的量子力学。量子力学的建立,极大地推动着现代科学技术的飞速发展,这一理论在解决原子、分子等微观问题中显示出无比的优越性,取得了辉煌的成果。

一、量子论的提出

量子论的产生是从研究黑体辐射性质开始的,即为了解决前文所提的经典物理学上空两朵乌云中的另一朵——“紫外灾难”而提出的。

为了解决维恩公式和瑞利—金斯公式都只能分别说明黑体辐射的部分现象的问题,德国物理学家普朗克(M.Planck,1858—1947 年)经过认真研究,于 1900 年建立了一个在短波区域近似于维恩公式,而在长波区域近似于瑞利—金斯公式的普遍公式。由于这个公式最初只是一个经验公式,因此普朗克便致力于从理论上进行推导论证,以从中阐明这个公式的真正物理意义。经过深入的研究,他提出了一个与经典物理学格格不入的大胆假说——能量子假说。其内容是:物体在发射辐射和吸收辐射时,能量是不连续变化的,这种分立变化不是随意的,它有最小的能量单元,该单元称“能量子”或“量子”。物体发射和吸收的能量只能是“能量子”数值的整数倍,可用公式 $E=h\gamma$ 表示,式中 E 代表能量子的能量,γ 为辐射频率,h 是一个常数,现称为普朗克常数。这种所取能量值分立的现象称为能量的量子化。

1900 年 12 月 14 日，普朗克向德国物理学会报告了《关于正常光谱的能量分布定律的理论》的论文，提出了能量子假说，标志着 20 世纪物理学中又一种崭新的思想观念诞生了。长期以来，人们都认为一切自然过程都是连续的，“自然界没有飞跃”甚至成了一些科学家和哲学家的基本思想。而普朗克的能量子假说却抛弃了能量是连续的传统观念，指出能量是不连续的，这是人类认识史上的一次飞跃，也是经典物理理论的又一次革命。

二、光量子理论的建立

由于能量子假说这一变革性思想使当时的许多物理学家难以接受，因此，该假说在提出后最初几年中，并未引起物理学界的积极反响，甚至遭到不少人的反对，而真正接受量子概念并将其推向前进的第一个人是爱因斯坦。

爱因斯坦从普朗克的思想中得到启发，但他又对普朗克把能量不连续性仅局限于辐射的发射和吸收过程感到不满足。爱因斯坦认为，能量的不连续性可以推广至辐射的空间传播过程。也就是说，光在传播时，能量不连续地分布于空间，它由分立的能量子组成。这种能量子称为“光量子”，对于频率为 ν 的辐射，它的一个光量子的能量就是 $h\nu$。关于光的本性的认识，从牛顿以来就存在着微粒说和波动说之争。17 至 18 世纪光的微粒说取得优势，19 世纪光的波动说占据统治地位，爱因斯坦的光量子理论似乎使光的微粒说复兴了，但它绝不是简单地回归微粒说而排斥波动说。爱因斯坦认为他的光量子论是“波动及发射理论(微粒说)的一种融合”。1909 年他又进一步指出，光不仅具有粒子性，而且具有波动性，即光具有波粒二象性。这在科学史上第一次揭示了微观粒子的波动性和粒子性的对立统一，使人们对光的本性的认识产生了飞跃，给微观物理学研究带来了革命性的影响。

光量子理论在解释过去用经典物理学理论难以解释的光电效应规律时，获得了巨大的成功。所谓光电效应就是某些金属被光照射后放出电子的现象。1902 年，德国物理学家勒纳德(P.Lenard，1862—1947 年)从实验中总结出了光电效应的规律：当照射光的频率高于一定值时，才能有电子逸出表面；逸出电子的能量随光的频率增加而增加，与光的强度无关；光的强度只决定单位时间内被打出的电子数目。这个经验规律，用经典的光的波动说根本无法解释。而爱因斯坦从光量子理论出发，用十分简洁的语言便圆满地解决了这个问题，同时还推导出光电子的最大能量同入射光的频率之间的关系。紧接着，爱因斯坦又把光量子概念推广到辐射以外的领域。由于在理论物理方面的贡献和发现了光电效应定律，爱因斯坦获得了 1921 年诺贝尔物理学奖。

三、量子力学的形成

从普朗克提出的能量子假说到爱因斯坦的光量子理论,再到玻尔的原子结构模型,表明物理学已开始突破经典理论的框架,实现了理论上的飞跃。它们的共同特征都是以能量量子化取代经典物理学中能量的连续性。当然理论本身还有不少欠缺,对实验现象的解释范围也有限,因此通常将这一时期发展起来的量子理论称为旧量子论。旧量子论打开了人们的思路,推动人们去寻求更为完善的理论,量子力学正是在这种情况下逐步建立起来的。

1923~1924 年,法国物理学家德布罗意(L.V.de Broglie,1892—1987 年)受爱因斯坦光量子论的启发,大胆地提出了一个假说:既然光这种波动的物质呈现出粒子性,那么电子一类公认的粒子物质也将呈现出波动性,即实物粒子也具有波动性,并且预言电子束在穿过小孔时会像光波一样产生衍射现象,后来人们就将粒子的波动性称为德布罗意波。1927 年,美国物理学家戴维孙(C.J.Davisson,1881—1958 年)等人通过实验证实了德布罗意的预言。以后,一系列的实验都表明,不仅电子,而且质子、原子、分子等一切实物粒子都具有波动性。德布罗意的发现在整个科学界引起了反响,1926 年,奥地利物理学家薛定谔(E.Schrödinger,1887—1961 年)在德布罗意波理论的基础上,建立了描述微观粒子的波动力学方程,称薛定谔方程。其主要思想是把电子看成一团电荷分布的“波包”即电子云,同时提出波函数的概念,从波函数可以求得粒子在任意时刻在某处的状态。同年,德国物理学家玻恩(M.Born,1882—1970 年)对波函数作出了统计解释,并指出其物理意义是:这一函数绝对值的平方与t时刻在(x,y,z)处单位体积内粒子出现的概率成正比。薛定谔方程的建立,奠定了量子力学的理论基础。

1925 年,德国物理学家海森堡(W.K.Heisenberg,1901—1976 年)沿着另一条途径,也为量子力学的创立做出了奠基性的工作。海森堡认为原子理论应该建立在可观察量的基础上,于是他抛弃了玻尔的电子轨道概念及相关的经典物理量,而代之以可观察到的辐射频率和强度等光学量。在他的老师玻恩及另一位物理学家约尔丹(P.Jordan,1902—1980 年)的共同努力下,海森堡建立了量子论的矩阵力学体系。后来英国物理学家狄拉克(P.Dirac,1902—1984 年)对矩阵力学的数学形式作了改进,使其成为一个更加系统和严密的理论。

1926 年,薛定谔和狄拉克证明了波动力学和矩阵力学二者的等价性,两种理论实际上是一种理论的两种不同形式的表述。接着他们又通过数学方法将这两种表述方式统一起来,建立起完整的理论体系,统称为量子力学。

量子力学是描述微观粒子运动状态的理论,是一套全新的力学体系。它的建立完成了基本物理学观念的变革，即不仅把粒子和波作为物理学所研究的物质实在最终统一起来，而且抛弃了经典力学的机械决定论，彻底改变了对微观客体运动的描述，为人们进一步探索微观世界的物质运动提供了有力的武器。这是继相对论之后，20 世纪初物理学上的又一伟大成就。因此相对论与量子力学也就成为现代物理学的两大理论支柱。

第四节　物质结构理论

物质的结构层次是自然科学研究的重大基本问题。随着相对论和量子力学的建立，以及一些特殊的实验手段和仪器的陆续采用，如云室、高能粒子加速器等的发明，人们终于揭开了微观世界的面纱，并由此致力于对世界的物质统一性的追求，这是当代物理学研究的前沿领域之一。

一、原子模型和量子理论

丹麦物理学家玻尔（N.Bohr，1885—1962 年）的原子模型的提出是量子论的又一个伟大胜利。

（一）原子结构经典模型

19 世纪末 20 世纪初，由于元素的放射性和电子的发现，促使人们去研究原子的内部结构。当时出现了不少原子结构模型，如 1903 年，汤姆逊提出了第一个原子模型。他设想原子是一个球体，由两部分组成，正电荷作为主体均匀地分布于球体中，而带负电荷的电子就像面包中的葡萄干那样镶嵌在球体的某些固定位置上，它们中和了正电荷，使得原子从整体上呈电中性，汤姆逊把原子看成一个实体结构的模型，后来被通俗地称为“面包葡萄干”模型。1904 年，日本物理学家长岗半太郎（1865—1950 年）又提出了另一个原子模型——“土星环”模型，认为原子中带正电的部分相当于土星，而电子则像土星外面的环那样绕着带着正电的部分转动。这两种模型虽然具有一定的合理性，但都存在着某些理论预言与实验观测不符的缺陷。1909 年，卢瑟福（E.Rutherford，1871—1937 年）指导他的助手盖革（H.Geiger，1882—1945 年）和学生马斯登（E.Marsden）设计了用 α 粒子作为炮弹去轰击金属铂片的实验，结果发生了意想不到的现象：α 粒子可以无阻碍地穿过铂原子（铂片），只有少量的 α 粒子产生很大偏转，甚至有个别被反弹回来。经过精确的理论推算，约有 1/8 000 的粒子发生了大于 90°的大角度散射。于是卢瑟福提出两条假说来解释粒子的散射实验：(1) 原子内部的大部分空间是空虚的，所以大多数 α 粒子都能顺利穿过原子；(2) 原子中有一个体积比原子小得多，但质量很大且带正电荷的核，所以极少数 α 粒子受到核的斥力而被撞回来。1911 年 2 月，卢瑟福发表了《α 和 β 粒子物理散射效应和原子结构》一文，正式提出了原子的有核模型，认为原子的中心是一个原子核，原子中全部的正电荷和大部分的质量都集中在这个核上，而质量很小的电子在核外的空间里不停地绕核旋转，这有如行星绕着太阳运行，因此原子有核模型又称为原子行星模型。

卢瑟福的原子模型虽然能较圆满地解释 α 粒子的散射现象，但是它在理论上也存在困难。比如根据经典电磁理论，旋转的电子必定向外辐射电磁波，从而自身能量逐渐减小，致使运动轨道不断变小，最终它就要落入原子核中，因此这一“有核模型”是一个不稳定的模型，可是实际上原子却是非常稳定的。另外，有核模型与人们关于原子光谱的经验知识也相矛盾。

（二）玻尔原子模型

1913 年，卢瑟福实验室工作的丹麦物理学家玻尔在能量子、普朗克常数、光的发射和吸收等一系列新概念和新理论的武装下根据一系列实验事实，巧妙地将有核模型与普朗克的能量子假说结合起来，提出了量子化的原子模型。他认为，电子只能在一些特定的圆轨道上绕核运行，处在这些特定轨道上时是一种稳定的分立状态，因此并不发射能量，只有当它从一个较高能量的轨道上跃迁到一个较低能量的轨道时才发出辐射能，反之则吸收辐射能。而发出和吸收辐射的能量等于两个稳定态之间的能量差，即 $\Delta E=h\nu$。

玻尔的原子模型成功地解释了原子的稳定性和原子光谱的分立性，摆脱了卢瑟福模型所遇到的困难，第一次用量子理论来研究原子结构，是量子论发展中的一个重要里程碑。不过，玻尔的理论也包含着许多经典理论的成分（如轨道概念），所以具有一定的局限性。

（三）原子核结构

卢瑟福原子模型和玻尔原子核模型的提出，揭示了原子的内部结构。那么，原子有结构，原子核有没有结构呢？卢瑟福继续思考研究这一问题。1919 年，卢瑟福和他的助手用镭放射出来的 α 粒子轰击氮原子核，结果发现，氮原子俘获了 α 粒子后变成氧原子，并且产生了一种新的射程很长的、质量比 α 粒子更小、带一份正电荷的粒子。研究表明，这种粒子就是氢的原子核，人们称它为质子，并且有人猜想，原子核就是由带正电的质子组成。但是人们又发现，除了氢元素之外，所有元素原子核中的电荷数并不等于它们的质量，如氦的原子核质量是氢的 4 倍，可是只带有 2 份正电荷。于是有人提出，原子核是由质子和电子组成的，电子中和了一部分质子的电荷，使剩下的正电荷正好与核外电子数相等，但由于这一设想无法解释原子核的自旋现象而不能成立。

1920 年，卢瑟福大胆地推测，原子核内还可能存在着一种质量与质子相同的中性粒子称为中子。1932 年，他的学生查德威克（J.Chadwick，1891—1974 年）把居里夫妇的实验结果和卢瑟福的中子假说联系起来，并进行了反复实验，终于发现了中子。同年海森堡和苏联物理学家伊凡宁科（Д.Д.Иваненко，1904—1994 年）通过实验进一步证明，中子也是原子核的组成部分，确认了原子核是由中子和质子组成的。这一模型能够圆满地解释原子质量与原子序数的关系、同位素现象及原子核的自旋现象，很快得到了人们的公认。至此，人类关于物质结构的理论框架基本建立起来了。

二、基本粒子物理学的发展

（一）基本粒子的不断发现

电子、质子和中子的发现，使人们对物质结构的认识大大深化，由于它们都是比原子核更小的下一个层次的物质单元，因此被称为“基本粒子”。随着对微观领域研究的深入，人们又接二连三地发现了其他“基本粒子”，一个有着庞大家族成员的基本粒子群已经展现在人类面前。

根据作用力的特点，人们将已发现的基本粒子分为强子、轻子和传播子三大类。强子是所有参与强力作用（质子和中子之间的主要作用力，作用范围约 10^{-15} m，相当于原子半径的十万分之一。正是靠着这种强大的作用力，才使质子和中子结合成原子核）的粒子总称，占已发现的基本粒子总数的 95%，最常见的是质子和中子。研究表明，强子也有其内部结构。1956 年，日本物理学家坂田昌一提出了强子的复合模型，亦称“坂田模型”，认为质子、中子和 Λ 超子是构成强子的三种“基本粒子”。1964 年，美国物理学家盖尔曼（M.Gell-Mann，1929—　）提出了“夸克模型”。认为所有强子都是由带分数电荷且具有一定对称性质的上夸克、下夸克、奇异夸克和它们的反夸克所组成。为了解释新的实验现象，人们又引入了第四种夸克——粲夸克。1977 年美国科学家莱德曼（L. Lederman，1922—　）又发现了第五种夸克——底夸克的存在。从对称性的观点看人们相信至少还存在着第六种夸克——顶夸克。1995 年，美国费米实验室宣布，他们已经探测到了“顶夸克”。经过不断探索，科学界逐步建立和发展了一种称为“标准模型”的粒子物理学理论。该理论认为，原子由质子和中子之类的亚原子粒组成，而亚原子粒又由更小的六种夸克和包括电子在内的六种轻子组成。质子和中子分别由三种夸克所组成，传递夸克之间相互作用的是胶子。轻子不参与强相互作用，只参与弱相互作用、电磁相互作用、引力相互作用。传播子是传递相互作用的基本粒子，如光子、胶子等。光子是电磁相互作用传递的媒介或承担者，基本的电磁作用过程表现为放出和吸收光子。

目前，人们对微观世界的认识尺度已经达到 10^{-19} m，已经发现的基本粒子有 400 多种,它们绝大多数在自然界中不存在,是在高能实验室中被轰击出来的。粒子物理学的实验研究需要很高的能量才能轰击出粒子并进行探测。因此,粒子物理学又称为高能物理学。

(二) 微观粒子的基本特征

现代物质结构理论是建立在量子理论基础上的。量子力学的基本观点是:微观领域的自然作用是不连续的、分立的,即量子化的,这一观点得到所有现代物理实验的一直支持。从这一观点出发,人们发现微观粒子具有与宏观物体不同的一些基本特征。

1. 波粒二象性。现代理论和实验证实,微观粒子具有波动性和粒子性双重性质,称为波粒二象性,即它的存在形式既像粒子又像波。它的粒子性表现在它具有某些实体颗粒的特性,如质量、荷电数等,而它的波动性则表现在该粒子出现在一定的时间和空间的几率。

2. 不确定原理。不确定原理说明,由于微观粒子具有波粒二象性,因此不可能同时了解它的全部活动信息,在运动中的微观粒子不可能同时具有确定的位置和动量。

3. 不相容原理。即在某些微观粒子组成的系统中,不可能有两个粒子处于完全相同的状态中。

4. 量子化。量子化即微观粒子的存在状态不能连续变化,只能是分立的,表征微观粒子的所有参数,如能量分布、自旋、重子数、轻子数、荷电数等都是分立的。

(三) 粒子物理学研究的前沿课题

随着粒子物理学的发展,人们对物质结构的认识不断深入。20 世纪 70 年代末 80 年代初,在粒子物理学的理论探索中,有许多工作是探讨夸克和轻子的内部结构的,并提出了各种可能的"亚夸克"模型。诺贝尔奖获得者、美国科学家格拉肖(S.Glashow,1932—)曾建议,把比夸克更深层次的粒子叫"毛粒子",以纪念毛泽东倡导的"物质是无限可分的"的哲学论断,但目前关于亚夸克的研究尚无新的进展。

为了窥探更深层次的物质结构,需要超高能量的加速器,欧洲筹建的大型强子对撞机设计能量高达 1.4×10^4 GeV,其主要任务是寻找希格斯玻色子,希格斯玻色子的存在与否是最终检验标准模型的试金石。除此之外,粒子物理学还有许多根本性的问题需要解决,如真空的性质、破缺对称性、夸克禁闭及基本相互作用的统一等,所有这些问题的解决都离不开超高能的加速器、对撞机及大型粒子探测器等现代化实验设备的进步和实验手段的创新,所以粒子物理学的发展不仅大大丰富了人们对物质世界的认识,同时也促进了许多新兴学科的发展,并推动着高新技术的进步。

三、对物质统一性的探索

对统一性的追求，一直是科学发展的动力之一。在科学家的思想里，公理化和统一性的思想占有非常重要的地位。人们发现自然界共有四种相互作用力，它们分别是：引力相互作用、电磁相互作用、强相互作用和弱相互作用。物理学家们认为自然界应该是统一的，四种相互作用应该可以用一种统一的理论来描述。现代物理学在物质相互作用方面展开了对统一性的探索。

（一）爱因斯坦的开辟性工作

在爱因斯坦的广义相对论中，事实上存在着三个独立的要素，这就是不连续的有重量的物质、连续的电磁场和引力场。爱因斯坦在自己的后半生主要研究电磁场和引力场的统一问题。但由于当时仅知道电磁场和引力场，还没有认识到微观世界中的两种相互作用即强相互作用和弱相互作用，因而爱因斯坦当时研究统一场论的条件还不成熟，但爱因斯坦出于对自然界的和谐统一的信念，开辟了统一场论的研究方向，对现代统一场论的发展具有非常重要的意义。

（二）当代统一场论的进展

当大量微观粒子的发现在人们面前展开微观世界的图景时，微观粒子的波粒二象性表明，它们既具有粒子性特征，又具有场的性质。面对着日益增多的粒子，人们试图建立起统一场论的思想，并开始从微观领域研究量子统一场论。

1954 年，杨振宁和米尔斯（R.L.Mills）提出了崭新的统一场理论。他们认为，关于电磁相互作用的微观粒子即量子电动力学，是粒子物理中最成功的一种理论，理论与实验比较时惊人的相符，因此可借助与量子电动力学的类比，构造出一种别的相互作用也可以适用的新理论。他们还发展了早些年由德国数学家韦尔（C.Weyl，1885—1955 年）等提出的规范不变的思想，即认为物质性质的对称性、不变性在物理学中可能有更普遍的意义，应该把这种思想同场的研究联系起来，并引入数学中的群来表示场的各种规范变换，以此为基础，他们开创了规范统一场论的新时代。

美国的温伯格（S.Weinberg，1933—　）、格拉肖和巴基斯坦的萨拉姆（A.Salam，1926—1996 年）等在杨—米尔斯场的基础上建立起弱电统一的物理图像。1978 年在东京召开的国际高能物理会议上，世界各地的高能物理实验室测得的 50 多项实验数据均与弱电统一模型的预言相符。为此，温伯格、格拉肖和萨拉姆共同荣获了 1979 年诺贝尔物理学奖。根据这一理论所预言的中间玻色子的特性，使得欧洲核子研究中心（CERN）于 1983 年 1 月和 6 月终于找到了中间玻色子 $W^{\pm}$ 和 Z^0，而且理论预言和实验数据符合得相当好。规范场理论在对强相互作用的描述上也取得了进展，即人们建立了量子色动力学。由于弱电统一理论和量子色动力学的成功，许多物理学家探索着如何去建立弱、电、强三者统一的大统一理论。大统一理论没有包括引力相互作用在内，因此，许多人也致力于寻找四种相互作用的统一，这就是超大统一理论，这是当代物理学最困难的前沿问题之一。

大统一理论和超大统一理论距离成功还有相当长的路程，但是，通过规范场的概念使自然界的四种相互作用走向统一，是当前粒子物理学发展中的一个宏伟目标。通过它，我们可以揭示出各种相互作用之间的某种深刻的联系，从而更好的理解自然，理解我们的宇宙。

拓展阅读

1. 李醒民．激动人心的年代：世纪之交物理学革命的历史考察与哲学探讨[M]. 北京：中国人民大学出版社，2009.

2. [英]W.C. 丹皮尔．科学史及其与哲学和宗教的关系[M]. 北京：商务印书馆，1975.

3. 李华钟．定域内对称和规范场——为杨—米尔斯场五十周年而作[J]. 物理，2004(2).

思考题

1. 19 世纪末物理学三大发现的意义？
2. 简述狭义相对论的基本原理。
3. 简述广义相对论的基本原理。
4. 比较玻尔模型与卢瑟福模型的差别。
5. 简述量子力学的基本理论观点。

第五章 现代化学

化学是现代自然科学的一门基础学科。它是研究物质的组成、结构和性质，在分子和原子水平上研究物质的变化规律及变化过程中能量关系的科学。现代化学发展迅速，化学与其他学科的相互渗透，尤其是量子化学的建立，产生了越来越多的边缘学科和新兴学科。20 世纪 90 年代，适应人类社会生活的新需要，绿色化学应运而生。

化学对社会物质生活的飞速发展有巨大的推动作用。现代化学正在帮助人们解决能源、农业、环境保护、医疗，衣食住行等生产和生活的各方面的问题。在新的科技革命中，现代化学占有重要的地位。

第一节 现代化学的形成

近代化学本身的发展，带出了一系列需要进一步探讨的新问题，在对这些问题的解决中，现代化学逐步形成。

一、从近代化学到现代化学

自从波义耳把化学确立为科学，经过拉瓦锡、道尔顿和门捷列夫等人为代表的化学家们的大量工作，到 19 世纪末已发现一系列重要的化学定律，找到了一系列重要的元素，提出了一系列重要的化学概念，化学三大基础理论（原子—分子学说、有机分子结构理论和元素周期律理论）基本确立了；化学的四大分支学科（无机化学、有机化学、分析化学和物理化学）也初步形成。近代化学取得了相当令人瞩目的成就，但这并非说，化学已达到完善的地步，恰恰相反，随着化学本身的发展，又带出了一系列需要进一步探讨的新问题，化学发展带出的问题中比较突出的有：元素周期律的实质、化学键的本质、光谱的秘密、各种物质分子的内部结构等。以电子运动为特征的化学键理论的建立，使得化学开始逐步从经验归纳的“经验科学”向演绎推理的“理论科学”转变，在这样的过程中，现代化学逐步形成。

在现代化学中，涌现了大量的交叉学科。19 世纪末和 20 世纪初物理学的划时代的进展，使人们认识到原子有结构，原子核中有质子和中子，从而形成了一门原子物理学的新学科，随后又形成了量子力学，并进一步推动了原子核物理学、固体物理学等许多学科的发展,还出现了一系列新的实验手段。正是物理学的这一系列新进展,给现代化学理论的发展提供了新的契机。伴随着物理学革命的到来,20 世纪的化学也兴起了一场新的革命。最能反映现代化学本质特征的一些分支学科——分析化学、量子化学、核化学、结构化学、化学反应动力学、合成化学等,无一不是化学与现代物理学、生物学、数学相互渗透,或由于电子计算机、激光、微波等新技术手段在化学研究中运用的结果。物质结构的理论,既是物理学的重要内容,也是研究化学的基本理论,实际上,在有些领域甚至无法辨认化学与物理学研究的界限了。应用量子力学的规律和方法来处理和研究化学问题,产生了量子化学,这对于从理论上阐明化学键的本质、分子间的作用力以及分子结构与性能之间的关系有着十分重要的意义。电子计算机与化学相结合形成了计算化学,为化学研究达到分子工程水平、定向设计具有确定结构和性能的化合物、选择最优的合成路线,开辟了光明的前景。化学向生物学渗透,促使生物学发生革命性的变化,在生物化学的基础上又产生了新兴的分子生物学,使生物学研究由宏观进入微观,由现象描述阶段发展到探索生命本质阶段,这反过来又刺激了化学自身的进一步发展。其他还有海洋化学、大气化学、地球化学、天体化学、绿色化学等分支出现。这一系列边缘性学科、交叉性学科的产生,充分反映了现代化学的新面貌。

二、现代化学的特点与新发展方向

(一) 现代化学的特点

现代化学在各门学科发展的影响、带动或促进下,在解决实际问题的迫切推动下,实现了自己的发展。和 19 世纪相比,现代化学正逐渐从描述性的科学过渡到推理性的科学,从定性阶段走向定量阶段,从宏观进入微观,从研究简单体系发展为复杂体系,从研究静态问题转而研究动态问题,从而成为今天以广度和深度著称的一门影响深远的学科。

1. 从宏观到微观。化学真正深入到微观,深入到分子、原子的层次是从量子力学的规律应用到化学领域才开始的。合成化学、结构化学和量子化学结合得更密切了。人们在合成一个化合物之后,还要测定空间结构,进行光谱分析,以了解分子内电子运动的某些规律,此外还要作量子化学的研究,希望得到结构和性能之间关系的解释。

2. 从体相到表相。一般说来,物体内部叫体相。在多相体系中,反应总是在表相上进行的。过去人们无法确知表面层(例如 5~10 个分子或原子层)的状态。现在由于测试手段的进步,根据测知表面层的结构和组成,人们有可能了解表面反应的实际情况,促使表面化学和催化化学得到了很大发展。

3. 从静态到动态。热力学的研究方法是典型的从静态判断动态。利用热力学函数，在特定的条件下可以判断变化的方向，但无法给出变化过程中的细节。20 世纪 60 年代以来，由于激光技术和分子束技术的出现，可以真正地研究化学反应的动态问题。分子反应动力学（即微观反应动力学或化学动力学）就是在这个基础上发展起来的，已成为目前非常活跃的学科。

4. 从定性到定量。人们总是希望能用更精确的定量关系来描述物质的运动规律。计算机的出现，大大地缩短了数据处理的时间，甚至使过去望而生畏、难以着手的计算问题也迎刃而解。同时，计算机的模拟放大，可直接对大规模的工业生产进行设计，大大节约了人力和物力。

5. 从单一学科到边缘学科。化学与其他学科相互渗透、相互影响和相互结合，化学学科内部也相互交叉、紧密相连，形成了许多边缘学科。如生物化学、药物化学、地球化学、海洋化学、天体化学、计算化学、表面化学、金属有机化学等。

6. 从平衡态的研究到非平衡态的研究。平衡态热力学（也称为可逆过程热力学或经典热力学）已经发展得较为成熟和系统，但其主要不足之处是仅限于描述处于平衡态和经受可逆过程的体系，因此它主要用于研究孤立体系或封闭体系。另外，对开放体系所构成的非平衡态研究，自 20 世纪 60 年代以来发展非常迅速，形成了一个学科分支——非平衡态热力学，普里高津（I.Prigogine，1917—2003 年）对此有突出贡献。这门学科与越来越多的领域（如生命科学、化学反应动力学等）发生密切的联系，成为当前理论化学发展的前沿之一。

（二）现代化学的新发展方向

现代化学的特点决定了现代化学的新发展方向。

1. 化学向分子设计方向前进。分子设计就是说化学家像建筑师造房子那样设计好再建造。量子化学使我们可以通过数学计算来研究原子、分子等物质的微观性质和结构，从而改变了长期以来化学家主要依靠实验方法即经验型的方法进行研究的盲目和被动局面，提高了化学家们解决问题的预见性。结合电子计算机、各种能谱技术、微微秒技术、激光技术、同位素技术等在化学上的应用，分子设计逐步趋向现实。如著名有机合成大师伍德沃德（R.B.Woodward，1917—1979 年）合成难度极高的维生素 B_{12}，就是按他创立的前沿轨道理论出发，计算后设计出最佳合成路线和原料配比，一举成功并传为佳话。目前全世界每年合成几千种抗癌药，大都是先设计好合成路线，而后进入生产的。这种分子设计的思想建立在牢固科学基础之上，具有光明的未来。

2. 向分子群研究进军。在自然界中生物的活动常常同时发生几十个甚至几百个化学反应，才能使生物体生命延续，即使完成一项简单工作也必须是多个分子同时工作才能实现。例如，根瘤菌体内的固氮酶，就有两种蛋白质分子，一种是含铁的，另一种是含钼的，这两种分子必须同时工作才能把氮气固定下来。目前化学家已合成主要生命基础物质，并引进酶技术、仿生技术、膜技术等，使研究分子群的情况成为可能，这也为揭开生命的秘密做好了基础工作。

第二节 现代化学的新发展

现代化学的新进展主要表现在量子化学、现代无机化学、现代有机化学的发展上，与此同时，现代化学涌现出一些发展较快和较为独立的分支学科。

一、量子化学

量子化学是理论化学的基础理论之一，它用量子力学的基本原理和方法研究化学问题，着重研究化学键理论。

（一）化学键基本类型

20世纪以来，随着电子的发现，产生了化学键的电子理论。分子中两个原子间存在着某种强烈的相互作用或化学结合力，称为化学键。化学键有三种基本类型：离子键、共价键和金属键。

1. 离子键。离子键就是离子之间形成的化学键，是由于静电相互作用而形成的，如食盐（氯化钠）就是以离子键结合起来的化合物。两种不同元素的原子之间要形成离子键，必须有一方易于失去电子，而另一方易于得到电子。在易于失去电子的活泼金属元素和易于得到电子的活泼非金属元素之间一般以离子键方式结合，生成稳定化合物。离子化合物一般以晶体存在，叫做离子晶体。它的特点是熔点和沸点较高，熔融或熔解后均能导电，密度较大。

2. 共价键。对于一些由相同元素组成的分子或有机分子不能用离子键理论合理地解释，需要用共价键理论解释。这一理论认为，这些分子依靠共用电子对达到特定的电子层稳定结构，从而形成共价键。共价键可分为非极性键（如 H_2、O_2、N_2 分子中）和极性键（如 HF 分子中）。在解释水合物、氨合物、复盐等络合物结构时，维尔纳（A.G. Werner，1866—1919年）等提出了配位键理论，认为它是由一方提供一对电子，而另一方提供空轨道而形成的共价键。依靠共价键形成的共价化合物是数量最大的一类化合物，绝大多数有机化合物都是共价化合物。

3. 金属键。金属元素之间形成金属键。根据一种金属键理论——改性共价键理论，认为金属原子间结合时，成键电子脱离了单个原子，为全体金属离子所共有，从而形成了金属键，即金属键是由于“金属离子浸沉在电子的海洋中”而形成的。

(二) 量子力学对化学键理论的研究

量子力学建立之后，1927 年就被海特勒（W.Heitler，1904—1981 年）和伦敦（F.London，1900—1954 年）运用于化学中有关 H_2 方面的研究中，从而开创了量子化学的新领域。这一理论首先修正了电子运动的所谓轨道概念，指出电子绕核的高速运动，不可能像经典力学那样计算出某时刻在某一体系中的电子的准确位置，而只能对电子的运动状态作出概率性描述，这种描述可以形象地比喻为“电子云”，而共价键的本质，乃是电子云的重叠。海特勒和伦敦的研究不仅确立了化学键的崭新概念，而且引导人们运用量子力学方法去研究多原子分子。1931 年，鲍林（L.Pauling，1901—1994 年）从电子具有波动特性出发，根据波的叠加原理提出了杂化轨道理论，很好地解释了碳四面体结构的价键状态，他还引进了共振的概念来处理分子的结构，提出了共振论。

现代化学键理论对共价键的解释，有两种不同的观点，形成了两种不同的理论：一种是价键理论，另一种是分子轨道理论。价键理论是海特勒等人在研究氢分子基础上形成的。这个理论的主要特点是将分子看作原子的组合，认为当具有未成对而且自旋反平行的电子的原子，彼此结合形成共用电子对时，就形成了共价键。价键理论具有直观的优点，易为化学工作者接受。分子轨道理论是由洪德（F.Hund，1896—1997 年）和莫立肯（R.S.Mulliken，1896—1986 年）等人于 1932 年提出的，用单电子波函数来描述化学键的本质。20 世纪 50 年代之后，由于电子计算机可用于计算分子轨道，使分子轨道理论得到较快发展。1965 年，伍德凡德(R.BV. Wooduard，1917—1979 年）和霍夫曼（R.Hoffman，1937—　）在长期的有机化学反应实验基础上，提出了分子轨道对称守恒原理。这一原理对于解释和预示一系列化学反应进行的难易程度，了解反应产物的立体构型，都有指导意义。这一原理的提出，标志着现代化学开始从研究分子的静态跨入了研究分子的动态的新阶段。由于分子轨道理论强调分子的整体性，更接近分子的实际情况，能够说明分子的更多方面的性质。这个理论发展很快，成为共价键理论中的主要发展方向。

量子化学在现代化学研究中起着越来越大的作用，在有机反应、无机反应、生物化学反应、光化学反应、催化剂和络合物等研究领域中，化学工作者都在努力引进量子化学手段，并取得一定的效果，促进了结构化学、催化化学、计算机化学、分子生物学、化学仿生学的形成和发展。量子化学已经成为现代化学研究的重要基础理论学科。

二、现代无机化学

(一) 现代无机化学发展的基本特点

20 世纪无机化学发展的牢固基础同以前一样是门捷列夫的周期律。在 20

世纪初由于发现同位素、采用了原子序数以及确定了原子的电子结构，使得周期律更加完善了。近几十年来无机化学的实际材料大为增加，已发现的化学元素数已增至118个，而现在已知的无机化合物数目已增至几十万，现在所发现的各种新型化合物数目之多，是19世纪的化学家们所不能想象的。

在制取和研究无机化合物方面采用的各种方法已大为改进，同时还采用了高压、高温、低压、低温、电场、辐射以及其他各种新的方法。其中催化反应和对超纯物质的研究具有特殊意义，许多“化学纯”物质的杂质纯度已降低到了10^{-5}(即主要物质的十万个分子中只含有一个杂质分子)，而在某些情况下已降低到了10^{-9}。采用各种最新分离方法(离子交换法、区域熔炼法以及其他方法等)所制得的许多高纯度物质在一些情况下获得了新的性质，并且找到了新的用途。基本研究方向与工业生产需要之间的联系日益加强是现代无机化学发展的特点，因此无机酸碱、矿物肥料、合金以及其他材料的生产方法都大大改进。此外，还出现了许多生产无机物质的新部门，特别是对聚合物材料、半导体材料、合成材料以及其他材料的生产。

(二) 元素周期理论的新发展

20世纪20年代，卢瑟福建立了原子核模型，摩斯莱(H.Moseley，1887—1915年)揭示出元素在周期表中的原子序数等于该元素的核电荷数，玻尔和其他一些科学家，建立了原子核外电子的量子结构模型。在此基础上，科学家们逐步搞清了原子核外电子分层填充的规律。根据原子核外电子填充的规律可以知道，元素在周期表中的周期数，等于该原子的原子核外所具有的电子壳层数。例如，第三周期的元素(钠、镁等)有三个电子层，即K、L、M层；第七周期的元素有K、L、M、N、O、P、Q层。同一层中的电子，其能量又不完全相同，又可以细分为一个或几个不同的亚层，通常用s、p、d等符号来表示；每个亚层又可再细分成不同的轨道。现在已经知道，每个轨道中只能容纳两个自旋相反的电子；电子总是先填充能量最低的轨道；如果有n个相同轨道，则电子在成对之前分别平行填充各轨道。同时又知道，每种原子的最外层最多能排布8个电子，次外层最多能排布18个电子。

依据这些规则，就可以解释元素在周期表中的排布及其变化规律。我们知道，在周期表中，同一族元素的物理和化学性质既有相似性，又有差别。例如，锂、钠、钾、铷、铯同属一族，称为碱金属族元素，它们具有碱金属元素的共同性质，如化学性质活泼，多与非金属元素化合，在化合时形成一价的正离子；但在周期表中从上到下，它们的性质呈现规律性变化，如金属性质增强，化学活泼性递增等。这是因为碱金属元素，它们的最外电子层(也叫价电子层)都只有一个电子，这个电子在发生化学反应时容易失去，因此形成一价的正离子，这就可以说明它们的性质的相似性。碱金属元素从锂到铯,它们的电子层数是不同的,锂有 2 个电子层,钠有 3 个电子层,钾有 4 个电子层,依此类推。随着电子层数依次增加,它们的原子量也依次增加,最外层电子离原子核的距离也依次增加,因而要使最外层的一个电子离开原子而变成离子所需的能量依次降低,这就可以解释为什么碱金属族元素的性质依次变化的规律。当然,在同一周期中的元素,从左到右,物理和化学性质发生递变,这也可以用原子核外电子层结构来说明。

(三) 无机物生产与研制

20 世纪上半叶,在无机化学方面有了许多重大的发明和发现,其中包括生产许多迫切需要的物质。如工业规模化生产合成氨,用氨氧化法生产硝酸,研究出工业生产无机酸、盐类和肥料、无机高聚合物以及其他物质的新方法等。这些物质现在都以大规模方式生产,标志着现代化学的水平与成就。

20 世纪在无机化学的一切部门不论是元素化学或者是化合物的研制方面都有了迅速的进展,例如惰性气体化合物的研制方面。1960 年约斯特和凯斯一起实现了氪和氟的反应,同时也实现了氙和氟的反应。1962 年巴特列(N. Bartlett)制得了六氟铂酸氙,不久包括 XeF_2 和 XeF_6 的其他重惰性气体的氟化物也被制得。人们还合成了氙与其他元素的化合物。这样,在 20 世纪中叶还被认为是绝对不活泼的惰性气体,现在则知道原来完全是能够起化学反应的。近几十年来,元素化学家们又研制出了一些以前不知道的组成奇怪的化合物,如 Al_2O、AlF 以及其他化合物等(这些化合只能在高压下存在,在低温下就变成了通常的三价铝化合物)。所有这些制取和研究新化合物的例子都表明了现代无机化学迅速发展。

三、现代有机化学

有机化学在 20 世纪的新发展,主要体现在理论有机化学和合成有机化学两大方面的成就。

(一) 理论有机化学

理论有机化学是由物理化学和有机化学相结合而发展起来的,主要是从有机化合物的结构研究和反应机理的研究两个方面去探讨和发展有机化学。从 20 世纪 20 年代起,这种理论上的突破随着原子结构学说(以电子论为基础)和分子结构学说(以现代化学键理论为中心)的建立而开始实现。这种探讨在 20 世纪 20~40 年代获得重大发展,20 世纪 50 年代以后发展更为迅速。

在有机结构理论(重点是结构与性能关系)方面,获得了如下重大成就:

(1) 电子理论被应用于有机化学,导致化学键的电子理论与量子理论建立,原子价和化学键本性得以明确;化学键不再是一个学说中的抽象概念,而成为一种实际存在的结构单位，从而解决了有机结构理论中的一个根本问题。

(2) 由于化学键（尤其是共价键）本性的阐明，原子与基团间的相互影响的观点与概念得到了进一步的发展。诸如诱导效应、共轭效应与立体效应等均获得了应用电子的科学解释，并且它们的比较强度次序也可加以测定。

(3) 有机分子结构与性能间的关系趋向精确化和定量化。由于实验技术上可用种种实测方法确定化学键的各种性质（如键长、键能、键角、键矩等），运用光谱分析方法可以了解分子中各原子核与电子的运动状况，并且也能分辨它们运动的各种形式（如振动、转动等），从而能对分子中各原子核及电子的运动予以证实与测定。这使得人们由分子结构预测它的理化性质或由理化性质来预测分子结构，建立在更为坚实的科学实验的基础之上。

在有机反应机理方面也有重大进展。其主要标志是发现了许多价键异常和很不稳定的“中间体”，如有一孤单电子的自由基 $CH_3\cdot$，有一对未共享电子带负电荷的碳阴离子 CH_3^- 以及激发态分子、热原子、溶剂化的电子等。这些中间体的发现不单有助于对有机反应机制的了解，而且促进了整个有机化学领域的发展。

进入 20 世纪 40 年代后，在有机理论取得重大成就的基础上，理论有机化学走向成熟。1940 年出版了第一本由汉曼特撰写的《物理有机化学》专著，可说是反映这种成熟的标志。20 世纪 50 年代后，理论有机化学呈现出迅猛发展的势头。这主要表现在以下几个方面：(1) 研究手段由宏观观测向微观观测发展。现在人们已在探索多步反应中第一步的中间体和过渡复体的微观结构、各能障的高度、反应分子（包括催化剂和溶剂）内每一原子在反应历程中随时间推移的相对位置的变化。如今对反应机理采用从实践中抽象出来的近似理论模型、用计算机作计算实验和用反应物作化学实验等三者相结合的方式进行研究的情况已相当普遍。(2) 从静态向动态立体化学发展。构象分析应用于反应机理的研究，主要是指它分析反应在基态、过渡态和激发态的构象关系对反应物的物理、化学性能的影响。(3) 演绎法的“从头计算”和归纳法的“超热力学”推导相结合，这两种方法的结合运用使得有机理论更趋精确化和定量化，并日益显示其实用价值。(4) 物理有机方法推广应用于生化反应机理的研究中。这种研究大体在以下几方面展开：其一，分子生物学和分子药理学的研究；其二，生物有机的创建和仿生化学的孕育；其三，生命基础物质的人工合成；其四，思维化学物质基础的探讨；其五，生命起源理论的研究。

（二）有机合成

对有机结构和有机反应机理的日益深入的理解，开辟了有机合成方法的新途径，为设计生产各种不同性能的有机工业品提供了理论指导。20 世纪有机合成的发展有着三个显著的特点。

1. 合成原料路线转变

在19世纪中叶,有机合成是以“煤焦油化学”为基础的。到了20世纪初,“电石化学”成了有机合成的基础。从二次大战开始,“石油化学”成为现代有机合成的重要基础。

2. 有机合成范围日益扩大

(1) 天然有机物的合成范围越来越广,它包括糖类、生物碱、萜类和甾族化合物、蛋白质和核酸等。其中糖类是自然界分布最广的一类有机物,它包括单糖、低聚糖、多糖等,人们熟悉的淀粉、纤维素、蔗糖等也属此类。关于糖类的合成基础工作是由德国化学家费歇尔(E.O.Fischer,1918—)和英国化学家哈沃斯(S.W.Haworth,1883—1950年)等人,在19世纪末到20世纪30年代期间奠定的;20世纪40年代以后,碳水化合物的合成工作大为扩展。由于大规模寻找新抗生素物质,发展了氨基酸、脱羟糖、支链糖类的合成研究;由于系统地研究了病原体的化学组成和某些疾病对机体组织的化学变化,促进了大分子聚糖类化学的建立,开拓了聚糖蛋白、聚糖脂类有机合成的新领域。

(2) 元素有机化合物的合成种类增长迅速。主要包括两大类:一类是非金属元素有机化合物的合成,另一类是金属元素有机化合物的合成。首先,关于非金属元素有机化合物的合成,始于20世纪初对有机硅的合成研究工作。20世纪30~40年代发展到对有机氟(如制冷剂)、有机硫(如青霉素、磺胺药等)和有机磷(如某些杀虫剂、灭菌剂)的合成研究。近几十年来,对有机硼(如硼烷和碳硼烷)的合成研究工作可以说是方兴未艾。其次,关于金属元素有机化合物的合成。从第一个金属有机化合物被制得(1842年合成卡可砷)到20世纪40年代的100年间,主要是主族元素的金属有机化合物合成进展较快,包括有机锂、有机铝、有机镁、有机铋及有机锡等。1951年,费歇尔和威尔金森(G.Wilkinson,1921—)各自独立地发现了一种过渡金属有机物——二茂铁,它的发现开辟了有机化学合成的一个新的领域;维生素 B_{12}(含钴元素)、血红素(含铁元素)等的合成成功,标志着在该领域取得的更大成果。而人工合成过渡金属有机化合物的成功(如羰基络合物、烯烃络合物、冠醚络合物等),则充分显示出该领域有着广阔的发展前景。

(3) 探求具有新颖特性化合物的合成。这方面的研究工作有:按分子轨道理论深化对芳香族化合物结构特性的认识,并据此设计多种有待合成的立体芳基结构,如纵向、侧向及垂向芳基结构等化合物。以拓扑学的原理为指导,合成具有拓扑结构的化合物,将开链改造成环链,而获得具有特殊性能的有机化合物,如链烷、轮烷及结烷的合成。此外,还有合成具有特殊物理性能(如产生磷光、荧光、冷光及压电等特性)的有机物。合成这类化合物并作进一步联系实际的研究是发展合成化学的一个重要方向。

3. 合成方法、途径和技术发生重大变革

方法、途径和技术的变革一方面反映在对传统的有机合成方法的不断推陈出新上，如20世纪以来在广泛有机实验基础上，总结出诸如格林尼亚反应、查依采夫规则、普林斯反应、伍德瓦德反应、调聚反应等新的合成方法和技巧，有力地推动了有机合成的发展。另一方面反映在有机合成中广泛使用催化剂，使得有机合成反应具有愈来愈高的选择性和专一性。由此，出现了众多反传统的合成方法与技巧，使得用传统方法难以实现或不能发生的反应得以进行，并且条件简化、成本降低。例如，著名的齐格勒—纳塔催化剂，使聚乙烯的立体定向合成取得巨大成功。该催化剂是一种有机铝及钛的组合催化剂，它在1954年由德国的齐格勒（K.Ziegler，1898—1973年）和意大利的纳塔（G.Natta，1903—1979年）发明。

四、现代化学的其他重要分支

现代化学的一个重要特点，是不断涌现出新的分支学科。如无机化学分化出诸如氟化学、稀土元素化学等分支学科；物理化学不断产生出如结构化学、激光化学、磁化学、半导体化学、超导体化学、电化学、表面化学等分支学科。再如量子力学理论应用到化学研究中出现的量子化学学科；而量子化学与计算机技术相结合出现计算化学等。现代化学在分化的同时，也出现了综合的趋势，这也导致一些新的诸如生物化学、生物地球化学、元素有机化学的出现。由于篇幅所限，面对这众多的分支学科，本书只能对一些发展较快或较为独立的学科简要加以介绍。

（一）物理化学

物理化学的形成是在19世纪中叶，当时资本主义社会的生产有了很大的发展，各类自然科学（主要是物理学，其中也包括物理化学）都得到了迅速的发展。原子—分子学说、气体分子运动论、元素周期律的发现，经典热力学第一定律和第二定律的建立，化学热力学的发展等，都为物理化学的形成和发展铺平了道路。

进入20世纪以来，在工业生产和化学的科学研究中，物理化学的基本原理得到了广泛的应用，发挥了它的指导作用，特别是在新兴的石油炼制和石油化工工业中，更是充分地利用了化学热力学、化学动力学、催化和表面化学等方面的成果。而工业技术的发展和其他学科的发展，特别是物理学的进展和各种测试手段大量的涌现，极大地影响着物理化学的发展。在物理化学所属的分支学科中如热化学、化学热力学、电化学、溶液化学、胶体理论、化学动力学、催化理论等都得到了迅速的发展。

根据研究的对象、方法以及现阶段的历史发展，人们可将物理化学划分成四个主要的领域，即热力学、物质结构（包括结构化学和量子化学）、统计力学和化学动力学。量子化学在前面已有论述，这里主要介绍其他领域。

热力学以很多质点构成的体系为研究对象，以经验概括出的两个定律（热力学第一定律：体系从环境吸入热 Q，对环境作了功 W，则体系热力学能 U 的变化是 Q 与 W 之差；热力学第二定律：不可能从单一热源取出热使之完全变为功，而不发生其他变化）为基础，经过严密的逻辑推理，建立了一些热力学函数，用以判别变化的方向和平衡条件。在处理问题时采取宏观的办法，不需要知道体系内部粒子的结构，不需要知道其变化的细节，而只需要知道其起始和终了状态。然后通过宏观量的变化（例如温度、压力、体积、吸热、放热等）来推知体系内部性质变化。经典热力学只研究体系的各种平衡性质之间的关系。采取热力学的方法来研究化学平衡、相平衡、反应的热效应、电化学等既很成功，又颇有效，它的结论十分可靠，是许多科学技术的基础。经典热力学只考虑平衡态，将热力学的要领和方法推广到非平衡的不可逆过程，就形成非平衡态热力学。

单用宏观的研究方法是不够的，众多粒子所组成的体系，微观运动瞬息万变，何以会有热力学那样的简单规律可循呢？这就需要用统计的方法，从单个或少数粒子的运动规律来推断大量粒子所组成的体系的规律。例如，气体的压力是一个宏观可测量，从微观角度看，它是大量分子与器壁碰撞后动量改变的统计平均结果。统计力学的方法把大量粒子所构成的体系的微观运动和宏观表现联系起来了。它能根据分子的性质计算宏观热力学性质，使我们理解热力学定律为什么能成立。

关于物质结构的研究，在历史上首先是从研究原子核外电子的分布情况开始的。人们发现构成分子的电子和原子核不遵从经典力学而服从量子力学的规律。它以能量有一个很小的基本单位和物质具有微粒和波动二重性为基础，完全抛弃了经典力学的理论来研究各种光谱和分子结构。物理学所提供的理论基础和崭新的实验手段，一经伸入到化学领域，就使化学得到飞速发展。对物质结构的研究又分出了结构化学和量子化学这两门学科。结构化学是系统地研究分子和晶体的结构以及结构和性能之间的关系。物质结构的研究已经成为整个自然科学基础理论研究的一个重要方面，它所达到的深度和广度对其他学科的发展起着非常重要的作用。今天被认为是现代化标志的那些合成高分子材料、半导体、超导体和激光材料，以及原子能的利用和电子计算机等，在很大程度上都是进行有关物质结构科学实验时所取得的成果。

动力学是研究过程速率的科学，如研究化学反应（包括在电极上进行的反应）的速率和历程，研究扩散的影响。任何反应总是通过分子间的瞬时接触交换能量或传递电子而完成的。过去由于实验手段的限制，人们很难追踪分子反应的细节，只能从总体上了解经历一段时间后反应的净结果和平均速率，而且只限于速率不太大的反应。这样所得到的规律，仍然属于宏观反应动力学。近年来，实验手段大大改进，能探测百万分之一秒，甚至再短一百万倍，即从 1 μs (10^{-6} s) 到 1 ps (10^{-12} s) 内所进行的过程，它奇迹般地大大扩展了人们的实验境界。许多快速反应，如化学异构、质子传递、光分解等都可用激光进行测量。人们用短脉冲激光激发分子束、计算机快速数据处理等探测和研究手段，打开了一个化学的新领域——分子反应动力学，它的发展正方兴未艾。

(二) 分析化学

在 20 世纪初的 30 年里，分析化学只充当了其他化学领域里一个小小的陪衬的角色。绝大多数分析化学家用的还是 19 世纪发展起来的重量分析法和滴定分析法。确实也有一些更新，然而仍因耗时冗长、手续繁琐、精度差，而严重妨碍研究的进展。

一般地说，化学研究中首先要知道物质的组成和纯度。现代生产和科学技术应用的材料，对纯度要求越来越高，要求杂质含量很低，有些在百万分之一以下，有的甚至要求在十亿分之一以下。要分析这样低的杂质含量，一般常量化学分析远远不能满足需要，这就要求利用新的分析方法。新的分析方法就是利用多种学科的成就，研制各种仪器设备对试样进行分析，这种分析方法就叫做仪器分析方法。仪器分析方法是多种多样的，按其所依据的原理不同，可有多种。例如，利用被测物质的光学性质进行分析的方法，叫做光学分析法；利用被测物质的电化学性质进行分析的方法叫做电化学分析法等。

20 世纪 20 年代以来，物质结构的测定技术和方法获得了迅速发展。科学家利用物理学和其他科学理论技术，制定了各种各样的测定方法。这些方法大体上也是利用分子的各种性质，设计不同的仪器，达到测定分子结构的目的。例如，利用分子的光学性质发展了各种分子光谱法，如红外光谱、紫外光谱、微波光谱等；利用分子的电磁性质，发展了电子衍射、核磁共振等方法；利用分子的质量和电磁性质，发展了质谱法。自此分析化学开始大踏步前进了。理论原理的深入应用，仪器和示踪原子的使用，使分析方法在操作的速度、灵敏度和选择性方面都得到了改进。微量方法得到普遍应用，而超微量方法在放射化学领域也得到了普遍应用。色谱分析法也获得重要发展，早期只用于分离，后来则用于定性乃至定量分析中。20 世纪 50 年代采用了气相色谱法，使得对混合物也能做快速分析了。这些方法目前已成为测定分子结构的重要方法，与现代物质结构理论相结合，不断揭示出物质结构的奥秘。

如今分析化学已越来越依赖于非化学的计量方法。如用仪器对颜色、光谱、折射率、质 量分布和放射性进行测定等。随着电子计算机的发展，计算技术也被引入了分析化学，使分析化学可以利用微型计算机进行程序控制，从而实现分析操作的自动化，用以满足军事、工业和科研的需要。同时通过微型计算机的程序控制，还可以使不同的分析仪器联机使用，对复杂混合物进行快速的分析和测定。这些都说明，现代分析化学，由于应用了数学、物理学、电子学等多种学科的成果，已实现了仪器化和自动化。

（三）生物化学

生物化学的重要研究目标是蛋白质和核酸等生物大分子。研究蛋白质分子结构及蛋白质分子的合成工作，基本上在20世纪才得到发展。除蛋白质外，生物化学还研究动植物机体中的其他各种各样的物质，其中包括核酸、糖类、脂类、酵素、激素，还有一些重要活性物质。它们对生物器官的各种功能（首先是新陈代谢功能）产生影响。

生物化学的一个基本宗旨，是对生命化学物质的结构与功能进行研究，近年来这种研究取得了重大的突破。随着重组DNA和其他有关的方法的出现，人们已能对动物、植物，甚至人的基因进行直接研究，分离出许多具有特定功能的基因，测定它们的结构和功能。现代研究表明，在一定意义上说，人是基因的产物，人的出现是基因发展的结果。

现代生物化学的研究对生命的起源、生命如何从受精卵发育成个体以及对人的衰老、严重威胁着人的癌症等都有了新的理解。例如，人们了解到，DNA结构的重排是引起癌变的原因，这样我们就可以通过研究DNA的化学结构与功能，找到战胜癌症的钥匙。同时，这种研究还可以帮助人们战胜许多遗传病。

生物化学合成胰岛素、干扰素等，解决了某些疑难病的治疗问题。可以肯定，随着这种研究的发展，人们还会制造出性质更优良的新药品和新疫苗，培育出新型的良种作物，提高农牧渔业的产量，改进诊断和治疗疾病的方法。生物化学的成果在植物学的分子技术和遗传工程中得到成功地运用。例如，人们可以把豆科植物的基因与其他作物基因进行重组，从而使作物有固氮的能力，大大增加效益。虽然人们在新型农作物的培养和设计研究上，还有很长一段路要走，但通过生命化学技术，培育出耐盐碱、耐干旱、有较强抗病能力和有效地进行光合作用能力的作物，是很有希望的。

对动物的生物化学研究，尤其是对DNA重组、对染色体结构与功能的研究，有可能使人们实现创造出新物种的梦想。近年来，对激素与神经递质的细胞受体的化学研究取得了较大进展，这样化学就和神经学协同起来了；这种研究又可能帮助人们认识人脑这个“黑箱”，深入理解学习、记忆、梦幻等思维的本质。

（四）高分子化学

1920年德国有机化学家施陶丁格（H. Staudinger，1881—1965年）在《论聚合》

一文中首次发表了大分子学说观点。他当时把视为小分子聚集体的一批有胶体特性的物质,认为是由几千乃至几百万个碳原子通过聚合反应连接成长链状的分子。1922 年,他把这样的分子一律命名为“大分子”(后又称“高分子”)。施陶丁格的大分子学说既不同于新兴的聚集体论,也不是经典高分子假设的简单复兴。他的观点可以说,基本上继承了以凯库勒为代表的经典有机结构理论传统。例如,他认为,任何有机物的性质取决于它的分子结构,橡胶和纤维素那样的高分子化合物也不例外。这一点根本不同于新兴聚集体论者的观点,因为他们主张聚集体(即高分子化合物)的特性起源不是分子本身,而在于分子外部的物理力。另一方面,施陶丁格的大分子学说也不是凯库勒经典高分子假设的简单复活。例如,他认为,大分子是链状,而不是凯库勒的“网状”分子或者“海绵状”分子。又如,他提倡对高分子的总体论观点,指出:鉴于分子有大小(小分子的一千至一百万倍)就产生了它所固有的一切因素——分子整体的形状和物性的关系以及平均分子量等概念。这种观点也不同于凯库勒等经典有机化学家的结构主义思想,他们仅仅根据分子内原子的几何排列来找出探索物性的线索。可见,施陶丁格的大分子学说观点“尽管属于经典的有机结构主义传统,但它是从那里飞跃发展出来的。”正是这些,成为建立一个与历来有机化学不同的领域——高分子化学的主要理论根据。

高分子聚合物 X 射线衍射分析的研究和著名的黏度公式的提出,证明了大分子学说的观点无误。施陶丁格的理论在工业技术中的用处不断增加,他的工作形成了发现新塑料材料和改变塑料性能的重要理论基础,到 20 世纪 30 年代末,新兴的塑料工业获得蓬勃发展,这一切使大分子学说最终得以确立。

到 20 世纪 40 年代中期,施陶丁格的理论在工业上的应用,即高分子化学工业的许多成果(合成橡胶、合成纤维、塑料等)已渗透到人们的日常生活中。鉴于高分子理论对学术方面的影响并不局限于化学范围,与物理学和生物学相互渗透、沟通的趋势从 20 世纪 50 年代开始日益明显,所以如今亦把高分子化学统称为“高分子科学”。

20 世纪 50 年代以后,高分子化学和高分子工业进入了现代化高速发展阶段,其标志是高分子化学理论日趋成熟,高分子合成工业在合成工艺、产物类型等方面不断创新。就高分子化学理论来说,目前的研究大都处于将已有发现作系统知识的整理、补遗和深化阶段,其目的主要是应特殊应用的要求,将现有类型高分子改性,即系统地探求结构因素、反应机制、成品性能等相互间的关系。在这方面有开拓价值和发展前景的目标大体有:新型共轭高分子结构的探索、高分子反应机制的研究和高分子结构与性能的相互关系。无疑,上述理论目标的进展与全面实现,必将有力地指导合成出更多具有指定结构、预定性能的精细高分子产品(如特殊功能高分子、高强度高分子和生物高分子等)。

(五) 天体化学与地球化学

19世纪本生(R.W.Bunsen,1811—1899年)与基尔霍夫(G.R.Kirchhoff,1824—1887年)等人创立了光谱分析方法之后,人们就开始了天体分析化学研究。首先证明了太阳上的化学组成与地球上的化学组成具有惊人的统一性,科学家的研究证明,宇宙中氢和氦的丰度最高,其他元素的丰度随着质量数的增加,按指数减少,不过铁族元素的含量要相对多一些,形成"铁峰"。天体化学对宇宙化学成分的基本分析,对天体的起源、演化的理论都产生了重大影响。

天体化学的另一分支是太空合成化学。在太空中,在失重的条件下,通过化学反应生成某种超大型的晶体,可合成某种药物,可以收到地球上不可能得到的效果,可以使化学物质纯度提高、结晶变大、性能增强。在这方面走在前面的是美国,他们已经在无重力的"太空实验室"里研制出了在地面重力条件下根本无法合成的合金,像"金—锗"、"铅—锌—锑"、"锑—锡—铟"等系列合金。

地球化学以地球上的有关物质为对象。在地球的内三圈(地心、岩石、地壳)和外三圈(水圈、生物圈、大气圈)中,人类只生存在岩石圈、水圈、大气圈三者的交汇处,所以当前的地球化学主要包括以人们居住层次为对象的地球化学——环境化学,此外还有岩石化学、水化学、大气化学等。

地球上的化学行为是相当繁杂的。如地球的大气在天文时代是还原型的(CO、NH_3,CH_4,…),进入地质时代以后,由于最原始的绿色植物的出现才逐步变为氧化型(O_2、N_2,…)。这种化学组成的变化不是一朝一夕完成的,也不是实验室里完成一个化学反应那么简单,它是多种化学过程的综合结果。

地球化学中,近几年最引人注目的是环境化学。它不仅研究人类居住环境的化学变化,更为重要的是要消除现代化学工业给人类生存环境带来的危害,保持环境的生态平衡,使人类获得可持续发展。

第三节　现代化学的新理念——绿色化学

绿色化学又称环境无害化学,是当今化学科学研究的前沿,从可持续发展的意义上来说,绿色化学更多地代表了化学化工学科理念的重大变革,也反映了社会对于科学发展的重塑和建构。

一、绿色化学的兴起

(一) 绿色化学的提出

传统的化学工业是使物质经化学变化而转化为对人类有用的产品,目前世界化工产品已达7万多种。化学产品极大地丰富了人类的物质生活，提高了人们的生活质量。但是，在生产这些化学产品的过程中也产生了大量的废弃物，在污染环境的同时，也给人类带来了灾难。

20世纪中期以前，人们对于化学物质的危害尚无准确认识，对化学废弃物的排放没有法定限制，后来开始强制控制废弃物的排放。但到20世纪90年代，人们认识到通过强制排放已经无法解决环境污染问题，必须寻找一种能从根本上解决由废弃物排放所带来的环境污染问题，绿色化学逐渐兴起。

1990年，美国国会通过了《污染防治法》，宣称环境保护的首选政策是在源头防止废物的产生，从而开辟了从源头消除环境污染的新阶段，并对实行绿色化学合成路线的企业给予奖励。如2010年美国总统绿色化学挑战奖获奖的工业产品和工艺的特点是：更加环境友好、能源和资源消耗更少、更为巧妙地运用化学的技术优势。

此后，包括日本、德国、英国在内的多个国家开始重视绿色化学的研究。我国也十分重视绿色化学问题，从1995年开始提出发展绿色化学，从1998年开始，连续多次召开国际绿色化学高级研讨会。

（二）绿色化学的概念

绿色化学是针对环境污染问题提出的要求任何化学活动（涉及化学原料、化学和化工过程、产品）对人类的健康和环境都应该是“友好”的理论和方法。通过设计、研究和改进化学化工过程及相应的工艺技术，从根本上降低以致消除副产品或废弃物的生成，从而达到保护和改善环境的目的。[①]

绿色化学与传统的污染处理不同，它通过改变化学产品或过程的内在本质，减少和消除有害物质的使用和产生。绿色化学家可以设计或重新设计化学物质的分子结构，使其具备所需的特性又避免或减少有害基团的使用与产生。绿色化学不仅可以防止环境污染，还可以提高资源和能源的利用率，提高化工过程的经济效益，使化工过程可持续发展。

绿色化学不同于环境化学。环境化学研究污染物的分布、存在形式、运行、迁移及其对环境影响。绿色化学的最大特点在于它是在始端就采用实现污染预防的科学手段，因而过程和终端均为零排放或零污染，而不是去对终端或过程污染进行控制或处理。

（三）绿色化学的意义

绿色化学具有科学意义和经济意义。

1. 科学意义。绿色化学更新了化学基础内容，从环境友好、经济可行的绿

---

① 中国大百科全书(第2版)[M].北京：中国大百科全书出版社，2009，14：577.

色化学产品的设计出发，发展对环境友好、符合原子经济性的起始原料化学，提高化学反应的产率和选择性，通过发展原子经济性的新反应来实现绿色目标产物的合成。

2. 经济意义。为人们提供合理利用资源和能源、降低生产成本、符合经济可持续发展的原理和方法。

二、绿色化学的原则

2002 年 8 月，美国《科学》杂志提出了绿色化学的 12 条原则，美国化学会为此做了权 威的解释，现已被广泛承认。这 12 条原则的内容如下：

1. 预防环境污染原则。优先预先防止废弃物的产生，而不是废弃物产生后再去处理。

2. 原子经济原则。研究合成途径，最大限度地提高化学反应的原子经济性，使得在生产过程中所耗费的原料最大化地进入最终产品。

3. 提倡无害的化学合成原则。使用的原料和生产的产品应尽量减少对人类健康的损害和对环境的毒性。

4. 产品安全性原则。所生产的产品在毒性减少后应具备原有功效。

5. 使用更安全溶剂和助剂原则。应尽可能不使用一些附加物质(如溶剂等)，尽可能使用无害的物质(如水、离子液体等)。

6. 最小能耗原则。能源的需求应结合环境和经济影响，追求最小化。

7. 使用可再生原料原则。首选使用可再生的原料(如植物原料、甲烷等)。

8. 减少衍生物生成原则。在合成过程中应尽量避免不必要的化学反应。

9. 催化原则。有选择地选取催化性试剂会比常规化学试剂出色。

10. 可降解原则。产品完成使命后，应可在环境中降解为无害的物质。

11. 污染物实时监控原则。开发适应实时监控的分析方法，为在污染物产生之前就施行控制创造条件。

12. 化学品安全性原则。化学工艺中使用和生成的物质，应该最大限度地减少化学事故(如泄露、爆炸等)。

这些原则主要体现了对环境的友好和安全、能源的节约、生产的安全性等，它们对绿色化学而言是非常重要的。在实施化学生产的过程中，应该充分考虑以上这些原则。

三、绿色化学的研究重点

根据绿色化学的原则，目前绿色化学的研究有以下重点：

1. 设计或重新设计对人类的健康和环境更安全的化合物，这是绿色化学的关键部分。

2. 探求新的、更安全的、对环境更友好的化学合成路线和生产工艺，这可从研究、变换基本原料和起始化合物以及引入新试剂入手。

3. 改善化学反应条件，降低对人类健康和环境的危害，减少废弃物的生产和排放。绿色化学着重于“更安全”这个概念，不仅针对人类的健康，还包括整个生命周期中对生态环境、动物、水生生物和植物的影响；而且除了直接影响之外，还要考虑间接影响，如转化产物或代谢物的毒性等。

绿色化学与技术的推广应用使环境—经济性（而不再仅是经济性）成为技术创新的主要推动力。近十多年来，绿色化学在生物质的利用、原子经济性工艺设计等诸多领域取得了一系列研究成果，将对未来的环境保护产生有益的、深远的影响。

拓展阅读

1. [英]J.R. 柏廷顿. 化学简史[M]. 胡作玄，译. 北京：中国人民大学出版社，2001.
2. 林承志. 化学之路——新编化学发展简史[M]. 北京：科学出版社，2011.
3. 闫蒙钢等. 2010 年美国总统绿色化学挑战奖获奖成果与启示[J]. 化学教育，2011(2).

思考题

1. 现代化学发展具有怎样的基本特征？
2. 何为化学键？化学键有哪几种基本类型？
3. 现代物理化学主要研究的四大领域是什么？
4. 施陶丁格大分子概念的重要意义是什么？
5. 简述绿色化学的原则。

第六章　现代生命科学

20 世纪以来，物理学和化学的一些新思想、新方法不断渗透到生物学研究中，给生物学带来了新的生机，引起了生物学的革命。这场革命的主要标志就是分子生物学的诞生，它使生物学由细胞、组织、器官和个体水平上的研究进入到分子领域，并获得了一系列震惊世界的科学成果，出现了前所未有的生物学研究的高潮。尽管生物各层次的研究都在进行，但无疑分子水平的生物学研究是现代生物学研究的主要代表，在这一领域中遗传学的研究是一条贯穿始终的主线。同时，分子生物学推动了脑科学、认知科学、医学和生理科学的发展。“生物学”这一传统学科概念正逐渐被“生命科学”的名称所取代，生命科学已经发展成为由数理化、计算机等多学科支撑的集成性学科。

第一节　现代遗传学

人们对生活中的遗传现象很早就有所了解，但其中的奥秘直到孟德尔遗传规律再现人世，揭开了现代遗传学研究的序幕，才逐渐为人类所探知。DNA 双螺旋结构的发现和遗传密码的破译，使遗传的秘密彻底被揭穿。围绕着 DNA 的结构、自我复制以及与 RNA、蛋白质的关系，遗传学开展了深入的研究并取得了重大成果。在这些成果基础上，产生了一门影响整个生物科学甚至其他科学的新学科——分子生物学。

现代遗传学的发展，可以分为两个阶段。1900—1953 年为经典遗传学阶段，主要在个体水平和细胞水平上进行研究。1953 年以后属分子遗传学阶段，此时细胞等水平的研究在继续进行，但分子水平的研究更具代表性，成果也更令人瞩目。

一、现代遗传学的产生

（一）孟德尔遗传规律

孟德尔（G.J.Mendel，1822—1884 年），奥地利人，天主教布隆修道院修士，是第一个对遗传现象进行系统实验和观察并提出了规律性理论解释的人。他从 1857 年开始，在修道院的花园里进行了豌豆杂交实验。经过 8 年的艰苦工作，于 1865 年提出了遗传因子学说和两个重要的遗传规律。这一伟大的发现在当时并没有引起人们的足够重视，直到1900年三个不同国家的科学家用不同的植物材料彼此独立地同时发表论文，公布他们发现的遗传规律，并提到了孟德尔的工作，孟德尔遗传规律才被重新发现，并得到了科学界的赞誉和公认。

孟德尔选择了性状比较稳定和严格的自花授粉植物豌豆为实验材料。经过反复杂交，得到了大量数据，然后用数学方法分析这些数据，得出以下结论。

(1) 决定植物性状的成分为一对因子，其中一个来自父本，一个来自母本。每一个生殖细胞（花粉和胚珠）中只含有一个因子，而在体细胞中含有一对因子。后人将此称为遗传因子学说。

(2) 不同相对性状的两个亲本杂交，子一代能够表现的亲本性状称为显性性状，没有表现的亲本性状为隐性性状，决定显性性状的因子为显性因子，决定隐性性状的因子叫隐性因子。后人将这一规律称为显性规律。这一规律在孟德尔之前已有人发现。

(3) 子一代自交后，子二代出现性状分离，两个亲本的性状都得到表现。但表现显性性状的个体多于表现隐性性状的个体，比例大致为3∶1。后人将这一规律命名为孟德尔分离规律。其内容是：一对遗传因子在异质结合状态下，并不相互影响、相互沾染，在形成配子时完全按照原样分离到不同的配子中去。

(4) 当两对相对性状杂交时，子一代表现两对相对性状的显性性状。子一代自交后，子二代中表现两对显性性状的个体占总数9/16；表现两对隐性性状的个体占1/16。同时还出现了两种亲本没有的性状组合，即两对显性性状与两对隐性性状的组合，表现每种组合性状的个体分别占3/16。这样子二代出现4种性状组合的个体比例为9∶3∶3∶1。后人将之称为自由组合规律。其内容是：当两对或多对遗传因子在异质接合状态时，它们进入配子的分离过程是独立的，互不干扰的，每对遗传因子都各自遵守分离规律向下遗传。

孟德尔用数学方法把生物遗传规律定量地表示出来，从而奠定了现代遗传学的基础。1900年孟德尔遗传规律的重新发现，标志着现代遗传学的诞生，孟德尔则被公认为现代遗传学的创始人。从此以后，遗传学的发展相当迅速。1909年，丹麦生物学家约翰森（W.L.Johannsen，1857—1927年）提出用“基因”这个术语代替孟德尔的遗传因子。从此，基因这个概念一直为生物学界所采用。到20世纪20年代，美国生物学家摩尔根（T.H.Morgan，1866—1945年）建立了系统的基因学说，把遗传学又推向了一个新阶段。

（二）摩尔根基因理论和连锁遗传

孟德尔遗传规律重新发现后，出现了遗传学研究的高潮。人们越来越感兴趣于遗传因子（基因）是否是客观存在的以及其存在何处等问题。当时细胞学的研究已经取得了很大进展，对细胞分裂、染色体行为和受精过程等有了较深的认识。人们注意到孟德尔的遗传因子与细胞中的染色体之间有一种平行关系，即遗传因子在个体的一般细胞中是成对的，在配子里是成单的，世代遗传是依靠遗传因子的传递。而染色体也完全如此，于是科学家们相信遗传因子存在于染色体上，细胞学与遗传学终于走到一起了，由此开始了细胞水平的遗传学研究。第一个通过实验证明基因存在染色体上的科学家是美国的遗传学派代表人摩尔根。

1908 年，摩尔根用野生红眼雌蝇和突变产生的白眼雄蝇进行杂交，得到的子一代全都是正常的红眼果蝇，证明红眼为显性。自交后，子二代雌蝇全是红眼，雄蝇中一半是白眼，一半是红眼。以红、白眼为一对相对性状，其后代个体的数目比例符合孟德尔的分离规律。但为什么白眼果蝇都是雄性，而雌蝇中却没有白眼呢？摩尔根将其解释为伴性遗传即决定白眼的突变基因（包括突变前的红眼基因）位于决定性别的 X 染色体上（另一种是 Y 染色体，在雄性中存在），造成了雄蝇如果仅有的一个 X 染色体上是白眼突变基因，尽管是隐性也显现出来。摩尔根的这一解释就将一个具体的基因落实在了一个具体的染色体上，从而证实了基因位于染色体上。

后来摩尔根又进一步发现许多与白眼性状类似的其他性状也有伴性遗传现象存在，并且这些性状之间不发生分离。摩尔根认为这些性状是相互连锁的，由此提出了基因连锁的假说，即不同染色体上的基因可以自由组合，后代遗传表现符合自由组合规律。同一条染色体上的各个基因之间不能自由组合，其后代遗传表现为基因连锁。一条染色体上的若干基因形成一个连锁群，因此基因连锁群的数目总是与染色体的数目相等。孟德尔研究豌豆时选用了 7 对相对性状，而豌豆也正好有 7 对染色体，恰恰控制这 7 对性状的 7 对基因分别位于这 7 条染色体上，互相没有连锁存在，表现了自由组合，否则孟德尔的遗传规律就将会改写了。

以后摩尔根及其合作者又发现了基因交换现象，即一个连锁群的基因并不是永远连在一起，有时细胞分裂时一条染色体的一小段与另一条染色体的一小段发生交换。发生交换的概率与这些基因之间的距离成正比。由此摩尔根创立了三点测验的基因定位法，根据这一方法绘出了果蝇四条染色体的基因图，证明基因在染色体上是线性排列的。

摩尔根在上述研究的基础上形成了他的基因理论：基因是生物遗传的实体单位，是线性排列地坐落于染色体上的“物质微粒”，并以一定的连锁和交换相联系；基因能够重新产生，即可以在子细胞中再生出一套同样的基因；基因可以发生变异，并能保持其变异后的特性。

摩尔根的基因理论指明基因是位于染色体上的物质微粒，是一个有机化学实体,但这个物质微粒或有机化学实体究竟是什么?当时还没有人能够知道。而对于基因的更进一步的研究则导致了分子生物学的诞生。

二、分子生物学的发展

(一) 基因的化学本质是 DNA

摩尔根的基因论证明了染色体是基因的载体。当时已知染色体的主要成分是蛋白质和核酸,那么二者谁是遗传物质呢?由于人们对蛋白质有较多的重视和认识,曾一度认为它是染色体中携带遗传信息的活性物质。1944 年,法国细菌学家艾弗里(O.T.Avery,1877—1955 年)通过研究肺炎球菌的转化,第一个证明了 DNA 是遗传物质,是基因的化学本质,是遗传信息的载体。这一发现揭开了分子生物学诞生的序幕。可惜的是艾弗里迫于当时人们根深蒂固的蛋白质是遗传物质的传统观念的压力,对自己的实验结果也产生了怀疑。1952 年,美国生物学家赫尔希(A.D.Hershey,1908—1997 年)用放射性同位素 ^{32}P 标记噬菌体 DNA,用 ^{35}S 标记噬菌体蛋白质,确切地证明了 DNA 在噬菌体繁殖时是连续的,蛋白质是不连续的,DNA 是真正的遗传物质。至此,人们才完全相信,DNA 就是遗传信息的载体,这时距 1944 年已经过去了整整 8 年。

事实上从摩尔根提出基因理论到确认 DNA 是遗传物质这段时间,是一个既不同于经典遗传学也不同于分子生物学的发展阶段,有人建议将其称之为二者之间的过渡阶段。

(二) DNA 双螺旋结构与自我复制

1953 年 4 月 25 日,英国的《自然》杂志刊登了一篇轰动世界科学界的文章——《核酸的分子结构》,它的作者是美国的病毒遗传学家沃森(J.D.Watson,1928—)和英国的晶体学家克里克(F.H.C.Crick,1916—2004 年)。他们在这篇论文中公布了 DNA 双螺旋结构的分子模型,这是他们在英国剑桥大学合作的成果。这一成果后来被誉为是 20 世纪生物学方面最伟大的发现,同时也是分子生物学诞生的标志。

这个模型经受住了时间的考验,后来的人们只是对它也给予了一定的补充。根据目前的知识,DNA 分子是两条由许多脱氧核糖核苷酸组成的长链,这两条 DNA 链像盘旋的楼梯并排盘绕成双螺旋状,走向相反。楼梯的纵向支架由脱氧核糖和磷酸相间连接而成,横梯则是两链上的对应碱基向内伸展互相以氢键连接。根据碱基配对原则,构成 DNA 的 4 种碱基只能腺嘌呤(A)与胸腺嘧啶(T)配对,鸟嘌呤(G)与胞嘧啶(C)配对。由于这种互补作用,已知一条链的碱基序列,就可知另一条链的碱基序列。DNA 双螺旋的直径是 2 nm(纳米),每一周螺旋的高度是 3.4 nm,内含 10 个核苷酸。

DNA 是遗传物质，它在向子代传递时，是将自身按原样复制一份分配到子细胞中。根据 DNA 双螺旋结构模型，可以很好地解释 DNA 是如何自我复制的：DNA 双螺旋结构首先解螺旋，两链因碱基间氢键破裂而分离，然后分别以每条单链为模板，合成另一条互补链，形成了两个与原DNA一模一样的新DNA分子。这种复制过程称为半保留复制，因为每个新 DNA 分子中都有一条旧 DNA 分子单链。由于 DNA 聚合酶、DNA 连接酶等参与 DNA 复制的酶的陆续发现，现在人们已经能够很方便地人工复制或合成 DNA 分子。

上述模型所描述的是右手螺旋的 DNA 分子。1979 年科学家们发现自然界还有少量左旋 DNA(Z-DNA)分子存在。目前人们对 Z-DNA 的分子构象认识较多，但对其生物学功能却了解甚微。1990 年一种在特殊状态下存在的新的 DNA 分子——三链 DNA 分子被发现，紧接着在 1992 年从富含鸟嘌呤的溶液中发现了四链体 DNA 的存在，从而使人们对 DNA 的认识更加深入。

值得指出的是，DNA 双螺旋结构尽管是沃森和克里克首先发现的，但却是借鉴了很多科学家的工作。他们的成功是历史发展的必然结果，但也与他们俩的遗传学与晶体学的结合有很大关系。事实上，分子生物学的产生和迅猛的发展，也正是得益于多学科的渗透和各种新技术新方法的应用。因此，一个科学家懂得越多，对他的研究越有利；而他与其他学科的科学家的合作则可能出现意想不到的研究成果。

(三) 遗传密码与中心法则

DNA 是遗传信息的载体，基因则是含有特定遗传信息的 DNA 长链上的一段。遗传信息要通过一定的控制程序才能表现为性状，这个过程称为基因表达。所谓遗传信息就是 DNA 分子上 4 种碱基的排列组合，它们决定了蛋白质的基本组成单位氨基酸(20 种)的排列组合，从而决定了蛋白质，进而决定了生物的性状。一条由 100 个核苷酸构成的 DNA 分子，其碱基有 4 的 100 次方个排列组合，信息量相当大。我们把决定某个氨基酸的特定碱基序列称为遗传密码。每个密码由 3 个碱基构成，4 种碱基可有 64 种组合，即可形成 64 个密码，平均每种氨基酸至少有 3 个密码。

遗传密码的设想是 1956 年提出的，1961 年译出了第一个氨基酸——苯丙氨酸的密码，1963 年 20 种氨基酸的密码都已知晓，1969 年 64 种碱基组合全部赋予了遗传密码的含义：其中有 3 个是终止密码，1 个甲硫氨酸密码同时也是起始密码，其余 60 个密码由 19 种氨基酸拥有，每个氨基酸拥有 2~6 个不等。

事实上 DNA 的遗传信息表达成蛋白质还必须借助于 RNA。因为 DNA 局限于细胞核，而蛋白质合成是在细胞质内，因此需要 RNA 传递遗传信息。首先是根据 DNA 的碱基顺序合成信使 RNA(mRNA)，这一过程称为转录。转录后，

mRNA 由核进入细胞质。mRNA 上的遗传信息还需要转运 RNA(tRNA)来识别。每个 tRNA 由 75~90 个核苷酸组成,整条链弯曲成 3 个环和 1 个柄,类似三叶草。3 个环的中间环上有 3 个碱基能够与 mRNA 上的密码相识别(即按 A—U、G—C 配对原则),这 3 个碱基叫做反密码。tRNA 的柄由其链的两端互补而成,其中一端较长,可与氨基酸连接。因此 20 种氨基酸相应地至少有 20 种 tRNA。当 mRNA 在蛋白质合成场所——核糖体上移动时,相应的 tRNA 来识别密码,同时将携带的氨基酸以肽键同前一个到达的氨基酸连接,形成肽链。当读到 mRNA 上的终止密码时,肽链的合成结束,肽链可进一步加工成蛋白质。这个由 mRNA 转译成蛋白质(或肽链)的过程称为翻译。

分子生物学上将 DNA 自我复制、DNA 转录为 RNA 和 RNA 翻译成蛋白质的遗传信息传递的流程叫做中心法则,即

$$\begin{array}{l}\text{DNA}\rightarrow\text{RNA}\rightarrow\text{蛋白质}\\ \downarrow\\ \text{DNA}\end{array}$$

生物体有时也会发生以 RNA 为模板合成 DNA 的过程,称其为反转录。

(四) 分子生物学的发展与展望

分子生物学是多门科学交叉渗透协作的结果,正因如此,它一经诞生就显示了强大的生命力。今天分子生物学已成为生物科学中每个学科的共同语言。在它的参与下,出现了分子遗传学、分子细胞学、分子分类学、分子神经学、分子生理学……使一些古老的学科重新焕发了青春与活力。

当前以及今后的分子生物学将在以下几方面有所侧重和突破:

1. 生物大分子结构的功能和研究。当前人们着重研究的生物大分子主要是在重要生命过程中执行重要功能的蛋白质和核酸。如光合作用中的 RuBP 羧化酶的研究将有助于人们了解植物固碳的机理并进而提高植物固碳的效率。一些重要的作物的基因组合序列的测定正在进行。人的基因序列测定可算是当今世界最浩大的生物学工程。人类基因组计划(Human Genome Project,HGP)酝酿于 20 世纪 80 年代中期,正式启动于 1990 年,是由美、英、日、中、德、法等 6 国科学家联合合作的一项巨大的人类基因组测序工程。该计划进行人体基因作图,测定人类基因组约 3×10^9 对核苷酸的序列,探寻所有人类基因并确定它们在染色体上的位置,明确所在基因的结构和功能,解读人类的全部遗传信息,使得人类第一次在分子水平上全面认识自我。该工程于 2000 年完成了人类基因组“工作框架图”。2001 年公布了人类基因组图谱及初步分析结果,2003 年 4 月完成。其研究内容还包括创建计算机分析管理系统,检验相关的伦理、法律及社会问题,进而通过转录物组学和蛋白质组学等相关技术对基因表达谱、基因突变进行

分析，可获得与疾病相关基因的信息。人类基因组计划和“曼哈顿”原子弹计划、“阿波罗”登月计划一起被誉为自然科学史上的“三大计划”，这是人类继洞开微观世界和宏观世界之后，首次对自身进行的诠释，对人类自身的生存和发展具有重要的意义。

2. 真核生物基因表达与调控的研究。真核生物的基因数目远远多于原核生物。但真核生物的庞大基因中，重复和“无用”的基因很多，多数基因只有低水平表达，只有数百个基因有足够的表达。因此基因转录和翻译的调控的研究是当前和今后的重要方向。

3. 分子神经生物学的研究。分子生物学与神经科学相结合产生了分子神经生物学，其主要任务是在分子水平上研究神经系统的结构与功能。近年来在神经肽及其受体、G 蛋白的结构与功能、离子通道信号转录等方向的研究取得了不少进展，未来分子神经生物学将有可能对下列几方面的问题作出一些回答，即控制内源性神经活性分子合成、释放、存贮和失活的分子机制；膜结合分子（蛋白质、脂蛋白、糖脂）对神经功能的影响；学习和记忆的分子机制；神经活动对神经细胞基因表达的影响；神经受体和离子通道及其调节；神经系统信号传递的分子机制；生理节律的分子机制等。

4. 医学分子生物学的研究。医学分子生物学是一门研究人体在正常和疾病状态下，生物大分子的结构与功能及其相互作用规律的科学。近年来国际上已开展了人类基因组结构的研究，不少基因结构与功能的关系正逐步得到阐明，尤其是对一些重大疾病如心血管疾病、肿瘤及遗传病的有关基因。目前还广泛地开展遗传病的产前基因疗法根治某些疑难疾病。未来十年的医学分子生物学研究的热点仍将是以分子水平上阐明心血管疾病、肿瘤、免疫缺陷疾病、遗传病、精神及神经疾病的病因，从而为战胜这些疾病提供理论指导和依据。

5. 其他方面。如植物分子生物学的研究，包括对光合作用、生物固碳、植物抗逆性、贮存蛋白等展开分子水平的研究，运用新近发展起来的聚合酶链式反应（PCR）技术开展分子水平的植物分类工作以及分子进化的研究。

三、细胞生物学的发展

（一）细胞生物学的产生

细胞是组成生物体的基本结构和功能单位。细胞的发现始于 1665 年，170 多年后施莱登和施旺建立了细胞学说，成为 19 世纪自然科学三大发现之一。以后细胞学说不断发展，到 19 世纪末，细胞学已成为一门独立的学科分支。

20 世纪 30 年代，在物理和化学基础上迅速发展起来的生物化学和生物物理学促进了细胞研究由形态逐步转向内部结构与功能；20 世纪 40 年代借助于离心技术的改进，开展了亚细胞结构的研究；1933年世界上第一台电子显微镜研制成功。20世纪40~50年代，伴随着电子显微镜技术的发展，细胞学研究进入了细胞超微结构领域。特别是分子生物学的诞生和发展给细胞学的研究带来了新观念，促使人们以超微结构的观察为基础，在分子水平上探讨细胞的发育和遗传等问题。20世纪50年代就提出的细胞生物学的名称到20世纪60年代中期已为许多生物学家所接受，细胞生物学代替细胞学成为现代生物学的一门独立的分支学科。细胞生物学作为一门新兴学科，充分运用生物物理学、生物化学的概念、方法和实验技术，不仅在阐明细胞的结构和功能等理论问题上，而且在生物技术、医疗技术、农业技术等方面都有重要意义。

细胞生物学与细胞学相比，对细胞的研究更加深刻也更加综合。它是从细胞的整体、亚细胞和分子水平三方面来研究细胞的生命活动的基本规律，因此细胞生物学与分子生物学相互渗透交叉但又各有侧重。

（二）细胞生物学的发展及方向

1. 对细胞结构的认识

电子显微镜出现以前，人们对细胞的认识局限在细胞膜、细胞质和细胞核三大部分。尽管当时已观察到线粒体、高尔基体、质体和液泡等，但对它们的功能尤其是微细的内部结构所知甚少。随着电子显微镜技术的运用，人们逐渐知道，高尔基体是一个由膜组成的囊泡结构，与细胞分泌有关；发现了内质网膜系统，并根据膜上是否有核糖体而区分为平滑内质网和粗糙内质网；线粒体有内外两层膜，内膜向内突起成许多嵴，上有许多以柄连接的颗粒，是ATP（三磷酸腺苷）合成酶；叶绿体也是两层膜包被而成，基质中有许多基粒，是光能转换的场所。此外还陆续发现了微管、微丝及其构成的细胞骨架微梁系统，发现了溶酶体和过氧化物酶体。

2. 膜的结构与流动镶嵌模型

1959年，人们在电镜下看到膜是由暗—明—暗三部分组成，由此提出了蛋白—磷脂—蛋白三层构成的“三合板”结构模型。这一模型没有反映出膜的动态特性，是一个静态结构模型。

1972年辛格(S.J. Singer)和尼科尔森(G.L.Nicolson)提出“流动镶嵌膜”模型。这一模型认为膜内脂质双分子层是连续的和流动的，蛋白质覆盖表面成为外部蛋白或镶嵌在膜内成为内部蛋白。内部蛋白可进行水平方向的移动，漂浮在脂质分子的海洋中。这个模型较好地解释了蛋白质与脂质的相互作用和膜的动态变化，因此成为大家普遍接受的膜结构学说。

3. 细胞生物学的发展方向

细胞生物学形成以后，在细胞结构、细胞代谢、细胞遗传、细胞增殖与分化、细胞信息传递和通讯等方面进行了深入的研究，形成了完整的学科体系。今后细胞生物学的研究热点将会集中到两个方面：一是基因与基因产物如何控制细胞的重要生命活动，如生长、增殖、分化和衰老等；二是基因产物——蛋白质分子如何构建与装配成细胞的结构，并行使细胞有序的生命活动。

在 21 世纪，细胞生物学作为现代生物学的重要组成部分之一，将会与分子生物学和神经生物学一道促进生物技术的不断发展和完善，为彻底揭示生命的奥秘，实现人体机能自我控制和人工装配生命做出重要贡献。

第二节　神经生物学

神经系统是动物特有的感应调节系统，是生物进化上最高级和最复杂的结构。关于神经系统的研究，在分子生物学产生之前侧重于神经电生理上。借助于示波器和电子放大器等物理学装置，一批生理学家在神经电生理研究上取得了辉煌成就，较完整地揭示了神经冲动传导的本质和规律。进入 20 世纪后叶，人们开始对在 20 世纪初就发现的神经递质进行深入的研究，并成为当今生物学领域重大研究课题。人们开始从分子水平探讨神经递质、膜受体、离子通道等问题，特别是脑的功能和行为的问题。因此，当前神经系统的研究已突破了神经生理学的范畴，进入了一个以分子细胞和整体水平全方位研究神经系统特别是脑的新研究领域——神经生物学。

一、神经系统的结构

（一）神经系统概述

1. 神经系统的进化

动物的神经系统有简单和复杂的差异。低等动物的神经系统简单，如最低等的原生动物没有形成神经系统，甚至也谈不上有真正的神经细胞；腔肠动物（如水螅）有了神经网，才形成神经系统，但其神经系统没有中枢神经。直到环节动物（如蚯蚓）才有集中型的神经系统，即有了神经节和脑，二者由分散的神经细胞集中而成，使神经调节高效协调；节肢动物的神经系统算是低等动物中最复杂的了，不仅有中枢神经系统，还有外周神经系统；脊椎动物是更为高级的动物，其神经系统也更加高效集中，它的中枢神经系统由脑和脊髓组成，外周神经系统分为脑发出的脑神经和脊髓发出的脊神经。

2. 外周神经系统

根据神经活动是否受大脑（即意识）的控制，还可将外周神经系统分为感觉随意运动神经和植物性神经。植物性神经分布于心、肺、消化道等内脏器官以及各个腺体,支配这些脏器的自主性运动,不受大脑(指意识)的控制,例如不能随意地改变心跳速度或肠胃的蠕动速度。每个脏器同时接受交感和副交感两种神经纤维的支配,作用相反。前者起加强作用,后者起减弱作用,协调控制内脏机能,达到内环境的自稳平衡。

(二) 神经元

1. 神经元的结构

神经元是神经系统的结构和功能单位(即神经细胞),由胞体、树突和轴突组成。

胞体是神经细胞最膨大的部分,呈球状、星状或锥体状,内有核。树突是锥体的延伸物,是分支很精细的管状物,能输入输出信号。轴突则是从胞体伸展出来的细而长的纤维,内含营养物质,其膜可传递电脉冲信号。当许多细而长的树突或轴突沿纵向互相联合并被鞘所包围,就构成了肉眼可见的神经纤维,多条并行的神经纤维联合形成神经干。

2. 神经元的种类

根据神经元的连接方式和功能特点将其分为:(1) 感觉神经元,又称传入神经元,由感官发出,彼此联合构成感觉神经,末端止于中枢神经系统;(2) 运动神经元,又称传出神经元,起源于脊椎和脑的腹面,其神经纤维构成了运动神经,末端止于相应的效应器;(3) 联络神经元,又称中间神经元,存在于脑和脊椎的灰质中,在灰质中将感觉神经元和运动神经元联结起来,承接信息传导、交叉联络和信息综合与加工等活动。

(三) 突触与神经冲动传导

1. 突触的结构和功能

突触是一个神经元的轴突末梢与后续神经元胞体或树突相结合的装置。轴突末梢膨大成微球状,称为突触小体,与之相结合的神经元的胞膜成碗状,称突触后膜。在电子显微镜出现之前,人们看到突触处的两个神经元的膜是靠在一起,很像是一层膜,将之称为突触膜。使用电子显微镜后发现,突触处的两个神经元没有融合成一体,而是相互有 20 nm 的间隙。电镜下人们还看到突触小体内有许多密集的小泡(称突触小泡)分布在膜的附近,而在突触后膜的附近却没有发现突触小泡。

突触的功能,其一是神经传导的中继站和转接点。一个神经元借助于突触可以同许多的神经元相联系,接受或传出神经冲动。其二是神经通路上的单向开关。神经冲动只能由突触前体神经元传向突触后体神经元,这种单向的传导保证了神经冲动的有效传递。

2. 神经冲动传导

所谓神经冲动就是在神经纤维中传导的电脉冲。因此神经冲动传导的本质就是神经细胞膜上电位变化的过程，膜电位的变化产生于膜内外钠离子的浓度变化。神经冲动传导的速度很快，相当于 360 km/h。由于突触的存在，使得神经元的电脉冲传导出现中断，此时必须借助于突触小体接受神经冲动的刺激向突触间隙释放化学因子（即神经递质），这些化学因子使邻接的突触后膜去极化，重新产生电脉冲并进行传导。从能量角度看，这是一个电能转化成化学能，然后又转化成电能的过程。冲动传导之后，膜能主动将钠离子运回膜外，恢复内负外正的常态。这是一个耗能的过程，由 ATP（三磷酸腺苷）提供能量。因此神经冲动通过突触而传递有两个特点：(1) 必须通过化学因子作媒介，从而使冲动传导有延滞、有阻抗，对药物敏感；(2) 必须重新诱发膜的去极化。

（四）神经化学递质

突触前体受电脉冲的刺激向突触间隙释放的化学因子叫神经化学递质，它在神经元之间担当化学信使的作用。因此神经化学递质的种类、活性、释放以及受体的性质都会影响神经冲动的有效传导，这也是当前神经生物学的研究热点之一。

乙酰胆碱是目前已知的体内分布最广也是发现最早的一种神经递质。它由突触前体释放，与突触后膜上的受体结合，逆转膜电位，然后就被膜上的胆碱酯酶水解为胆碱和乙酸。胆碱可由前膜吸收，重新合成乙酰胆碱，合成的过程需消耗能量。

目前已发现 30 多种神经递质，如去甲肾上腺素、多巴胺、脑啡肽等。对神经递质的研究，将有助于治疗精神病和神经病药物的开发，因为此类患者的体内，往往有某些神经递质出现异常，这种异常很可能就是病因。此外，对神经递质的研究还有助于人们了解毒品成瘾的机理，研制新的戒毒药物和镇痛药物。如脑啡呔就是于 20 世纪 70 年代发现的大脑中的一种神经递质，是内源性吗啡样因子（MLF）之一，与吗啡类毒品分子有同样的受体。脑啡呔或小剂量的吗啡与受体结合，有镇痛作用，不产生欣快感。过量使用吗啡将由于反馈调节作用造成脑啡呔的合成减少，同时血液中的吗啡会进入脑的各个部位，其中包括产生欣快感的部位。当血液中吗啡浓度降低，又没有足够的脑啡呔与受体结合，导致痛感传递通畅，引起疼痛异常。因此注射吗啡类物质既能镇痛，也会成瘾，即出现精神依赖和肉体戒断依赖，其中精神依赖是成瘾的主要原因。

有研究指出，脑内的多巴胺和 5- 羟色胺在协调动作和触发睡眠上有重要作用。有趣的是这两种神经递质在结构上类似于两种强力的致幻剂麦斯卡林（仙人球毒碱）和赛洛辛。事实上这两种致幻剂都是多巴胺和 5- 羟色胺的甲基衍生物。人们由此联想到幻听、幻视和恐惧症等精神病患者，其可能的病因就是这两种递质分泌异常。

人类的情绪、性格、心情等情感行为与神经递质有密切关系。可以预言，人类将会提出一个脑的化学模型来解释人类的各种情感变化，甚至能够用化学药物调节人的愉快、爱慕、厌恶、恐惧和愤怒等。

二、脑科学的发展

脑是由生物经过亿万年进化到一定阶段才出现的产物，是宇宙中已知的最复杂、最精细的体系。人类之所以成为主宰世界的万物之灵，就是因为人类拥有发达的大脑。脑是人类意识活动的物质基础。脑科学是21世纪国际上最具挑战性和最活跃的前沿学科之一，脑的结构和功能是脑科学的主要研究内容。

(一) 脑的构造

以人为例，脑可分为大脑、间脑(也叫丘脑)、中脑、后脑(包括脑桥和小脑)和延脑五大部分。延脑与脊髓相连。

大脑是脑的主要部分，由左右两半球组成，中间有胼胝体将它们联系起来。大脑的最外层(即皮层)是由神经细胞体构成的灰质(也叫皮质)组成；紧接皮层的内层是由轴突构成的白质(也叫髓质)组成。大脑皮层有丰富皱褶，形成固定的沟回结构，极大地增加了皮层的面积，使得构成大脑皮层的神经元达到140亿多个。在这众多的神经元之间存在着极其丰富的突触联系。这些联系有的是先天存在的，有的要靠后天的学习和实践来建立。当人衰老或受到意外伤害时，已建立的联系会中断，出现记忆丧失或记忆力减退等。

(二) 脑的功能分区

1. 脑各部分的功能

大脑：神经高级中枢，司感觉、运动、语言和记忆等功能。

中脑：听、视觉中枢，司耳听反射、视觉光反射和平衡反射。

丘脑：植物神经中枢，司内脏活动调节，协调交感和副交感神经系统。

小脑：运动调节中枢，司运动的协调。大脑发出的运动指令必须经小脑加以协调，各部位才能协调动作。

延脑：生命中枢，司呼吸、循环、消化等生命活动的调节。

大脑脚：将大脑皮质切去后大脑剩余的部分，司嗅觉反射。

2. 大脑皮层功能分区

所谓大脑皮层功能分区是指大脑皮层按沟回人为划分为有固定的特殊功能的各部位。

颞叶是听觉和平衡觉的中心；枕叶后部主管视觉；十字沟的横裂之后靠近枕叶的区带是全身的感觉区，而沟对岸则是全身的运动区；额叶的前下侧主管语言协调。

将感觉区和运动区所关联的身体部位，按它们关联的位置和大小绘制在大脑皮层上，就出现了所谓的“变形矮人”。变形的原因是因为大脑皮层的这些部分的大小与实际身体部位的大小不成比例，而与控制的精确度成正比。例如大拇指和食指的代表区面积要比胸部十二根脊神经传入的代表区总面积大好几倍。

人脑左右两半球的皮层在功能分区上有一定差异，即存在不对称性。左半球是控制语言的表达和理解、进行逻辑推理和数学演算的机构；而右半球则在视觉、判断空间关系和其他非语言的功能方面占优势。对左利手的人的研究表明，他们当中大多数人右脑也具有较强的语言功能。

关于大脑的不对称性，诺贝尔生理学医学奖获得者，美国心理生物学家斯佩里（R.W.Sperry，1913—1994 年）在对癫痫病人进行两半球的割裂治疗时观察到了这种特性。他观察到：两半球有不同的分工，但各自又为一个独立的脑；每个脑分别具有高级智慧功能，但语言主要在左侧。当外界视像进入左半球时，可以用语言表达所见到的物体；但进入右半球时，则不能用语言表达，却可以用手势表达。这些发现使人们对于大脑功能定位有了更深刻的了解，也改变了大脑两个半球是对称的这种传统观念。

目前，对脑的本质的认识还只是初步的。脑科学与信息科学及技术的结合将引起以脑为中心的科技革命——智能革命。

三、认知科学的发展

研究人类智力发展的另一个重要学科是认知科学。“认知”这个概念来源于拉丁语 cognito，指“知识”或“认识”。根据《韦伯斯特新世界词典》，“认知”有如下含义：(1) 最广泛意义上的认识过程，包括感知、记忆和判断等；(2) 这种过程的结果，如知觉和概念等。一般来说，认知科学是指关于思维过程的科学，它研究人类智力活动的基本规律。

（一）学习和记忆的神经生理学基础

1. 巴甫洛夫条件反射理论

学习是大脑的功能，它是人和动物依赖于经验来改变自身行为以适应环境的神经活动过程，因此学习也是一种反射，但属于发生在大脑中的高级反射。俄国生理学家巴甫洛夫（Ivan Pavlov，1849—1936 年）对这种反射进行了深入的研究，提出了著名的条件反射理论。

所谓条件反射，指建立在非条件反射基础上，在一定条件下，在生活过程中逐渐建立起来的反射。条件反射的建立乃是把某一动因变为某一非条件反射的信号，即在两者之间建立起联系的过程。

吃饭时分泌唾液是一种非条件反射，先天存在。打铃与分泌唾液之间没有先天的联系，但如果每次吃饭前都打铃，就在打铃和吃饭之间建立了联系。打铃就成为分泌唾液的信号，条件反射在原非条件反射基础上建立了。

条件反射可在大脑皮层建立许多神经联系，这种联系是稳定的但不是固定的，有很大的灵活性，它是人和动物后天训练和学习的基础。条件反射必须反复刺激才能形成，人的技能和知识的学习也是如此。

2. 第一和第二信号系统

人和动物都能识别的具体信号为第一信号，如人和动物见到食物时都能够分泌唾液，食物就是第一信号。但人比动物高级，人在听到"酸梅"这两个字时也会分泌唾液，因为人还能够识别第二信号。

第二信号是指以抽象概念形式存在的信号。这种信号是第一信号的抽象概念，以语言、文字存在。动物和幼儿都是通过第一信号系统来认识世界的，动物的思维也是停留在第一信号系统上，尽管动物也会推理和判断。只有人能够运用抽象概念进行思考。当一个人有了吃梅的经验后，梅的形象就以第一和第二两种信号形式存于大脑，两种信号都能单独引发条件反射。

人的后天学习与实践活动都是为了完善第二信号系统。可以说第一信号系统是感性认识的基础，第二信号系统才是理性认识的前提。

（二）记忆的种类与障碍

记忆是将个体的经验升华为系统的信息，贮存在神经中枢，并在以后"读出"的神经活动过程。低等动物只能有简单的记忆，随着动物的进化记忆也变得复杂。人是唯一能通过第二信号系统，以语言文字为工具来学习和记忆的。

记忆有短时记忆和长时记忆之分。短时记忆的信息可在脑中停留几秒钟到1分钟或稍长时间，这些信息都是即时应用性的。长时记忆是指那些在脑中能持续存在几分钟、几小时、几天甚至几年的信息。有些能够终身存在，成为永久记忆；有些会在一定时间内遗忘，成为近期记忆。短时记忆的信息停留时间在1秒钟之内，这种记忆为感觉性记忆，属于感官接纳的信息在大脑中的即时替换。

所谓记忆障碍就是遗忘，是保存在脑中的信息的丢失。记忆障碍可分两类，即顺行性遗忘和逆行性遗忘。前者是指病人不能保留新近获得的信息，但仍能保留远的记忆。后者多见于病人因电击、脑中风、脑震荡等而发生的对以前记忆的丧失。所谓"健忘"是指前者，多见于老人和酒精慢性中毒者；而"忘记自己是谁"的人则属于逆行性遗忘。

（三）学习的形式

1. 习惯化

习惯化是最简单的学习。当一种刺激重复进行时，动物的自然反应逐渐减弱,最后完全消灭,即无视这种刺激,这种现象称为习惯化。其意义是使动物放弃那些无意义的刺激反应。

2. 印随

印随是指年幼动物在出生后不久(有时是数小时)建立与一个个体(通常是双亲之一)的牢固的依附关系。如母鸡与小鸡的关系,看似母鸡领着小鸡,实际上是小鸡靠印随能力主动跟随母鸡。这种印随关系也可以在幼鸟与非双亲甚至与人和无生命的物体之间建立,如母鸡带小鸭。

印随学习只在幼年发生,当过了幼年期后印随学习就不再发生。哺乳动物母子之间的纽带也是靠印随学习建立的。

3. 模仿

模仿是幼龄动物的主要学习方式,尤其是行为本领(操作动作)的主要获得途径。人和动物一生都有模仿。

模仿是被教养者按教养者传授的行动模式建立自己的行动程序的过程。教养者传授的行动模式包含的反射活动越多,被教养者模仿越困难。

4. 伴随学习

伴随着条件反射的建立,人或动物对某种无关刺激信号有了认识,这种学习方式称为伴随学习。伴随学习在各年龄阶段都会发生。

5. 洞察学习与推理

洞察学习是更为复杂的学习形式。动物越高级,这种学习就越多。洞察学习是一种推理过程,是依靠回忆和分析过去的经验,获得对当前问题的认识。如"绕道问题",狗和鼠要在多次乱跑乱转中偶然绕过木障取得食物;而黑猩猩却可以一次性解决问题。

(四) 学习和记忆的机理

学习和记忆是两个密切联系的神经活动过程。学习的进行必然伴随记忆的发生,而记忆的前提是信息的获得,这也是学习的开始。

关于记忆的神经机理,科学界提出两种学说。动力说认为记忆是神经冲动不断在神经元网络中循环的结果。不同感受的神经冲动分别在大脑皮层的各区循环。另一学说认为记忆以神经中枢的某种物理化学变化作为基础。其中主张mRNA(信使核糖核酸)和蛋白质是记忆的物质基础的学者提出了某些事实证据。如从受到锻炼的动物脑中提取RNA(单链核糖核酸)注射于同种动物的脑内,受注射个体的学习速度明显提高;还有将蛋白质合成抑制剂注射于金鱼或小鼠,则表现出对旧学习内容的可回忆和对新学习内容的不可回忆。对人脑的研究表明,人脑神经元中RNA含量在学习后有所增加;人从3岁开始,脑内RNA含量开始增加,至40岁时趋于稳定,55岁后急剧下降。

现在普遍认为短时记忆与长时记忆有不同的神经基础。动力说可以解释短时记忆的形成机理,而新物质说则可说明长时记忆是如何形成的。

最新的研究结果表明,cAMP(环腺苷酸),作为生物体内普遍存在的第二信使,能够被5-羟色胺(一种神经递质)激活而合成,然后触发新的基因转录,增强新的蛋白质合成,与记忆的形成有密切的关系。已证实神经细胞内与学习、记忆相关的重要分子有100多种,而到目前为止,研究证实的细胞内信号传导网络所涉及的蛋白质已超过3 000多种。人们相信,学习和记忆这一大脑的秘密将会伴随着分子生物学的发展而逐渐被揭示。

总之,认知科学把人视为信息加工系统并把人类认知概括为人的全部思维和心理活动,通过对人类收集、存贮、加工使用信息的过程深入了解,试图把握从知觉到记忆到思维范围内的人的智力活动,使人们更好地发挥自己的认知能力,有助于认识人类的情绪个性和社会交往等,从而促进人的精神健康。

第三节 现代医学和现代生理学

医学科学,简称医学,是认识、保护和增进人类健康、预防和治疗疾病、促进机体康复的科学知识体系和实践活动。医学(medicine)一词,源于拉丁语"Medeor",原意为"治疗术"。医学与人类文明同时产生,人们在长期的医疗实践中积累了丰富的经验,这些经验的系统总结便形成医学。现代医学基本上是在近一二百年形成的,从巴斯德发现细菌到青霉素的发现,一个个里程碑奠定了现代医学的发展。作为一门基础医学科学,生理学对于理解生命现象、分析人体功能异常变化、预测疾病治疗过程和制定康复措施等具有重要的作用。

一、现代医学的进展

(一)现代医学的形成与发展

医学的研究对象是人,是研究如何维持健康及预防、减轻、治疗疾病的科学,以及为上述目的而采用的技术,因而生命、健康、疾病、衰老和死亡是医学的基本范畴。医学的发展分为古代医学(延续至今的称为传统医学)和近现代医学(西医)。15世纪后半叶,近代医学以物理、化学、生物学等为基础发展起来,一般称之为生物—医学模式。近代医学采取近代自然科学的研究方法和实验手段,探讨人体生命活动的基本规律,相继建立了解剖学、生理学、病理学、微生物学等医学基础学科,并把人体分为系统、器官、组织、细胞乃至生物大分子,还对其结构和功能进行研究,推动了医学科学的进步和发展。

现代医学起源于生物—医学模式,从纯生物学角度研究宿主、环境和病因三大因素的动态平衡。随着人类社会发展和疾病谱的变化，人们逐渐认识到原有医学模式的不足，1977年美国身心医学家恩格尔（Engel）提出了生物—心理—社会医学模式或称之为综合医学模式，其基本思想是世界卫生组织（WHO）给出的健康定义，即健康不仅是没有疾病的虚弱现象，而且是身体上、精神上和社会适应上完好状态的综合表现。这种模式反映了人类对健康、疾病和医学的新认识。

因为医学涉及许多层次和因素，而且其中很多因素是难以客观定量测查的（如心理因素），另一些因素（社会因素）则要求大范围长时间的调查，这就造成研究上的困难。在解决的过程中，现代医学借鉴了心理学和社会学方法，发展了医学社会学和医学心理学。这种医学模式为现代医学开拓了广阔的空间，赋予了丰富的内涵，拓展了医学的境界。强调关心病人，关注社会，注重技术与服务的共同提高，并且在一定程度上与中国传统医学有趋于一致之处，揭示了现代医学的发展方向。

同物理、化学实验不同，医学实验由于大量无关因子无法一一控制，主要依靠对照组的设置来显示实验因子的效应。现在已为此研究出多种有效的设计方案和分析方法。从这个意义上讲，医学正在由“软”的技艺发展为“硬”的科学。

现代医学正不断地吸收数、理、化、天、地、生的科技成就。1979年诺贝尔医学和生理学奖得主，一位是美国的物理学家科马克（A.M.Cormack，1924—1998年），另一位是英国的电气工程师豪斯菲尔德（G.N.Hounsfield，1919—　）。他们既不是医学家，也不是生物学家。他们发明了用电子计算机把X射线穿透人体而造成的重叠在一起的影像展开技术，无创伤地取得了人体横断面的图像。这是诺贝尔奖委员会第一次公开承认工程技术对医学进步的巨大推动作用。目前，计算机的应用已渗透到医学的各个方面，并不断得到发展。

现在，现代医学已经成为一个庞大、复杂的学科体系，由众多的学科群及其分支构成。在这个庞大的学科群里，各学科相互联系、相互依存、相互交叉，同时又有各自的研究领域，担负着不同的任务，并逐步走向综合化。随着现代医学的发展，人类将在不同程度上做到控制发育、生长、衰老等生命过程，“未来预测医学”的发展将为疾病预防创造良好的条件，未来的医学发展将为人类的健康提供更加可靠地保障。

（二）现代医学的主要分支

医学包括许多科学门类，它们的共同之处都是为人类医疗保健服务。现代医学科学在医学科学化的过程中，学科倾向于按研究对象来划分，如临床医学划分为内、外、儿、妇产科等；20世纪50年代以来，现代医学各学科相互交叉渗透，形成庞大的学科体系，出现了生物化学、医学心理学等交叉学科的研究领域；后基因组时代,系统生物学兴起,又诞生了系统生物医学。在学科体系上,现代医学科学包括基础医学、应用医学、医药工程技术与理论医学。

这里介绍现代医学的两个重要组成部分:基础医学和应用医学。

1. 基础医学

基础医学是研究人体的正常形态结构与功能活动规律,以及疾病状态下的生理功能变化及其机制的一门学科,基础医学是医学的基础。它的基本任务是揭示人体的正常形态结构,探究生命现象的活动规律和疾病的本质及其机制,从而为认识和掌握疾病发生的发展规律、诊治和预防疾病奠定理论基础。

根据研究内容和性质的不同,基础医学包括形态学科和功能学科两大类,是一个庞大的学科体系,包含许多学科,如人体解剖学、组织与胚胎学、人体生理学、生物化学、细胞生物学、免疫学、微生物学病理学、药理学等,以及起步较晚的医学伦理学、医学情报学等。

20 世纪 50 年代起,基础医学学科的发展体现出新的特点。主要体现在两个发展趋势上:(1)基础医学研究普遍进入细胞、亚细胞、分子水平。新出现的分子生物学、细胞生物学和发育生物学等的内容都比传统学科广得多,例如分子生物学就包括分子遗传学和分子免疫学的内容。发现了多种细胞因子、细胞受体、细胞内信息传递、细胞间通讯,查明了部分人体基因结构和功能,从而使解剖、组织、生理、病理、病生、生化、药理等基础学科向分子水平迅速发展。(2)基础医学的范围并不是固定的,基础医学在向分子生物学渗透的同时,出现了整体综合的趋势。以基础医学为主导的多学科综合研究是现代医学取得巨大成就的一个关键。基础医学高速发展,使危害人类最严重的疾病,如恶性肿瘤、心脑血管疾病等从病因、病理到诊断、治疗都发生了全面的更新和改造。

2. 应用医学

应用医学主要指临床医学(治疗科学)和群体科学(预防医学)。

临床医学是研究诊断和治疗疾病的学科群。临床医学是传统医学的主体,也是现代医学的核心。主要包括诊断学、治疗学、内科学、外科学、妇产科学、儿科学、肿瘤学、护理学等,各学科有自己的系统的研究方法。

群体医学以一定的社群为对象,研究人群的健康情况和疾病在人群中的分布,着重探讨致病原因及相应的预防措施,它的重点是研究环境和社会因素对疾病和健康的影响。群体医学有着浓厚的社会实践性,同卫生行政部门关系密切。

治疗和预防两者是互相交错的,彼此存在着渐变过渡的关系,临床医学和预防医学也只是各有侧重而已。但临床医学与预防医学在发展过程中,由于分科的体制化,一直存在着裂痕。临床医学与预防医学的分离,使得它们原来结合一起时在医学、预防医学事业方面的潜力大大地降低。临床医学家和预防医学工作者相互缺乏理解和沟通。预防医学显然未能或很少能吸引医学界的精英，也不被公众或医学专业所重视，但临床医生仍然是预防医学必不可少的参与者，如果没有临床医生的参与，要处理好健康问题是不可想象的。临床训练对预防医学工作者来说也是极其重要的。预防医学的大多数新思想都来自临床医学，许多疾病的病因和危险因素探索也源于临床医学。二者的分离，使得医疗卫生服务体系难以适应社会的发展。目前，发展全科医学和社区卫生服务是弥补多年来临床医学与群体医学之间裂痕的最佳选择和最好办法。①

二、现代生理学的进展

生理学（physiology）是生物科学的一个分支，是研究生物机体的生命活动现象和机体各个组成部分的功能及其变化规律的一门科学。

（一）现代生理学的形成与发展

按照研究生物机体的不同，可以把生理学分为人体生理学、动物生理学、植物生理学、微生物生理学等不同分支；按照研究内容和方向的不同，人体生理学又有不同的研究方向，如医学生理学、体育生理学、艺术生理学等。通常所称的“生理学”主要是指人体和高等脊椎动物的生理学。

17世纪初，英国生理学家威廉·哈维（William Harvey，1578—1657年）首先从动物身上用活体解剖和科学实验的方法进行研究，证明血液是在心脏和血管系统中循环流动的。他于1628年出版的《心与血的运动》是历史上第一本基于实验证据的生理学著作。至此，生理学独立成为一门学科，人们用动物实验的方法获得生理学的知识和理论，这大大推进了生理学的发展。

进入20世纪，借助于现代工业技术和科技的迅猛发展，生理学获得了长足的进步。主要体现在以下方面：(1)基础理论不断发展。1903年，英国的谢灵顿（C.S.Sherrington，1857—1952年）出版了他的名著《神经系统的整合作用》，对于脊髓反射的规律进行了长期而精密的研究，为神经系统的生理学奠定了巩固的基础。与此同时，巴甫洛夫从消化液分泌机制的研究转到以唾液分泌为客观指标对大脑皮层的生理活动规律进行了详尽的研究，提出著名的条件反射概念和高级神经活动学说。1929年，美国生理学家坎农（W. B.Cannon，1871—1945年）在长期研究自主神经系统生理的基础上，提出著名的稳态概念，进一步发展了法国著名生理学家贝尔纳（C.Bernard，1813—1878年）的内环境恒定的理论，认为各种生理机制的相互协调，是使得内环境理化因素能够在狭小范围内波动而始终保持相对稳定状态的原因。此后，稳态成为生理学研究的主题。(2)定量化研

① 高丽萍，贾翠英．预防医学与临床医学的发展现状及展望[J]．地方病通报，2009(5).

究不断加强。20 世纪 40 年代控制论、系统分析和电子计算机等一系列新观念新技术的引进，使得生理学在定量研究方面迈出了一大步，出现了应用系统论方法、计算机数学建模等研究成果的数学生理学与系统生理学等新兴学科。(3) 向微观领域研究迈进。电子显微镜的问世给生理学的微观研究奠定了基础，人类在脑科学、内分泌、生殖生理、心血管生理、呼吸生理、消化生理等领域都有重大的突破。20 世纪 80 年代分子生物学取得长足进展，生理学研究可以用分子克隆技术将某种受体的基因加以分离，进而分析人类的基因组及基因区段的功能。

(二) 现代生理学的层级研究

现代生理学研究是从细胞和分子、器官和系统以及整体三个层级进行的。

1. 细胞和分子水平的研究。各器官的功能都是由构成该器官的各种细胞的特性决定的。细胞的生理功能又决定于构成细胞的各个分子的物理化学特性和功能，尤其是生物大分子的物理化学特性和功能。这一水平研究就是要揭示细胞和组成细胞的分子特别是生物大分子的功能。如肌细胞发生收缩，是由于肌细胞内若干特殊的蛋白质分子的排列方式在钙离子浓度改变及某些酶的作用下发生变化的结果。

2. 器官和系统水平的研究。这一水平的研究着重阐明器官和系统对于机体有何作用，它是怎样进行活动的，它的活动受哪些因素的控制等。如果要理解循环系统中心脏如何射血、血液在血管中流动的规律、各种神经和体液因素对心脏和血管活动的影响，就要以心脏、血管作为研究对象，这些都属于器官和系统水平的研究。

3. 整体水平的研究。以整个机体为研究对象，观察和分析各种环境条件下不同器官、系统之间的互相联系、互相协调的规律，以及各种环境对机体生命活动的影响。如人在运动状况下，心血管系统的功能，呼吸系统的功能，内分泌系统的功能，物质与能量代谢和肌肉组织利用氧能力等的变化，以及它们对运动的适应等都属于整体水平的研究。

上述三个水平的研究之间并不是孤立的、截然分开的，而是紧密联系、互相补充的。要阐明某一生命活动的产生机制和规律，一般需要对细胞和分子、器官和系统、整体三个水平的研究结果进行分析和综合，才能全面、完整地掌握人类和高等脊椎动物的生理功能。

(三) 人体生理学

人体生理学是一门重要的医学基础理论课，它对医学的发展有极为重要的作用。贝尔纳曾经十分中肯地指出："医学是关于疾病的科学，而生理学是关于生命的科学。所以后者比前者更有普遍性。这就是为什么说生理学必然是医学的科学基础。一个医师要研究生病的人，要用生理学来阐明和发展关于疾病的科学。”也就是说,医生在长期的临床实践中将遇到许多新问题,认识和处理这些新问题将促使医学科学向前发展,而这常常要求助于生理学的理论和它的研究方法。

人体生理学主要研究人体的八大系统,即运动系统、循环系统、呼吸系统、消化系统、泌尿系统、生殖系统、神经系统和内分泌系统等。生理学作为一门实验科学,所有的生理学知识都来自对生命现象的观察和实验。人体生理学关于人体功能活动规律的任何理论和假设,必须通过观察和设计完善的实验来检验、修正和发展,这样,人们对人体生理功能的认识才能日益深入和精确。人体的结构和功能十分复杂,它的观察必须是在不损害人体健康的条件下,实地记录和分析人体生命活动的客观表现,如人的血压、体温等生命现象等。实验研究包括人体实验和动物实验。如果能从人体实验获得人体生命活动的规律,将是最理想的。目前许多无创性测定手术可获得生命功能的指标,如心电图、脑电图、肌电图等,还有许多无创性影像技术如磁共振成像(MRI)、电子计算机 X 射线断层扫描技术(CT)等。

人体正常微生物群生理学是当代人体生理学研究的一个新内容,它以人体正常微生物群的生命活动现象和功能为研究对象,主要研究构成人体各微生态系统和总微生态系统中正常微生物群的正常生命活动过程和功能的机制,各微生态系统之间以及微生态系统和人体其他生理系统之间的相互联系和相互作用,从而使人们认识到人体微生态系统作为构成人体整体的生命组成部分,是人体生理系统不可分割的组成部分和生理“器官”。[①] 这一新理论的出现将为微生态学和生理学增添新的内容,对未来医学将起到重要作用。

拓展阅读

1. 薛定谔 . 生命是什么[M]. 罗来鸥,罗辽复,译 . 长沙:湖南科学技术出版社,2007.
2. 王洪齐,任爱玲 . 影响 21 世纪的科学技术新成果[M]. 北京:中国时代经济出版社,2010:85~95.

思考题

1. 试述孟德尔的历史功绩和遗传规律的内容。
2. 试论发现 DNA 双螺旋结构对现代生物学发展的作用。

---

① 唐由凯 . 当代生理学研究的新动向——人体微生态系统的生理功能[J]. 北京:中国微生态学杂志,2003(3).

3. 简述遗传信息由 DNA 到蛋白质的传递过程。

4. 什么是突触？它有哪些作用？

5. 谈谈你对下面这句话的认识，“可以预言，人类……甚至能够用化学药物调节你的愉快、爱慕、厌恶、恐惧和愤怒等”。

6. 动物的学习、记忆、判断和推理等思维过程与人有何不同？

7. 简述现代生理学研究的不同层次。

第七章　现代天文学和现代地球科学

20 世纪以来，天文学和地球科学都取得了革命性的进展。在天文学领域，随着把广义相对论运用于宇宙问题的研究，形成了研究宇宙起源和演化规律的宇宙学，创立了大爆炸宇宙模型，对宇宙的起源和演化提出了科学的说明。在地球科学领域，20 世纪 60 年代后，在深海勘探技术的基础上，建立了海底扩张—板块构造理论，突破了传统的洋陆固定论观念，推动了意义深刻的现代地学革命，使人类对地球的构造和地球的活动规律有了更深刻的认识。随着科学技术的发展，现代天文学和现代地球科学已经成为庞大的超级学科体系群。可以说，现代天文学和现代地球科学彻底改变了我们以前对宇宙、对天体和对地球的认识。

第一节　现代天文学

天文学（astronomy）是通过观测天体发射到地球的辐射，发现并测量它们的位置、探索它们的运动规律、研究它们的物理性质、化学组成、内部结构、能量来源及其演化规律的科学。

天文学是人类历史上最古老的一门科学，同时也是人类历史上最早出现的精密科学。17 世纪牛顿力学的创立使天文学出现了一个新的分支学科——天体力学。天体力学的诞生使天文学从单纯描述天体的几何关系和运动状况进入到研究天体之间的相互作用和造成天体运动的原因的新阶段。19 世纪中叶天体摄影和分光技术的发明，使天文学家可以进一步深入地研究天体，也产生了一门新的分支学科——天体物理学。

现代天文学已形成天体测量学、天体力学和天体物理学三大分支学科。天文观测手段已从传统的光学观测扩展到了从射电、红外、紫外到 X 射线和 γ 射线的全部电磁波段，这导致了一大批新天体和新天象的发现，使得天文学研究空前繁荣和活跃。与此同时，人类也突破了地球的束缚，可以到大气层外空间观测天体，空间天文学由此产生。人类对宇宙及宇宙中各类天体和天文现象的认识达到了前所未有的深度和广度。

一、现代宇宙学的发展

宇宙有没有起源和终结,它是永恒的还是演化的?这是除宇宙的结构以外又一个根本性的问题。从古到今,人们进行不断地探索,试图寻求答案。到17世纪之后,各门自然科学飞速发展,牛顿以经典力学为基础创立了天体力学,提出了“无限无边”的宇宙模型,但此模型存在着疑难。直到20世纪,以众多观测事实为依据的科学的宇宙起源和演化理论才正式宣告诞生。

(一)现代宇宙学的诞生

现代宇宙学的研究始于爱因斯坦,在现代宇宙学建立之前人们普遍相信的是牛顿所建立的“无限无边”宇宙图像。

1. 牛顿的“无限无边”宇宙模型及其疑难

牛顿概括了前人的认识和自己的研究成果,归纳出物体运动的三大定律,又进一步推广到天体的运动,发现了万有引力定律。万有引力定律在研究天体运行方面取得了辉煌的成功。牛顿为人们描绘出宇宙结构的图景,即“无限无边”宇宙图像:宇宙空间就是欧几里得几何空间,它在上下、左右、前后的三维方向上是无限延伸的;在这个无限延伸的三维空间里,均匀地分布着无限多的天体,它们之间按照万有引力定律相互作用和运动。这一和谐的宇宙图像很符合人们的直观看法,得到人们普遍的赞赏和接受,但是后来人们却发现它存在着两个不可克服的疑难。其一是“光度佯谬”,早在1720年,哈雷就提到,如果宇宙是无限的,分布在宇宙中的恒星就是无限多的,那么我们应该在天空中看到无限多的恒星,天空的每一个角落都应该是灿烂夺目的。可事实上我们没有看到这种情形。后来,奥伯斯(W.Olbers,1758—1840年)解释恒星间肯定有云或尘埃挡住我们的视线,所以天空会黑暗。但这个解释不能起作用,因为恒星发出的光线最终会把挡在它前面的云或尘埃加热至发光,这样天空仍将灿烂夺目。其二是“引力佯谬”,也叫“本特利佯谬”,1693年,本特利(Bentley)写信给牛顿,谈到如果宇宙中存在着无限多个天体,那么任一天体都应受到无限大的引力,产生无限大的加速度,宇宙间的万物会坍缩在一起,可事实上我们也未看到这种现象。显然,宇宙无限的观念与宇宙物质均匀分布的观念是不能并存的。

要解决牛顿的“无限无边”宇宙模型的疑难,就需要修改宇宙无限的观念,或需要修改万有引力定律,或两者都要修改。爱因斯坦的“有限无边静态”宇宙模型解决了牛顿“无限无边”宇宙模型的疑难。

2. 爱因斯坦的“有限无边静态”宇宙模型

爱因斯坦认为应当坚持宇宙物质均匀分布的原理,但要放弃宇宙无限的观念。基于这一前提,他根据广义相对论建立了“有限无边”宇宙模型。

1917年,爱因斯坦发表了《根据广义相对论对宇宙学所作的考查》一文,开创了相对论宇宙学研究领域,揭开了现代宇宙学的序幕。在该文中,他根据广义相对论的弯曲空间理论提出了"有限无边静态"宇宙模型。在这个模型中,他放弃了欧氏几何空间在三维上无限的传统观念,而采用了黎曼几何的弯曲空间概念,主张宇宙空间是一个闭合的连续区,连续区的体积是有限的,但它是一个弯曲的封闭体,因而是没有边界的。天体则均匀地分布在这弯曲的封闭体内。所谓静态,是指宇宙虽然在小范围有运动,但从大范围来看,则是静止的。

爱因斯坦的有限无边静态宇宙模型,是关于宇宙问题的第一个科学理论,迈出了宇宙学研究的关键一步。但是,爱因斯坦的宇宙模型却存在着内在矛盾,1922年,苏联数学家和物理学家弗里德曼(A.Friedmann,1888—1925年)在把爱因斯坦的引力场方程应用于宇宙结构问题时发现,一个物质均匀分布各向同性的宇宙是不稳定的:它要么膨胀,要么收缩,绝不可能处于静止状态。

(二) 哈勃定律与大爆炸宇宙理论

在宇宙模型理论产生和发展的同时,大尺度天文观测也取得了重大发展。哈勃定律的提出为宇宙大爆炸理论打下了基础。

1. 哈勃定律与宇宙膨胀的确证

随着大型天文望远镜对银河系以外星系的观测,人们发现河外星系普遍存在着光谱线向红端移动的现象。1929年,美国天文学家哈勃(E.P.Hubble,1889—1953年)通过对当时测定的24个河外星系情况的分析,发现了距离和红移之间的一条规律:星系离银河系愈远,它的光谱线的红移量就愈大。距离和红移的这一关系就是著名的哈勃定律。根据多普勒效应,光谱线的红移意味着作为光源的星系都正处在离我们而去的退行之中。所以,哈勃定律唯一可能的解释就是,河外星系正以一定的速度退离银河系而去,其距离我们愈远,其退行速度也愈大。联系宇宙物质均匀分布和各向同性的宇宙学原理,即宇宙并无中心,毫无疑问的结论就是:整个宇宙正处在膨胀之中。

2. 大爆炸宇宙理论

如果现今的宇宙正处在膨胀之中,那么以前的宇宙应该是一个更小、物质更致密的宇宙。所以极早期的宇宙应是物质高度致密的"宇宙点"。沿此思路研究宇宙的演化历史,便形成了大爆炸宇宙理论。

1948年,美国天体物理学家伽莫夫(G.Gamov,1904—1968年)等从宇宙膨胀论出发,结合粒子物理学的成就,把宇宙的演化与元素的起源联系起来,提出了热大爆炸宇宙理论。这个理论认为,我们现今的这个宇宙开始于大约200亿年前的一次大爆炸;在大爆炸前宇宙是一个温度无穷大、密度无穷大的"奇点";在宇宙爆炸的极早期,其温度高达10^{32} K(开),宇宙中的主要过程是产生粒子与反粒子之间的不对称;在大爆炸后 10^{-2} 秒时,宇宙的温度下降到 10^{12} K,此时宇宙中仍只有中子、质子、电子、光子和中微子等一些基本粒子形态的物质;在大爆炸后 1 秒时,宇宙温度降为 10^{10} K,正—反粒子、正—负电子完成了湮灭反应,宇宙中充满了光子和中微子,光辐射逐步占优势,宇宙进入以辐射为主的时代;在大爆炸后 3 分钟时,宇宙温度降为 10^{9} K,质子和中子开始形成氢、氦等不同的化学元素,有近 1/3 的物质合成氦,由于氦十分稳定,所以维持至今,此时,构造各种物质元素的基本材料已经制备完毕;以大爆炸 3 分钟为界面,经过 70 万年,宇宙的温度降至 3 000 K,电子和原子核开始结合成稳定的原子,光子不再被自由电子散射,巨大的气状物质逐渐凝结成原始星云;又过了几亿年,辐射温度为 100 K,星际物质温度为 1 K,原始星云在引力作用下逐渐凝聚为原星系;几十亿年后,辐射温度逐步降为 12 K,原星系聚在一起形成等级式结构的星系集团(如银河系等),与此同时,原星系本身又分裂,逐渐形成为恒星、行星等天体。

大爆炸宇宙理论除了前面提到的哈勃定律的支持外,还得到了三个重要事实的支持:

(1) 天体的年龄。按照大爆炸宇宙理论,天体的年龄应小于 200 亿年,各种天体年龄的测量很好地证明了这一点。借助卢瑟福开创的利用物质中放射性同位素含量测定其形成年代的方法,人们测量了地球上最古老的岩石、“阿波罗 11 号”宇航员从月球上带回的岩石以及从行星际空间掉到地球上的陨石样本,发现它们的年龄均不超过 47 亿年。根据热核反应提供恒星能源的理论,人们估算出银河系中最老恒星的年龄约为 100 亿 ~150 亿年。天体年龄的测定,为大爆炸宇宙理论提出了有力的支持。

(2) 氦元素的丰度。在宇宙各种不同类型的天体上,氦元素的丰度却是很大的且大致相同,人们对此一直无法解释,而大爆炸宇宙理论却能提供很好的解释:宇宙早期温度极高,所以生成了较多的氦元素,且各天体都有大致相同的丰度。

(3) 宇宙微波背景辐射。大爆炸模型的另一个重要遗迹是微波背景辐射。大爆炸后最初几分钟,宇宙处处充满了温度高达 10 亿 K 的光辐射。因为处于热平衡中,这种辐射强度随波长的分布服从普朗克分布(或称黑体谱)。随着宇宙的膨胀,辐射温度不断下降,但始终保持黑体谱形和总体均匀性。按伽莫夫等人的计算,目前宇宙中应普遍存在温度约 3K 的背景黑体辐射。由于其峰值波长处于微波波段,故又称为微波背景辐射。1964 年,彭齐亚斯(A.A.Penzias,1933—)和威尔逊(R.W.Wilson,1936—)发现相当于 3.5K 的背景辐射。

3. 大爆炸宇宙理论面临的困难

热大爆炸宇宙理论不仅在阐明宇宙中许多宇观和微观现象上取得了极大

成功,而且与现代物理学彼此交融、渗透,更由于其对宇宙微波背景辐射预测的成功,20世纪60年代后已为人们普遍接受,被认为是“标准宇宙模型”。但是,这个模型也遇到一些疑难。

(1) 均匀性问题。目前天文观测已达到100多亿光年的尺度,而且这个尺度上宇宙是均匀的;那么在这个尺度范围内的各部分间应该已经进行过充分的相互作用。根据相对论,真空中的光速是任何物质运动及任何相互作用传播速度的上限。而宇宙的年龄是有限的,因此宇宙创生以来物质间能进行相互作用的范围也是有限的。由此推之,宇宙的均匀范围也应该是有限的。即如果大爆炸宇宙理论严格成立的话,那么宇宙不该如此均匀。

(2) 奇点问题。大爆炸宇宙理论认为宇宙起源于时空奇点的爆炸。“奇点”究竟是如何爆炸的?既然爆炸前的宇宙是一个“奇点”,那么它何以产生出今天如此多的物质?

为了解决这些疑难,美国的古斯(A. H. Guth)和苏联的林德(A. D. Linde)等人又于20世纪80年代对大爆炸宇宙模型作了部分修改,提出了“混沌暴胀论”。

(三) 暴胀论与宇宙学研究的新进展

暴胀论对宇宙爆炸后最初的10^{-32}秒内的演化过程作了进一步说明。暴胀论认为:(1) 宇宙自发生大爆炸开始至10^{-43}秒之间,有一个过渡的混沌状态,它包含有随机涨落及由初始状态的临界不稳定性造成的许多个被称为“泡沫”的区域;(2) 在大爆炸后10^{-43}秒至10^{-32}秒之间,随着宇宙的膨胀,温度的下降,宇宙进入到一种只有巨大能量和巨大负压力的“假真空”状态,这一状态使宇宙在10^{-36}秒至10^{-32}秒内以超光速急剧膨胀,即所谓暴胀,宇宙的半径至少增加了10^{50}倍;(3) 暴胀骤然发生时,每一个分离的“泡沫”或孤立区域都变成了一个单独的宇宙,即暴胀推出了许多个宇宙,我们只是生活在其中的一个宇宙中;(4) 暴胀结束时,宇宙进入对称破缺阶段,由“假真空”态转变为“真真空”态,在这个转变中,“假真空”的巨大能量释放出来,在“真真空”中产生了诸如夸克、轻子之类的最基本实物粒子,宇宙转变为热平衡的粒子的理想气体。从这个时刻(10^{-32}秒)开始,宇宙便按标准大爆炸模型确定的方式演化。

暴胀论解决了宇宙物质的“创生”问题,但仍未涉及“奇点”问题。20世纪80年代后期剑桥大学的霍金(S. W. Hawking,1942—　)和彭罗斯(R.Penrose,1931—　)等人开始运用量子引力理论研究“奇点”问题,关于宇宙的起源和演化又提出了一些新的假说。目前,宇宙的起源和演化问题仍是宇宙学研究最活跃的领域之一。

(四) 宇宙未来的命运

广义相对论告诉我们,宇宙将来是继续膨胀还是可能收缩取决于宇宙的密

度 ρ 是大于、等于还是小于临界密度 ρ_c，我们可以根据宇宙密度 ρ 确实的大小来判断宇宙的命运，如果 $\rho \leqslant \rho_c$，则宇宙一直膨胀下去，称为开放的宇宙。对于开放的宇宙来说，随着星系和恒星内部燃料的耗尽而走向衰亡，宇宙将成为一个黑暗的世界。如果 $\rho > \rho_c$，则宇宙将会收缩，称为封闭的宇宙。随着收缩，宇宙内温度越来越高，终于又恢复成原始火球，以后可能会突然爆炸、膨胀，如此反复下去，宇宙不断有生有灭、再生再灭，所以封闭的宇宙又可称为振荡的宇宙。

根据目前的观测和估计，宇宙的平均密度还不到临界密度的 1/10，但并不能判断宇宙就一直膨胀下去。因为我们现在测量到的宇宙物质密度，是根据观察到的发光物质估算的，宇宙中还包含着大量的暗物质，它们包括宇宙尘、黑洞和中微子等。现在天文学家们相信宇宙中主要是暗物质，如在银河系中就可能多达 80% 至 90% 的物质是暗的。如果这样，宇宙就可能收缩。所以宇宙将来的命运究竟如何，人们正以极大的兴趣注视着对暗物质观察和实验的结果。

二、星系的起源和演化

星系是构成宇宙大尺度结构的基本单元。20 世纪人类对星系的探测取得了重大进展。

（一）星系概况

星系是由数十亿至数千亿颗恒星、星际气体和尘埃等组成的巨大天体系统，其大小为几千至几十万光年，质量一般在 10^6~10^{13} 个太阳质量。目前已观测到的星系有数十亿个。

星系按其构造形态可分为椭圆星系、旋涡星系、透镜状星系和不规则星系四大类。从天文观测照片可以发现，星系有聚集成团的趋势：有的三三两两靠在一起，有的构成含数十个成员的星系群，还有由成百上千个星系组成的星系团。目前所有观测到的星系又一起组成了总星系，范围大约 200 亿光年，现代宇宙学研究的宇宙就是这个总星系。

我们所居住的星系叫银河系。银河系是由大约两千亿颗像太阳一样的恒星组成的巨大天体系统。从正面看，银河系类似于一个旋转的铁饼，这个铁饼状圆盘的直径大约是 10 万光年，其中心部分厚度约 3 万光年，边缘部分厚度约 1 万光年。我们的太阳位于距银河系中心轴 3/5 的地方，以每秒 250 千米的速度绕银河中心轴旋转。

（二）星系的形成和演化

星系是由原星系演化而来的，原星系则是由宇宙大爆炸以后的物质逐步形成的。在宇宙由辐射时代进入物质时代的过程中，引力逐渐起主导作用。在引力的作用下，弥漫物质收缩并凝聚起来。如果凝聚的区域在星系团的尺度，那么其中可能有许多凝聚中心，随着密度增大，星系团尺度的物质便破碎成星系；如果凝聚的区域在星团尺度，那就先形成星团，再由星团凝聚成星系；在弥漫物质收缩凝聚的过程中，第一代恒星也随之形成。第一代恒星比太阳重得多，也亮得多，但寿命极短，在大约 1 000 万年内便耗尽了自己的燃料，然后通过爆发形式把自己内部合成的重元素抛射出去，又进入第二代、第三代恒星的循环。随着时间的推移，星系的形态也要发生变化。早期星系密度要高得多，相邻星系在引力作用下彼此靠近，并发生形变，甚至合并为一。而较老的星系则较少发生形态变化。

（三）20 世纪 60 年代探测星系的四大发现

20 世纪 30 年代后，天文学家们开始通过接收宇宙射电波来进行天文观测。到 60 年代，由于射电天文学和红外天文学的迅速发展，人们在对河外星系进行探测的过程中，获得了轰动一时的四大天文发现：脉冲星、宇宙微波背景辐射、类星体和星际分子。这四大发现使人们对宇宙、星系的起源和演化有了更加深入的了解。

1. 脉冲星的发现及其意义

1967 年，英国天文学家赫威斯（A. Hewish，1924—　）和赖尔（M. Ryle，1918—1984 年）在用射电望远镜进行天文观测时发现，在天区的某些方向，有一种天体不断地发来稳定且非常有规律的射电脉冲信号，他们称之为脉冲星。进一步的研究表明，脉冲星就是早在 20 世纪 30 年代天文学家就从理论上预言的中子星。天文学家曾经从理论上预言，在恒星演化的晚期，会发生灾变性爆发，爆发后的遗骸就坍缩为密度极高的中子星，但一直未观测到中子星。脉冲星即中子星的发现为人们研究恒星、星系的演化提供了重要依据。目前已发现了四百多颗脉冲星。

2. 宇宙微波背景辐射的发现及其意义①

热大爆炸宇宙学模型的创立者伽莫夫等人在 1954 年曾根据理论计算预言，在当今宇宙普遍存在着微波背景辐射。但这一预言在 10 多年中未引起人们的关注。1964 年，美国贝尔电话实验室的彭齐亚斯（A.A.Penzias，1933—　）和威尔逊（R.W.Wilson，1936—　）用一架卫星通讯天线探测到一种来自宇宙空间的强度与方向无关的微波信号，但当时他们也并不知道这个发现的意义。后来普林斯顿大学的皮伯斯（J. Peebles）等人认识到这可能就是伽莫夫等人预言的宇宙背景辐射。此后，许多天文学家致力于这个问题的研究。1989 年，美国宇航局专门为此发射了宇宙微波背景辐射探测者卫星，测量数据表明，在 0.5 mm

① 宇宙微波背景辐射在本章第一节中作为宇宙大爆炸理论的事实证据时曾有论述，但与此处侧重点不同。

到 5 mm 的微波段上，整个宇宙的确普遍存在着温度为 2.7 K 的辐射（一般称为 3 K 微波背景辐射）。这一探测结果毋庸置疑地证明了宇宙微波背景辐射的存在。它是大爆炸宇宙理论最令人信服的证据。这一发现的重要性可以与宇宙膨胀的发现相比，彭齐亚斯和威尔逊的发现打开了宇宙整体物理演化研究的大门。

3. 类星体的发现及其意义

人们一直认为，不论是银河系还是河外星系，都是由亿万颗性质和特征与太阳一样的恒星组成的。但 20 世纪 60 年代初人们又在宇宙中发现了不同于恒星特征的类星体。目前已发现了 1 300 多个类星体。从光学上看，类星体像恒星一样也是一个点光源，但与一般恒星不同的是，它的光谱线非常奇特。一般恒星光谱线的红移量只有千分之几，而类星体光谱线的红移量一般都大于 1，最大的达 3.78。此外，虽然类星体的尺度只有普通星系的 10 万分之一，但其射电辐射强度却是普通星系的几百万倍。根据哈勃定律，目前知道的最远类星体距地球约 200 亿光年。如果类星体确实在离地球那么远的距离上，那么揭开它的产能机制将是科学上划时代的突破；而如果类星体并不是位于那么远的距离上，那么它的光谱线红移就不是多普勒效应产生的，而这将从根本上动摇我们目前的宇宙学理论。

4. 星际分子的发现及其意义

一个星系包含有几十亿到几千亿颗恒星，但这些恒星的体积加起来只占整个星系空间的一小部分。那么，广阔的恒星空间有物质吗？ 20 世纪 60 年代后，随着射电天文学的发展，星际物质研究取得很大进展，人们先后发现了 60 多种星际分子，有水分子、氨分子等无机物分子，也有能演化出生命的复杂有机物分子和多糖分子。

星际分子的发现具有重大意义：(1) 使我们有可能了解遥远宇宙空间的物质组分、形态和演化过程；(2) 星际有机大分子的发现，打破了地球上存在生命的神秘性。以前人们总认为地球得天独厚的条件是演化出生命的基础，星际有机大分子的发现使人们认识到宇宙中存在生命的可能性比我们以前认识的要大得多。

三、恒星的起源和演化

恒星是宇宙中自身发光的一种巨大天体，是构成星系的基本单元，也是将宇宙原始物质合成各种元素的重要场所。了解恒星的起源与演化是研究银河系的结构和演化的基础。恒星问题是宇宙学中解决得最好的问题之一。恒星有形成、演化和死亡的过程。

（一）恒星的起源

一般认为，恒星是由宇宙间的弥漫物质形成的。宇宙大爆炸以后，弥漫物质在空间的分布是不均匀的，有的地方密度大，有的地方密度小。密度大的部分在自身引力作用下越来越密，并不断吸附周围物质，当其密度达到一定程度时，向内的引力远远大于向外的压力，气态星云就向中心收缩，形成似云非云、似星非星的原恒星。原恒星继续收缩，密度越来越大，温度越来越高，当其内部温度升高到 $1\,000\times10^4$ K 时，便引发热核反应，并发出可见光，此时原恒星便形成一颗真正的恒星。恒星的质量范围一般在 0.1~100 个太阳之间。因为小于 0.1 个太阳质量时，其向内的引力就不足以引发热核反应，而大于 100 个太阳质量时，则会由于其热核反应的向外压力太大而在瞬间瓦解消失。

（二）恒星的演化过程

恒星从诞生后到死亡，经历以下三个阶段：主序星阶段、红巨星阶段和高密恒星阶段。主序星阶段是恒星的壮年期，红巨星阶段是恒星的晚年期，高密恒星阶段是恒星的临终期。

1. 主序星阶段。在恒星形成的初期，因为氢核聚变为氦核的热核反应的向外压力小于向内的引力，恒星继续收缩，热核反应加剧，温度继续升高，向外的压力增大，当向内的引力和向外的压力达到平衡时，恒星就进入稳定阶段。这一阶段的恒星叫主序星。恒星在这一阶段停留的时间最长，占其寿命的绝大部分。迄今发现的恒星，90% 处于这一阶段。主序星较为稳定，其温度和密度变化不大。

2. 红巨星阶段。当主序星内部的氢全部聚变为氦时，热核反应停止，此时向内的引力便超过向外的压力，其核心部分急剧收缩，压力和温度又急剧升高，于是其核心又开始发生由氦核聚变为碳核的热核反应，从而使向外的压力与向内的引力再次平衡。但由于此时恒星的外表面积胀大，外部温度降低，所以发出的辐射光就变成了红光。这一阶段是恒星演化的红巨星阶段。恒星在红巨星阶段也要停留一段时期。经过红巨星阶段后，恒星还要经过一系列的引力收缩——热核辐射的平衡，每次都生成更重的元素，直到变成稳定的铁元素为止。

3. 高密恒星阶段。红巨星以后的时期被称为恒星的临终阶段——高密恒星阶段。当恒星内部的核反应全部结束后，原来由热核反应维持的辐射压力消失，但恒星自身的巨大引力仍然存在，因此恒星的核心部分必定在引力的作用下发生急剧的收缩，称为引力坍缩，最终形成一个具有极高密度的核体；而恒星的外部由于核反应未完全结束，会产生膨胀、爆发等复杂变动，最终抛射太空成为星际弥漫物质，而星际弥漫物质又是新一轮恒星形成的必需材料。

恒星演化到最后阶段，一般有三种可能的归宿，即白矮星、中子星（又称脉冲星）和黑洞。

(1) 白矮星。质量小于 8 个太阳质量的恒星演化到最后就变为白矮星。白矮星的密度很大,每立方厘米有几吨到几千吨重。白矮星体积很小,半径大约只有 1 万千米。只能发出暗弱的白光。由于引力收缩和核反应均已停止,白矮星对外辐射主要靠降低温度来维持。随着温度降低,白矮星逐渐变为红矮星,最后变为黑矮星,恒星也就走到了生命的尽头。

(2) 中子星。质量为 8 到 50 个太阳质量的恒星演化到最后就成为中子星。恒星收缩成中子星的过程有一个特点,就是当其核燃料耗尽时,会发生极猛烈的爆发,在短短的几天内,亮度陡增千万倍甚至上亿倍,称为超新星爆发。中国古代天文学家曾多次记载超新星爆发的情况。爆发后剩下的星核几乎全由中子堆集而成。所以,中子星的半径很小,大约只有 10 千米,但其密度却非常大,每立方厘米有几亿吨重,其磁场也非常强,约为 1 千亿到 100 万亿高斯。太阳的磁场只有几个高斯。

(3) 黑洞。大于 50 个太阳质量的恒星演化到最后就变为黑洞。当大质量恒星内部的反应停止后,由于其强大的引力作用,连光也跑不出来,人们看不到它,所以把它叫做黑洞。人们虽然不能直接观察到黑洞,但可以根据天体物质在黑洞周围的行为去推测研究它。黑洞是大质量恒星演化到晚期的一种归宿,但并不是所有的黑洞都是由恒星演化形成的。根据目前的天文观测,在有些星系的核心也可能存在巨大黑洞。

四、太阳和太阳系

太阳系是人类最先认识和研究的天体系统,关于太阳系的起源与演化的研究已有 200 多年的历史。太阳是太阳系中唯一发光的天体,是太阳系的光和热的源泉。由于太阳是离我们最近的恒星,容易对其进行观测和研究,人们可以把对太阳的研究推广到别的恒星上去。

(一) 太阳系概况

太阳系是由太阳、八大行星及其卫星、小行星、彗星和流星体及行星星际物质构成的天体系统。其半径约 60 亿千米。

太阳是太阳系的中心天体。水星、金星、地球、火星、木星、土星、天王星和海王星八大行星是太阳系的重要组成部分。它们在太阳引力作用下,在太阳赤道平面内,沿椭圆形轨迹围绕太阳公转,同时八大行星还绕自身的轴自转。

八大行星距太阳的距离、公转周期、自转周期、质量和半径等情况见表 7.1。

除八大行星外,太阳系还有大约 2 000 颗小行星,还有彗星、流星体和行星星际物质等,所有太阳系的天体都跟随太阳以每秒 250 千米的速度绕银河系中心旋转。

表 7.1　太阳系八大行星概况

行星	与太阳距离 / 10^8 km	半径 /km	质量 /kg	公转周期	自转周期	
水星	0.58	2 444	3.3×10^{23}	88 日	58 日	类地行星（固态）
金星	1.08	6 110	4.9×10^{24}	225 日	244 日	
地球	1.49	6 378	6.1×10^{24}	365 日	23 时 56 分	
火星	2.28	3 390	6.4×10^{23}	687 日	24 时 37 分	
木星	3.78	71 400	1.9×10^{27}	12 年	9 时 50 分	类木行星（气态）
土星	14.27	60 400	5.7×10^{26}	29.5 年	10 时 14 分	
天王星	28.74	23 800	8.7×10^{25}	84 年	10 时 49 分	
海王星	45.16	22 300	1.1×10^{26}	164.8 年	14 时	
备注	金星是唯一自东向西转动的行星					

（二）太阳系的起源和演化

太阳系是由 50 亿年前缓缓转动的弥漫气体云形成的。由于其他天体的引力扰动或临近超新星爆发的冲击波，这块旋转的气体云团开始坍缩，稠密的核心变为原始太阳，周围旋转的尘粒和气态物质则形成一个薄盘——原太阳星云，原太阳星云中稠密的区域在引力作用下又形成较大的团块（星子）。星子具有小行星的尺度，其中一部分就成为今天的小行星，另一部分则由于碰撞、合并长大为星胚。这些星胚继续吸附周围物质，像滚雪球一样，最后变为大行星及其卫星。

由于所有八大行星及天体均由围绕太阳旋转的薄云盘内的物质形成，所以它们都在太阳赤道平面内按同一方向旋转（金星的逆向转动则可能是早期云盘的潮汐效应引起的）。两大类行星在物理、化学性质上的区别也很容易解释：在靠近太阳的内区，由于温度较高，只有高熔点的物质才能保留下来，气体和易挥发的物质则都被蒸发掉了。所以，类地行星质量较小，密度较大，呈固态。在太阳系外区，由于温度很低，物质不易挥发，所以在那里就形成了质量较大、密度较小、呈气态的类木行星。

太阳质量为 2×10^{27} 吨，占太阳系总质量的 99.86%。在组成太阳的物质中，氢元素约占 90%。其他还有氦、氮、氧等 60 多种元素。其直径约为 140 万 km，表面温度 6 000 K，核心温度 1 500 万 K。太阳是一个炽热的气体球，我们用肉眼看到的表面层叫作“光球”，光球外面的一层叫“色球”，再外面的一层叫“日冕”，这三层组成了太阳的大气。光球以内的部分，称为太阳的内部。太阳的内部从内向外可分为核反应区、辐射区和对流区三个区域。其中核反应区是太阳能量的产生区，在核反应区主要进行的是质子—质子链式热聚变反应，中心温度高达

1.5×10^7 K;辐射区的作用是以辐射的方式将核反应区产生的能量向外传输。在对流区,能量主要以对流的方式向外传输,光球表面冷而暗的气体物质向内沉淀,对流区热而亮的气团向外升起,把能量传送到光球的表面。

太阳作为一颗恒星,目前正处于主序星阶段。据科学家计算,太阳的主序星阶段大约为100亿年。所以,再过50亿年,太阳将像其他恒星一样进入它的红巨星阶段。经过红巨星阶段后,太阳将变为一颗白矮星。

五、探测宇宙的重要天文学分支

天文学是研究天体性质和演化的科学,观测是它的主要手段。射电天文学和空间天文学的兴起为天文学的发展开辟了无限广阔的前景。

(一) 射电天文学

在20世纪30年代,天文学家在无线电波段发现来自银河系内外的天体和天体系统的辐射,后来称之为射电,从此诞生了射电天文学,打破了天文学就是光学天文学的古老传统。

从地球表面进行射电天文研究之所以成为可能,是因为地球大气让射电波通过。事实上,地球大气阻挡了大多数波长的电磁辐射,只有可见光、部分红外辐射和毫米波辐射以及波长大致在1 cm~30 m范围内的大量射电波能够穿过大气中的一些"窗口"到达地面。

射电天文学家利用干涉法,可以把两个或多个远远隔开的射电望远镜所组成的像组合起来,可以模拟口径相当于连接距离那么大的单个望远镜所达到的分辨率。射电天文学自兴起以来取得了巨大成就,如对于脉冲星的发现、宇宙微波背景辐射的发现、星际分子的认证等。除此以外,射电技术还能用于研究太阳、木星等。

射电天文学发展的最重要的特色,并不在于它提供了更多的我们已知的天体的更全面的信息,而是它发现了此前用任何其他方法不可能发现的全新的、意外的天体,从而开辟了一条研究宇宙的新道路。因此,有人把射电天文学的诞生,誉为是继哥白尼学说之后的天文学的第二次革命。

(二) 空间天文学

地球被一层厚厚的蓝色面纱—大气层包围,这个大气层在给我们提供保护的同时,也吸收了来自宇宙的大部分波段的电磁波。到20世纪40年代时,人类在地面上只能通过两个窗口——光学和射电窗口去探测宇宙,其他的电磁辐射——红外辐射和紫外辐射的大部分,以及X射线、γ射线等都不能到达地面。

20世纪40年代,人类开始利用探空火箭和高空科学气球等地球亚轨道运载工具进行天文观测,空间天文学时代由此开始。空间天文学是人类对大气层外空间进行天文观测和研究的一门学科，在高真空、高洁净、对地表高位置的外层空间进行天文观测和研究，具有广阔的前景。20世纪60年代以来，世界各国发射了一系列轨道天文台、小型天文卫星以及行星和行星星际探测器，取得了丰硕的成果。

在外层空间开展天文观测具有地面天文观测无法比拟的优越性。具体表现为：

(1) 在外层空间进行天文观测突破了地球大气的屏障，使一些在地面无法观测的天体电磁辐射能用来测量天体，从而改变了数百年来天文学家只能在光学和射电两个极为狭窄的"窗口"上认识宇宙的坐地观天的局面，开创了真正的全波天文新时代。天体辐射的电磁波谱是很宽阔的，它占据着 10^{-15}~10^{8} cm 波长范围。地面上射电观测波长和光学观测波长加在一起，只有它的一小部分。

(2) 改善了观测条件，提高了光学观测和射电观测的分辨能力。在地面上进行射电和光学观测会受到大气影响。如低层大气中的水蒸气是短波的主要吸收因素，由于分子的瑞利散射，地球大气还起着非选择性的消光作用。而在空间环境中的天文观测不仅能消除这些影响，还将减轻或免受地球大气湍动所造成的光线抖动的影响和大气折射的影响，使仪器的分辨能力大大提高。

(3) 由于在空间进行观测的天文仪器相对于地表具有很高的位置，因此，空间天文观测具有全时段（只有一部分观测受到地影的限制）、全方位和超长干涉基线等优点。

总之，外层空间天文学观测不仅为天文学观测创造了全新的条件，而且是天文学史上的一场革命。从1946年利用V-2火箭探测太阳短波辐射以来，空间天文学已经发展成为门类齐全、技术先进、成果卓著的天文学重要分支学科。空间天文学目前的主要分支学科有X射线天文学、γ射线天文学、紫外天文学、红外天文学等。

第二节　现代地球科学

地球是人类生存和发展的家园，自古至今，它一直是人类竭力探索的对象，但是直到20世纪中叶以前，人类对地球的了解还只是局部的和表面的。20世纪中叶以后，伴随着科学技术的发展，地学发生了从描述到理论概括、从定性到定量、从局部到整体、从静态研究到动力学研究的革命性变化。现代地球科学是以整体的地球作为研究对象，包括自地心至地球外层空间十分广阔的范围，这是由固体地圈（包括岩石圈、地幔和地核）、大气圈、水圈和生物圈（包括人类）组成的一个开放的复杂巨系统。数字地球成为新世纪地球科学的重要特征。

地球科学是一种公益性、基础性、先导性科学，无论在环境与资源的关系中，还是在资源、环境与社会、经济可持续发展的关系中，都起着重要的纽带作用，是人类与环境通向可持续发展的“桥梁”，是人类社会可持续发展战略的重要科学支持。地球科学通过研究地球系统的基本特征和发展规律，合理开发利用自然资源，保护和改善生存环境，有效防治自然灾害，协调人与自然的关系，为人与自然的可持续发展服务。

一、地球的起源和演化

作为太阳系的一员，地球的形成和太阳的形成密切相关，但地球有自身独特的形态结构和演化特点，它的诞生和演变是一个极其漫长而复杂的过程。

（一）地球概况

1. 行星地球

地球是围绕太阳旋转的一颗行星。在太阳系的八大行星中，离太阳由近而远，地球是第三颗行星。地球到太阳的距离是 1.496×10^{8} km，这一距离对于接受太阳辐射而言是适中的，在地球表面形成了适宜的温度，对于生物圈的出现十分重要。地球围绕太阳公转的轨道是椭圆形，公转周期是 365 天，公转的平均速度是 29.79 km/s。同时，地球还绕其南北轴自西向东自转，周期为 24 小时。从形状来看，地球是两极稍扁，赤道地带略为凸起的椭球体。其极半径是 6 357 km，赤道半径是 6 378 km，平均半径是 6 371 km。地球的表面积约 5.1 亿 km^2，体积约 10 830 亿 km^3，质量 6.1×10^{24} kg。

地球具有环绕自身公转的卫星——月球。月球距地球 38.4 万 km，它的平均半径是 1 738 km，体积是地球的 1/49。月球沿椭圆形轨道绕地球公转，其公转和自转的周期都是 27.3 日。月球由于距地球近，对地球所起的作用极为显著，地球的潮汐现象和日食现象都是由月球引起的。月球在晚上还起着反射太阳光的照明作用。

2. 地球的年龄

在古代人们对地球的年龄曾作出过各种猜测。18 世纪后期地质学家们才开始对地球的年龄进行比较科学的研究。1867 年，英国物理学家汤姆生（W.Thomson，1824—1907 年）首次运用物理学方法探索地球的年龄，他以康德—拉普拉斯星云假说为依据，假定地球由炽热的星云逐渐冷却凝固形成，然后他根据热传导原理，计算出地球由炽热的液态冷却凝固到现在大约需要 2 000 万到 4 000 万年。19 世纪时还有其他一些地质学家、科学家对探测地球的年龄进行了尝试，但限于条件都没有取得令人满意的成果。

进入 20 世纪后，放射性元素的发现和研究为科学地测定地球的年龄奠定了基础。放射性元素有着很稳定的衰变速度，不受外界环境变化的影响。例如铀(^{235}U)每年约有1/74亿衰变成铅，不论外界环境怎样改变，它都保持这个速度。这样，人们就可以根据岩石中铀和铅的比例来计算岩石的年龄，并进而推算地球的年龄，用这种方法计算出来的岩石年龄叫同位素年龄，也叫绝对年龄。科学家运用这种方法测定的结果表明，地球上大部分古老岩石的年龄是30亿年左右，其中个别最古老岩石的年龄是45亿年。因为岩石的绝对年龄只表示地壳最后一次融熔后凝固以来的年龄。所以，地球形成原始地壳的年龄大约应为47亿年左右。

（二）地球的形成和演化

地球大约是在47亿年前由太阳系的一块原始星云逐步凝聚形成的(当时太阳也正在形成中)。这块云盘在引力作用下逐步吸附周围物质形成若干星子，星子又在引力作用下逐渐地凝聚到一起形成星胚，星胚逐渐扩大增生而形成了原始地球。原始地球形成后的几亿年内，由于小天体的冲击效应、压缩效应和放射性衰变等原因，地球内部逐渐变热，当其温度超过铁的熔点时，原始地球中的铁、镍便开始熔化，并流向中心部位，形成液态铁质地核。同时由于地球平均温度上升，地球内部大部分物质也开始融熔，从而使较轻的物质上浮到表面，较重的物质下沉。这样原始不分层的地球也就演化成了分层地球，即演化成中心为铁质地核，表层为较轻物质组成的地壳，中间为较重物质组成的地幔。这一过程大约发生在37亿年前的几亿年中。

在分层地球形成的初期，地壳既薄又脆，地球外围也没有大气圈的保护，宇宙中的小天体经常撞击地球，砸破地壳，诱发地球内部的岩浆活动，造成地球频繁的火山爆发和地震，地球内部喷出的大量熔岩不断加厚、加固地壳，而岩浆中大量的水蒸气和各种挥发成分则飘逸出去，逐步形成了包围在地球外围的大气圈。有了大气圈的保护，宇宙中的小天体便不能任意撞击地球了，地球也就进入了自调控演化。大气圈中的氢、氧生成的水蒸气在适当温度条件下，形成降水，落到地面。但是当时的地球还是炽热的，雨水一降到地面就被蒸发。然后上升的水蒸气又变为降雨落下来。如此循环往复，直到地球表面的温度下降到允许液态水存在于地面时，地球上便形成了最早的江河湖海，然后又从水中演化出了生命。

固体地球形成以后演化至今的历史都纪录在地壳的岩石和地层中。埋藏在不同地层中的化石既代表了生物由低级向高级进化的不同阶段，也反映了地球本身的演化历程。因此，根据不同的化石在地层中的不同分布，可以确定地层形成的相对年代和顺序，这就是著名的“化石顺序律”。根据这一方法，地质学把地球演化的历史划分为5个代10多个纪。具体见表7.2。

表 7.2 地球演化历史

代	纪	距今年龄（百万年）	生物发展阶段	
			动物界	植物界
新生代	第四纪	25	人类时代	被子植物时代
	新第三纪	26	哺乳动物时代	
	老第三纪	65		
中生代	白垩纪	136	爬行动物时代	裸子植物时代
	侏罗纪	190		
	三叠纪	225		
古生代	二叠纪	280	两栖动物时代	陆生孢子植物时代
	石炭纪	345		
	泥盆纪	395	鱼类时代	
	志留纪	430	海生无脊椎动物时代	
	奥陶纪	500		海生藻类时代
	寒武纪	570		
元古代	震旦纪	800	动物的孕育和产生	
		2500	生物的起源（菌类和藻类）	
太古代		3800		
天文演化期		4600		

从 46 亿年前到 38 亿年前是地球作为一颗行星形成的时期。从 38 亿年到 25 亿年前是太古代，此时地球有着频繁的火山活动，地球处于弥漫的烟雾之中。在太古代末期，海洋里逐渐形成了一些类似于蛋白质的高分子有机物。元古代是从 25 亿年到 5.7 亿年的这段时期。这一时期地球上火山活动大大减弱，海洋里逐渐演化出了一些低等生物，并出现了动物和植物的分化。古生代时，地球上生物大量繁殖。在古生代泥盆纪，海洋里演化出了鱼类，并大量繁殖。在古生代晚期，由于地壳变动，陆地上升，加上气候炎热，河湖干涸，鱼类被迫上岸觅食，于是发生了物种的变异，出现了两栖类动物，并在后来发展进化为陆生动物。同时，陆地上也出现了植物，形成了大片森林。后来由于地壳的变动，大片森林埋入地下，经长期炭化，形成了今天的煤田。

在中生代，由于茂密的森林，爬行动物盛行，恐龙称霸于世。中生代后期，地球上出现了大量被子植物，为哺乳动物的兴盛提供了条件。大约 6 500 万年前开始的新生代是哺乳动物的时代。在新生代的最后阶段，即在大约距今 300 万年前的第四纪初期，人类开始出现。新生代早期，地球上还发生了喜马拉雅造山运动和阿尔卑斯造山运动等大规模地质构造运动，还先后出现了 4 次全球性大冰期。地球上现在的海陆分布、山脉走向、气候状况等，都是从那时延续下来的。现在的地球正处于它的壮年期，与处于老年期的月球有着十分不同的特征。月球因其内部能量散失，已趋于冷却。月球岩石年龄表明，它大约在 30 亿年前就停止演化了。而地球内部仍储存着足够的能量，活动仍十分频繁。

二、地球的圈层构造

地球是一个具有复杂圈层构造的天体。一般以地表为界把地球分为外部圈层和内部圈层，外部圈层包括大气圈、水圈和生物圈。内部圈层包括地壳、地幔和地核。地球的每一圈层，都处于不断地变化中。

（一）地球的外部圈层

1. 大气圈。大气圈是地球最外层的气体圈层。大气圈很厚，从地表向上几千公里乃至上万公里的高空都还有气体分子存在。大气密度随高度增加而逐渐变小。大气圈的主要成分是氮（约占 78%）和氧（约占 20.9%），此外还有氢、氦以及水汽、二氧化碳等。大气圈按其组成和性质的不同，自下而上可以分为五层：对流层（从地表到 18 公里处）、平流层（对流层以上到 55 公里处）、中层（自平流层以上到 85 公里处）、电离层（自中层向上到 800 公里处）、散逸层（电离层以上，即 800 公里以上）。其中对流层最为重要。大气质量的 79% 集中在对流层，风、雨、雪、雷电等天气现象都发生在对流层。此外，在对流层向平流层过渡的区域，即地表以上 17~20 公里处，还有一个臭氧（O_3）层。臭氧层阻挡着来自宇宙的各种射线，是地球生命的一把保护伞。如果没有臭氧层或臭氧层遭到破坏，地球的一切生命都可能被消灭。

2. 水圈。水圈是地球上的各种水体组成的一个连续而不规则的圈层。它包括海洋、湖泊、沼泽、河流、冰川等水体，其总质量约为 1.41×10^{18} 吨。其中海水约占 97.1% 以上，陆地水约占 2.8%，地球表面的 71% 被海水覆盖。此外，还有极少量的水存在于生物体和大气中。据目前所知，在太阳系中，只有地球上有液态水存在。水圈的运动和循环影响着地球上各种环境条件的变化。因为有了水圈的存在，生命过程得以实现。

3. 生物圈。生物圈是地球表层有生命物质的圈层，是指从最低等的海藻到最高等的人类所组成的整个生命系统。在地球表层的大气圈、水圈以及地表土壤和岩石里，都有大量的生物存在。生物圈伴随着地球的演化而发生变化，对地球的演化也发生着影响。

（二）地球的内部圈层

地球的外部圈层较易认识，人们可以运用高空飞机、人造地球卫星直接进行研究,但要认识地球的内部圈层却困难得多。除了昂贵的钻探投资外,还由于地球内部是个复杂的高温高压环境,连坚硬的岩石都要呈融熔状态。目前世界上最深的钻孔也只有 12 km 左右,是地球半径的 1/530。所以目前很难用直接观察的方法来研究地球内部的情况。

人们虽然不能直接认识地球的内部圈层,但可以根据地震波来间接地认识地球的内部圈层。1909 年,南斯拉夫学者莫霍洛维奇(A.Mohorovicic,1857—1936 年)根据地震波在地球内部传播的速度的变化,确定了在地表以下几十公里处有一个物质不连续面,初步把固体地球分为地壳和“内层”,这个面后来被称作莫霍面。1914 年,美籍德国学者古登堡(B. Gutenberg,1889—1960 年)又根据地震波传播速度的变化,在距地表 2 900 km 处确定了一个物质不连续面,把地球的“内层”又分为地幔和地核两层,这个面后来被称作古登堡面。这样,固体地球便被区分为地壳、地幔和地核三层。

1. 地壳。地壳是指从地表到莫霍面之间的部分。大陆区域地壳的厚度在 15~80 km 之间,大洋地壳较薄,一般在 2~11 km 之间。从物质构成来看,大陆地壳分为两层:上层是硅铝层,下层是硅镁层;大洋地壳只有硅镁层,没有硅铝层。

2. 地幔。地幔是指莫霍面以下古登堡面以上的广大区域。地幔主要由硅镁氧化物组成。地幔的温度和压力都比地壳显著增高,且随深度增加而增加。地幔分为上下两层,350 km 以上的部分称作上地幔,350~700 km 为过渡层,700~2 900 km 为下地幔。上地幔基本上还是固态,但由于较大的压力和较高的温度,上地幔已具有一定的可塑性。过渡层已接近融熔状态可以缓慢流动。下地幔则处于融熔状态,是岩浆的发源地。

3. 地核。地核是古登堡面以下的部分,其半径大约为 3 474 km,主要由铁和镍组成。地核又分为内核和外核,从 2 900~5 149 km 为外核,从 5 149~6 371 km 为内核。外核呈液体状态,而内核则由固体物质组成。

三、大地构造学说

1912 年,气象学家魏格纳(A.L.Wegener,1880—1930 年)提出大陆漂移说,曾引起学术界轰动,但遭到了许多学者的反对和抨击。直到 20 世纪 50 年代,这一假说在海底调查和古地磁新发现的支持下以新的形式重新抬头,最终在 20 世纪 60 年代形成了全球板块构造学说。

(一) 大陆漂移说及其沉浮

在 18 世纪末地质考察旅行基础上形成的传统地质学,一直认为大陆和海洋的位置自它们形成至今的几十亿年间都是固定不变的,并把这作为地质学研究的基本前提。可以说，自地质学形成直到20世纪中期的一百多年间，洋陆固定论一直占据着统治地位。然而，进入20世纪以后，洋陆固定论却受到了挑战。

首次系统地提出、论证洋陆活动论思想的是德国地球物理学家和气象学家魏格纳。据魏格纳说，他在1910年由于看到地图上大西洋两岸海岸线的相似性而产生了大陆漂移的思想。非洲大陆和南美大陆很像是一块大陆裂开漂移后形成的，但他当时未予深究。1911年秋，他偶然看到一篇论文，其中提到，根据古生物证据，巴西和非洲大陆可能曾经连接。受这篇论文的启发，早就有过大陆漂移思想的魏格纳，开始认真地对待这个想法。在进行了大地测量学和古生物方面的初步研究之后，1912年1月他作了"根据地球物理学论地壳轮廓（大陆与海洋）的形成"和"大陆的水平移动"两篇演讲，首次提出了大陆漂移说。在作了进一步研究后，1915年他又写成了《海陆的起源》一书，系统地论述了这一假说。

在《海陆的起源》一书中，魏格纳根据古生物化石证据认为，在大约3亿年前（石炭纪末期），全球只有一块巨大的大陆：南美洲与非洲大陆相连，大洋洲和南极洲也附着在这块大陆上，印度半岛则恰好位于非洲和大洋洲之间。在大约1.5亿年前（侏罗纪），由于地球自转的离心力和日月潮汐力的作用，这块大陆开始分裂，各大陆向西或向赤道移动。南美洲和非洲在大约1亿年前（白垩纪）才开始分裂，从而逐步形成了大西洋。格陵兰和挪威直到第四纪（100万年前）还连在一起。在原始大陆分裂漂移的过程中，由于各大陆相互挤压，便在大陆内部或边缘形成了高大的山系。

大陆漂移说打破了传统的洋陆固定论观念，描绘出大陆分合、大洋生灭的一幅图景，合理地解释了当时地质学的一些疑难，如大西洋两岸海岸线的吻合、地层构造和古生物化石的相似等。但是大陆漂移假说自身却存在两个致命的缺陷。其一是关于大陆漂移的界面问题。魏格纳认为，大陆漂移的界面位于地壳的硅铝层和硅镁层之间，他假定硅铝层的底部可以像火漆那样流动。但是，英国地球物理学家杰弗里斯（H.Jeffreys）根据地球纬度变化资料计算出硅铝层底部的黏度远远大于飘移所需要的黏度。其二是关于漂移的驱动力问题。魏格纳认为大陆向赤道的漂移是由地球自转的离极力驱动的，向西的漂移是由潮汐力驱动的。但是杰弗里斯的计算表明，离极力要使地壳移动1弧度需30亿年；而潮汐力对于驱动大陆漂移来说，更是小得不可能。

为了对大陆漂移说进行充分的探讨，1926年11月，美国石油地质学家协会在纽约举行了首届大陆漂移说讨论会。会上赞同漂移说者与反对者之间进行激烈的争论，但由于上述两个致命的缺陷，反对者占了很大的优势。此后，大陆漂移说便沉寂了下去。1930年魏格纳在格陵兰遇难后，几乎没有人再提起大陆漂移问题。

(二) 海底扩张说的提出

第二次世界大战后，随着科学技术的迅速发展，展开了空前的海洋地质研究。为了对二战期间在海底发现的海岭、海沟等地质现象进行研究，1947—1948 年，美国进行了首次以洋底地质调查为目的的深海探测。20 世纪 50 年代后，又对洋底进行了大规模探测，在此基础上，1957 年 3 月，美国地质家尤因(M.Ewing)和黑甄(B.C.Heezen)报告了一个令人惊奇的发现：各大洋的山脉相互连接而在世界大洋中央形成了一条绵延不断的海岭—大洋中脊，其全长达 6 500 km。而且在大洋中脊的中央还存在一条宽约 50 km、深约 2 km 的全球裂谷系。与此同时，人们还发现，大洋中脊的地热流值远远高于其他地区，在洋中脊顶部，其热流值竟比正常值高出 8 倍；相反，深海沟处的热流值却极低，只有正常值的一半。

为了解释洋底地质构成的这些特征，普林斯顿大学的赫斯(H.Hess，1906—1969 年)于 1960 年提出了海底扩张说。他认为，洋底地质构造是地球内部地幔对流的直接表现。地幔对流的上升点在大洋中脊，然后分成两支向两侧运动，把地壳拉裂，形成中央裂谷，由地下上升的融熔岩流在大洋中脊裂谷处溢出，形成新洋底地壳，而先存的洋底地壳则由于地幔对流的牵曳向裂谷两侧对称扩展。对流的下降弧圈在海沟处，老洋壳在此处被曳入地球内部参与新的对流循环。

海底扩张说与当时地质学界占统治地位的洋陆固定论潮流很不协调，且没有直接证据的支持。所以连赫斯本人也认为他的学说是“地球史诗”，要等很长时间才能证实。然而，出乎他的预料，仅仅 5 年时间，海底扩张说便被进一步的洋底地质考察所证实。

1962 年科学家对印度洋和大西洋中脊进行了磁测，事后剑桥大学的凡茵(F.J.Vine)和马修斯(D.H.Mathews)对测量结果进行研究。他们发现，海底地壳正向磁化和反向磁化呈现一个非常有规律的磁异常条带：洋底地壳每隔 20~30 km 就出现一次磁性倒转，而且，洋中脊两侧地壳的磁条带是平行对称的。凡茵等人认为磁异常条带是地磁场倒转的信息，它记录了海底扩张的轨迹：当地幔物质从大洋中脊裂谷向两侧涌出形成新生洋底地壳时，按当时地磁场磁化；过了一段时期(海底大约扩张了 20~30 km)后，地磁场发生了倒转，此后涌出的地幔物质在形成新生洋底地壳时，便按此时的地磁场被磁化。地磁场反复倒转，就形成了洋底地壳磁条带的相间有序排列。显然，这一发现为海底扩张说提供了有力证据。同时，对洋底的地质钻探也发现：洋底山脉没有褶皱和变质，全部是火成岩；大洋中脊两侧几乎没有沉积物，100 km 外沉积物逐渐加厚，且离大洋中脊越远，沉积物年龄越老。事实胜于雄辩，由于这些新事实的发现，海底扩张说由假说变成了科学理论。

（三）板块构造学说

当海底扩张说作为科学理论确立下来之后，20 世纪 20 年代以来所发现的几种行星尺度的地质构造线，如挤压性的海沟、引张性的全球裂谷系、剪切性的转换断层等，引起了一些科学家的高度关注。他们发现，如果把这些巨大构造线看作是同样尺度的地壳块的边界，那么就可以在全球划出几个巨大的地壳板块。1968 年 6 月，法国地球物理学家勒比雄（X.Le Pichon）在摩根（J.Morjan）、麦肯齐（D.P.Mekenzie）等人研究的基础上，系统地提出了关于大地构造的板块理论，进一步把海底扩张说发展为全球构造理论。

板块构造理论认为，地球上部 100 km 左右是刚性的岩石圈，岩石圈被上述巨大构造线划分为六大板块，即太平洋板块、欧亚板块、印度洋板块、非洲板块、美洲板块和南极洲板块。其中除太平洋板块全是海洋外，其余五大板块都是既包括大陆，又包括海洋。板块的下部是黏滞性较低的柔软层，柔软层由于地幔的对流而发生运动，位于柔软层上的板块则随着柔软层的流动而发生大尺度的水平位移。在板块的运动过程中，板块在洋脊处的增生和海沟处的削减相互补偿；在以转换断层为界的两块板块的平移相错运动中，板块既无消减也无增生。当两个板块在接合处发生相撞时，便形成高大的山脉。板块内部是稳定的，板块边缘和接缝地区则是活动的，时常发生造山运动、地震、火山喷发、岩石变质等活动。

海底扩张—板块构造学说在对地震、火山、褶皱、山脉的形成等大地构造问题的解释中取得了巨大成功。解决了洋陆固定论不能解决的许多地学问题。为了确证海底扩张—板块构造学说，1968 年到 1975 年，美国的“格洛玛·挑战者”号考察船在大西洋、地中海、南极洋和太平洋等进行了广泛的洋底地质调查，取得了支持这一理论的有力证据。同时，1973 年 7 月勒比雄等科学家又乘潜水器对大西洋裂谷进行了实地考察，搜集了大量标本，进一步确证了这一理论的正确性。海底扩张—板块构造理论冲破了洋陆固定不变的观点，它的确立被称为现代地学革命。

四、地球系统科学

地球系统科学是新兴起的前沿学科。随着现代地学的发展，特别是 20 世纪 60~70 年代的地质学革命，人们对地球以及地球科学有了全新的认识。进入 20 世纪 80 年代，人地新型关系将地球系统作为相互作用的集合，一个超越传统学科界限的新的综合研究开展起来，提出了一个新的概念——地球系统科学。

（一）地球系统科学的产生

随着人类社会谋求可持续发展的意愿加强，地球科学的研究需要回答诸如地球资源还能支持人类社会发展多久，人类生存环境对人类自身发展的极限承载力，全球环境在人类活动扰动下的变化趋势，以及规范人类活动以达到人与自然协调发展等问题。人们意识到，回答这些问题，仅仅依靠原来的地理学、地质学、气象学、海洋学等专门学科是不够的，必须把地球作为一个相互作用着的各个组元或子系统——主要是地核、地幔、土壤及岩石圈、大气圈、水圈、生物圈（包括人类社会）组成的统一系统，即地球系统来研究。这样的转变，标志着人类从传统地球科学观念向地球系统科学的转变。

地球系统科学的出现，主要缘于三个科学技术发展的条件：(1) 人类的对地观测系统、地球模拟系统得到了快速发展，地球科学各分支学科深入发展和成熟，如大气科学的发展，就日益介入海气相互作用、陆气相互作用、大气痕量气体的化学过程及气候效应等；(2) 出现了许多新兴的交叉学科领域，如包括生物地球化学、生物物理学及行星生态系统科学在内的生物地球科学的出现，使无机界和有机界在原子尺度到全球尺度建立了跨越圈层的联系；包括古海洋学、古地理学、古生态学等在内的古科学（或称古研究）的科学进展，为联系地球系统的现代观测结果与地球系统的真实历史记录建立了跨越时间尺度的桥梁；(3) 近 40 年来空间科学和技术的突飞猛进开阔了人类的视野，大大提高了人类认识地球的能力。

1983 年，美国国家航空和宇航管理局（NASA）出资 20 亿美元，资助美国 20 所大学地理系的地球系统科学研究，为美国的全球战略服务。美国国家航空和宇航管理局领导下的地球系统科学委员会（ESSC）经过一系列的活动，于 1988 年出版了专题报告《地球系统科学》，正式系统地阐述了地球系统和地球系统科学的观点。1992 年，联合国《21 世纪议程》将地球系统科学作为可持续发展战略的科学基础之一。

（二）地球系统科学的基本内容

1. 研究对象

地球系统及其变化是地球系统科学的研究对象，地球系统科学探讨地球系统各圈层相互作用的物理、化学、生物机制，分析人类活动引起的地球生态环境变化，提高地球系统的生命承载力。地球系统科学中的尺度是一个关键指标。当代地球科学的研究进展表明，只有那些具有行星尺度的变化反映了地球系统各组成部分之间的相互作用和反馈。因此，在空间尺度上，地球系统科学将所关注的变化定位在那些具有行星尺度（相当于地球半径）的变化上。在时间尺度上，将地球系统变化的主要时间尺度用 5 个时段来定义：几百万年至几十亿年、几千年至几十万年、几十年至几百年、几天至几个季度、几秒至几小时。其中，前两个时段是传统的固体地球科学的对象，后两个时段是大气科学、生物科学和海洋科学涉猎的范围，而中间这个时段（几十年到几百年时间尺度）的全球过程正是当前人类面临的最大挑战，对于人类社会的利害关系和发展规划尤为重要，目前的研究基本上处于空白状态。因此，地球系统科学要首先迎接这一挑战，融合固体地球科学、大气科学、海洋科学以及生物科学的知识，从本质上去认识十至百年尺度的全球性过程。

2. 研究层次

地球系统科学研究主要包括三个层次。(1) 全球变化研究。它是地球系统科学的核心问题，包括温室效应等自然环境变化，森林、草地等生物量变化以及工业化、城市化等人类活动的生态效应；(2) 区域模型研究。卫星和计算机可以同步处理地球上任何地区的信息，加速了全球变化在全球范围内的研究。地球系统科学的研究应该定位在区域模型的深入，将全球变化放到区域参考系。如各个国家为保护臭氧层做了哪些贡献等。区域的研究依靠信息将区域和全球变化连接起来，探讨地球系统全球层次和区域层次之间的相互作用以及人类行为对全球变化的反馈；(3) 宏观调控信息系统。运用环境工程，解决生态农业、生态工业内部及其两者之间的匹配问题。

3. 研究方法

地球系统科学对地球系统过程进行观测、理解、模拟和预测，将地球系统的变化用一些基本变量来描述，并通过全球范围的长期、持续、同步的观测（卫星和地面观测），建立起全球变量信息库。地球系统科学重视开展过程研究，加深对全球环境变化的认识和了解，在此基础上建立地球系统概念模型和动力学模式，进行数值模拟；然后应用重建的过去环境记录检验模式，最后对地球系统状态变量的变化趋势、变化范围作统计性预测。

（三）地球系统的数字表达——数字地球

数字地球（Digital Earth）一词，最初于 1997 年出现于科技界。后来由于世界范围内有影响的国家领导人的几次重要讲话，使它具有了超出一般科技名词的权威性和重要性。概括地说，数字地球就是信息化、数字化的虚拟地球，可以理解为对真实地球及其相关现象统一的数字化重现和认识。数字地球是地球系统科学创新和发展的需要。

数字地球以地球系统为原型，以地球（地理）坐标为参考系，以地球系统科学、信息科学和计算科学为理论基础；建立一系列不同层次的原型、数字模型、物理模型、力学模型、信息模型和计算机模型并集成。同时，以高新对地观测和网络技术为支撑，建立具有多分辨率、海量数据和多种数据的融合，并可用多媒体和模拟仿真虚拟技术进行多维的表达，建立具有空间化、数字化、网络化、智能化和可视化的技术系统。

数字地球的核心是地球空间信息科学。地球空间信息科学的技术体系中最基础和基本的技术核心是“3S”技术及其集成。所谓“3S”是全球定位系统(GPS)、遥感技术(RS)和地理信息系统(GIS)的统称。只有“3S”技术的应用与发展,才能使现实变化中的地球以数字的方式进入计算机网络系统,而“3S”技术的整体集成无疑是人们所追求的目标。这种系统,不仅具有自动、实时采集、处理及更新数据的功能,而且能够智能地分析和运用数据,为各种应用提供科学的决策咨询,并回答用户可能提出的各种复杂问题。

总之,随着“3S”技术及相关技术的发展,数字地球将对社会生活的各个方面产生巨大的影响,其中有些影响我们可以想象,有些影响也许我们现在还无法想象。

(四)地球系统科学与生态学、环境科学的关系

生态学是关于生物有机体和其栖息环境相互关系的科学。1869年,德国胚胎学家海克尔(Haeckel,1834—1919年)通过研究有机体和环境的关系,首先提出生态学的概念。20世纪以前,生态学的研究主要是描述性的,随着现代控制论、数理统计的进一步完善,生态学进入了比较精确的定量阶段,提出了若干种群动态模型。20世纪50年代,生态学进入现代生态学发展时期,其标志是生态学向人类生态学转变。人类生态学研究人类和物理环境、生物环境和社会环境的相互关系,探讨人类社会的自然资源利用,考察人类活动对自然界的影响以及自然环境对人类社会发展的作用,以解决人类面临的人口、粮食、能源、资源、环境等全球性问题。人类生态学的产生标志着生态学的重点从研究以生物为主体的生态转向研究以人为主的生态,不仅研究自然生态系统,而且研究人工生态系统,把人和自然的相互作用作为统一体进行研究,使生态学找到了真正归宿。生态学为生态危机提供具体的生态工程、生态技术的支持,为人类可持续发展提供理论基础。

1962年,美国女海洋生物学家蕾切尔·卡逊(R.L. Carson,1907—1964年)《寂静的春天》一书出版,引起了全球性的轰动,这本书论述了环境污染对生物、对人类的危害,为人类敲响了警钟。这本书是第一部环境科学著作,揭开了人类保护环境运动的序幕。同时,环境科学的理论探索也在深化,一大批环境科学的著作相继出版。目前环境科学主要研究以下内容:(1)探索全球范围内自然环境的演化规律;(2)揭示人类活动和自然环境的关系;(3)考察环境变化对人类生存的影响;(4)研究区域环境污染综合防治技术;(5)加强对自然系统的研究。

通过以上分析,我们可以看出,地球系统科学、生态学、环境科学和人类的前途命运密切相关,它们是从不同角度、用不同方法关注同样的问题,地球系统科学侧重从包括人类在内的地球系统角度研究人和地球表层的关系,生态学侧重从生物生存的角度研究地球的变化，环境科学侧重从环境质量的演化角度研究人和地球的关系以及地球的变化。三者的研究既有差异也有交叉，地球系统科学中有许多环境科学问题，如古气候演化、海平面变化等；生态学中也有许多地球科学问题，如地质灾害等。总之，地球系统科学、生态学和环境科学是三门具有密切的内在联系又不能相互替代的姊妹学科。三者的共同发展为人类生存和可持续发展的资源供给、环境优化、减轻灾害等重大问题提供了巨大的动力。

拓展阅读

1. [英]史蒂芬，霍金．时间简史——从大爆炸到黑洞[M]. 许明贤，吴忠超，译．长沙：湖南科学技术出版社，2001.

2. [法]G. 伏古勒尔，李珩译．天文学简史[M]. 北京：中国人民大学出版社，2010.

3. [英]阿诺德．汤因比．人类与大地母亲[M]. 徐波，译．上海：上海人民出版社，2001.

思考题

1. 牛顿经典宇宙模型的矛盾在哪里？

2. 大爆炸宇宙模型为什么会成为现代宇宙学中占主导地位的理论？

3. 外层空间天文观测与地面天文观测比较，其优越性体现在哪些方面？

4. 大陆漂移说与海底扩张—板块构造学说有何不同？为什么人们不接受前者但却接受了后者？

5. 什么是数字地球？

6. 地球系统科学与生态学、环境科学的关系是怎样的？

第八章　现代数学科学

20 世纪现代数学危机所引发的数学基础的研究，开创了数学的新时代。以集合论和数理逻辑为基础的数学基础理论成为现代数学的一块基石。一方面，数学向着更加抽象化的方向发展，产生了抽象代数、拓扑学、泛函分析等许多新学科和新分支；另一方面，到 20 世纪的末期，数学的各个不同分支、数学方法、数学思想之间都出现了相互融合的局面，呈现出数学的统一性的趋势。如费尔马定理的解决，已经超出了数论的范围，涉及了代数几何、代数拓扑、群等新兴的重要学科；庞加莱猜想，包括了拓扑方法，度量转化，分析的方法等数学分支，这些都体现了数学内部各分支之间的融合。还有数学与其他学科相互渗透和交叉也越来越突出，比如现代数学物理研究的对象之一：超旋（Super-Symmetry）理论，就是代数几何、几何分析、群表示论、拓扑和数论的结合。同时，数学的应用更加广泛，大规模地向生物学、经济学、社会学、语言学等领域进军，使各门科学向着定量化方向发展，特别是电子计算机的飞速发展，借助于计算机建模，使数学呈现出技术化趋势，数学在整个社会中的效能成倍增长。

第一节　现代数学危机及其争论

现代数学危机是指数学家在数学理论中发现不可解决的矛盾而产生的对数学基础（可靠性）的普遍性怀疑。

在数学的发展史上，有三次这样的危机。第一次危机是在古希腊的毕达哥拉斯学派那里发生的。该学派只相信整数，对直角三角形两个直角边为整数而第三边出现的无理数，感到无法理解，从而使初等数学中几何学和算术彼此分裂，几何缺乏算术基础，并造成长期把几何作为数学基础这一局面。近代数学，由于解析几何和微积分的发明，把形和数结合起来，初步地解决了第一次危机所产生的数学基础问题。可是，数学分析中的核心概念“无穷小量”是零还是非零所引发的逻辑矛盾，又引发了数学发展史上的第二次危机。通过这次危机，数学家更为重视数学概念的精确化和体系的严格化问题，在数学分析算术化的推动下，导致以实数理论为根基的数学理论体系的建立。我们知道，实数依赖有理数，有理数最终又依赖自然数，一旦自然数的基础建立起来，数学的基础问题就解决了，数学理论大厦的根基也就确定无疑了。对于这一点，数学家们深信不疑，以至1900年3月在巴黎召开的第二届国际数学会议上,著名的数学家庞加莱宣称数的“完全的严格性”已经达到了。

一、现代数学危机

19世纪末叶,由康托尔所创立的集合论已经被证明是数学中最基本的和应用最广泛的理论,它已把纯粹数学的基础理论统一起来,即经过数学家的工作,自然数是借助集合和逻辑概念加以定义的,这样,只要集合论本身是相容(无矛盾)的,就能确保数学理论大厦的可靠性。

但事与愿违,就在集合论刚一建立时,便出现悖论,1897年,福尔蒂揭示了集合论中的第一个悖论。两年后,康托发现了很相似的悖论。1902年,罗素又发现了一个悖论,它除了涉及集合概念本身外不涉及别的概念。罗素的提出的集合论悖论,从而引发了第三次数学危机即“现代数学危机”。罗素的悖论是这样的:设S为一切不属于自身的集合(即不含自身作为元素)所组成的集合。若S属于S的集合,则S是S的元素,那么S不属于自身,即S不属于S;反过来,若S不属于S的集合,则S不是S的元素,那么S就属于它自身,也就是S属于S。不管是哪一种说法,在逻辑上都无法相容。罗素构造的集合所用的概念是明确的,推理是符合逻辑的,结果却导致矛盾,这表明集合论的基本理论是自相矛盾的。

罗素悖论曾被以多种形式通俗化。其中最著名的是罗素于1919年给出的,它涉及某村理发师的困境。理发师宣布了这样一条原则:他给所有不给自己刮脸的人刮脸,并且,只给村里这样的人刮脸。当人们试图回答下列疑问时,就认识到了这种情况的悖论性质:理发师是否自己给自己刮脸?如果他不给自己刮脸,那么他按原则就该为自己刮脸;如果他给自己刮脸,那么他就不符合他的原则。

这样,集合论悖论的出现就威胁着整个数学大厦,说明整个数学大厦的根基并不是可靠的。于是,数学家们不得不重新考虑对数学的认识。“数学是什么”这样的问题又尖锐地摆到数学家的面前,从而引出了现代数学的基础研究。

二、关于数学基础的争论

现代数学危机推动数学沿着两个方向发展,一个是单就集合论本身进行悖论问题的研究,即公理化集合论方向;另一个是整体考虑整个数学的对象、方法和理论结构,即数学基础研究方向。但是公理化集合论这条研究途径并没有完全解决问题,因为它所得到的结果是否定性的保证,即到目前为止,经过公理化之后的集合论还没有遇到矛盾,而集合论的矛盾是从哪里来的问题,并没有得到解决,它不能不涉及对整个数学的看法。因此,第一个发展方向可以归结为第二个发展方向，即数学基础问题的研究方向。根据研究的观点和方法的不同，在数学基础问题上形成了三个主要学派。

（一）逻辑主义学派

逻辑主义学派的基本观点是认为所有的数学都可以从逻辑推导出来。也就是说，数学的概念可以以逻辑的概念为基础得到明确的定义，数学的定理则可由逻辑的规律出发经由纯粹的演绎得到证明。

逻辑主义学派的观点可以上溯到莱布尼茨。他利用代数学的成果，在他的《组合术》一书中提出建立普遍的推理演算系统的计划和设想。他试图把代数学的符号和演算应用到推理过程，从而开始了把代数和形式逻辑结合起来的先例，其特点是把推理加以符号化。逻辑主义学派的主要代表人物是弗雷格和罗素，他们把逻辑是数学基础的一般观念发展成为具体的数学研究规划。

弗雷格从数的概念可以单纯依靠逻辑的概念得到明确的定义出发，通过逻辑规则证明了一系列的算术定理。由于罗素集合论悖论的发现，表明弗雷格企图用以作为全部数学可靠基础的逻辑并不是完全可靠的，使得弗雷格陷入困惑之中，他的计划也因此未能完全实现。

罗素认为数学是逻辑学的一个分支，产生集合论悖论的原因来自逻辑方面，来自逻辑在数学中的应用，因此必须建立符号逻辑，通过这个途径来克服矛盾，建立整个数学的可靠性。在他和怀特海合著的《数学原理》一书中，从逻辑的基本规律出发，建立自然数理论、实数理论和解析几何。在集合论悖论问题上，罗素试图用“分支类型论”来排除矛盾，没有成功，这使逻辑主义学派的研究方向遇到不可克服的困难。逻辑主义学派试图通过逻辑来论证传统数学的合理性最终没有成功，但它推动数学家认真地思考和研究数学与逻辑的关系，并产生了数理逻辑这一学科。

（二）直觉主义学派

直觉主义者的目的也是论证传统数学的合理性，但他们使用与逻辑主义者全然相反的方法达到这一点，其中的主要代表人物是荷兰数学家布劳维尔。布劳维尔在他 1907 年的博士论文《论数学的基础》一书中提出直觉主义数学观，并从这种直觉主义的立场出发，对已有的数学理论和逻辑论证进行了批判。

在布劳维尔看来，数是起源和产生于头脑中的人类活动，它并不存在于头脑之外，而是独立于真实世界的。数学就等同于我们思维中的精确部分，其最终依据就是“原始数学直觉”，即对某些数学概念直接的确定，这是人的理性本性的一种表现。数学思维就是智力构造的一个过程，它独立于经验，并且只受到直觉的限制，即只有在直觉上被构造的对象（概念）及其推理过程才是真实可靠的，按照直觉主义的构造性要求，就必须排斥非构造性数学和传统逻辑，这又和数学基础研究的目的不相符了。

(三) 形式主义学派

数学基础研究中形式主义的主要代表是大数学家希尔伯特。虽然他并未承认自己是形式主义者,但他为解决数学基础问题所使用的方法实际上是形式主义的。在希尔伯特看来,由于逻辑与数学之间存在质的区别,所以任何企图把数学划归为逻辑的努力都是不可能的;但是,由于数学中包含有逻辑的概念,逻辑中也包含有数学的概念,所以必须把逻辑和数学同时加以考虑。我们也不能轻易抛弃古典数学中非构造性的部分和传统逻辑。在形式主义者看来,数学的基本概念本来就没有什么含义,无所谓正确或者错误、真或者假,只要由公理所构造出来的系统是自洽的,不存在矛盾,它就是合理的;数学就是关于形式系统的科学。基于以上观点,希尔伯特提出自己的数学基础研究规划,即所谓的"希尔伯特规划"——把全部数学都公理化成类似于欧几里得几何学那样的公理体系。但在此之后的哥德尔不完全性定理①的发表(1931 年),宣告了希尔伯特规划的不可能。由"现代数学危机"引发的数学基础研究及其各学派。虽然最终都没有得到令人满意的结果,但它引发了数学家对数学的全新的认识,并推动着数学不断向前发展。

三、20 世纪数学发展的特征与趋势

20 世纪以来,数学开始了一个新的历史时期——现代数学时期。现代数学从诞生伊始,经过激烈的争论,集合论终于为大多数数学家所接受,形成了整个数学的基础,数学在广度和深度上不断向前发展,出现了数学发展的新特征与动向。

1900 年,希尔伯特在巴黎国际数学大会上提出了 23 个数学问题,揭开了 20 世纪数学发展的新篇章。希尔伯特问题从最一般的基础问题开始,然后涉及各个具体分支,以变分法和数理方程等较为实用的学科作为结束,这些问题在相当大的程度上左右了 20 世纪的数学研究方向。

以 20 世纪初的这两件事为契机和引导,20 世纪的数学呈现出以下特征与趋势:一方面,数学向着更加抽象化的方向发展,产生了抽象代数、拓扑学、泛函分析等许多新学科和新分支。比如,在分析学中,以集合论为基础发展的测度论和点集拓扑学形成了一般抽象化的势头,并使经典分析的面貌为之改观。它们迅猛发展,渗入各个分支,成为现代数学突出的组成部分;另一方面,以爱因斯坦为代表的科学家们用张量分析的数学工具,来研究空间和时间结合的四维世界图景,建立了广义相对论,使物理学几何化,数学的应用更加广泛。同时,数学不

---

① 该定理可表述为:任一以形式算术系统为子系统的形式系统,如果是相容(无矛盾)的,就一定是不完备的,即在系统中可以构造出这样的命题,这一命题及其否定都不可能在系统中得到证明。

仅为理论物理,还为力学、电学等提供了强有力的数学工具。从 20 世纪 30 年代以后,数学基础研究仍然是数学家关心的课题,是数学发展的重要组成部分,又有了许多新的重大成果。到 20 世纪末期,数学的各个不同分支、数学方法、数学思想之间都出现了相互融合的局面,呈现出数学的统一性的趋势。如费尔马定理的解决,已经超出了数论的范围,涉及了代数几何、代数拓扑、群等新兴的重要学科;庞加莱猜想中,包括了拓扑方法、度量转化、分析的方法等数学分支,这些都体现了数学内部各分支之间的融合。另外,数学与其他学科相互渗透和交叉也越来越突出,比如现代数学物理研究的对象之一:超旋(Super-Symmetry)理论,就是代数几何、几何分析、群表示、拓扑和数论的结合。同时,数学的应用更加广泛,开始大规模地向生物学、经济学、社会学、语言学等领域渗透,使各门科学向着定量化方向发展,特别是电子计算机的飞速发展,借助于计算机建模,数学呈现出技术化趋势。数学的影响在整个社会中呈效能成倍增长的态势。

第二节 现代数学科学的重大进展

数学在 19 世纪已经发展成独立的学科。到了 19 世纪下半叶,随着不断从实际中获取营养以及自身的蓬勃发展,数学本身积累了大量丰富的资料(成果、方法和理论等),在繁荣的同时,也留下了众多没有解决的难题。在这种变革与积累的基础上,20 世纪以来的数学呈现出指数式的飞速发展。随着经典数学的繁荣和统一、许多新的应用数学方法的产生,特别是计算机的出现及其与数学的结合,使得数学在研究领域、研究方式和应用范围等方面都得到了空前的拓展。

一、应用数学的崛起

(一) 图灵机密码破译

英国数学家图灵在 1937 年写出《可计算数及其在判定问题上的应用》一文,为设计理想的通用计算机提供理论基础。1939 年,图灵受聘于外交部通讯处,研究破译希特勒德国的绝密电报,图灵把拍电报过程看成在一条纸带上穿孔,这和数字计算机是类似的,于是英国运用图灵的可计算理论设计了一架破译机,破译了大批德军密码。战后,由于计算机迅速发展,建立在图灵可计算理论基础之上的对于一个问题是否可用计算机计算、计算机的复杂程度如何等问题,成为十分突出的问题,并取得重大进展。

(二) 滤波理论与火炮自动控制

1940 年,希特勒的空中优势给盟军造成很大压力。为了防卫德军的空袭,美国的维纳和苏联的柯尔莫哥洛夫几乎同时着手研究火炮的自动控制问题,以对付德军的空袭。由于敌机的飞行位置和火炮的发射角度都带有随机性，并且观察对象在视角上是有误差的。因此，必须研究随机过程的预测理论，将观察到的数据滤去误差部分，用准确的数据指挥火炮，这一套数学理论，就是随机过程和控制论的问题。战后，这套预测、滤波理论获得很大发展，人造卫星的跟踪、导弹武器的使用、宇宙飞行的通信等都源于战时的火炮跟踪。

（三）美国战时的应用数学小组

1942 年，为改善和提高军备效率，在美国科学研究和发展局的授意下，在一些著名大学里成立应用数学小组，解决战争中的现实问题。纽约州立大学应用数学小组在研究“水声和水下爆炸理论”的课题时，开展了非线性波的研究，使喷气飞机的设计、超音速空气动力学等获得丰硕成果。哥伦比亚大学的统计研究小组研究出一种由上一步决定下一步如何抽样以及下一步是否停止的统计抽样方案，形成了现在通称的“序贯分析法”，它改进了传统的统计抽样法，为当时美国军方节省了大量军火物资，也为战后各个领域所广泛使用。

（四）运筹学的产生

运筹学最早的一部著作是 1951 年由美国莫尔斯编写的《运筹学方法》一书，它是在总结战时的实际经验基础上写出来的。战后，运筹学得到极其迅速的发展，并得到广泛的应用，它和管理科学相结合，成为大学里单独系科开设的科目。

二、概率论、数理统计的扩张

在 19 世纪，研究随机现象的概率论尚不能成为一门独立的数学分支，20 世纪由勒贝格创立的测度论和积分论给概率论的发展提供了新的手段。当柯尔莫哥洛夫提出公理化的处理方法时，开始了现代概率论的发展。随后，随机过程理论、随机微分方程和随机微分几何获得重大进展。

数理统计学是以概率论为基础的数学分支，其任务在于研究有效地收集、整理和分析带有随机性的数据，从而做出推断或预测，为人们的决策和行动提供建议。现代数理统计的奠基人是英国的费歇尔，他在 20 世纪 20 年代发展了实验设计，研究如何测量数据中的信息，缩减数据而不损失信息，以及如何估计模型中的参数等问题。沃尔德在 1947 年写的《序贯分析》开创出统计的新局面，推动数理统计飞速发展。

数理统计可以说是 20 世纪数学中获得最大普及的一门学科，它渗透到几乎一切学科。可以说，哪里有试验，哪里有数据，哪里就有统计学。像运筹学、经济数学、生物数学等学科，都大量运用概率论和数理统计知识。

（一）经济数学

1926 年，弗莱希仿照计量生物学，提出计量经济学。用数学方法系统地阐述经济学，是20世纪经济数学发展的开端。20世纪30年代资本主义国家陷入经济危机，凯恩斯的经济理论应运而生，为美国总统罗斯福所采纳，宏观经济学理论第一次获得“弗莱希的功效”。1948年，萨缪尔森出版经济学，有力地促进了数学和经济学的结合。微观经济学中的线性规划、投入—产出法，被广为采用。数学方法成了处理经济学理论不可缺少的工具。20世纪最伟大的数学家之一冯·诺伊曼和摩根斯坦在1944年出版的《博弈论和经济行为》一书，是经济数学的经典著作，博弈论在分析人的经济行为及其管理方面，发挥着极其重要的作用。

（二）生物数学

1931年，意大利数学家伏尔泰拉帮助分析第一次大战后地中海鲨鱼捕获量增加的原因。他使用常微分方程的定性理论，用解的周期解释鲨鱼捕获量增加并非异常，这是生物数学中种群数学理论的开端。同一时期的罗卡出版《自然生态学基础》一书，在书中他讨论了与伏尔泰拉相同的关于捕食者与被捕食者相互作用的模型。这一模型被称为罗卡—伏尔泰拉模型。后来，数学中的微分方程稳定性、多元统计方法、数值计算方法、甚至于拓扑学、图论等方法在生态学中均得到应用。在生物数学中，除生态数学外，还包括数学遗传学、数学生物分类学和统计生物学等。到20世纪70年代，生物数学趋于成熟，在国际上有专门的学术刊物，1974年联合国教科文组织在编制学科分类目录时，把“生物数学”作为一门独立学科列入生命科学中。

（三）数理语言学

20世纪50年代，丹麦语言学家叶姆斯列夫主张把语言的抽象理论与数学结合起来，哈里斯首先撰写《语言的数学结构》和《数理语言学》等书，拉开了数理语言学的序幕。1956年，赫尔丹写出《作为选择和机会的语言》一书，自觉地运用统计规律，把语言学上升到计量科学水平，导致数理语言学中统计语言学的产生。赫尔丹还对普希金的小说《上尉的女儿》作了详尽的统计研究。数理语言学中的代数语言学也是从20世纪50年代开始发展起来的，一种是由机器翻译发展而来的分析语言学；另一种是生成性模型，它从已知的一组语言规则出发，研究这个形式语法所生成的每个语言集合的性质，1957年乔姆斯基的《句法结构》一书，是其代表作。1970年伍兹在乔姆斯基语法理论基础上设计一种语法，他还在1972年为阿波罗登月舱设计了“月球科学自然语言信息系统”，贮存3 500个英语单词，能就月球泥石采样的化学成分自动回答地质学家的提问，这方面的应用现在发展很快。

应用数学是20世纪发展极为迅猛的一门学科，特别是在20世纪40年代以后，应用数学的研究课题大量增加，出现了各门学科数量化的热潮，应用数学几乎和研究数学模型是一回事。除了以上提到的学科外，数学心理学、数学考古学、数学社会学等学科日新月异，不断发展。60年代以来，应用数学和计算机的联系更加紧密，那些可以使用计算机的数学方法获得优先发展，数学程序成了应用数学的重要组成部分。现在的应用数学家，如果不懂得计算机科学，简直寸步难行。应用数学在计算机科学发展的推动下，正在迅猛地改变着我们的生活和世界。

三、纯粹数学的发展

二次大战后，由于资本主义经济的迅速发展，数学研究在相当充裕的财政支持下，有许多飞跃式的进步。这些进步既抽象又专业化，是一般人难以理解的。总的来说，数学在广度和深度上不断深化，产生许多新的理论和新的学科，如抽象代数、拓扑学、泛函分析等，它们是高等代数、高等几何、数学分析深入、综合发展的结果，在现代数学中占着主导地位。至于那些具体的成就我们在此就不一一列举了。

叙述现代数学的重大成就，不能不提到冯·诺伊曼和诺·维纳两位天才数学家。这两位数学家的名字是和现代数学的重大成就紧紧联系在一起的。

冯·诺伊曼(1903—1957年)是具有犹太血统的美国数学家。他在1925年同时获得化学学位和数学博士学位，1931年成为美国普林斯顿大学的终身教授，1933年成为普林斯顿高级研究所的终身教授——这个职位是爱因斯坦这样的大科学家才能担任的。如果按年代叙述他的兴趣和成就，那几乎是对他所生活的年代整个数学发展的一次回顾。

冯·诺伊曼早年的工作集中在集合论上。1923年，他用序数严格地定义基数的概念，这一方法一直到今天仍被采用。1923年，他给出一套十分简洁的集合论公理系统，不仅讨论集合，还讨论类，这时他在逻辑和公理化方法上所表现出来的才能，为后来发展计算机打下了良好的基础。20世纪30年代，冯·诺伊曼在连续群、测度论和泛函分析方面做出了里程碑式的工作。1932年，他解决了希尔伯特第五问题；1934年，证明群上不变测度——哈尔测度的唯一性。冯·诺伊曼在寻求量子力学严格数学基础的过程中发展了泛函分析。他用希尔伯特空间上的线性算子理论刻画量子力学，达到了把有限维空间上的对称矩阵推广到无限维空间的预想。他还和马瑞教授合作，开展了算子代数的研究，现称冯·诺伊曼代数，它仍是世界名家研究的课题，因为它为现代的基本粒子理论提供了合适的框架。冯·诺伊曼在数学物理方面的著作《量子力学的数学基础》一书，现在已成为经典著作；他在统计物理上的《准各态历经猜想的证明》一文，被看作是20世纪以来最有影响的数学分析成就之一。

20 世纪 30 年代后期，战争临近，许多问题要求进行快速估计。这时，冯·诺伊曼立即把注意力放到数值分析方面，提出并解决了高阶矩阵求逆问题。战争期间，他从事可压缩气体运动以及激波问题，在激波的互相碰撞、激波的反射方面作出开拓性的研究，1943 年底，他又应邀参加制造原子弹工作，在内向爆炸理论、核爆炸的特征计算、热核反应条件方面都做出了巨大的贡献。在他生命的最后十年，冯·诺伊曼致力于计算机科学，他是数学计算机设计的奠基人。现代计算机的逻辑图式、存储速度、基本指令选取、线路相互作用设计都受冯·诺伊曼思想影响。

冯·诺伊曼的才华还表现在创立博弈论上。这门学科是现代数学中崭新的一章，它的基本思想、研究技巧、逻辑结构是全新的，有极强的实用性，又有很高的数学价值，其实用性开创了经济学的新天地。

诺·维纳（1894—1964 年）也是具有犹太血统的美国数学家。他的早期工作在泛函分析方面。他是赋范空间理论的奠基人之一（1922 年），并且首次提出无限维空间的一种测度——维纳测度（1923 年）。他将湍流作为函数空间的模型，研究布朗运动并获得成功，这是概率论的开创性工作。20 世纪 30 年代初，他致力于积分论。维纳的最大贡献是创立控制论这门学科。他是在设计了火炮自动跟踪系统并发现反馈作用的原理基础上，通过大规模的多学科研究而创立了这门学科的。1948 年维纳以《控制论》为名出书，标志这门对后世影响深远学科的诞生。维纳的控制论和冯·诺伊曼的计算机科学，不仅是伟大的数学成就，而且超出了数学的范围，广泛应用于生活和社会的各个方面。

第三节 现代数学科学的新分支

进入现代阶段的数学，其单独分支的自身发展已不再是主流。取而代之的是综合与交叉，集多个分支的方法来解决以前无法解决的重要的实际问题。下面列举其中的一部分作简要介绍。

一、数理逻辑

数理逻辑也称为符号逻辑，它运用数学的方法来研究逻辑，亦即研究正确思维所遵循的规律的一门学科。它也以数学中的逻辑问题、数学理论的形式结构和数学所使用的方法作为自己的研究对象。

数理逻辑的思想起源于莱布尼茨，他曾设想把逻辑推理转化为代数运算。首先成功地建立逻辑演算的是英国数学家布尔，他于 1847—1854 年间创立了运用于逻辑运算的“布尔代数”，其最终目标在于表明传统逻辑中的一切推理都可以用布尔代数中的演算来代替,从而实现了由传统逻辑到数理逻辑的实质性进展。

从 19 世纪 70 年代开始,数理逻辑发生重要的变化。造成这种变化的主要原因是由于逻辑与数学,特别是数学基础研究的相互渗透,正是数学基础研究中的逻辑主义学派的思想,导致数理逻辑发展成为数学中的一个重要分支。罗素和怀特海在数理逻辑的历史发展中做出了十分重要的贡献,他们合著的《数学原理》一书成为这一发展过程中的里程碑。该书总结了以往数理逻辑和数学基础研究的成果,为进一步的发展奠定了基础。

就数理逻辑的内容来说,它主要包括公理化集合论、证明论、递归论和模型论四个主要分支,而逻辑演算则是这四个部分的共同基础。公理化集合论是用公理化方法发展起来的关于集合的理论。证明论是研究数学系统的逻辑结构和证明规律,从而对系统的相容性(无矛盾性)进行证明。递归论是关于可计算性和可判定性的理论。模型论是研究形式系统与其模型之间的关系及构造模型的方法的理论。现在,数理逻辑已是一门得到人们广泛承认,并在整个科学中占有确定地位的学科,它对于逻辑学、数学和计算机科学技术的发展都发挥着重要的作用。

另外,计算机还开辟了数学的新的方法。在 20 世纪的最后 20 年出现了“实验数学”,主要是在数学与计算机的相互作用与影响中出现新方法,简单地说可以理解为运用计算机技术进行数学建模,使得数学可以在猜想的基础上建模并进一步证明。有人认为是数学的新分支,但是国内一般都将“实验数学”改称为“数学实验”“数学建模”。实验数学的定义尚不统一,有人将“实验数学”定义为:通过对猜想和非形式化的信念的实验探索,以及对此过程中所获信息的仔细分析,最终对数学界提出的各种洞察到的事物加以组织、分类和传播。一般说来,实验发现的结果缺乏数学的某种严格性,但能提供对于数学问题的洞察,从而引导我们进一步做实验的或传统的探索[①]。1991 年创刊的《实验数学》(Experimental Mathematics)杂志的宗旨是“将数学以生动的形象呈现给读者,有例子,有猜想,有理论,它们互相联系,互相补充”。该杂志创刊号发表的文章指出,实验是数学发现的一种重要方法。因为实验数学中允许推测,与数学的一贯传统所要求的严格性有所区别,因此对于实验数学中是否允许“推测”尚存在诸多争议。于是,有些著作将“实验数学”的有关内容分别归入数理逻辑与基础(包括数学哲学)、数值分析与计算机科学等类目中。[②]

---

① J.Borwein 等 . 正确理解实验数学的意义[J]. 数学译林,1997,16(2):144—152.

② J.Borwein 等 . 正确理解实验数学的意义[J]. 数学译林,1997,16(2):144—152.

二、模糊数学

20世纪以前的数学研究都以追求精确为目标,但在实际生活中却有许多不可能从量上精确描述和把握的事物,如人的长相和看上去人的高与矮等;在人文和社会现象里这类现象更比比皆是,如我们说某事情办得比较好或者比较差等。原先那种以精确描述事物为特征的数学及其方法在处理这类问题上就无能为力。1965年美国控制论学者扎德提出了处理这类问题的“模糊集合”的概念,开创了模糊数学的研究,标志着模糊数学的诞生。

集合本来是指具有某一相同属性的事物的全体,它们的属性是界限分明的,而模糊集合所概括的事物的属性则是模糊的,它所表征的是这些事物的“隶属程度”,而不是这些事物的非此即彼。以模糊集合为基础,数学家们建立了模糊集合的运算、变换等理论以及刻画模糊集合的隶属函数,为描述模糊现象找到了一套理论和方法。

模糊数学的产生,在数学发展史上产生了深远的影响,一方面它打破了传统的二值逻辑的束缚,使人们能用数学的方法模拟人类所具有的模糊性思考方法;另一方面它拓广了数学基础,开辟了在软硬科学中提高数学适应性的广阔途径。40多年来,模糊集合理论迅速发展,在数学上,现已伸展到逻辑、拓扑、代数、规划、概率论、博弈、泛函分析等方面;在应用上,已用于图像识别、人工智能、信息控制、系统工程、情报处理、医疗诊断、天气预报、聚类分析、交通运输、意志决策等方面。另外,把它引进到社会科学、经济学、心理学、语言学等软科学中也产生了一定的积极成果。

当然,应该看到,模糊数学在理论上还不像经典数学分支那样有一整套理论和方法,有的只能看作是相应分支的一个侧面,多数还得借助相应分支原有的定理和方法;有的应用成果尚处在探索尝试阶段;还有一部分学者对此理论持保留甚至否定态度。不过,我们也应该看到,人类感官从外界所得到的大多是模糊的信息,经过大脑加工后形成模糊的概念和判断,进而作模糊推理,最后是模糊的识别和决策,这是人类的思想和行为的基本特征,作为反映人类思想和行为基本特征的模糊数学必将随着人们认识的深入而不断向前发展。

三、运筹学

按运筹学的定义,它是为一切执行部门对它们控制下的业务活动采取决策时提供数量上根据的科学方法。自运筹学产生以来,它的理论和实践都有很大的发展,形成了规划论、图论、库存论、搜索论、排队论、决策论和对策论等一系列分支,下面选取其中部分略作介绍。

（一）规划论

规划论是运筹学中发展最迅速的分支，它所研究的是如何用最少的人力、物力去完成确定任务的问题。规划论又有线性规划、非线性规划、参数规划、随机规划、动态规划等许多分支。像物资的调运、装卸工人的调配、车辆的通过能力、生产中的下料等问题都可以用规划论的方法来加以处理。这类问题在数学上可以归纳为：在满足既定要求下，按照某一衡量指标寻求运行的最佳方案。我们以一运输问题为例：假定货物和运输单价均为定值，现在需要把某种货物从仓库运往若干个距离不等的商店以供销售，在保证供销平衡的条件下，要求规划出货物的最合理的流量和流向并使总运费为最少，这就需要运用规划论的方法求解。在这里，事先要求满足的条件称为约束条件，衡量指标称为目标函数，规划论就是研究某一目标函数在一定的约束条件之下的最大（或最小）值的问题。

（二）库存论

库存论也称存贮论，它所研究的是各类存贮活动的最优方案。社会生活中有许多存贮活动，如工厂要存贮原材料，商店要存贮商品等等，这些物资的存贮要占用空间、长期积压又会影响资金的流通和造成物资的损失，但是存贮量过少又会造成工厂停工待料，商店销售不畅而影响经济效益等问题。库存论的任务在于运用数学方法寻找出库存的最优方案，其目标是既满足需要又得到最好的经济效益。库存论所需要处理的有下列各种因素：需求、货物补充时间，每次进货的固定费用、货价、存贮费、短缺将造成的损失等，这些因素或许是确定的或许是随机的，以这些数据为基础，建立适当的数学模型，经过综合分析就有可能得出存贮的最优方案。

（三）排队论

社会生活中有许多比较复杂的排队问题，如轮船等候靠泊码头、火车等候卸货、飞机等候跑道降落等。排队现象既包含着随机性，又存在着排队者的利益冲突。研究和处理这类问题的数学方法就是排队论。排队论也称为随机服务系统理论。任何一个服务系统都包含三个基本组成部分的模型，从而得出一个从总体效果上来说最为合理的方案，即服务对象排队的时间最短、服务机构的持续繁忙时间不太长以及科学的管理方法。

（四）决策论

我们在处理问题时，常常会有多种不同的处理方案可供选择，为求得最理想的结果，就需要合理决策，选择最佳方案。决策论又称决策分析，是一种随机运筹方法，其任务在于运用数学和统计的方法帮助人们在有些因素还不确定的情况下做出决策。需要做出决策的事情总是具备这样一些因素：只有一个明确的决策目标，至少存在一个客观条件，至少有两个可供选择的方案，不同方案在各种自然状态下的损益值能计算出来。如一个运输车队准备装货发车,天气预报下雨的概率为 40%,问这些货车究竟是否应当带雨布出车? 如果带了雨布又下雨,货物就不会受损失;如果带了雨布而不下雨,因装载雨布而减少了货车的容量,将要受到若干经济损失;如果不带雨布遇雨使货物受损,又将会有若干经济损失;要是不带雨布而又没有下雨,经济效益最好。在这个例子中,决策目标是最好的经济效益,自然状态有下雨和不下雨两种,可供选择的方案有四个,各个方案的经济损益都是可以计算出来的。决策可分为确定型、风险型、不确定型几种。决策分析的内容和步骤大体上是确定目标、拟订方案、造损益值表、建立数学模型、综合分析和选择最优方案。

(五) 对策论

决策论所研究的只是决策者一方选择最优方案的问题,而对策论是从策略的观点出发,研究在具有竞争性的活动中如何取胜的学科。我国古代"田忌赛马"的故事是运用对策论的一个典型事例。当然,现实情况往往要比"田忌赛马"的事例复杂得多。对策问题必定存在着三个要素,即竞争的各方(称为"局中人")、竞争各方的策略(称为"策略集合")和竞争各方的得失(称为"支付函数")。对策的类型也可以分为多种。对策论的方法大体上是以策略集合为基础,建立适当的数学模型,经过综合分析,然后找出最优方案。不过竞争经常表现为一个过程,在这个过程中各种因素都会发生随机性的变化,局中人还得不断地调整自己的策略才有取胜的可能。由上面的简要介绍我们不难看出,运筹学是运用和筹划的科学,有很强的实用性。从现在运筹学的发展看,它已经成为现代管理科学的重要理论基础和数学方法,尤其是电子计算机广泛应用以来,数学模型的建立和运算变得快捷和容易,更加增强了运筹学的实用价值。

四、泛函分析

泛函分析是 20 世纪 30 年代形成的数学分支。它是从变分问题、积分方程和理论物理的研究中发展起来的,主要研究无穷维向量空间上的函数、算子和极限理论。在 20 世纪 30 年代,形成了著名的巴拿赫空间理论,表明泛函分析已基本成熟,到 20 世纪 50 年代已发展成内容丰富、方法系统、体系完整、应用广泛的重要数学学科。

泛函分析在发展中,受到数学物理方程和量子力学的推动,后来又整理、概括经典分析和函数论的许多成果。由于它把具体的分析问题抽象到一种更加纯粹的代数、拓扑结构的形式中进行研究,因此逐步形成种种综合运用代数、几何(包括拓扑)手段处理分析问题的新方法。正因为这种纯粹形式的代数、拓扑结构根植于肥沃的经典分析和数学物理土壤之中,所以,由此发展起来的基本概念、定理和方法显得更为广泛、深刻。

泛函分析在数学物理方程、概率论、计算数学等分科中都有应用，也是研究具有无限个自由度的物理系统的数学工具。泛函分析对于任何一个从事纯粹数学与应用数学研究的人来说，都是一门不可缺少的知识。

五、突变理论

突变理论是20世纪60年代才开始兴起的学科，还未达到基本概念明确、理论体系严谨、应用广泛的地步。突变理论是以拓扑学和奇点理论为主要工具并通过对稳定性结构的研究，从而提出一系列数学模型来研究自然界和社会一些事物的形态和结构突然变化的规律。1969年，法国数学家托姆（R.Thom，1923—　）发表论文《生物学中的拓扑模型》，标志突变理论的诞生。日本数学家野口广等著《初等突变》一书，较系统地论述了突变理论的数学基础。突变理论一出现，就存在支持和反对的争论，现仍在继续。

六、非标准分析

非标准分析出现在20世纪60年代，由美国数理逻辑学家鲁滨逊创立。它利用数理逻辑方法来探讨和刻画微积分的理论基础，为数学开辟了新的研究领域。

通常的数学分析，又称为标准分析，主要部分是微积分学。标准分析是指19世纪由柯西、魏尔斯特拉斯等人用极限方法所建立的微积分理论，用极限方法对微积分理论作了较严谨的逻辑论证。

1960年，美国科学家鲁滨逊（A.Robinson，1881—1974年）提出了非标准分析的基本概念和方法。他用数理逻辑的方法及无限小量的方法刻画微积分问题，它不仅表明状态，并且也表达过程、描述运动。在非标准分析中，变量不仅可以取实数值，而且可以推广于无限小量和无限大量，从而为微积分的理论基础提供一种新的背景。

在非标准分析里，除实数之外，还引进了新的无限小量和无限大量，统称为超实数量集合。非标准分析建立后，发展较快，出现了许多研究成果。目前，非标准分析开始用于许多方面，如函数空间、概率论、流体力学、量子力学和理论物理等。非标准分析中的新方法、新概念，对数学的发展产生了一定的影响。

拓展阅读

1. 张奠宙 . 20世纪数学经纬[M]. 上海：华东师范大学出版社，2002.

2. 张顺燕.数学的源与流[M].北京:高等教育出版社,2001.
3. [美]M.克莱因.西方文化中的数学[M].张祖贵,译.上海:复旦大学出版社,2005.
4. 胡作玄,邓明立.20世纪数学思想[M].济南:山东教育出版社,1999.

思考题

1. 简述数学发展史中的三次数学危机及其对数学发展的影响。
2. 简述数学基础研究中三大学派的基本观点。
3. 简述现代数学的重大进展情况。
4. 简述运筹学的基本内容及其意义。
5. 简述数理逻辑的发展过程及其主要内容。

第九章　复杂性科学和交叉科学

20 世纪 40 年代,复杂性科学兴起标志着人类的视野发生了根本性的变化,即从追求简单到正视复杂现象。复杂性是个描述性范畴,主要指事物数量巨大、成分博杂、结构繁复等特征。复杂性科学是对一类以复杂性事物为研究对象的学科的统称。如果我们按照已有的基本认识,把自然界从存在到演化的过程以及现实物质系统的分类做一简明的划分(如图 9.1),则不难看出,自然界在发展中存在着一个由简单对复杂、由无组织对有组织、由低级对高级的状态分布。按照有组织和无组织的差别,复杂性科学又分为系统科学和非线性科学两个学科群。随着科学技术的发展,探索复杂性已成为当代科学的一个主题。作为前沿领域,复杂性科学的发展,不仅引发了自然科学界的变革,而且也日益渗透到哲学、人文社会科学领域。

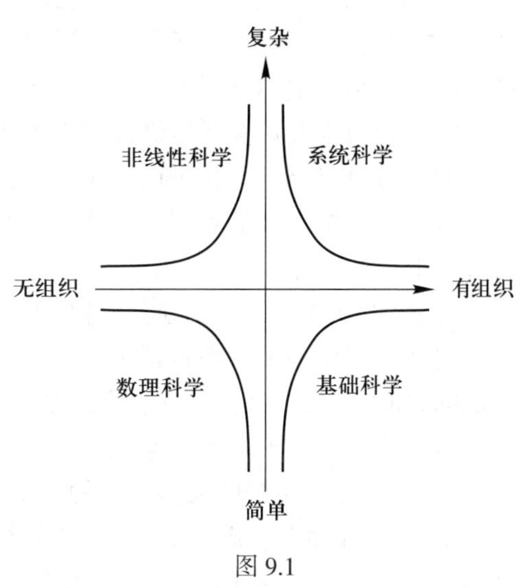

图 9.1

20 世纪 60 年代,在学科不断分化的基础上,科学发展又出现相互渗透、相互交叉的高度整合化、跨学科化的趋势,人类从此进入一个复杂性科学和交叉科学的时代,学科交叉成为影响创新特别是源头创新发展的关键性因素之一。

第一节　系统科学的兴起

系统科学是在20世纪40年代崛起的一个横向学科群,包括系统论、信息论、控制论三个学科,有时也称信息科学或控制论科学,都是从不同视点谈论的同一个事物。

一、系统论

系统论是20世纪40年代以来在现代科学发展的基础上产生的具有普遍适用范围的新型理论,其创立的标志是美籍奥地利生物学家贝塔朗菲1945年发表的论文《关于普通系统论》,到现代已经发展成在各个领域都具有广泛影响的完整学科。

(一)系统的类别

系统是由若干组分结成的具有特定功能的整体。这一概念蕴含下列含义:第一,系统是由组分或要素按一定方式结合而成的整体,组分本身也可以构成系统;第二,系统的要素间相互联系和影响,其中任何要素的性质和行为发生变化,都可能引起系统整体性质和行为发生变化;第三,系统具有一定的特征和功能,但其性质和功能未必就是各要素性质和功能的简单叠加;第四,系统总是存在于一定的环境中,并与环境不断地交换物质、能量和信息。

现实世界中存在的系统千差万别、复杂多样,依据不同需要和目的,可以进行多种形式的划分。①

1. 按系统的构成性质划分,有自然系统、人造系统和复合系统。自然系统即以自然物质作为要素而构成的系统,它们是在自然界发展进化过程中自然地形成的,如天体系统、地质系统、生态系统等;人造系统,即人工创造出来的系统,如电器、生产系统、管理系统等;复合系统,即由自然系统与人工系统结合而成的系统,人在世界上接触的大多是这种系统,如水利设施、工厂、住宅等。

2. 按系统存在状态分类,有动态系统、静态系统、稳定系统和非稳态系统。动态系统随时间推移发生持续、显著的变化;静态系统,指不随时间发生显著变化的相对静止的系统;稳定系统,指外界干扰微小时系统的各组分间相互联结的方式相对不变的系统;非稳态系统,指自身已偏离或受到微小干扰即发生目标偏离而不能恢复常态的系统,不排除这种系统可能趋于新稳态而不瓦解。

3. 按系统与外部环境的关系划分,有开放系统和封闭系统。开放系统与外部环境有较多的经常不断的能量交换;封闭系统,即与其他事物彼此不发生影响或影响极小的系统。

4. 按系统的具体对象划分,有工程系统、管理系统、军事系统、教育系统、经济系统、政治系统、文化系统等。

5. 按系统内部结构的等级性划分,有小型系统、中型系统、大型系统、巨型系统等。

---

① 吴义生.现代科学技术基础知识简明读本[M].北京:中共中央党校出版社,1994.

总之,可以根据系统的特点做多种角度划分,而每一划分之下还可做下一层的划分,如母系统、子系统等,以便于研究和操作。

(二) 系统观念

科学系统论出现在 20 世纪,但人类的系统观念却由来甚久,无论是在东方的元气论中,还是在西方的原子论中都包含着系统思想的萌芽。总括起来,人们的系统观念大致经历了三个发展阶段:古代自发的整体论,近代的机械宇宙观,现代的辩证系统观。

现代科学的系统观念作为系统论的核心,包括下述内容:

1. 整体性观念。系统不是许多要素杂乱无章的偶然堆积或机械组合,而是有机统一体。不仅系统内各要素之间,而且系统、要素、环境之间也都有必然的联系,是有机的统一。

2. 相关性观念。构成系统的每个要素或组分都是相互联系、相互依赖、相互作用和相互制约的,不仅内部要素彼此相关,而且系统与各要素之间、系统与环境之间也都是相关的。要努力加强正相关,抑制负相关。

3. 有序性观念。系统的任何相互联系和作用都是按等级与层次进行的,都是秩序井然、有条不紊的。有序性包括系统层次结构(空间)的有序性、时间排列的有序性、系统发展的有序性以及系统的等级性等。

4. 动态性观念。系统各要素之间的关系、系统与环境的关系都是处于动态状态的,因此系统的动态性集中表现在三方面:系统各要素之间的协调决定系统的平衡发展;系统各要素之间的协同作用使系统由无序状态变为有序;系统与环境进行物质、能量和信息交换,实现新陈代谢。当然,系统论的基本观念还有诸如发展观念、目的性观念、环境适应性观念等,有的可以归入上述观念中,有的重要性不及前四种,这里从略。

(三) 系统方法

系统方法是系统论的主要内容。所谓系统方法,就是指用系统思想,按照系统的特征和规律性认识客观事物,解决和处理问题的一整套方法体系。具体来说,就是把研究和处理的任何对象都当作"系统"看待,从整体上考虑问题,综合应用现代科学技术和数学工具,精确地、定量地考察要素与要素之间、系统与要素之间、系统与环境之间的关系,利用各种因素之间的联系,提高整体水平,获得最优效果的方法。

系统方法必须遵循系统的基本观念,有一些著作将这些观念改称系统原则或系统原理,其实也在于此。系统方法的种类很多,不可能一一评述,以下仅就其中最重要的四种方法简要描述。

1. 过程与体系方法。也就是把事物当作过程与体系来进行认识和把握或进行过程和体系分析的方法。过程不是别的，就是事物产生、发展和灭亡的历史，就是运动着发展着的事物。体系则是各种要素或组分相互联系而形成的有着自身规定性并与周围环境发生特定关系的整体系统。由于“世界不是一成不变的事物的集合体，而是过程的集合体”①，因此过程与体系相统一的方法是认识和把握事物的一种根本方法。

2. 整体与部分方法。即对事物进行整体与部分的分析，以此把握其总体关系的方法。在这里，整体是系统本身，而部分则是系统中的要素或子系统，二者既相区别，又相关联，共同决定系统的性质。整体与部分相结合的分析方法是宏观与微观相统一的一种重要方法。

3. 功能与结构方法，即对事物进行功能与结构的剖析，从而认识和把握事物的一种方法。功能是系统与环境发生特定形式作用时表现出的基本性征，结构是系统自身各种成分之间的相互关系，这两个概念反映了系统的本质关系，是一切系统的基本矛盾，因此功能与结构相结合的方法是系统论的最基本的方法。

4. 状态与环境方法，即通过对系统状态和环境及其关系的分析来认识事物的一种方法。状态是事物综合性征的外显，环境是事物当下的外部条件，通过对事物状态与环境变化关系的分析，可以把握事物运行与其条件影响的关系，进而达到通过外因了解内因，综合认识事物的目的。这种方法有如中医的辨证施治，也是一种时常能见奇效的重要辅助方法。

需要说明的是，现实中的各种系统方法很少单独发挥作用，经常是综合作用，共同揭示事物的系统本性。本书在此介绍的是一种系统方法观，有的著作也按系统模型化方法、最优化方法、系统预测技术、系统决策技术讨论系统方法进行分类介绍，② 读者可参看。

二、信息论

信息论是研究信息的本质、度量及信息的获取、传输、处理和变换的科学。1948 年美国数学家申农（C.E.Shannon，1916—2001 年）发表的题为《通信的数学理论》是信息论诞生的标志。

（一）信息与通讯模型

“信息”一词来自拉丁文“information”，具有解释、陈述的意思，但迄今尚无统一的定义。人们总是在对比中描述信息，指出信息不是物质也不是能量，信息不等于消息也不同于信号，信息有别于知识也有别于情报。目前，大多数人接受

① 马克思恩格斯选集［M］. 北京：人民出版社，1995，4：244.

② 曾广容等 . 系统论控制论信息论与哲学［M］. 长沙：中南工业大学出版社，1988：62—105.

了这样一种宽泛的界说,即信息是事物所发出的一切消息中所包含的能够表征事物的内容。由于一切事物都会发出信息,因而信息便是表现事物特征的一种普通形式。

信息具有很多特征:信息不同于知识,但却具有知识的秉性,因为掌握了一个事物的信息,就等于在某种程度上了解了这一事物;信息又是一种资源,可以无限开采、多人共享;信息可传输、可储存、可提取、可加工等。这些特征都显示了信息应用对于物质实体的某种优越性,这为通信的模式化奠定了坚实的基础。

以对信息特征的研究为基础,申农研究了通信的基本过程,认为通信系统必须是一个发送与接收、输出和输入两者相互联系、不可分割的统一体,由此他给出了通信系统的基本模型(如图 9.2)。

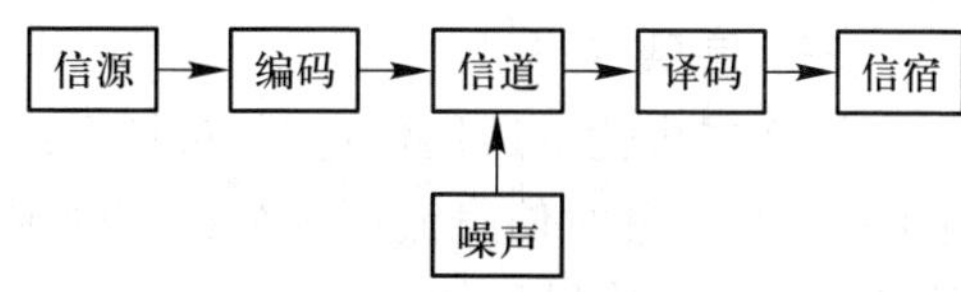

图 9.2　申农的通信系统模型

由图 9.2 可知,通信的过程实际是信息在通信系统中传输、变换、存储、处理、显示和识别的过程。在这里,信源是信息的来源和发出地,信宿是信息的接收者和目的地,信道是信源和信宿传输交换信息的通道,噪声是来自系统外部环境或系统内部的干扰,编码是把信息变成信号的措施,译码是编码的反变换即把信号变成信息的措施。申农的这一通信系统模型不仅适用于通信领域,而且也可推广到非通信领域,具有广泛的用途。

(二) 信息度量

要从理论上说明信息,就必须对信息的大小作定量的描述,定量研究的工具是数学上的概率论。

一般而言,在二者事物的关系中,信源对信宿总会存在某种不确定性或不明晰性,而一当信宿收到信源发出的信息,即可以全部或部分地消除对信源的不确定性,信息量就是不确定性减少或消除的数量。用概率语言来说,就是事件出现的可能性(概率)减小,信息量(相当于做功量)就越大,事件出现的可能性越大,信息量就越小。可见,信息量是概率的单调减函数。为便于计算,申农运用对数函数将信息量定义为事件出现概率的倒数的对数,公式为

$$I=\log_a \frac{1}{P}, \quad (a>1)$$

式中 I 为信息量,单位为比特;P 为事件出现的概率。该公式为单个事件的信息量公式,但在大多数情况下研究一个单独信息提供的信息量是不够的,还必须研究和观察信息整体(消息系列总体),即信源整体提供的平均信息量,称为信源熵,用 $H(x)$ 表示。如一个事件由 n 个独立状态组成,即由 $x_1, x_2, \cdots, x_n$ 个独立子事件组

成,每一子事件的概率分别为 $P(x_1),P(x_2),\cdots,P(x_n)$,那么,显然 $P(x_1)+P(x_2)+\cdots+P(x_n)=\sum_{i=1}^{n}P(x_i)=1$,于是,信源熵就是

$$H(x)=-\sum_{i=1}^{n}P(x_i)\log_a P(x_i).$$

信源熵是解除不确定性所需要的信息的量度,相当于系统的有序程度。而该公式刚好比力学中的熵公式只多一个负号,但熵是系统混乱性的量度,这表明要使混乱的系统有序化,就需要有信息,而信息的丢失就表示混乱性的增加。就此而言,信息就是负熵。

(三)信息方法

信息方法就是运用信息观点,把系统运行的过程抽象为信息传递和信息转换的过程,通过对信息流程的分析和处理达到对复杂系统运动过程的规律性认识的方法。具体过程如下:

信息方法的基本程序如图 9.3:

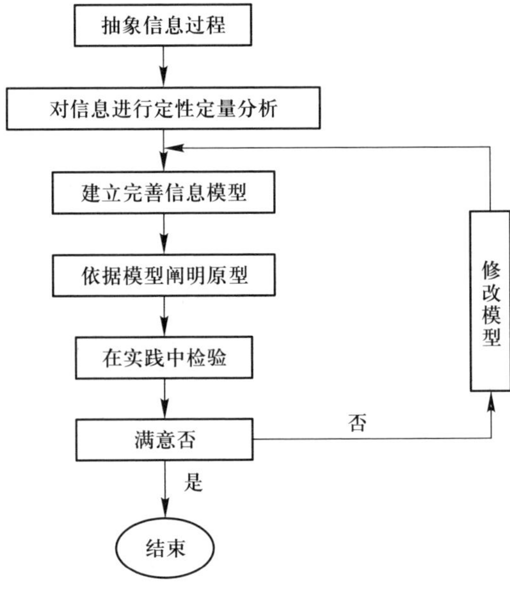

图 9.3

图9.3中详细地标明了信息方法的五个具体步骤:(1)抽象信息过程,即撇开系统其他特性,仅抽出与被研究对象发生信息关系的信息运动过程;(2)对信息进行定性定量分析,从不同侧面准确了解信息;(3)建立信息模型,这是一个尽量接近原型状况的仿真过程;(4)依据模型阐明原型,也称功能模拟,因为只求功能相似;(5)在实践中检验模型,检验合格即可保留,不合格则返回继续修改,直至满意。

由于信息方法不仅揭示了科学认识活动中的信息变换过程,而且揭示了各种类型的系统在信息上的统一性,并阐释了事物运动的一些新的规律性,因而随着计算机的发明和使用很快获得了广泛的用途。

三、控制论

控制论是20世纪40年代末出现的一门新兴学科,是在自动调节、电子计算机、通信技术和神经生理学、生物学、数学等学科相互渗透、高度综合的基础上形成的。1943年美国数学家维纳(N.Wiener,1894—1964年)和神经生物学家罗森勃吕特(A.Rosenblueth)、工程师别格罗(J.Bigelow)合作发表了《行为、目的和目的论》,比较明确地提出了控制论的基本思想。1948年维纳发表《控制论——或关于在动物和机器中控制和通讯的科学》,标志着这门学科的正式诞生。

(一)控制原理

一个系统总会存在某些不确定性,使系统处于不稳定状态。为保证系统总是处于某种特定状态并保持相对稳定,就必须根据系统内外部各种信息的变化进行相应的调节,这就是控制。简言之,控制就是为使系统实现一定目标所采取的一种手段和方法。

任何一种控制活动都可以看成是一种控制系统,它是由若干相互联系着的部分构成的具有一定功能的整体。最简单的控制系统包括两部分(如图9.4):施控部分和被控部分。被控部分也叫被控对象,简称对象,施控部分也叫控制器,又称调节器。

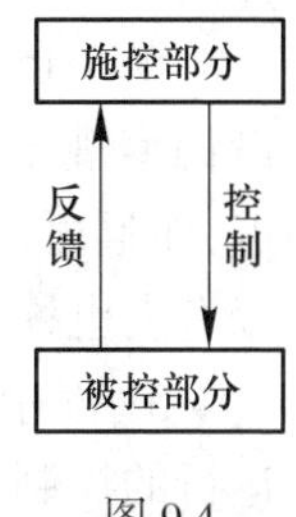

图9.4

在系统运行过程中,系统的各种实际状态都是控制器实施控制的结果。控制器为实现系统的目标,就必须不断地根据外界信息变化通过反馈随时收集系统的输出信息,并与目标信息进行比较找出误差,然后采取适当的控制方式排除噪声,减少误差,不断地发出新的控制信息作用于对象。如此多次进行控制直至使系统按预期目标稳定地运行为止。

控制系统中的控制器和对象的区分是相对的,是根据系统基本要素的不同作用来区分的,这些作用不但受系统内部因素制约,又由于系统总是存在于环境中并发生相互作用,所以也受环境制约。这样,所有的控制系统都是有组织的动态系统,它通过信息接收、处理和传递过程来增加自身的有序度,进而维持系统的稳定。

(二) 控制形式

控制论在各个时期总结出许多控制形式,但一般按控制程度分为五种:

1. 随机控制。随机控制也就是常说的"碰运气",所以也叫试探控制;又由于没有反馈环节进行再调整,所以还叫开环控制。这种控制只在系统层次和复杂性较低时使用,适用的范围很小。

2. 记忆控制。记忆控制就是在随机控制中加一个记忆器,把不是目标的对象及其他干扰因素排除掉,因而也叫经验控制。这是比随机控制高一级的控制形式。

3. 共轭控制。共轭控制是随机控制和记忆控制相结合的产物,所以也称组合控制。它是根据相似原理,在现有控制能力下通过中间起过渡作用的媒介来扩大控制能力,从而实现把对事物乙的控制经验用于对事物甲的控制目的。三国时的曹冲称象即是典型的共轭控制。象重难称,先称石头,再还原为象重。一般而言,通过控制与对象相关或相似事物进而达到控制对象的目的的过程都是共轭控制。由于共轭控制中有一个外推和还原的过程,所以又称推理控制或间接控制。

4. 负反馈控制。反馈是系统的输出通过一定的通道反送到输入端,进而对系统的输入和再输出施加影响的过程。负反馈就是反馈倾向于反抗系统偏离目标的运动,最终使系统沿着减小目标差的方向运动,趋于稳定状态,实现动态平衡的过程。与负反馈目标和倾向相反的就是正反馈。利用负反馈原理进行调节,克服干扰带来的不稳定性,使系统目标差减小,实现动态平衡的过程就是负反馈控制。

由于负反馈控制不需要直接取得关于系统扰动的信息,而只依据系统输出量偏离规定值的信息来组织控制,因而它不仅具有简单、经济和广泛适用等特点,而且可以在系统的扰动难于测量或事先不知道的条件下实施必要的控制,所以有人也称负反馈控制为适应式控制。

5. 程序控制。程序控制就是使被控制事物严格按照预先给定的条件和要求运行的控制过程。教师的课堂设计,活机体的发育都属程序控制,最典型的是计算机中的程序设计。程序控制的观念基础是严格的决定论,有时也叫预先控制。

(三) 控制论方法

控制论是一门具有方法性的学科,与其相关的方法很多,如反馈方法、最优化方法等,这里介绍另外两种重要方法。

1. 功能模拟方法。模拟方法是一种传统的科学方法，它根据模型和原型之间的相似关系，用模型来模拟对象，通过模型来间接地研究原型的规律性。在模拟方法中模型与原型必须存在三种关系之一种：或模型与原型相似，具有类比性；或模型能代替原型，具有代表性；或通过研究模型能得到关于原型的信息，具有外推性。

功能模拟方法是以功能和行为的相似性为基础，用“模型”模仿“原型”的功能和行为，通过模型间接地研究对象规律性的控制论方法。这种模拟又分为以模型与原型物理相似为基础的物理模拟，以模型与原型数学（量）形式相似为基础的数学模拟，以模型与原型结构为基础的结构模拟等，但其侧重点集中于系统在功能上的等效性，因而主要模拟的是系统的行为特征。

当然，它并不局限于发现不同质的系统功能的相似性，而且还试图寻找这些具有相似功能的各种不同质的系统的统一机制。由于这些，功能模拟在电子计算机代替人脑部分思维功能，以及中医和决策现代化中发挥了独到的作用。

2. 黑箱方法。黑箱是从英文“black box”意译而来，有“黑盒”“黑匣”“暗箱”之意。控制论中的黑箱是指我们一时无法直接观测其内部结构，或完成某一特定的认识任务而不必要直接观测其内部，只能从外部的输入和输出去认识的现实系统。简言之，就是一时无法知其内部结构的系统。与黑箱相对的是白箱，即我们已知其内部结构的系统，还有灰箱，即我们已知其内部部分结构的系统。现实中大量存在这类“三箱”系统。

黑箱方法是通过考察系统的输入和输出及其动态过程，而不直接考察其内部结构来定性或定量地认识系统的功能、特性、行为方式以及探索其内部结构和机理的一种方法。这种方法不像传统科学方法那样立足于对系统的解剖和分解，而是把系统放在环境中，不取“打开”的途径，仅以特有的考察输入和输出的方式，对系统做整体上的探讨，并以此实现对系统的控制。黑箱方法的基本步骤有三个环节：(1) 通过相对孤立的原则划定作为黑箱的研究对象与环境的边界，并选定黑箱与环境联系的主要通道，找出一组输入和输出，由此严格地确认黑箱；(2) 主动通过对输入和输出的实验观测考察黑箱；(3) 以考察所得信息为基础，建立模型，综合运用其他方法阐明黑箱。黑箱方法不仅历史悠久而且应用广泛，它为研究高度复杂的巨系统提供了有力的工具，是系统辨识的理论基础。

第二节　复杂性科学的新进展

系统科学的基础理论研究主要是从静态的角度分析系统的最一般性质，建立逻辑上和观念上的系统概念模型，这些模型及原理主要揭示已经形成的系统在特定存在状态下的规律，但关于系统形成和发展的机制还有待进一步深入研究。自组织理论体现了系统科学的新进展，而自组织理论研究的系统是非线性系统。

一、非线性科学

非线性科学是相对于线性科学而言的。它是以非线性现象为对象，探索其特性和规律的一个科学的大门类。科学家们的研究表明，非线性科学的视域要比线性科学广泛得多，复杂性也严重得多。但由于这一领域的全面系统研究相对较晚，所以还无法同线性科学的规范化程度相比。有鉴于此，这里也只是简要地介绍一些影响较大的典型领域或学科。

线性和非线性两个范畴最初来自数学中的函数理论，用以描述两个或多个变量相互关系的对应状况。一个线性过程总是把函数在初始对刻的对应关系永远保持下去，用公式表示就是

$$y=ax+b, \quad (a、b \text{ 是常数}).$$

这是 y 关于 x 依赖关系的一次多项式，其在平面中的图像是条直线。“线性”术语由此而来。相应地，一个非线性过程简单地就是一个不完全的线性过程[①]，换言之，变量间的变化率不是恒量。很显然，非线性问题较之规范的线性问题要复杂难处理得多。在非线性研究中，有时人们又根据其对于线性的接近程度给出近线性和强非线性的划分。

线性和非线性有着本质的差别。在数学上，线性函数的图形是直线，非线性函数的图形是非直线，包括曲线、折线、不连续甚至处处不连续不可微的线和点等；线性方程易于求出解析解，而非线性方程一般不能得出解析解，线性方程满足叠加原理，非线性方程不满足叠加原理。但线性与非线性也不是截然没有联系的：一方面某些物理上的非线性问题可以通过适当的数学变换转化为若干线性问题来研究，另一方面某些在数学上具有线性形式的方程在物理上是非线性的，又需要将其转化为非线性方程来解决。此外，某些近线性方程可通过线性逼近的方法求出具有一定精确度的解即近似解。

非线性问题的提出及其科学研究为人类打开了一扇通往更为复杂的世界之门，使我们看到了世界远非想象的那样简单，它内含着各种质的多样性，而线性问题也不过是非线性的一个特例。正因此，非线性问题才需要用自己的科学理论来解决。

---

① [美]E.N. 洛伦兹 . 混沌的本质[M]. 气象出版社，1997：153.

二、自组织理论

探讨非线性系统自组织的科学称为自组织理论，这是一个庞大的学科群，它包括许多门类。其中，最具代表性的基础理论有耗散结构理论、协同学、超循环理论等，混沌学是其最新进展。各种自组织理论尽管对象和背景有很大差别，但他们都试图解决一个普遍性的问题，即有序和无序相互转化的机制与条件问题；都要回答一个混乱无序的系统在什么条件下、通过什么方式会形成有序状态。

组织和自组织是非平衡自组织理论的基本概念。一个系统的要素按照特定要求和指令形成特定结构或机能的过程叫组织。一个系统的要素按彼此的相干性、协调性或某种默契形成特定结构及功能的过程称为自组织。自组织不是按系统外部的指令完成的，而是根据事物自身运动变化的规律和特定条件完成的。例如，银河系、太阳系组织的出现，星际分子的出现，有机生命的产生等，并不是上帝有目的的安排，而是自然界自发组织起来的。组织和自组织在形式和状态上是一致的，但二者产生的动力和原因不同，二者的范围也不同。前者需要人的能动性和目的性去干预和指挥，后者则不一定，因此，后者的范围比前者要宽。

自组织理论认为，开放系统在远离平衡的非线性区，通过引入负熵和正反馈循环，经涨落或起伏，会从无序状态中产生有序结构。耗散结构理论、协同学、超循环理论等，都从不同的侧面研究这种情况。

从无序走向有序的条件机制，只是自组织研究的一个方面，问题的另一个方面是系统如何从有序走向无序，即有序运动的系统在什么条件下通过什么方式会形成无序状态。近些年来，自组织理论从多方面讨论通向混沌的道路，得出了一些带有普遍性的结论。

（一）耗散结构理论

耗散结构理论是一种研究耗散结构的性质、演变规律的理论。它是由比利时布鲁塞尔学派领导人、理论物理学家普里戈津（I.Prigogine，1927—2003 年，又译为普里戈金）于 1969 年正式提出的。他在研究平衡系统和非平衡系统的过程中，发现在非平衡状态下，如果系统与外界有能量或物质交换，系统可以从混沌无序的状态逐渐演化成为高度有序的结构——耗散结构。耗散结构理论和方法的问世，弥合了物理与生物之间存在已久的鸿沟，使物理学、化学、生物学乃至人文科学的研究有了新的理论工具并从此进入了一个新的天地。

耗散结构理论说明了非平衡系统向耗散结构演化的过程和规律，也描述了系统在变化临界点附近相变的条件和行为，其核心问题就是耗散结构的形成。在它看来，耗散结构形成必须具备三个条件：(1) 系统必须是开放系统，它必须与外界有物质和能量的变换，封闭系统不可能产生耗散结构；(2) 系统必须处于远离平衡的非线性区,在平衡态或近平衡态不可能发生从无序走向有序的突变;(3)系统中必须有某些非线性动力学过程,这种非线性相巨作用能够使系统内的各要素之间产生协调动作和相干效应,从而可使系统从杂乱无章变为井然有序。耗散结构理论建立后,人们试图将其导入各种社会研究领域,其中比较早、收效也较高的是经济领域。在这一领域人们已开始运用耗散结构理论来研究经济系统的耗散结构及其形成条件,其目的是说明经济系统的特征及其演变规律。目前,以开放经济为"龙头",耗散结构正被广泛应用于社会文化、政治、军事、生活、艺术和管理活动的研究中,一些新的交叉学科已经建立起来。

(二) 协同学

协同学是揭示各种系统和现象中从无序到有序转化规律的理论。它的创始人是联邦德国理论物理学家赫尔曼·哈肯(H.Haken,1927—)。20 世纪 60 年代初,在研究激光系统过程中哈肯发现激光可以视为一种典型的远离平衡状态时的由无序转化为有序的现象。随后,他发现在其他许多领域中也存在着非平衡有序结构形成的现象,如生物学中由生存竞争造成的野兔与其天敌小猫的数量随时间变化而发生的周期性时间震荡就是这样一个类似的过程,其他诸如化学、社会、经济领域都存在这样的系统和现象。哈肯在 1976 年首先提出了"协同"这个概念,并于同年出版《协同学导论》专著,初步建立了协同论的框架。

协同学的基本思路基于下述原理:一个由大量子系统构成的系统,其子系统之间在一定条件下通过非线性相互作用就能产生协同现象和相干效应;在宏观上能产生时间结构和空间结构(时—空状态),形成有一定功能的自组织结构,表现出新的有序状态。协同现象的产生是由于受到以下两类变量的影响:一类是变量在系统受到干扰而产生不稳定性时,它总是企图使系统重新回到稳定状态,这种变量衰减得很快,所以称为快变量;另一类是在系统受到干扰时,它使系统离开稳定状态走向非稳定状态,这种变量衰减得很慢,称为慢变量。慢变量在系统从稳定态向非稳定态过渡的过程中起到了决定性作用。但慢变量和快变量相互联系、相互作用,它们各自不能独立存在。两类变量相互联系、相互制约,表现出一种协同运动,这种协同运动在宏观上表现为系统的自组织现象。由此可以看到系统原来的稳定平衡位置可能变到非平衡位置或新的平衡位置上去。一般地说,当系统的某个变数在阈值范围以外,系统就处于稳定平衡位置;当系统的参数进入阈值范围,系统就变成了非稳定的,同时要出现新的平衡位置。自组织新平衡的形成必须具备两个条件:系统是开放系统,系统必须有随机涨落机制。

协同学在对自然和社会科学的研究中应用十分广泛。

(三) 超循环论

通常所说的循环,是指自然界或社会运动中最普遍最简单的一种周期过程,如一年有春、夏、秋、冬四季,一日有24小时,周而复始、往来不止,都表现为一定能量和时空的周期变换。超循环则是一种把各个循环联系在一起,使循环的每一要素能自我选择、自我复制,又能对下一个新要素的产生起助催化作用的高级循环。研究这种循环的运动状态特点,揭示其自我选择、自我复制与进化、变异规律的科学,就是超循环论。

超循环理论是联邦德国柏林大学生物学家艾根(M.Eigen,1927—　)于1971年正式提出的。它把控制论中的巨系统理论具体用到生命现象研究中,建立了生命现象的数学结构模型,并提出了基层循环组成高层次循环的超循环概念,揭示了超循环在生命的新陈代谢、繁殖和遗传变异过程中的重要作用。

按照艾根的看法,客观世界的循环网络可分为三个等级:

一是反应循环。如,化学反应中分子A和一个参与反应循环的分子B结合形成一个中间复合物AB,AB变为AC,AC又分解为A和C。依次分解、往复无穷。

二是催化循环。这种循环是在反应循环中至少加入一个中间物作催化剂,于是这个反应循环便成为具有催化功能的循环。

三是催化超循环即超循环。这是一种通过催化作用来维持自身放大和增殖的循环。与简单的循环相比,超循环具有如下四个特点:

(1) 不可逆性。超循环的结果并不是回到自己原来的出发点,而是开始一种新的循环,所以它是发展的循环、上升与进化的循环。

(2) 开放性。超循环必须不断与外界环境进行物质、能量与信息交换,输出所余,输入所缺,才能维持循环运动的正常进行。

(3) 催化性。催化是相对少量的物质能提高化学反应的速率而自身并不消耗的一种现象。超循环通过催化,促使其自循环和他循环运动的进行。这是超循环的关键。

(4) 协同性。超循环中各个循环因子之间必须保持相互协同、协调关系,达到各循环因子的共同增殖,才能使循环不断继续发展。否则,循环就会中断,甚至造成混乱或导致循环的破坏。

超循环是个自组织系统。在超循环中,没有谁来发号施令,只有自身内部因素的自我调节、自我组织共同形成一种具有自我调节功能的有序机制。这项任务,是通过内部的一个“复制机构”的复制与选择来完成的。

超循环理论是从生物系统的超循环入手,进而提出研究一切开放系统(非平衡系统)“自组织”的产生和发展规律的理论,对充实和丰富科学体系,特别是对揭示当今社会、政治、经济、文化、科技、教育、军事等系统的运动特点、规律和各项管理制度的演变、发展,都具有重要的指导意义。

（四）混沌学

长期以来，人对客观世界的探究只局限于揭示它的有秩序有规律的运动发展上，但从20世纪60年代开始，人们突然发现，从整个自然界到人类社会，从宏观世界到微观现象，从有序到无序到混乱的混沌现象无时不有、无处不在。探讨这种规律性的研究，就是混沌学。它是由美国康奈尔大学物理学家菲根鲍姆(M.Feigenbaum)于20世纪70年代中期创立的。

1. 混沌

“混沌”一词译自英文(Chaos)，又译“浑沌”、“紊乱”等。一般认为，李天岩(1945—)和约克(J.A.Yorke)在1975年的论文“周期3则乱七八糟(Chaos)”中第一次从科学意义引入该词，此后不胫而走。但这又是一个相当难定义的范畴，最简单的描述为混沌就是确定的随机性。“确定的”是说它由内在原因而不是外在原因造成的，即过程是严格确定的；而“随机性”指的是不规则的、不能预测的行为。经过近20年的研究，人们逐渐揭示出混沌作为自然界和社会存在的一种具体方式的基本特征。

(1) 对初始条件的敏感依赖性。总的表现是具有不同初始条件的系统的行为，无论如何相似，总是随着时间的推移呈指数分叉。具体表现为：小的不确定性或小的改变导致较大的不确定性或较大的改变；初始条件的微小差别在最后的现象中产生了极大的差别；前者的微小误差促成了后者的巨大误差；输入的微细差异导致输出的巨大差别；小误差引起灾难性后果等。这一特征最初由法国著名科学家庞加莱所认识，后来美国气象学家洛伦兹(E.N.Lorenz，1917—2007年)则将其加以系统表述，戏称为蝴蝶效应：一只蝴蝶在巴西扇动翅膀，一周后美国得克萨斯州就可能出现龙卷风。

(2) 内在随机性，又称极为有限的可预测性。这一特征表现为，或整体不可预言，或局部不可预言而整体稳定。有人认为，这一特征才是混沌的关键特征。[①]原因在于，人们通常都习惯于把随机性看作是来自系统外部的或某些尚不清楚的原因干扰作用的结果(称外随机性)，认为如果一个确定系统不受外来干扰是不会自己出现随机性的。但是，20世纪60年代以来人们逐渐发现，在原来完全确定的系统(它用确定的微分方程描述)内部竟产生了随机性(称内随机性)。这说明随机性存在于一切系统之中，应该把它作为现实世界的一种无处不在、不可排除的基本事实来考虑。由此不难理解，为什么许多学者十分强调混沌和内随机性的关系。

(3) 内部的超载有序性。关于有序，从宏观和微观两个角度考虑，有下述四

---

① Paul Davies，Chaos from the Universe[J]. *New Scientist*，1990(127)：1737—1749.

种交错关系：

宏观有序、微观有序 ⎫
宏观有序、微观无序 ⎭ 有序态　　　宏观无序、微观有序 ⎫
宏观无序、微观无序 ⎭ 混沌态

可见，混沌态和有序态的区别取决于宏观有序与否，而和微观无关。正是在这个意义上，格鲁奇·菲尔德等指出："混沌之中也存在有序"，① 而格莱克(J.Gleick)则认为"混沌之内又有惊人的几何规则性"。② 这种见解是以如下发现为基础的，即在通向混沌的所有途径中，客观世界总是选择其中的几条途径；换言之，通向混沌之途是存在规律的，是可以认识的。混沌学的研究方法主要是采用电子计算机模拟，力求找出混沌现象的数学关系。

2. 分形

分形和混沌是密切联系而又各自独立的两个理论体系，混沌吸引子其实就是一种分形。混沌吸引子通常指相空间或状态空间中某个特定区域，它的特点是能将相空间中其他区域发出的轨线吸引过来。混沌区相当于一个吸引子，但它有奇特的性质：系统进入混沌是确定的，但在混沌区内是不确定的，整个混沌区是稳定的，但混沌区内部却是活跃易变的。区内两个靠得非常近的点，随着时间的推移，因对边界条件依赖极为敏感，会指数发散开，无法用"轨道"概念描述它，也无法预测其未来的行为。1971 年茹勒和泰肯把混沌区这种特殊性质称为奇异吸引子。这种奇异吸引子往往具有不同于传统几何学维数的非整数维。1919 年豪斯道夫(F.Hausdorff，1868—1942 年)首先引入分数维数的概念。1975 年曼德勃罗(B.B.Mandelbrot)给出分形的第一个定义：设集合 $A \subset R^n$ 的豪斯道夫维数是 D，如 D 恒大于 A 的拓扑维数 D_T，即 $D>D_T$，则称集合 A 是分形集，简称分形。

此外，非平衡线性过程进入混沌后原来的有序结构不是完全抹掉，而是形成无穷多的结构并互相套叠，类似洋葱头或套箱，结构互相套叠又彼此相似，同时又是无限的，称无穷嵌套的自相似结构。取这种结构中任意小的单元加以放大，都和原来一样。以此为基础，曼德勃罗于 1986 年给出了分形的简化定义：组成部分与整体以某种方式相似的形叫分形。

虽然这两个定义都不算完善，但基本刻画了分形的主要特征：复杂性和自相似性。而理解了自相似也就抓住了分形复杂性的本质，给分维的实际计算带来了极大方便。如相似维数可定义为：设某一客体可分 N 个局部，每个局部按相似的比 β 与整体相似，则其相似维数为 $D_s=\dfrac{l_nN}{l_n\left(\dfrac{1}{\beta}\right)}=-\dfrac{l_nN}{l_n\beta}$。其他维数如关联

① J. P. Grutchfield 等 . 混沌现象[J]. 科学(重庆)，1987(4)：9.

② [美]J. 格莱克 . 混沌——开创新科学[M]. 上海：上海译文出版社，1990：318.

维数、盒子维数、信息维数等，都在一定程度上依赖整体与部分的关系。

分形论研究的是复杂的、自相似的以及无特征尺度的对象。分形论提出了分维的概念，利用它可以对无特征尺度的复杂现象进行定量描述，从而实现了从欧几里得几何测度观向豪斯道夫测度观的转变，成为混沌学的有力工具，为人类提供了一种新的认知领域和方式。

通常，混沌学的研究成果被誉为20世纪物理学的第三次革命。有的物理学家认为"相对论排除了对绝对空间和时间的牛顿幻觉；量子论排除了对可控测量过程中的牛顿迷梦；混沌则排除了拉普拉斯决定论的可预测性的狂想。"① 导致这场革命的则是跨学科研究的结果。混沌学打破了各门学科的界限，不同学科的科学家在不同领域揭示了混沌的存在和形成机制，填补了自然科学、社会科学、思维科学之间的鸿沟。

第三节 交叉科学

交叉科学所包含的门类非常广泛，我们在前面章节中对交叉科学已有所涉及，如物理化学、认知科学等。当代科学发展的最前沿问题基本上都与交叉科学有关，因此，交叉科学已成为当代科学研究最重要的生长领域和研究方法。

最近几年，关于跨学科和交叉学科，在各个领域，如高等教育领域以及其他学科领域，有很多人在讨论。但是，对于什么是交叉科学？什么又是交叉学科、跨学科和超学科？交叉科学的意义究竟何在？仍然没有较明晰的认识，因此，有必要对其进行详细的考察和研究。

一、交叉科学的兴起

科学交叉作为一种科学认识的方式，到20世纪初才逐步确立，但与交叉有关的思想，却可以一直追溯到古代的早期文明之中，如阴阳五行说以及太极八卦学说等。15~19世纪近代自然科学得到了比较全面、系统的发展，这时，无论是自然科学还是社会科学，主要运用分解、分析方法，进行分类研究，并形成了比较庞大的学科系统。不少科学家研究活动中，就已经孕育着新的交叉学科思想，一些跨度小的交叉学科已经出现。有代表性的就是解析几何的建立，解析几何体现了代数学和几何学的交叉一体化，这一结果是交叉科学的先声。18世纪中叶，俄国科学家罗蒙诺索夫在解决化学问题时，把化学方法和物理学方法结合起来，并首次提出"物理化学"这一概念，它的出现标志着现代交叉科学的开始。进

① [美]J. 格莱克. 混沌——开创新科学[M]. 上海：上海译文出版社，1990：6.

入 20 世纪，伴随着现代科学的高度分化和高度综合，交叉科学进入全面发展时期，并受到了科学界的极大重视。到 20 世纪 80 年代，在中观层次上已发展成约 5 550 门学科，其中非交叉学科约 2 969 门，而交叉学科总量已 2 581 门，占全部学科的 46.58%。这表明，在几千年积累起来的经典学科的基础上，交叉科学仅在 100 年左右所达到的学科数量几乎占了学科总数的一半。[①]

交叉科学的兴起具有重要的科学意义：一是学科交叉有利于知识增殖，交叉科学往往就是科学新的生长点、新的科学前沿，这里最有可能产生重大的科学突破，使科学发生革命性的变化；二是交叉科学是综合性、跨学科的产物，有利于解决人类面临的重大复杂科学问题、社会问题和全球性问题。

这里以当前热点交叉科学——安全科学的出现为例来说明交叉科学兴起的意义。

防御灾害、事故和保障安全，是人类生存和发展的基本需求之一，也是人类社会的永恒主题。安全科学是在人类劳动保护研究的基础上逐渐形成的，1981 年，德国学者库尔曼出版的《安全科学导论》一书，成为安全科学这一新兴学科门类崛起的标志性著作。

安全科学是运用人类已经掌握的科学理论、方法以及相关的知识体系和实践经验，研究、分析、预知人类在社会、经济活动、生产、科研过程中以及人类其他探索领域的危险、危害和威胁；限制、控制或消除这种危险、危害和威胁，以过程安全和环境无害为研究方向的理论体系。作为一门新兴的交叉科学，安全科学涉及人类生产和生活的各个方面，同数学、自然科学、系统科学、哲学、社会科学、思维科学等几个科学部类都有密切的联系。安全科学的众多分支学科按照研究内容及其理论性、实践性特征的差异，可以相对地区分为五个群组：基础灾害学科、类别灾害学科、理论安全学科、安全管理学科和安全工程学科。安全科学的学科体系有两个基本的演进方向：一是由多门分支学科到一门核心基础学科的收敛式或聚合式发展，一是由一门分支学科到多门次级分支学科的发散式或分化式发展。安全科学正积极、主动地引进、吸纳其他科学部类众多学科的理论、方法，加强学科之间的交叉整合，逐步成为科学知识体系的新学科生长极，在科学知识体系整体化的历史进程中发挥着自己的作用。随着安全科学学科的全面确立，人们更加深刻地认识到安全的本质及其变化规律，学会用安全科学的理论指导劳动和生产实践活动，保护劳动者和社会大众的安全与健康，推动社会进步。在 21 世纪中国中长期科技发展规划中，已专门设有发展安全科学技术的内容和指标。

---

① 李喜先：论交叉科学[J]. 科学学研究，2001(1)：23.

二、交叉科学的分类及基本特征

大量交叉科学的出现，使人们认识到有必要对交叉科学进行细致的考察和研究。但对于什么是交叉科学，目前尚无共识，并没有形成统一的概念。一般认为交叉科学是指两种或两种以上不同学科相互交叉、融合和渗透所形成的新学科或学科群，学科交叉可以是不同的自然科学之间交叉，也可以是自然科学与人文社会科学之间交叉，或者不同的人文社会科学之间相互交叉。同时，交叉科学也包括各学科大门类内部各学科群交叉形成的学科。

（一）交叉科学的分类

作为庞大的科学知识体系，交叉科学由不同的学科构成。交叉科学的形成基础是学科。学科与科学（关于"科学"的定义见前面绪论，这里指的是广义上的科学知识体系，它是由众多学科和交叉学科构成的多层次的庞大系统）不同。学科是分化的科学领域，是科学概念的下位概念，每一学科的特征都有不依赖于其他学科的独立性，表现在它有自己的专业组织、研究对象、语言系统和研究规范等。

交叉科学的分类，研究者们的意见也不尽相同。这里的分类按照各学科的研究层次及交叉程度的不同，把交叉科学这一庞大的学科群大致分为三类：交叉学科、跨学科和超学科。

交叉学科（Interdisciplinary）是美国哥伦比亚大学心理学家伍得沃斯（R.S.Woodworth）于1926年首创的一个专门术语，指称超过一个学科范围的研究活动。对"交叉学科"可以有两种理解，一种是将"交叉"理解为动词，那么是指主体研究时在不同学科之间交错，与"跨学科"基本相同。另一种理解是将"交叉"理解为形容词，这样一来，"交叉学科"就是不同学科交叉所形成的新学科，这种新学科来自于被交叉的已有学科，但是又不同于已有学科。狭义意义上的交叉学科应该是后一种理解，如物理化学、生物化学等。我们对于某一交叉学科必须问的问题是，"叉"在哪里？也就是说两个或者多个学科的"交集"在哪里？跨学科研究是指主体跨越两个或者多个学科的研究，"跨学科"是研究者了解或者精通几个学科后对同一个问题从不同角度看待，称为"跨学科研究"。[①] 超学科（元学科）是指超越一般学科的层次而在更高或更深的层次上总结事物一般规律的学科。如前面所提到的科学技术与社会（STS）、元哲学等。

尽管并非绝对，不同学科所处的层次是不同的。一般情况下的交叉学科是在同一层次上的两个或者多个学科的交叉融合，是水平层次的"横向交叉"。跨

① 柯华庆．跨学科还是交叉学科［J］．大学（学术版），2010（10）：90—91.

学科研究则是纵向的，发生在两学科以上的，是垂直层次的“纵向交叉”。超学科则是一种宏观、大尺度、三维全景的研究，是生成性的，超学科的出现代表了一种新的科学发展现象，即消除学科隔阂与界限，呈现事物深层的内在、本质联系。

(二) 交叉科学的基本特征

交叉科学作为一类新型学科的总称，与单一学科相比，有自己本身鲜明的特征。

1. 交叉科学形成的跨学科性。交叉科学是在科学分化的过程中，不同学科的相互作用、相互结合中形成和发展起来的，跨学科性是它的最突出的特征。许多新兴的交叉科学由于其跨学科性，很难判定其学科属性。

2. 交叉科学具有相对独立性。虽然交叉科学是不同学科相互作用和结合的产物，但并不是消极被动地依赖于原有的母体学科，而是有其自身的体系结构，并有其发展运动过程。

交叉科学的相对独立性表现在：(1) 交叉科学是通过不同学科的概念、原理、方法和技术手段相互融合、相互借助发展起来的，但并不是简单地挪用和机械地堆积，而是经过改造和加工，有机地融合为一个新的系统的理论体系。(2) 交叉科学形成之后，可以独立发展演化。在发展过程中，不仅可以由其自身不断地派生出新的分支学科，而且可以与其他的学科进行二次交叉，形成新的交叉学科。

三、交叉科学的发展趋势

当前交叉科学门类有很多，主要以人类学为中心，围绕人类的生存、发展展开研究，这些门类可以相应地区分为以下几个方面，即涉及生存基础的地理科学、资源科学；涉及生存环境的生态科学、环境科学；涉及生存界域的城市科学、农村科学、建筑科学；涉及生存保障的安全科学、军事科学；涉及科学文化的科学学、科学哲学、科学史；涉及技术文化的技术学、技术哲学、技术史；涉及身心发展的情报科学、知识科学、体育科学。交叉科学是一个开放的知识系统，随着交叉学科数量的增多，还会形成新的交叉科学门类。

交叉科学的兴起源自现代社会系统的需求，未来的发展更依赖于现代科学系统自身的结构和历史演化的趋势。当前交叉科学主要的发展趋势有：(1) 交叉跨度将不断地增大。交叉科学呈现出的形态在不断地变化，未来交叉科学的发展将朝着远距离、大跨度交叉方向发展，如在宏观与微观、生命与非生命、存在与意识、大脑与智力之间的大跨度交叉；在各门类科学，如在自然科学、社会科学、人文科学等之间的全面的大跨度交叉。多层次和时空大跨度的交叉往往使科学发生革命性的变化。(2) 交叉方式复杂化。交叉的方式将发展多元交叉、由移植为主转向多维多层次的深入交叉、从单向变为双向交叉、从单元到多元混合交叉等。(3)综合与分化并行和互补。现代科学的分化与综合是同时并行的,分化是综合的前奏,综合是分化的高潮。未来交叉科学发展将进一步加速科学的分化与综合,使高度的分化和高度的综合并存和互补。[①]

拓展阅读

1. [比]伊·普里戈金,[法]伊·斯唐热.从混沌到有序——人与自然的新对话[M].曾庆宏等,译.上海:上海译文出版社,2005.

2. [法]埃德加·莫兰,复杂性思想导论[M].陈一壮,译.上海:华东师范大学出版社,2008.

3. [美]格雷克.混沌:开创新科学[M].张淑誉,译.北京:高等教育出版社,2004.

4. 李喜先.21 世纪 100 个交叉科学难题[M].北京:科学出版社,2005.

思考题

1. 什么是复杂性科学?
2. 简述系统的基本观念。
3. 控制有几种形式?
4. 什么是自组织?
5. 简述协同学的基本原理。
6. 什么是混沌?混沌有哪些特征?
7. 什么是交叉科学?它的发展趋势是怎样的?

① 李喜先.论交叉科学[J].科学学研究,2001(1):25.

第三篇 现代技术

现代技术是指20世纪中叶电子计算机诞生后而兴起的高技术（High Technology）。高技术这一名词是从英文直接翻译过来的，它源于美国的建筑界。在20世纪60年代初期，美国的建筑业蓬勃发展，建筑商在对建筑物进行装潢时，为了吸引买主便采用了大量新技术、新工艺和新材料，使其显得华贵富丽。有两位美国建筑师对此十分赞赏，于1968年合著的一本名叫《高格调技术》的书，“高格调”一词是翻译时的用词，也可以翻译为“高技术”，这就是高技术概念的来源。从现在科学技术的角度来看，高技术的概念是指建立在综合科学研究基础上，处于当代科学技术前沿的，对发展生产力、促进社会文明、增强国防实力起重大先导作用和推动作用的技术。

20世纪50年代以来，自电子计算机诞生以后，在一大批最新科学研究成果的基础上出现了一个庞大的高技术群体，主要包括信息技术、生物技术、新材料技术、新能源技术、海洋技术和航天技术等，它们以信息技术为核心，以新材料技术为基础，以新能源技术为动力，依靠生物技术向微观方向发展，依靠海洋技术群和航天技术向宏观方向发展。其中，信息、材料和能源是人类社会赖以生存和发展的三大支柱。它们的出现和发展极大地扩展了人类认识自然和改造自然的范围和深度，对当代社会的发展有深刻的影响。当然，同其他一切事物一样，高技术也是一个发展着的概念。随着时间的推移和科技的进步，高技术的内涵和外延也在不断变化和发展。过去的高技术会成为现在的一般技术，而现在的高技术将成为未来的一般技术。在不同的发展阶段，高技术所包含的具体技术是不同的，因此，我们应当把高技术作为一个动态的相对意义的概念来认识。

第十章　信 息 技 术

20 世纪 70 年代以来，世界各国卷入了一场以微电子技术和计算机技术为主要标志的新技术革命，给人类的生产、生活、工作乃至思维方式带来了巨大而深刻的变化。人类历史在经历了约 6 000 年的农业社会和近 300 年的工业社会后，正逐步迈入第三个文明社会——信息社会。不言而喻，信息技术和与此相关的信息产业是信息社会的重要支柱。所谓信息技术就是指信息的获取、传递、处理技术，它以微电子技术为基础，包括计算机技术、通信技术、微电子技术、光导技术和人工智能新技术等。在新技术革命浪潮中，以激光器为基础的激光技术也得到了迅速发展，并广泛应用到工农业生产、信息处理、医疗卫生、文化艺术以及科学研究等各个领域，成为与核能技术、航天技术、信息技术和生物技术齐名的 21 世纪五大尖端技术之一。

第一节　微电子技术

如果说信息技术是信息社会的支柱，那么微电子技术就是信息技术的支柱。微电子技术是微小型电子元器件和电路的研制、生产以及用它们实现电子系统功能的技术领域。微电子技术的核心是集成电路技术。

一、微电子技术的出现与应用

（一）集成电路的诞生

1947 年，美国贝尔电话实验室的巴丁、肖克莱和布赖顿在经过十几年的努力后，制成了世界上第一只晶体管。1950 年，肖克莱等人又发明了晶体三极管。晶体管以体积小、重量轻、耗能低、寿命长、制造工艺简单、使用时不需预热的特有优点，取代了传统的电子管，大大加速了电子技术的发展。由于军事和其他各方面的需要，各种电子设备需求越来越大，技术越来越复杂，对这些设备的可靠性、稳定性等要求也越来越高。因此，采用传统的分立元器件电路已不能适应形势的发展。于是 20 世纪 60 年代初，由美国人制成了第一块集成电路。所谓集成电路是指以半导体晶体材料为基片，采用专门的工艺技术将组成电路的元器件和互连线以整体的形式集成在基片内部、表面或基片之上的微小型化电路或系统。它能完成从前需要多个分立元件才能完成的功能，而且其功能也随着科技水平的提高，以惊人的速度扩展着。

（二）集成电路的种类及发展历程

人们把在一定尺寸的芯片（即微型电路板，其尺寸比小拇指的指甲还小）上所制作出的晶体管元件的多少叫做集成度，集成度是标志集成电路技术水平的指标之一。集成电路可分为小规模、中规模、大规模、超大规模几类。一般规定，每块芯片上的集成度在 100 个晶体管以下的称为小规模集成电路，集成度在 100~1 000 个晶体管以上的称为中规模集成电路，芯片上集成 10 万个以上元器件的称为超大规模集成电路。集成电路发展之快是其他技术难于比拟的。20 世纪 60 年代初是小规模集成电路时期，70 年代是集成电路飞速发展的时期，随即进入了大规模集成电路时代，这期间已经出现了集成 20 多万个元器件的芯片。20 世纪 80 年代可看作是超大规模集成电路时代，集成度实际上已经突破了百万大关。经过上述四个阶段发展，从 20 世纪 80 年代后期开始集成电路技术步入了 1 微米和亚微米时代（1 微米 $=10^{-6}$ 米，80 年代初芯片的电连接宽度为 4~6 微米），真正实现了微型化。缩小芯片特征尺寸的最大的好处是提高芯片集成度，改善芯片性能（如提高晶体管运行速度等）和降低成本，从而获得更大的利润。早在 2001 年的 ITRS《国际半导体技术指南》中就曾经指出，2001 年芯片特征尺寸可达 0.13 m，2004 年实现 90 nm，比 1999 年的 ITRS 整整提前了一年。2003 年下半年起英特尔公司等世界著名 IC 厂商将投产 90 nm 工艺的 IC，它表明比 2001 年的 ITRS 又提前了一年。2001 年 ITRS 继续指出，2007 年达 70 nm，2010 年达 50 nm，2013 年达 30 nm，2016 年达 22 nm 半导体新工艺，新技术革新的重点是缩小芯片特征尺寸和实施铜互联技术。

（三）集成电路的制作工艺

生产集成电路的原料是硅、铝、水、某些化合物和一些普通气体。虽然这些材料都不昂贵，但制作集成电路的工艺却相当复杂，对所用设备的要求也很高。制作时先将纯度很高的原料硅晶体切成很薄的圆片，然后在圆片上一层一层地蚀刻出多个薄层和超薄层，同时掺入砷或镓，形成掺杂层。由于每个薄层的线与线之间的宽度仅为几个微米，因此蚀刻要用专门的技术。一般用光学投影复印技术，芯片薄层上线与线之间的宽度限制在 1.5 微米左右，但如果采用等离子束蚀刻技术，线宽边 0.1 微米。线宽越小，芯片的集成度越难。在蚀刻过程中，先将设计好的电子线路拍成照片，然后用激光、电子束、离子束或等离子束去扫过涂有抗蚀剂的衬底，或者直接照射在紧靠着涂有抗蚀剂衬底的掩膜上，用掩膜上离子吸收薄膜中所开的窗口来确定曝光的图形，从而将电子线路刻画到硅薄层上。

集成电路从 30 余年前出现到今天，其发展速度之快，对社会生产、生活的影响之大是人们始料未及的。

以集成电路为核心的微电子技术的发展,首先引起了计算机技术的巨大变革。由于计算机的心脏——中央处理器(CPU)采用了集成电路技术,而且随着芯片越来越小巧,越精密,微型计算机应运而生并得到迅速发展。特别是IBMPC个人电脑的问世,使计算机普及成为现实。微型计算机不仅在科研、经济、军事等各行各业中得到广泛应用,而且从20世纪80年代开始进入了普通的办公室和家庭,今天,微机已经成为人们生产、生活中不可缺少的东西了。

在现代化的广播电视技术中,微电子技术也大显神通。由于采用微电子技术的数字调谐技术,电视机可以对多达100个以上的频道进行任意选择,而且大大改进声音和图像的质量,提高保真度和清晰度。由于采用集成电路取代彩色电视机中大部分分立元件组成的功能电路,使电视机电路简捷清楚,结构紧凑,维修方便,价格低廉,而且使电视机更加轻巧。

自动化技术是当代发展迅速、应用广泛、最引人瞩目的高技术之一,是推动新的技术革命的核心技术。然而,自动化技术的发展离不开微电子技术的强大支持。比如作为现代制造业技术基础的数控技术和工业机器人的出现都是采用了微电子技术并与机械等其他技术有机结合的结果,就连汽车这种传统的机械产品也渗透进了微电子技术。采用微电子技术的引擎监控系统、汽车安全防盗系统、出租车的计程器等已得到广泛应用。目前,自动化程度较高的汽车甚至要有十几个到几十个微处理器。

以微电子技术为基础的电子产品正以崭新的面貌占领整个消费者市场。各种家用电器如空调机、全自动洗衣机、电冰箱、微波炉等都已进入寻常百姓家。而由音响、CD、家庭影院、微型机等组成的家庭终端,则为人们提供娱乐、信息和家政等方面的优质服务,成为当今社会人们时尚的追求。

总之,作为现代技术的核心,微电子技术已经渗透到现代通信、计算机、医疗卫生、环境、能源、交通、自动化等生产服务行业以及教育、家庭生活等各个方面,成为一项标志国家科学技术发达程度和人民现代化生活水平的高新技术。

二、微电子技术的现代发展

正因为以微电子技术为重要标志的新技术革命对经济的发展和社会的进步产生了广泛的影响,所以微电子技术,特别是集成电路技术越来越受到各国的高度重视。多年来,美国和日本等工业发达国家在发展大规模和超大规模集成电路方面一直展开激烈的竞争。1981年,全世界的芯片产品近60%是美国生产的,占据了60%的世界市场,当年日本的芯片产量约占世界产量的36%。而到1986年,即仅仅5年以后,日本已拥有世界上最大三家芯片制造厂商——日本电气公司、日立公司和富士通公司。在全世界销售额为250亿美元的芯片市场上，日本已取代了美国的头号地位。

对此，美国的一些有识之士和科学家认为：集成电路技术是整个电子工业和计算机工业的基础，国家在芯片方面的成功，将决定在整个战略性高技术工业方面的成功。因此，对于日本的挑战，美国现在正处于十字路口，它面临着生死攸关的抉择，必须为重新取得世界领导地位做出必要的根本改变。于是近年来，美国加紧了在微电子技术领域的研究与开发。1997年IBM公司开发出一种用铜来替代传统的铝制作计算机芯片的连线技术，有人将其看作是集成电路诞生以来最伟大的技术进步之一。这一重大技术突破不仅会大大提高计算机微处理器的运算速度，增强信息贮存能力，大幅降低计算机成本，而且将使三维立体芯片的设计成为可能。另外，美国英特尔公司采用全新的“瞬间技术”开发出名为“瞬间记忆”的芯片。它无需增加芯片的晶体管数量就能使计算机的贮存量在一瞬间增加一倍，在功能上比目前计算机内随机存取贮存器大大前进了一步。该项技术可使许多带有贮存器的电器的体积进一步缩小，成本进一步降低。

我国的集成电路产业起步于1965年，经过30多年的发展，现已初步形成了包括设计、制造、封装业共同发展的产业结构。芯片生产技术已达到8英吋、0.25~0.18微米水平。但总体来讲，我国集成电路产业比较弱小，1999年销售额仅占国际市场份额的0.7%，只能满足国内市场需求的16%。要提高我国微电子技术的整体水平，我们还需要长期的艰苦努力。从总体上说，我国集成电路生产水平仍相对落后，要想改变这一状况，必须从材料加工入手。而硅作为微电子器件和光电子器件最基础、最重要的功能材料，则越来越显示出它的特殊地位。因此加快硅片的生产加工技术进步便成为当前我国电子工业的一个主攻方向。北京有色金属研究总院半导体中心自1992年以来先后成功研制出我国第一根6英寸、8英寸、12英寸硅单晶。其中1995年建成的6英寸硅单晶抛光片生产线，其产品已进入国际市场。1998年2月，第一条具有自主知识产权的直径8英寸硅单晶抛光片生产线又建成投产，结束了此类产品大部分依赖从国外厂家进口的局面，标志着我国在超大规模集成电路用硅片的生产能力又上一层新台阶，达到国际先进水平。进入21世纪，我国的集成电路产业更是突飞猛进。

据专家分析，当前微电子技术的发展趋势可概括为以下几点：

(1) 在新的世纪，微电子技术仍将以极高的速度发展，这是因为它自身具有极大的潜力，而且有现代信息社会需要的强大推动。

(2) 在今后相当长的一段时期内，仍将向以硅为主要材料、CMOS为主导工艺技术的趋势发展。重点是设计方法学、设计技术和工具的发展，目标是在加工线宽不断缩小的同时，使微电子芯片功能更强、速度更快、功能更低、更小型化、更可靠、更便宜。

(3) 广义的系统集成技术，即把包括信息的获取、处理和利用的整个智能系统集成到一个或几个芯片上去的技术是一个需要重视的方向，将成为21世纪的一项突破性技术。

(4) 技术、装备和方式将有较大的变革，走向CIMS(计算机集成生产系统)的生产方式无疑是微电子大生产的必然方向。

(5) MOS(金属—氧化硅—半导体)器件的工作极限不会妨碍微电子技术的继续高速发展，而新一代器件的诞生将使微电子技术提升到更高水平。

集成电路产业对国民经济的战略作用首先表现在当代食物链关系上，现代经济发展的数据表明，GDP每增长100元，需要10元左右电子工业产值和1~3元集成电路产值的支持。美国半导体协会(SIA)曾预测，到2012年，集成电路全行业销售额将达到1万亿美元，它将支持6万亿到8万亿美元的电子装备、30万亿美元的电子信息服务业和约50万亿美元GDP。21世纪经济是信息经济，目前发达国家信息产业产值已占国民经济总产值的40%~60%，国民经济总产值增长部分的65%与集成电路有关。因此，抓住了集成电路产业发展，就能促进国民经济的高速发展。

可以预期，在21世纪，微电子技术将继续高速发展，集成度更高、工作速度更快、功能更强、功耗更低、价格更低廉的各种微电子产品将不断涌现，基于某些新原理而工作的器件将"取代"传统器件，微电子技术将进入一个既充满挑战更充满机遇的新世纪。正如最近美国工程技术界评出20世纪世界最伟大20项工程技术成就中第5项电子技术时谈到"从真空管到半导体、集成电路已成为当代各行各业智能工作的基石。"这是由其本质所决定的：社会信息化的程度取决于对信息的掌握、处理能力和应用程度，而集成电路正是集信息处理、存储、传输于一个小小的芯片中。当前微电子技术发展已进入系统集成芯片(System On Chip, SOC)的时代，可将整个系统或子系统集成在一个硅芯片上。进一步发展，可以将各种物理、化学和生物的敏感器(执行信息获取功能)和执行器与信息处理系统集成在一起，从而完成从信息获取、处理、存储、传输到执行的系统功能，这是一个更广义上的系统集成芯片。可以认为这是微电子技术又一次革命性变革。它已如同细胞组成人体一样，成为现代工农业、国防装备和家庭耐用消费品的细胞。

第二节 计算机技术

从1946年世界上第一台命名为"ENIAC"的电子计算机诞生至今，短短几十年的时间计算机的发展可谓"迅猛"，可以说计算机的诞生与发展不仅对我们的生活方式有了很大改变，而且对社会生产方式也有所变革。计算机技术发展的水平已经成为国家高新技术标志之一，世界各国的研究人员正在加紧研究开发各种新型计算机。

一、计算机概述

(一) 计算机的六代发展历程

第一代为电子管时代(约 1946—1956 年)。这一时期计算机所采用的电子元件主要是电子管，机器的运行速度一般是每秒几千至几万次。虽然运算速度低、可靠性差、体积大、功耗大、造价高、维修复杂(ENIAC 用了 18 000 个电子管，占地 170 米^2，重 30 吨，耗电 150 千瓦，每秒运算 5 000 次)，但是确实起到节约人力和节约时间的作用，当时主要服务于军事部门。

第二代为晶体管时代(约 1957—1964 年)。这一时期的计算机基本电路采用晶体管，其各项功能较之第一代均有很大进步，机器运行速度一般为每秒几万到几十万次，应用领域扩大到工农业、商业等部门。

第三代为集成电路时代(约 1965—1972 年)。这一时期开始采用中小规模集成电路技术，大大减少了线路间连接上的焊点，缩短了信息传输上的延迟时间，电路的故障率大为降低，可靠性显著提高。其各项功能较第二代又前进了一大步。机器运算速度一般为每秒几十万到几百万次，被广泛应用于各个部门的数据处理和自动化管理。

第四代计算机(1975—1990 年)。第四代计算机是大规模集成电路和超大规模集成电路计算机时代。

第五代计算机(1990—2005 年)。第五代计算机是超大规模集成电路和计算机时代，其主要标志有两个：一个是单片集成电路规模达 100 万个晶体管以上；另一个是超标量技术的成熟和广泛应用。

第六代计算机(2005 年以后至今)。第六代计算机是极大规模集成电路计算机，单片集成电路规模可达一亿到十亿个晶体管。

目前，计算机的发展正在进入新的时代。美国、西欧和日本等发达国家已投入大量人力、财力进行新生代计算机的研制。关于这一代计算机的性能至令尚无一个确切的定义，但有一点是大多数人所共识的：新生代计算机应是采用全新体系结构的智能型计算机。其主要特点是从模拟人类大脑功能方面看，既是属于承担逻辑推理思考能力、进行数值计算的左脑型，又是属于直观感知、认识、学习和求解问题的右脑型，要让其成为名副其实的“电脑”。

(二) 计算机的结构与功能

任何一台计算机基本上都是由五个部分组成：运算器、存储器、控制器、输入装置和输出装置。一般把运算器、存储器、控制器三个部分合起来叫做中央处理器或微处理器(CPU),把输入输出装置合起来叫做外部设备。上述五个部分称计算机的“硬件”。五个部分的功能分别为:(1)运算器是完成具体运算处理任务的部件,不仅能进行数字运算,还能进行逻辑判断和运算;(2)存储器是用来存放信息即计算机数据和程序的记忆部件;(3)控制器是用来指挥和控制计算机各部分联系和工作的部件;(4)输入输出装置是用来把数据和其他信息送入计算机,又将处理结果由计算机输出的部件。

计算机中的运算,采用的不是人们日常习惯使用的十进制记数法,而是二进制记数法。即由“0”和“1”两个数字符号组成不同的数,逢二进一。这样,不仅运算简单,而且只需构造两种状态就可以表示清楚。在实际的电子线路中,通常利用一个物理元件具有两种不同的稳定状态来满足这种需求。如电位的“高”和“低”,电脉冲的“有”和“无”,只要规定其中一种状态为“1”,则另一种状态就为“0”。由于任何一个二进制数与十进制数之间都存在着互换关系,所以计算机的最终结果是以人们习惯的形式提供给用户的。在计算机中,逻辑关系也是以数值形式出现的。如“1”代表肯定,“0”代表“1”的反面即否定。将这两个逻辑关系,肯定“1”、否定“0”输入运算器,如果两个输入中有一个是肯定,结果就是肯定,这叫做“或”逻辑,如果两个输入必须全是肯定,结果才是肯定,就叫做“与”逻辑;如果输出是输入的反面,则叫做“非”逻辑。计算机可以按照逻辑代数的规则进行逻辑运算,有了逻辑运算功能就有了“判断”功能。

(三) 计算机的特点

1. 运算速度快

运算速度快是计算机的一个突出特点,通常用每秒钟执行定点加法的次数或平均每秒钟执行指令的条数来衡量。在早期计算机运算速度每秒几千次,例如ENIAC机每秒钟仅可完成5 000次定点加法,但是发展到现在,最高的运算速度可达每秒几千亿次乃至万亿次。计算机高速运算的能力极大地提高了工作效率,把人们从浩繁的脑力劳动中解放出来。过去用人工旷日持久才能完成的计算,而计算机在“瞬间”即可完成,这就使得许多由于计算量太大、难以完成的数学问题,使用计算机可以轻易地解决。

2. 计算精度高

在科学研究和工程设计中,对计算的结果精度有很高的要求。一般的计算工具只能达到几位有效数字(如过去常用的四位数学用表、八位数学用表等),而计算机对数据的结果精度可达到十几位、几十位有效数字,根据需要甚至可达到任意的精度。

3. 存储容量大

计算机的存储器可以存储大量数据，这使计算机具有了“记忆”功能。目前计算机的存储容量越来越大，已高达千兆数量级的容量。计算机具有“记忆”功能，是与传统计算工具的一个重要区别。

4. 具有逻辑判断功能

计算机的运算器除了能够完成基本的算术运算外，还具有进行比较、判断等逻辑运算的功能。这种能力是计算机处理逻辑推理问题的前提。

5. 自动化程度高，通用性强

由于计算机的工作方式是将程序和数据先存放在机内，工作时按程序规定的操作，一步一步地自动完成，一般无须人工干预，因而自动化程度高。这一特点是一般计算工具所不具备的，能广泛地应用各个领域。

二、进入智能化的计算机

简单地说，智能化是指让计算机具有模拟人的感觉和思维过程的能力。智能计算机具有解决问题和逻辑推理的功能、知识处理和知识库管理的功能等。人与计算机的联系是通过智能接口，用文字、声音、图像等与计算机进行自然对话。智能化使计算机突破了“计算”这一初级的含义，从本质上扩充了计算机的能力，可以越来越多地代替人类脑力劳动。但是现在还存在一些关键的问题。

（一）数据的问题

现有的计算机中不同的数据都是基于对同样的二进制数据的不同调用方法，这导致了一个问题，我们如何在纯二进制的前提下区分不同的数据呢？通过传统的方式在设定数据之前先通过声明的方式设定类型固然不错，但是这和智能化的根本是相冲突的，一个直接的问题就导致了不同类型的数据很难产生相互关联。而解决这一问题的办法也是简单的，那就是把所有的数据都设定成字符串的形式，而当进行计算的时候就把小数点两边的数据分别相加，再相连。这样做的好处是很明显的，那就是我们既不需要再担心不同类型的数据之间的相互操作问题，也可以让计算机的处理更接近于人的思维过程，这对于创建智能化来讲是十分有利的。

正是基于此，不同的方法和代码之间总有太多的相同部分，相同的函数在程序中被反复定义不但浪费了处理空间，也使得代码和数据难以彻底分离。而基础代码和数据的彻底分离却是智能化实现的根本方向。因此，更有效的方法是基于坐标系的对于程序曲线的压缩。

（二）代码的自更新问题

智能化的基本思路就是对于代码的自更新能力，因此对一个正在运行中的程序进行自更新就是要提供更多的方法。诚然,程序运行的核心部分是不应该也不能够时常进行更新的,那就违背了程序稳定性的原则。但是对于实现数据处理的方法我们却可以根据处理的过程进行有效的记忆,而后对于相同的经验应用相似的处理过程,这样的思路就可以从根本上提高程序的智能化效果。比如,一个网站往往可以将用户自定义的设置保存成 cookie 的形式存储在本机上,下次访问就可以对其自定义的部分进行读取,从而实现一定程度的人性化设计。如果我们更进一步,将用户的一些重复操作都记忆成一段代码曲线的话,效果就可能会更好一些。比如,我们时常用鼠标选取一部分字符,然后在搜索栏中搜索,这样的过程就可以通过简单的记忆功能进行记忆,之后,用户再选取字符的时候,搜索栏中就可以实时显示这部分字符了。

对一些更复杂的操作,我们也可以进行恰当的记忆。例如,如果我们设计的程序所产生的查询结果并不能让用户满意,那么用户应该可以通过设定自己的检索条件来自定义对部分数据的查询。这一过程用户所接触到的只有数据,而程序的后台就可以用相关的函数将其补齐,然后执行,如果结果是用户满意的,那程序就应该记录下这个特殊的查询定义,在以后推荐给使用者使用。经过一段时间的运行后再对相关的方法进行检索,提高使用率大的查询优先级,而降低甚至删除不使用的部分,这样的过程就可以让程序越来越满足使用者的实际要求。当这种方法的积累达到一定程度的时候,理论上我们的程序就应该可以明白用户想要的是什么样的结果,然后根据这样的结果反向查询可能的方法,主动寻找恰当的途径,当程序实现到这一步过程的时候,可以说真正的智能化计算机就离我们不远了。

由于计算机具有强大的功能和显著的特点,因此它问世以后很快就进入了人类生产、生活的一切领域,使人类认识和改造自然的能力大大提高。据估计,目前应用计算机的领域已超过 5 000 个,概括起来,大致有以下几个方面:

(1) 数值计算或称科学计算。计算机可以完成大量而复杂的计算,如天气预报、地震预测以及尖端技术领域如宇宙火箭、人造卫星等发射的各种精确周密的数值计算。

(2) 数据处理或称信息处理。数据处理与数值计算不同,它的特点是处理的数据量大而计算公式并不复杂,它的任务是对大量数据进行有效的分析和处理。目前数据处理约占整个计算机应用比例的 70%~80% 左右。

(3) 实时控制或称过程控制。实际上这是生产过程或科学实验过程的自动化,计算机能及时采集检测数据,按最优方案实现自动控制。

(4) 计算机辅助系统。利用计算机辅助人们完成设计、制造、测试、教学等方面的工作,统称计算机辅助系统。例如利用计算机帮助设计人员进行工程设计，提高设计工作的自动化程度，提高产品设计的质量，缩短产品研制周期，称计算机辅助设计(CAD)；利用计算机帮助教师把教学内容编制成“课件”在计算机上运行，供学生根据不同需要自主选择，使教学内容多样化、形象化，便于因材施教，称计算机辅助教学(CAI)。

(5) 人工智能或称智能模拟。主要研究如何使计算机“模仿”人的智能，即使计算机具有“感知、思维、推理、学习”的功能。例如1976年美国科学家借助计算机解决了数学家们一百多年来悬而未决的著名定理——四色定理，还有用计算机诊断病情、控制机器人和机械手等，都充分显示了计算机在逻辑思维、推理方面的广泛用途。

特别是在21世纪，随着微型计算机的“日新月异”，使计算机的应用领域迅速扩大，远远超出了上述五个方面，尤其是计算机进入了办公室和寻常百姓家中。电脑已经极大地改变了人们的工作、生活方式，预示着人类社会正面临着一场深刻的变革。

三、计算机的未来

(一) 模糊计算机

实际生活中人们使用着大量的模糊概念，比如“走快一些”、“再来一点”等含糊、不精确的说法。但在不少场合，精确严密反而显得繁琐，毫无必要，人们往往需要处理大量模糊信息。目前的计算机只能进行精确运算反而不能处理模糊信息。日本成立了专门机构，集中大批计算机、心理学、生理学和语言学专家，共同研制模糊计算机，1990年已制造出一种能在一秒钟内完成64.5万次模糊逻辑推理的计算机。估计不久的将来，模糊计算机可以问世，对模糊问题处理自如。

(二) 生命计算机

科学家预测21世纪会出现一种全新的高级生命计算机，它以生物化学反应来模拟人体的机能，转换和处理大量复杂的信息。这种计算机的关键元件是生物集成块，一个以生物分子来替代半导体材料的芯片，记忆能力达到普通计算机的10亿倍。

(三) 光计算机

光计算机是一种用光信号进行数字运算、信息存储和处理的新型计算机，运用集成光路技术，把光开关、光存储器等集成在一块芯片上，再用光导纤维连接成计算机。这种计算机运算速度和存储容量比现在的电子计算机高上万、上百万倍。在美国电话电报公司贝尔实验室，以华裔科学家黄庭钰为首的研制小组已成功研发出世界上第一台数字式光学处理器，为研制光计算机迈出了重要的一步。

（四）超导材料计算机

超导技术的发展使科学家们想到用超导材料来替代半导体制造计算机。超导计算机具有超导逻辑电路和超导存储器，运算速度是传统计算机无法比拟的。美国科学家已经成功地用 5 000 个超导单元装置在不到 10 立方厘米的主机内，组成一个简单的超导计算机，每秒能执行 2.5 亿条指令。研制超导计算机的关键之一是要有一套维持超低温的设备。

（五）量子计算机

1982 年诺贝尔物理学奖获得者美国科学家费曼提出了量子力学同计算机结合起来的设想，20 世纪末美国与英国的研制小组已分别从实验室制造出最简单的量子计算机，可以预言，21 世纪高性能的量子计算机将会出现。

（六）纳米计算机

利用纳米技术可在织物中嵌入微型计算机、传感器和其他微型装置，包括制冷和供暖系统、定期自动清洗、自动维修、按摩保健、散发芳香等多种功能，人们穿在身上更方便实用。

（七）智能机器人

21 世纪，以计算机为基础的人工智能技术将得到极大发展，各种智能机器人会大量出现，比如硅磁智能机器人（集智能软件和硬件于一身的新一代机器人）、仿真智能机器人（外表与人一样，且具有人的各种感觉及情感的机器人）等等。

第三节　网络化信息技术

网络化信息技术是指利用通信技术和计算机技术，把分布在不同地点的计算机及各类电子终端设备互联起来，按照一定的网络协议相互通信，以达到所有用户都可以共享软件、硬件和数据资源的目的。现在，计算机网络在交通、金融、企业管理、教育、邮电、商业等各行各业中，甚至是我们的家庭生活中都得到广泛的应用。目前各国都在致力于三网合一的开发与建设，即将计算机网、通信网、有线电视网合为一体。将来通过网络能更好地传送数据、文本资料、声音、图形和图像，用户可随时随地在全世界范围拨打可视电话或收看任意国家的电视和电影。近几年计算机联网形成了巨大的浪潮，它使计算机的实际效用得到大大地提高。

一、互联网的诞生

1969 年，美国国防部高级研究计划管理局（Advanced Research Projects

Agency,ARPA)开始建立一个命名为ARPAnet的网络,把美国的几个军事指挥点及研究所用电脑主机连接起来。9月2日,两台计算机第一次被连接在一起,构成阿帕网。这原本是美国国防部先进研究项目局的研究项目,而后却发展成为互联网的基础。这是因为,美国国防部认为,如果仅有一个集中的军事指挥中心,万一这个中心被摧毁,全国的军事指挥将处于瘫痪状态,其后果将不堪设想,因此有必要设计这样一个分散的指挥系统——它由一个个分散的指挥点组成,当部分指挥点被摧毁后其他点仍能正常工作,而这些分散的点又能通过某种形式的通信网取得联系。当初,ARPAnet最多也只连接4台主机,从军事要求上是置于美国国防部高级机密的保护之下,从技术上它还不具备向外推广的条件。

1983年,ARPAnet和美国国防部通信局研制成功了用于异构网络的TCP/IP协议,美国加利福尼亚大学伯克莱分校把该协议作为其BSD UNIX的一部分,使得该协议得以在社会上流行起来,从而诞生了真正的Internet。1986年,美国国家科学基金会(National Science Foundation,NSF)利用ARPAnet发展出来的TCP/IP的通讯协议,在五个科研教育服务超级电脑中心的基础上建立了NSFnet广域网。由于美国国家科学基金会的鼓励和资助,很多大学、政府资助的研究机构甚至私营的研究机构纷纷把自己的局域网并入NSFnet中。那时,ARPAnet的军用部分已脱离母网,建立了自己的网络——Milnet。ARPAnet——网络之父,逐步被NSFnet所替代。到1990年,ARPAnet退出历史舞台。如今,NSFnet已成为Internet的重要骨干网之一。1989年,由CERN开发成功WWW,为Internet实现广域超媒体信息截取、检索奠定了基础。

到了20世纪90年代初期,Internet事实上已成为一个"网中网"——各个子网分别负责自己的架设和运作费用,而这些子网又通过NSFnet互联起来。由于NSFnet是由政府出资,因此,当时Internet最大的老板还是美国政府,只不过在一定程度上加入了一些私人小老板。Internet在20世纪80年代的扩张不单带来量的改变,同时亦带来质的某些改变。由于多种学术团体、企业研究机构,甚至个人用户的进入,Internet的使用者不再限于电脑专业人员。新的使用者发现,加入Internet除了可共享NSFnet的巨型机外,还能进行相互间的通信,而这种相互间的通信对他们来讲更有吸引力。于是,他们逐步把Internet当作一种交流与通信的工具,而不仅仅是共享NSFnet巨型机的运算能力。

1991年,美国的三家公司分别经营着自己的CERFnet、PSInet及Alternet网络,可以在一定程度上向客户提供Internet联网服务。他们组成了"商用Internet协会"(CIEA),宣布用户可以把它们的Internet子网用于任何的商业用途。Internet商业化服务提供商的出现,使工商企业终于可以堂堂正正地进入Internet。商业机构一踏入Internet这一陌生的世界就发现了它在通信、资料检索、客户服务等方面的巨大潜力。于是,其势一发不可收拾。世界各地无数的企业及个人纷纷涌入 Internet,带来 Internet 发展史上一个新的飞跃。

Internet 目前已经联系着超过 160 个国家和地区、4 万多个子网、500 多万台电脑主机,直接的用户超过 4 000 万,成为世界上信息资源最丰富的电脑公共网络。Internet 被认为是未来全球信息高速公路的雏形。

二、互联网的快速发展

Internet 发展经历了研究网、运行网和商业网三个阶段。至今,全世界没有人能够知道 Internet 的确切规模。Internet 正以当初人们始料不及的惊人速度向前发展,今天的 Internet 已经从各个方面逐渐改变人们的工作和生活方式。人们可以随时从网上了解当天最新的天气信息、新闻动态和旅游信息,可看到当天的报纸和最新杂志,可以足不出户在家里炒股、网上购物、收发电子邮件,享受远程医疗和远程教育等等。

Internet 的意义并不在于它的规模,而在于它提供了一种全新的全球性的信息基础设施。当今世界正向知识经济时代迈进,信息产业已经发展成为世界发达国家新的支柱产业,成为推动世界经济高速发展新的原动力,并且广泛渗透到各个领域,特别是近几年来国际互联网络及其应用的发展,从根本上改变了人们的思想观念和生产生活方式,推动了各行各业的发展,并且成为知识经济时代的一个重要标志之一。Internet 已经构成全球信息高速公路的雏形和未来信息社会的蓝图。纵观 Internet 的发展史,可以看出 Internet 的发展趋势主要表现在如下几个方面:

(一)运营产业化

以 Internet 运营为产业的企业迅速崛起,从 1995 年 5 月开始,多年资助 Internet 研究开发的美国科学基金会(NSF)退出 Internet,把 NFSnet 的经营权转交给美国 3 家最大的私营电信公司(即 Sprint、MCI 和 ANS),这是 Internet 发展史上的重大转折。

(二)应用商业化

随着 Internet 对商业应用的开放,它已成为一种十分出色的电子化商业媒介。众多公司、企业不仅把它作为市场销售和客户支持的重要手段,而且把它作为传真、快递及其他通信手段的廉价替代品,借以形成与全球客户保持联系和降低日常的运营成本。如电子邮件、IP 电话、网络传真、VPN 和电子商务等等的日渐受到人们的重视便是最好例证。

(三)互联全球化

Internet 虽然已有三十多年的发展历史,但早期主要是限于美国国内的科研机构、政府机构和它的盟国范围内使用。目前,随着各国纷纷提出适合本国国情的信息高速公路计划,已迅速形成了世界性的信息高速公路建设热潮,各个国家都在以最快的速度接入 Internet。

（四）互联宽带化

随着网络基础的改善、用户接入方面新技术的采用、接入方式的多样化和运营商服务能力的提高,接入网速率慢形成的瓶颈问题将会得到进一步改善,上网速度将会更快,带宽瓶颈约束将会消除,互联必然宽带化,从而促进更多的应用在网上实现,并能满足用户多方面的网络需求。

（五）"云计算"的运用

云计算(Cloud Computing)是计算机互联网中的一个新概念,代表了以虚拟化技术为核心、以低成本为目标的动态可扩展网络应用基础设施,是近年来最有代表性的网络计算技术。在不太遥远的将来,主要的计算工作很可能将再次离开个人计算机,转而由远端的计算中心来完成,像天上的云彩一样莫测。"云计算"这个概念常常让人感到云里雾里,但现在的互联网界似乎已经确定地看到了它将带给我们的未来。2009 年值得关注的 10 大信息战略技术中美国加特纳数据搜索公司就将云计算技术列入其中,亚马逊公司也开始推进云计算在医疗领域的应用,以期为医学研究带来强大、灵活和低成本的协作与创新平台。

对于互联网来说,云计算就好像公路这样的基础建设。最朴素的云计算概念是最初的主机托管,一家公司将电力、带宽以及一台主机都托付给 IDC(互联网数据中心)。而近些年,人们发现他们的应用程序所需要的远不仅仅是这些最简单的物理支持,人们要自己去把系统装好,要自己建立数据库。"这样的事情在五年前是一点难度都没有的,任何一个技术人员都能做。"阿里软件研究院云计算架构师叶军博士说,"但是五年时间过去,互联网发展太快,现在一切都变了。"

现在一个应用程序不可能靠一台主机来完成一个功能,而是要靠大量的计算机共同计算。技术人员要解决分布式计算、分布式存储等问题。一台台微型计算机就像天上难以计数的云滴,共同组成了"云"。实际上,云计算影响到的不仅仅是企业,它对个人来说,可能意味着一个颠覆性的结果:个人计算机的终结。

（六）大数据

随着"云时代"的来临,"大数据"(Big data)也吸引了越来越多的关注。《著云台》的分析师团队认为,"大数据"(Big data)通常用来形容一个公司创造的大量非结构化和半结构化数据,这些数据在下载到关系型数据库用于分析时会花费过多时间和金钱。大数据分析常和云计算联系到一起,因为大数据技术的战略意义不在于掌握庞大的数据信息，而在于对这些含有意义的数据进行专业化处理。

早在 1980 年，著名未来学家阿尔文·托夫勒便在《第三次浪潮》一书中，将大数据热情地赞颂为“第三次浪潮的华彩乐章”。不过，大约从 2009 年开始，“大数据”才成为互联网信息技术行业的流行词汇，具体可分成大数据技术、大数据工程、大数据科学和大数据应用等领域。大数据主要有四个层面：第一，数据体量巨大。从 TB 级别，跃升到 PB 级别；第二，数据类型繁多。前文提到的网络日志、视频、图片、地理位置信息等等。第三，价值密度低，商业价值高。以视频为例，连续不间断监控过程中，可能有用的数据仅仅有一两秒。第四，处理速度快，1 秒定律。最后这一点也是和传统的数据挖掘技术有着本质的不同。业界将其归纳为 4 个“V”——Volume，Variety，Value，Velocity。

（七）多业务综合平台化、智能化

随着信息技术的发展，互联网将成为图像、话音和数据“三网合一”的多媒体业务综合平台，并与电子商务、电子政务、电子公务、电子医务、电子教学等交叉融合。10 到 20 年内，互联网将超过报刊、广播和电视的影响力，逐渐形成“第四媒体”。

综上所述，随着电信、电视、计算机“三网融合”趋势的加强，未来的互联网将是一个真正的多网合一、多业务综合平台和智能化的平台，未来的互联网是“移动 +IP+ 广播多媒体”的网络世界，它能融合现今所有的通信业务，并能推动新业务的迅猛发展，给整个信息技术产业带来一场革命。

三、物联网技术

根据国际电信联盟（ITU）的定义，物联网主要解决物品与物品（Thing to Thing，T2T），人与物品（Human to Thing，H2T），人与人（Human to Human，H2H）之间的互连。但是与传统互联网不同的是，H2T 是指人利用通用装置与物品之间的连接，从而使得物品连接更加的简化，而 H2H 是指人之间不依赖于 PC 而进行的互联。因为互联网并没有考虑到对于任何物品连接的问题，故我们使用物联网来解决这个传统意义上的问题。物联网顾名思义就是连接物品的网络，许多学者讨论物联网中，经常会引入一个 M2M 的概念，可以解释成为人到人（Man to Man）、人到机器（Man to Machine）、机器到机器（Machineto Machine）。从本质上而言，人与人、人与机器、机器与机器的交互，大部分是为了实现人与人之间的信息交互。总之，“物联网技术”的核心和基础仍然是“互联网技术”，是在互联网技术基础上的延伸和扩展的一种网络技术，但是它的用户端延伸和扩展到了任何物品和物品之间。因此，物联网技术的定义是：通过射频识别（RFID）、红外感应器、全球定位系统、激光扫描器等信息传感设备,按约定的协议,将任何物品与互联网相连接,进行信息交换和通讯,以实现智能化识别、定位、追踪、监控和管理的一种网络技术。

物联网技术1999年诞生,2005年普及,2009年获得极大发展。物联网(Internet of Things)这个词,国内外普遍公认的是MIT Auto-ID中心Ashton教授1999年在研究RFID时最早提出来的。在2005年国际电信联盟(ITU)发布的同名报告中,物联网的定义和范围已经发生了变化,覆盖范围有了较大的拓展,不再只是指基于RFID技术的物联网。

自2009年8月温家宝总理提出"感知中国"以来,物联网被正式列为国家五大新兴战略性产业之一,写入"政府工作报告",物联网在中国受到了全社会极大的关注,其受关注程度是在美国、欧盟以及其他各国不可比拟的。物联网的概念与其说是一个外来概念,不如说它已经是一个"中国制造"的概念,他的覆盖范围与时俱进,已经超越了1999年Ashton教授和2005年ITU报告所指的范围,物联网已被贴上"中国式"标签,在2011年的产业规模已经超过2 600亿元人民币。

第四节 信息高速公路与通信技术

今天,人类已经进入信息文明的新时代,其技术支撑离不开信息高速公路与通信网络。因此,本节将重点介绍三个问题:一是信息高速公路的起源与发展;二是信息高速公路的应用前景;三是通信技术。

一、信息高速公路的起源与发展

1955年,美国参议员阿尔伯特·戈尔在国会提出,在各州之间建立高速公路,他的提案获得通过。于是从那时起10年内,世界上技术最先进、效率最高的高速公路网陆续建成通车。美国的高速公路网四通八达,广连城乡,人们可以驱车前往任何地方。有人称美国是"架在车轮上的国家"。从某种意义上说,正是有了高速公路,美国才发展成最先进的工业国家。

历史跨入20世纪90年代,人类正在步入信息社会。近10年,全球信息总量呈爆炸性增长。据统计,世界上每过1小时即产生20项新发明。每过1年就会新增790亿条信息。如此巨大的信息量使得以往传送信息的通道电线、电缆等像狭窄的公路一样,时常发生"堵车"现象,以至信息无法及时传送出去。为此,必须尽快拓宽信息传输的"公路"。于是,就在阿尔伯特·戈尔提出建造高速公路的30余年后,他的儿子,原美国副总统阿尔·戈尔在1993年提出,在美国建设“信息高速公路”,以此推动现代经济与社会的高速发展。

信息高速公路就是把信息的快速传输比喻为“高速公路”。所谓“信息高速公路”,就是一个高速度、大容量、多媒体的信息传输网络。其速度之快,比目前网络的传输速度高 1 万倍;其容量之大,一条信道就能传输大约 500 个电视频道或 50 万路电话。此外,信息来源、内容和形式也是多种多样的。网络用户可以在任何时间、任何地点以声音、数据、图像或影像等多媒体方式相互传递信息。其服务范围广及政府机关、科研部门、学校、企业、商店、银行、医院、娱乐场所千家万户,从而实现信息资源共享的目的。多媒体化就是指这个信息传输及处理系统把文字、数据、图形、图像和声音等信息媒体作为一个集成体由计算机来处理,把计算机带入了一个声、文、图集成的应用领域。由此可见,“信息高速公路”的建成将对人类社会产生不可估量的影响。

以“信息高速公路”为先导的信息社会正向我们走来,而且似乎比人们预料的还要快些。1993 年 9 月 15 日,美国政府宣布:美国将用 20 年的时间,投资 4 000 亿 ~5 000 亿美元,实施“信息高速公路”计划。紧接着日本、法国、德国等国家也都竞相公布了各自国家创建“信息高速公路”的计划。我国对此也十分重视,正在积极建设自己的“信息国道”,目标是覆盖我国主要大中城市,形成一个全国性的高速传输网络。

网络是信息的路,长途通信主要有三大手段,即卫星通信、光纤通信和微波通信。就信息高速公路来说,最重要的是光纤通信,以卫星和微波作为辅助手段。现在用的光导纤维一般是二氧化硅 SiO_2,要求光的折射率从纤维的中心到边上按照指定的规律分布。光纤有单膜和多膜之分,目前多用单膜的,信息的衰耗比较小。现在大西洋里美国到欧洲的光缆已不止一根,美国西海岸到日本也有光缆。经上海、南京、武汉、郑州、西安、兰州、乌鲁木齐直到独联体国家接口到欧洲的光缆,在我国的一段已完工。我国在“八五”期间已建成 22 条光缆,各省会城市基本上都连在一起了。“九五”期间又有“八横八纵”的光纤网络规划,偏重于东南方向,加大原有光纤通信的网眼密度。

在各国信息高速公路建成后,科学家们还进一步设想,建设全球性的信息高速公路。目前这一设想正在逐步成为现实——世界已进入了国际互联网(Internet)时代。国际互联网又称因特网,是一个全球最大的、开放的,由众多网络相互连接的网络群,在这个网络上的用户,可以在任何时间、任何地点,方便地获取和共享信息。目前,与互联网相连接计算机用户已经达到 1 亿台之多。人们可以通过信息高速公路和亲朋好友面对面的交谈,可以阅读世界各地当天出版的书刊报纸,查阅世界各地图书馆的藏书和各种文字声像资料。

如果说,以蒸汽机和电力为核心的两次工业革命解放了人类体力劳动,那么以微处理器为依托的信息革命则使人类的智力得到延伸。当前的“信息高速公路”热,是人类走向信息化社会的催化剂,也意味着作为第三次技术革命的信息产业革命正在引爆,一个以高科技为基础的知识经济时代已经展现在人类面前。

二、信息高速公路的应用前景

“信息高速公路”能给人类生活带来根本的变革,具有巨大的经济效益和社会效益。据美国政府估计,“信息高速公路”每年将为美国企业创造 3 000 亿美元的销售额,使美国的劳动生产率提高 20%~40%。据美国政府专家预测,“信息高速公路”可以缓解能源、交通和环境等方面的社会问题。

(一) 行政部门节约开支

信息高速公路有助于创立一个“电子化行政部门”,改善行政部门服务质量,使用电子办公、电话会议、网络连线等方式来节省开支。

(二) 医疗全球会诊成为可能

使用遥控医疗系统的虚拟诊室,同几千英里之外的专家对病人进行会诊,通过“信息高速公路”把高清晰度的 X 光片或其他扫描图像传至医疗中心,以便对诊断进行确认。而且医学专家指出,计算机化病历(即在“信息高速公路”上传送病历)是改进病历管理质量,提高病历利用效率,降低保险费用的关键。

(三) 对科技研究和发展的促进

信息高速公路将带动许多先进技术快速发展。信息高速公路可使科学家和工程师利用非常广泛的计算机资源从事科研和设计,攻克“重大挑战”的难题,并能让科学家进行广泛的科学协作。

(四) 教育方式的改进

通过“信息高速公路”和多媒体交互式远距离教学设备,所有学生(甚至不必到学校)都能够享用最好的学校、教师和课程,而不受地理、距离、财力和残疾等因素的限制。通过“信息高速公路”,家长和教师可以更频繁地进行联络,了解和监督学生在课堂内外的学习和活动情况。

(五) 建立办公与家庭信息中心

随着“信息高速公路”的建设,可以在远离闹市的家里打开多媒体终端,也可以在家里开会商讨。居家办公不仅使企业有利可图,减少办公用房节省开支,提高工作效率,还可以使职员更好地利用自己的时间。未来“信息高速公路”的终端就是一个多媒体终端,它结合了现在电话、电视、计算机和摄像机的多种功能,构成一个“家庭信息中心”,通过这个中心我们可以获得目前经由各种通道流入家庭的所有信息。

（六）电子商务

电子商务即通过电子方式从事的商业活动，如联机零件目录、多媒体邮件、电子付款、代理服务、协同工程等等。电子商业能大大缩短设计、制造和销售新产品所需的时间，加强制造商、供应商和联合开发者之间的关系。电子商业的一个重要手段是电子数据互换（EDI），“信息高速公路”将为 EDI 提供宽敞的信息通道。EDI 是一种先进的文件传送和事务处理的技术手段，它可应用于商业、贸易、金融、运输、海关、医疗保健、法律等领域。至今最有影响的应用是商业贸易。

（七）电子金融

在美国，随着信用卡的普及，现金正开始消失。而计算机化“智能卡”和各类电子网络的发展则会加速这一进程。事实上，中国、美国等国家的一些大金融机构正在建立自己的“信息高速公路”，这种全国范围银行业务网将使人们能够通过个人计算机来付账、管理投资、查询财务报告、转账及办理其他银行业务。

三、通信技术

一般按照信息传输方式的不同，可将通信技术大致分为电气通信、光纤通信和卫星通信三大类。电气通信简称电信，是使用电或电子设施来传递语言、文字、图像等信息，从而达到联系目的的通信方式。

（一）电气通信

在信息社会，人类活动所需的多种信息就是依靠以现代通信技术为基础的通信设施来处理、存储及传输的。如果说建立在微电子技术及软件技术基础上的计算机是信息社会的“大脑”，那么，由程控交换机、大容量光纤、通信卫星及其他现代化通信设备交织而成覆盖全球的电信网络，就是信息社会的“神经脉络”。

(1) 数字程控交换机。交换机是电话线路交换与接续的设备，从电话接通到通话结束，都离不开它。从 20 世纪 60 年代开始，电子交换机迅速发展起来。1965 年世界上第一台用电子计算机控制的电话机诞生。它利用预先编好的程序来控制电话的交接接续，这种控制方式称“存储程序控制”，简称程控。用程控交换机接续的电话机，称为“程控自动电话”，即通常说的程控电话。程控交换机具有接续速度快、声音清晰、质量可靠、服务功能多等优点。由于它采用计算机程序控制，因此使交换系统具有更大的灵活性、适应性和开放性，并便于开发数据、图像通信及其他新的通信业务。程控交换既可用于电话，也可用于传真等非话通信。70 年代以来，一种传输离散数字信号的“数字程控交换机”问世且迅速发展，并逐步取代了原有的模拟程控交换机，使信息交换进入了数字交换时代。

⑵ 可视电话。可视电话(又称电视电话)通常由电视机(终端设备)、传输线路和交换机三部分组成。其中电视电话机不仅要有普通电话机的功能,还要有摄像机的摄像功能和电视机的显像功能。它使联系的双方既能通话,又能见面,弥补了"只听声,不见影"的不足,增进了双方交流,加深了相互了解。

⑶ 移动电话。移动体之间或移动体与固定体之间的无线电信息传输与交换,称为移动通信。移动电话是移动通信的最主要形式。1978 年后,一种同频复用、大容量小区制的移动电话系统由美国、日本和瑞典等国开发并投入使用,其工作频段 900 兆赫,能在全地域自动接入公共电话交换网。该电话系统的网络由一个个边长为几千米到十几千米的正六边形小区组成,因形如蜂窝,故取名为蜂窝移动电话系统。在移动通信网中的移动电话用户不仅能相互通话,而且能同公众电话网中的固定电话用户通话。移动电话由于能使人们在移动过程中随时随地进行通信,适应了现代社会快节奏、人员流动性强的需要。因此,该项通信业务发展极为迅速。1993 年全世界移动电话用户 2 200 多万户,1997 年就达到 6 000 多万户,20 世纪 80 年代又研制出数字式蜂窝移动通信系统。数字移动电话不仅频道容量大,通信质量高,而且保密性好,还具有国际漫游等功能。中国工业和信息化部 2012 年 12 月 24 日发布数据说,截至 2012 年 11 月底,中国移动电话用户数达到 11.04 亿户,其中 3G 用户数 2.2 亿户。

(二) 非话通信

凡不单纯以通话为目的的通信业务,都称为非话通信。随着人类社会活动在时间和空间上的扩展,通信的重点正逐渐从话语听觉信号转到视觉信息。目前,非话通信业务的增长远远超过了电话通信业务。其中,传真、数据通信和可视图文的增长尤为突出。

传真是利用扫描技术,把固定的图像、文稿等转换成串行的电信号,然后利用通信技术把它们从一个地方按原样式传送到另一个地方,并在那里以记录的形式复制出来的一种通信方式。20 世纪 80 年代末期以后,传真机成本大大降低。能在 3 秒钟内把一页文稿或图表传送到世界上任何地方的第四代数字式传真机也问世了,因此,传真机已成为最重要的现代通信工具之一。

(三) 光纤通信

光纤通信是利用光波载荷话音、散据、图像等信号,通过光导纤维作为媒介进行传输的一种通信技术。它是当前最活跃、发展前景最广阔的一种通信方式。

1. 光纤通信的基本原理

所谓光导纤维,是指质量非常高、光传导极好、很细的玻璃丝(直径 10^{-5}~10^{-6} 米)。它由芯子、包层和涂敷层组成。我们知道,光虽然是一种波长很短的电磁波,但它是沿着直线方向传播的。要使光像电一样传递信息,必须使它能够沿着弯曲的线路传播，光纤就是利用了光的“全反射”定律，实现光信号的传递。当光以某一角度从芯子射到包层时，由于芯子的折射率高于包层的折射率，光便在芯子和包层交界处产生全反射，这样辗转反射，光线即在芯子内呈“之”字形前进。涂敷层的作用是增加光纤的机械强度，同时保护光纤不受外来损害。利用光纤传递信息是使声音或图像进入电话或摄像机变成相应的电信号，再把电信号加到激光发射机上发出相应的光信号，通过光纤将光信号传到另一端，由激光接收机接收，通过光电转换器再还原成电信号，而后进入电话机或电视机复制出声音或图像来。

2. 光纤通信的优点

(1) 容量大。因光纤通信使用的光波频率比微波频率范围大得多，所以它的通信容量大。一根光纤的通信容量是同截面积铜线容量的25万倍。从理论计算，一根像头发粗细的光纤可传输100亿路电话或1 000万路电视。目前由于受条件限制，一对光纤一般可通几百路到几千路电话。在实际使用时，常把千百根光纤组合在一起加以增强处理，制成像电缆一样的光缆。这样既提高了光纤的强度，又增加了通信容量。

(2) 保密性好。因光波频率高，外界电磁波频率较低，故光纤通信有很强的抗电磁干扰能力，光频易于屏蔽，较难被窃听，所以有良好的保密性。

(3) 抗腐蚀性强、重量轻、寿命长。玻璃丝远比金属导线耐腐蚀，光通信线路寿命长，不容易出故障。光纤极细，重量又轻，便于铺设、保养和维护。

(4) 成本低、材料资源丰富。制造光纤的材料主体是石英(二氧化硅)，这类材料资源丰富，取之不尽，从而可以节省大量的铜、铅等有色金属，加上光纤体积小，用料不多，所以成本低。

(四) 航天航空通信

1. 卫星通信的基本概况

凡是利用卫星实现远距离通信的通信方式就称为卫星通信。卫星通信实际上是一个微波接力通信的空中中继站，它能将地球上某一个地面站发射来的天线电信号转发到另一个地面站，从而实现在两个或多个地面之间进行通信。通信卫星在距赤道上空35 800千米的轨道上与地球的自转同步运行(同步是指卫星环绕地球运行一周的时间与地球自转一周的时间相同)，而此轨道的平面与赤道平面的夹角保持为零度，使卫星相对地面静止不动，因此称为地球定点同步卫星。由于每颗卫星可俯视地球1/3的面积，所以利用在定点同步轨道上等距离分布的三颗卫星，就能覆盖整个地球，进行全球通信。现在的通信卫星已发展到第六代。一颗卫星有几十个转发器，可同时提供几万路电话线路或转发几十路电视。

卫星通信的特点是:不受地理条件的限制,组网灵活、迅速;通信容量大,费用省。目前卫星通信已从模拟制走向数字制。由于电话、图像、电视等形式的信息都可以数字化,因此可以采用统一的卫星数字通信网。由于卫星的上述特点,世界上全部电视转播业务和2/3的跨洋电信业务已由卫星通信系统承担。通信卫星使人类的通信联络进入了一个崭新的阶段,广阔的地球变成了一个人人在其中可随时联络的“小村落”。

2. 卫星通信的应用与发展

由于卫星通信具有许多优点,所以使用广泛,目前已大量用于远距离国际通信、区域性通信和国内通信。通信卫星不仅承担电话、传真等方面的电信业务,而且提供电视、广播、数据通信、图像传送等服务,还可用于传送卫星云图、监测森林或草原的火情及洪涝灾害、测算受灾地区的面积。

20世纪80年代通信卫星领域中最有意义的成就之一,是甚小卫星数据站(VSAT)的发展。VSAT是一种具有收发功能的小型卫星通信地球站,用户只要坐在装有VSAT系统的办公室内,就能直接通过卫星线路与世界各地进行数据、话音、图文传真的高速传输,至今全世界已建有几十万个VSAT终端站。未来新一代的VSAT终端站,将不仅能进行话音、数据、图像通信,还能满足综合业务数字网的要求。

今后卫星通信的主要发展趋势是:(1)从模拟制走向数字制。(2)卫星功率和通信容量增大。(3)采用新技术,提高卫星效率。(4)开拓更高频段的通信,建立统一的数字卫星通信网。

第五节　激光技术

激光是20世纪60年代出现的一门高新技术,它与原子能、半导体、电子计算机一起被誉为当代科技的四大发明。

一、激光与激光器

激光从发明到应用仅1年时间,是科技成果转化为现实生产力周期最短的典型。

(一)激光的特点

激光是一种特殊光,与普通光相比,具有以下优异特性:

1. 方向性强。普通光源发出的光是射向四面八方的,而激光的方向性很强,是一种强聚光。它的发散角极小,可以得到几乎接近于理想程度的平行光。这样的光照射出去,在1公里外,照射面积的直径只有10厘米左右,照到距地球38万公里的月球上,光斑直径也只有30多公里。发射角小这一特征,使激光在通信领域大显身手。

2. 亮度极高。绝大多数普通光都不及太阳光亮，而激光的亮度比太阳光高千亿倍。由于有如此高的亮度，所以把激光汇聚起来，就可以在极短的瞬间和在极小的直径范围内产生几千度到几万度的高温、几百万个大气压的高压和每厘米几千万伏特的强电场。

3. 颜色极纯。普通光源发出的光，颜色都比较混杂，不但有可见光，还有不可见的红外线和紫外线。而无论生活上或工农业生产还是科学研究中常常都需要单种颜色的光。如果光辐射所包含的波长的范围越小，它的颜色就越纯，通常称为单色性越好。在普通光源中单色性最好的是氪灯，它发出的红光波长范围只有 9.5×10^{-14} 米，被誉为单色性之冠。而激光的单色性远远超过它许多倍，如氦氖激光器输出的红光波长范围可以窄到 2×10^{-18} 米，是氪灯发射红光波长范围的五万分之一。

4. 相干性好、闪光时间短。普通光源发出的光波在频率、相位和传播方向上差异很大，称为非相干光。而激光器发出的光具有同方向、同频率、同位相或位相差恒定的特点，因此具有很好的相干性，其相干长度可达 180 米（普通单色光源相干长度在 10^{-3}~10^{-1} 米范围内）。在生产和科研中，也常常需要闪光时间很短的光源，普通光源如照相用的闪光灯，闪光时间是千分之一秒左右，脉冲激光的闪光时间则只有 6×10^{-15} 秒，时间极短。

（二）激光产生的原理及激光器的发明

早在 1917 年，爱因斯坦在研究电磁波与原子系统相互作用时，就提出了受激辐射理论。该理论的核心是：处于较高能级的激发态的粒子（原子或分子），当受到外来电磁波（光子）“刺激”时，跃迁到较低的能态，并释放出频率位相和传播方向都与外来光子相同的辐射光，这就是受激辐射。一般情况下，处在低能级的原子数目比在高能级的多，因此，光源发射激光的关键是要使里面的发光原子在高能级的数目比在低能级的多，此称粒子数反转分布。为了获得激光，科学家们进行了广泛的研究。1958 年，美国科学家肖洛和汤斯发表了题为“红外和光学激射器”的论文，指出了制成激光器的可能性和主要条件。1960 年，人们才从技术上解决了使粒子数反转分布的问题，由美国休斯研究实验室的梅曼研制的世界上第一台利用红宝石做工作物质的激光器诞生了。

（三）激光器的结构

激光器基本上由三个部分组成：

一是工作物质。这是发射激光的材料，其功能和普通光源的发光材料（如白炽灯中的钨丝）相同。如果所用材料的原子能级结构满足一些要求，将使激光器获得更好的性能。

二是泵浦源。这是向工作物质输入能量,把大量原子从低能级态搬迁到高能级态的动力源,使实现粒子数反转,就好像水泵把水从低处抽到高处去一样,故称泵浦。

三是谐振腔。这是使工作物质所产生的受激辐射能够建立起稳定的振荡状态,从而实现光放大的振荡放大器。它是由放置在工作物质两端的反射镜组成的光学系统,其中一块反射镜的反射率接近100%,另一块有适量的透过率,激光就从这块反射镜输出。

二、激光全息三维显示

信息在产生、传输、处理、存储、读取之后,要通过各种方式显示出来,让人们能够了解信息的内容。电视机、监视器、打印机、印刷机、大屏幕显示等都是显示图像信息的重要手段。进入20世纪90年代以来,由于激光技术、光束成型技术、扫描技术、数据调制技术的高速发展,使各种激光显示成为现实。目前投入应用的激光显示主要可分为激光全息三维显示、激光视频投影显示、激光光束图文扫描显示等几种。其中,激光全息三维显示技术因其具有立体感强、可分性、可重叠、易于复制等显著优点备受欢迎,市场上的许多商标和防伪标记采用的就是激光全息技术。有人甚至将全息图做在玩具上,做在各种各样的包装材料上面,从而提高了消费文化层次。

1947年英国物理学家丹尼斯·盖伯(Dennis Gabor)首先提出"波前重建"的构想,从而为全息术的诞生奠定了理论基础。1971年,瑞典诺贝尔奖委员会为了表彰盖伯对全息术的发明和发展所做出的开创性贡献,授予他该年度诺贝尔物理学奖。全息术从提出至今只有短短的几十年,但其技术上的进步是飞快的。人类社会生活的需要,相关高新技术的发展,推动了全息术不断发展,至今已经历三个阶段。

从盖伯最早提出全息术的思想之后的十多年,这个时期是全息术的萌芽阶段,这一阶段的全息术主要是理论研究和少量的实验。全息术发展的第二阶段是在1960年激光出现以后。1963年,美国密执安大学的利思(N.Leith)和乌帕特尼克斯(J.Upatnicks)提出的离轴全息术,使全息术在沉睡了十几年之后得到了新生。全息技术也在立体成像、干涉计量检测、信息存贮等应用领域中获得广泛的应用。但当时全息术的不足之处是只能在激光照射下显示物体的三维影像。20世纪80年代以后延续至今是全息发展的第三阶段。科学家们致力于研究用激光记录,而用白光再现的全息图,例如反射全息、像全息、彩虹全息、模压全息及合成全息等。应用白光再现的全息术由于走出实验室,可在白昼自然环境中或者在一般白光照明下观看到物体的三维影像,使得激光全息显示技术得以迅速发展。

全息术的产生与发展还带动了光学信息处理技术及其潜在应用，其意义已不局限于狭义的光学成像技术。模压全息技术是近年来新发展的一种技术，它把全息照相术和电镀、压印等技术结合起来，使全息技术冲破实验室的束缚，开始正式走进商品市场。

三、激光技术的应用

正因为激光具有普通光无可比拟的优点，所以它在广阔的领域获得了应用。

（一）激光存储技术

激光存储是利用材料的某种性质对光敏感，带有信息的光照射材料时，该性质发生改变，且能够在材料中记录这种改变，这就实现了光信息的存储。用激光对存储材料读取信息时，读出光的性质随存储材料性质的改变而发生相应的变化，从而实现已存储光信息的读取。

光存储的分类有很多种，按数据存取方式可分为光打点式存储和页面并行存储；按存储介质的厚度可分为二维存储和三维存储；按鉴别存储数据的方式可分为位置选择存储和频率选择存储等。目前最普遍、最成熟的光存储技术就是光盘存储，正在发展中的存储技术还有全息存储技术、光学双光子双稳态三维数字存储技术、持续光谱烧孔技术、电子俘获光存储技术等。

（二）激光扫描和激光打印机

随着激光技术、精密机械技术和电子技术的发展，光、机、电三者相结合的产品成为高科技产业中重要的产品之一，其中激光扫描和激光打印发展十分迅速。

激光扫描是激光技术在诸多应用中很活跃的一个领域，计算机技术的不断进步和日益普及同时促进了激光扫描技术的发展，它被广泛地应用于近代复杂的光、机、电仪器中。例如，印刷板曝光，激光打印机，图像传真，图像处理，激光照排，制作微缩胶片，大屏幕图像投影仪，扫描光栅频谱仪，红外探测仪，激光扫描显微镜，激光扫描超声显微镜，三维视觉模拟偏转器，激光扫描检眼镜，激光微调机，激光标记机，尺寸检测仪，条形码扫描器等。本节主要介绍现有的激光扫描器及其基本特点和成功的应用。

随着计算机技术和电子技术的不断发展，计算机系统的处理速度日益加快。传统的击打式打印机在打印质量、打印速度、工作噪声等方面都存在着严重的不足，迫切需要一种速度高、噪声低的新型打印机，同时由于激光扫描技术和电子照相技术的快速发展，一种新型打印机——激光打印机应运而生，并成为激光扫描技术的又一突出应用。

（三）工业应用

(1) 激光打孔。利用激光可以打出定位精度高、孔形好的小孔。如在金刚石上打出直径仅为 10^{-4} 米，孔径与孔深比达 1∶50 的细孔。用普通机械加工方法在金刚石上打穿一个孔要花几小时，而采用激光打孔只需0.01秒左右的时间。此外，激光还可穿过玻璃等透明物质进行非接触打孔。

(2) 激光焊接。用激光焊接的优点是定位精确、焊区范围小，不易引起热变形和机械变形，不易产生浅射以及成本低、工效高。

(3) 激光切割。用激光可以不费吹灰之力地切割用金刚石刀片都难于切割的某些金属和陶瓷材料，而且加工量大，切割余量少。

(4) 激光精细加工。在集成电路技术中，一般光刻技术的刻线宽度最小为 2×10^{-6} 米，而激光光刻技术可使刻线宽度小至 5×10^{-7} 米，大大提高了集成电路的集成度和质量。

（四）农业应用

如果用一定波长、一定强度的激光照射水稻、小麦、瓜菜的种子，则能使提早发芽，并使农作物早熟、增产，还能提高抗病虫害的能力。

（五）医学应用

用激光制成的"手术刀"进行手术，可以准确地控制刀口大小和深度，并有效地清除病变组织，同时具有无菌、不易感染和止血等特殊的优点。目前用激光刀作一些大手术已在不少医院开展。另外，采用激光全息照相术，可以获得人体内部结构的立体图像，对于检查各种内脏病大有帮助。

（六）文化艺术应用

利用激光的几大优点，人们发明了激光电视、激光录音、激光录像、激光声盘（CD）和激光视盘（VCD），同时兴起了电脑美术设计、电脑音乐等技术，大大丰富了文化艺术活动的内容和人们的生活。

（七）军事应用

在军事领域，激光真可谓大显神通。用激光制导的炸弹和反坦克弹以及激光枪、激光炮等激光武器，仿佛是长了眼睛，能够以极高的精确度命中打击目标，新发明的激光致盲武器，能够使战斗兵员的眼睛发生永久性失明，从而丧失战斗力。利用强激光的高亮度、高能量，可制成巨大杀伤力的光辐射武器，摧毁或破坏高速或高空飞行目标（如飞机、导弹、卫星等），所以军事专家们把激光称作"死光"。

除上述方面外，激光在精密测量、空间科学、计算机技术、核能开发、生物化学等领域也都有相当广泛的应用。可以说今天的激光技术已经与科学研究、工农业生产和人类生活密切相关。可以预见，随着科学技术的发展，激光将对人类做出更大的贡献。

第六节 人 工 智 能

人工智能(AI)是20世纪中叶科学技术的卓越成就,是人类的一大发明。当前,人工智能与原子能利用、空间技术一起已成为现代科学技术在应用领域的三大重要标志。以电子计算机为主要手段的人工智能的出现,开辟了人类智力解放的道路,推动着当代社会科学与经济的发展。

一、人工智能的起源

人工智能诞生于一次历史性的聚会。为使计算机变得更"聪明",或者说是计算机具有智能,1965年夏季,在美国达特莫斯大学举行了一次为期两个月的夏季学术研讨会。10位来自美国数学、神经学、心理学、信息科学和计算机科学方面的杰出年轻科学家,在一起共同学习和探讨了用机器模拟人类智能的有关问题,并由麦卡锡提议正式采用了"人工智能AI(Artificial Intelligence)"这一术语。从而,一个以研究如何用机器来模拟人类智能的新兴学科——人工智能诞生了。从概念上来讲,人工智能就是用人工方法在机器(计算机)上实现的智能,或称机器智能,即是研究如何用计算机来表示和执行人类的智能活动,以模拟人脑所从事的推理、学习、思考和规划等思维活动,并解决需要人类的智力才能处理的复杂问题,如医疗诊断、管理决策、下棋和自然语言理解等。

从那以后,研究者们发展了众多理论和原理,人工智能的概念也随之扩展。人工智能是一门极富挑战性的科学,从事这项工作的人必须懂得计算机知识,心理学和哲学。人工智能是包括十分广泛的科学,它由不同的领域组成,如机器学习,计算机视觉等,总的说来,人工智能研究的一个主要目标是使机器能够胜任一些通常需要人类智能才能完成的复杂工作。但不同的时代、不同的人对这种"复杂工作"的理解是不同的。例如繁重的科学和工程计算本来是要人脑来承担的,现在计算机不但能完成这种计算,而且能够比人脑做得更快、更准确,因之当代人已不再把这种计算看作是"需要人类智能才能完成的复杂任务",可见复杂工作的定义是随着时代的发展和技术的进步而变化的,人工智能这门科学的具体目标也自然随着时代的变化而发展。

但是在科学上,前进的道路从来就是不平坦的,成功和失败、顺利和挫折总会交织在一起。人工智能也是如此,在它经过诞生时期的快速发展之后,很快就遇到了许多问题。在这种非常困难的环境下,仍有一大批人工智能的学者潜心研究。他们在认真总结了前一段研究工作经验教训的同时,从费根鲍姆以知识为中心开展人工智能研究的观点中找到了新的出路。20世纪80年代至今人工智能逐步向多技术、多方法的综合集成与多学科、多领域的综合发展。其他学科的学者陆续将本学科发展起来的理论与方法向人工智能渗透,从而导致人工智能研究多学科交叉的现象。各学科对人工智能的渗透反映了目前人工智能发展的一种趋势,至于其渗透的结果现在还不明显,还需要时间的考验。目前,人工智能技术正在向大型分布式人工智能、大型分布式多专家协同系统、广义知识表达、综合知识库(即知识库、方法库、模型库的集成)、并行推理、多种专家系统开发工具、大型分布式人工智能开发环境和分布式环境下的多智能体协同系统等方向发展。

人工智能一方面不断获得新的进展,一方面又转向更有意义、更加困难的目标。目前能够用来研究人工智能的主要物质手段以及能够实现人工智能技术的机器就是计算机,人工智能的发展历史是和计算机科学与技术的发展史联系在一起的。除了计算机科学以外,人工智能还涉及信息论、控制论、自动化、仿生学、生物学、心理学、数理逻辑、语言学、医学和哲学等多门学科。人工智能学科研究的主要内容包括:知识表示、自动推理和搜索方法、机器学习和知识获取、知识处理系统、自然语言理解、计算机视觉、智能机器人、自动程序设计等方面。

二、人工智能的发展及其应用

人工智能研究的近期目标是使现有的计算机不仅能做一般的数值计算及非数值信息的数据处理,而且能运用知识处理问题,能模拟人类的部分智能行为。按照这一目标,根据现行的计算机的特点研究实现智能的有关理论、技术和方法,建立相应的智能系统。例如目前研究开发的专家系统、机器翻译系统、模式识别系统、机器学习系统、机器人学等。与此相对应,人工智能的研究领域也是与具体领域相结合进行的。

(一) 专家系统

专家系统是依靠人类专家已有的知识建立起来的知识系统,目前专家系统是人工智能研究中开展较早、最活跃、成效最多的领域,广泛应用于医疗诊断、地质勘探、石油化工、军事、文化教育等各方面。它是在特定的领域内具有相应的知识和经验的程序系统,它应用人工智能技术、模拟人类专家解决问题时的思维过程,来求解领域内的各种问题,达到或接近专家的水平。

(二) 机器学习

要使计算机具有知识一般有两种方法;一种是由知识工程师将有关的知识归纳、整理,并且表示为计算机可以接受、处理的方式输入计算机。另一种是使计算机本身有获得知识的能力,它可以学习人类已有的知识,并且在实践过程中不断总结、完善,这种方式称为机器学习。其研究主要在以下三个方面进行:一是研究人类学习的机理、人脑思维的过程;二是机器学习的方法;三是建立针对具体任务的学习系统。机器学习的研究是建立在信息科学、脑科学、神经心理学、逻辑学、模糊数学等多种学科基础之上的,依赖于这些学科的共同发展。虽然目前已经取得很大的进展,但还没有能完全解决问题。

(三) 模式识别

模式识别是研究如何使机器具有感知能力,主要研究视觉模式和听觉模式的识别,如识别物体、地形、图像、字体(如签字)等,在日常生活各方面以及军事上都有广泛的用途。近年来迅速发展起来应用模糊数学模式、人工神经网络模式的方法逐渐取代传统的用统计模式和结构模式的识别方法,特别是神经网络方法在模式识别中取得较大进展。

(四) 理解自然语言

计算机如能"听懂"人的语言(如汉语、英语等),便可以直接用口语操作计算机,这将给人们带来极大的便利。计算机理解自然语言的研究有以下三个目标:一是计算机能正确理解人类的自然语言输入的信息,并能正确答复(或响应)输入的信息。二是计算机对输入的信息能产生相应的摘要,而且复述输入的内容。三是计算机能把输入的自然语言翻译成要求的另一种语言,如将汉语译成英语或将英语译成汉语等。目前,研究计算机进行文字或语言的自动翻译,人们作了大量的尝试,还没有找到最佳的方法,有待于更进一步深入探索。

(五) 机器人学

机器人是一种能模拟人的行为的机械,对它的研究经历了三代的发展过程:

第一代(程序控制)机器人:这种机器人一般是按以下两种方式"学会"工作的,一种是由设计师预先按工作流程编写好程序存贮在机器人的内部存储器,在程序控制下工作。另一种是被称为"示教—再现"方式,这种方式是在机器人第一次执行任务之前,由技术人员引导机器人操作,机器人将整个操作过程一步一步地记录下来,每一步操作都表示为指令。示教结束后,机器人按指令顺序完成工作(即再现)。如任务或环境有了改变,要重新进行程序设计。这种机器人能尽心尽责地在机床、熔炉、焊机、生产线上工作。目前商品化、实用化的机器人大都属于这一类。这种机器人最大的缺点是它只能刻板地按程序完成工作,环境稍有变化(如加工物品略有倾斜)就会出问题,甚至发生危险,这是由于它没有感觉功能,在日本曾发生过机器人把现场的一个工人抓起来塞到刀具下面的情况。

第二代(自适应)机器人:这种机器人配备有相应的感觉传感器(如视觉、听觉、触觉传感器等),能取得作业环境、操作对象等简单的信息,并由机器人体内的计算机进行分析、处理,控制机器人的动作。虽然第二代机器人具有一些初级的智能,但还需要技术人员协调工作。目前已经有了一些商业化的产品。

第三代(智能)机器人:智能机器人具有类似于人的智能,它装备了高灵敏度的传感器,因而具有超过一般人的视觉、听觉、嗅觉、触觉的能力,能对感知的信息进行分析,控制自己的行为,处理环境发生的变化,完成交给的各种复杂、困难的任务。而且有自我学习、归纳、总结、提高已掌握知识的能力。目前研制的智能机器人大都只具有部分的智能,和真正的意义上的智能机器人还差得很远。

(六) 智能决策支持系统

决策支持系统是属于管理科学的范畴,它与“知识—智能”有着极其密切的关系。在20世纪80年代以来专家系统在许多方面取得成功,将人工智能中特别是智能和知识处理技术应用于决策支持系统,扩大了决策支持系统的应用范围,提高了系统解决问题的能力,这就成为智能决策支持系统。

(七) 人工神经网络

人工神经网络是在研究人脑的奥秘中得到启发,试图用大量的处理单元(人工神经元、处理元件、电子元件等)模仿人脑神经系统工程结构和工作机理。在人工神经网络中,信息的处理是由神经元之间的相互作用来实现的,知识与信息的存储表现为网络元件互连间分布式的物理联系,网络的学习和识别取决于和神经元连接权值的动态演化过程。多年来,人工神经网络的研究取得了较大的进展,成为具有一种独特风格的信息处理学科。当然目前的研究还只是一些简单的人工神经网络模型。要建立起一套完整的理论和技术系统,需要做出更多努力和探讨。然而人工神经网络已经成为人工智能中极其重要的一个研究领域。

人工智能在社会实践中有许多实际的应用,例如指纹识别、人脸识别、视网膜识别、虹膜识别、掌纹识别、专家系统、智能搜索、定理证明、博弈、自动程序设计,以及航天应用等,下面就几个具体的系统分别进行叙述。

1. 在管理系统中的应用

(1) 人工智能应用于企业管理的意义主要不在于提高效率,而是用计算机实现人们非常需要做但却做不了或是很难做到的事情。人工智能可以应用于企业管理中,以数据管理和处理为中心,围绕企业的核心业务和主导流程建立若干个主题数据库,而所有的应用系统应该围绕主题数据库来建立和运行。换句话说,就是将企业各部门的数据进行统一集成管理,搭建人工智能的应用平台,使之成为企业管理与决策中的关键因子。

(2) 智能教学系统(ITS)是人工智能与教育结合的主要形式,也是今后教学系统的发展方向。信息技术的飞速发展以及新的教学系统开发模式的提出和不断完善，推动人们综合运用超媒体技术、网络基础和人工智能技术区开发新的教学系统，计算机智能教学系统就是其中的典型代表。计算机智能教学系统包含学生模块、教师模块，体现了教学系统开发的全部内容，拥有着不可比拟的优势和极大的吸引力。

2. 在工程领域的应用

(1) 医学专家系统是人工智能和专家系统理论和技术在医学领域的重要应用，具有极大的科研和应用价值，它可以帮助医生解决复杂的医学问题，作为医生诊断、治疗的辅助工具。事实上，早在 1982 年，美国匹兹堡大学的 Miller 就发表了著名的作为内科医生咨询的 Internist 内科计算机辅助诊断系统的研究成果，由此，掀起了医学智能系统开发与应用的高潮。目前，医学智能系统已通过其在医学影像方面的重要作用，从而应用于内科、骨科等多个医学领域中，并在不断地发展完善。

(2) 地质勘探、石油化工等领域是人工智能的主要作用发挥领地。1978 年美国斯坦福国际研究所就研发制成矿藏勘探和评价专家系统"PROSPECTOR"，该系统用于勘探评价、区域资源估值和钻井井位选择等，是工业领域的首个人工智能专家系统，其发现了一个钼矿沉积，价值超过 1 亿美元。

3. 在技术研究中的应用

(1) 在超声无损检测(NDT)与无损评价(NDE)领域中，目前主要广泛采用专家系统方法对超声损伤(UT)中缺陷的性质、形状和大小进行判断和归类；专家运用超声无损检测仪器，以其高精度的运算、控制和逻辑判断力代替大量人的体力与脑力劳动，减少了人为因素造成的误差，提高了检测的可靠性，实现了超声检测和评价的自动化、智能化。

(2) 人工智能在电子技术领域的应用可谓由来已久。随着网络的迅速发展，网络技术的安全是我们关心的重点，因此我们必须在传统技术的基础上进行网络安全技术的改进和变更，大力发展数据挖掘技术、人工免疫技术等高效的 AI 技术，开发更高级 AI 通用和专用语言、应用环境以及开发专用机器，人工智能技术则为我们提供了可能性。

随着信息化在全球的快速进展，世界对信息的需求快速增长，信息产品和信息服务对于各个国家、地区、企业、单位、家庭、个人都不可缺少。信息技术已成为支撑当今经济活动和社会生活的基石。在这种情况下，信息产业成为世界各国，特别是发达国家竞相投资、重点发展的战略性产业部门。在过去的 10 年中，全世界信息设备制造业和服务业的增长率是相应的国民生产总值(GNP)增长率的两倍，成为带动经济增长的关键产业。所以，可以毫不夸张地说，发达国家经济的持续增长得益于信息技术的支撑和信息产业的带动是不为过的。信息产业本身经过多年的高速增长，已成为全球最大的产业之一。

拓展阅读

1. 李有祥．军事高技术与信息化战争[M]．南京：东南大学出版社，2010.
2. 于海生．微型计算机控制技术[M]．北京：清华大学出版社，2009.
3. 李弼程．信息融合技术及其应用[M]．北京：国防工业出版社，2010.

思考题

1. 什么是微电子技术？
2. 简述信息技术的发展趋势。
3. 简述计算机的结构和工作特点。
4. 什么是信息高速公路？
5. 简述光纤通信的基本原理和特点。
6. 简述人工智能的未来。

第十一章　生 物 技 术

一般认为生物技术包括基因工程、细胞工程、酶工程和发酵(微生物)工程四个方面。蛋白质工程作为第二代基因工程,有其自身的发展特点,可成为生物技术中一个独立内容。在这几方面中,核心是基因工程和细胞工程。现代生物技术的诞生,是以20世纪70年代初DNA重组技术,以及淋巴细胞杂交瘤技术的发明和应用为标志,迄今已走过了40多年的发展历程。实践证明现代生物技术对解决人类面临的粮食、健康、环境和能源等重大问题方面开辟了无限广阔的前景,受到了各国政府和企业界的广泛关注,与微电子技术、新材料技术和新能源技术并列为影响未来国计民生的四大科学技术支柱,是21世纪高新技术产业的先导。可以预测,生物技术的应用与发展将导致生产体系与经济结构的飞跃变化,甚至可能引发一次新的工业革命,对人类社会的生产、生活各方面必将产生全面而深刻的影响。

第一节　生物技术的产生与开发应用

所谓生物技术(Biotechnology)是指“用活的生物体(或生物体的物质)来改进产品、改良植物和动物,或为特殊用途而培养微生物的技术”。生物技术(亦称生物工程)和医药技术,作为现代技术的组成,对人类自身的影响和作用,比其他现代技术(电子计算机除外)体现得更为具体和深远。因为这两种技术与人的生命健康密切相关。现代生物技术虽然只有40多年的发展历史,却已经深入到了工业、农业、矿业、化工、医药、食品、能源和环境保护等各个领域。生物技术所形成的产业在世界许多国家的经济发展中起到了越来越大的作用,甚至有专家建议用生物技术产业所创造产值的多少来衡量一个国家经济发展的实力和高科技发展水平。特别是计算机技术和生物技术等高新技术在医疗卫生上的应用,开创了医药技术的新时代。人类不仅希望更有效、简便地诊断和治疗自身的疾病,更希望能够延长人类的寿命、控制或杜绝疾病的发生。借助于这些现代医疗技术,人们简化和加速了疾病的诊断和治疗的过程,提高了治愈率。随着医药技术的发展,已经有并将还会有以前无法诊断或无法治愈的疑难杂症或绝症成为可治之症而被治愈。

一、生物技术的兴起

生物技术是现代生物学发展及其与相关学科交叉融和的产物，其核心是以DNA重组技术为中心的基因工程，还包括微生物工程、生化工程、细胞工程及生物制品等领域。简单地说，就是以生命科学为基础，利用生物体系（组织、细胞或其组成）和工程原理来生产生物产品、培养新的生物品种或提供社会服务的综合性科学技术体系。

具体说来，生物技术是一门古老的技术。它的历史可追溯到人类开始酿造酱、醋和酒的年代，发酵技术是它的主要内容。但发酵技术真正应用于工业成为一门工程技术，却只有近百年的时间。20世纪初，由于生物化学和微生物学的发展，人们了解了发酵的机理，选育出了大量合适的菌种，为了得到大量产品，开创了工厂化发酵，终于使传统的生物技术与工业技术结合起来，显示了发酵工程的潜力。近些年来，以基因工程、细胞工程、酶工程、发酵工程为代表的现代生物技术发展迅猛，并日益影响和改变着人们的生产和生活方式。

以基因工程和细胞工程为核心的现代生物技术，是20世纪70年代在分子生物学和细胞生物学基础上形成的。它的诞生以1972年基因工程的出现为标志。20世纪后半叶，现代生物学取得了惊人的进展，首先是DNA双螺旋结构的揭示、遗传密码的破译、操纵子学说的提出，继之发现了DNA聚合酶、测定了DNA序列、人工合成了多肽和TDNA。这些成就奠定了基因工程产生的基础。1972年，限制性核酸内切酶的发现和由此而促进的首次DNA体外重组实验的成功，可以说是标志了基因工程的诞生，同时也标志了生物技术进入了现代技术发展时期。

生物技术的兴起与其他技术的发展紧密相关。正是使用了电子显微镜、超速离心机、放射示踪术，人们才得以研究分子水平的生命结构和功能。如果没有DNA合成仪、DNA序列分析仪、多肽序列分析仪、PCR扩增仪等高精尖仪器的出现以及电泳、层析等酶分析和制备技术的提高，就不可能实现对DNA分子的重组，也就不会有今日的基因工程。

二、生物技术的开发领域和意义

由于生物技术的产生是现代生物学（特别是分子生物学和细胞生物学）飞速发展的结果。因此，这项技术属于知识密集型、技术密集型和资金密集型的技术，它在生产各领域的应用，已经创造出了前所未有的人间奇迹和巨大的经济效益，同时也深深地影响或改变了人的某些思想观念。

目前，生物技术与产业发展迅速。过去10年，生物技术与医药领域的论文占全球自然科学论文的49%，一些国家把政府基础研究经费近一半用于生物与医药领域。近年来全球生物产业销售额几乎每5年翻一番，增长速度是世界经济平均增长率的近10倍。事实表明，生物技术引领的新科技革命正在加速形成，生物经济正在成为新的经济增长点，发展生物经济已成为应对金融危机的重要措施之一。

我国政府将把生物科技作为未来高技术产业迎头赶上的重点，作为培育新的经济增长点、应对金融危机的重点措施。《国家中长期科学和技术发展规划纲要(2006—2020年)》把生物技术作为科技发展的五个战略重点之一。国家确定的16个重大科技专项中，重大新药创制、转基因植物、重大传染病防治等三个专项与生物技术相关，除此之外，国家还出台了《生物产业发展“十一五”规划纲要》。

一般来说，生物技术的开发领域主要有以下几个方面：

第一，生物技术应用于农业，能够创造新的优良动植物品种，保护动植物品种资源，提高农业(包括畜牧业)产出的质量和数量。改革传统农业结构、解决食品短缺问题是现代生物技术在农业中最突出的应用；利用转基因技术，将目的基因导入动、植物体内，对家畜、家禽及农作物进行品种改良，从而获得高产、优质、抗病虫害的转基因动植物新品种，达到充分提高资源利用效率，降低生产成本的目的。经过长期不断的努力，现代农业生物技术已取得重大突破，不仅从根本上改变了传统农作物的培育和种植，也为农业生产带来了新一轮的革命，并将在解决目前人类所面临的粮食危机、环境恶化、资源匮乏、效益衰减等方面发挥巨大作用。

第二，生物技术应用于工业，能够低消耗、高效率、少污染地生产许多产品(化工产品)。生物技术问世后首先应用于医药，后又向农业推广，现在正向工业领域拓展，开发工业生物技术。美国把这个新趋势称之为“生物技术的第三次浪潮”，欧洲则名之为“白色生物技术”。分析家认为，这一浪潮对未来制造业影响之大将不次于互联网。化工、汽车、塑料、纺织，造纸、消费品等产业，从投料到制成产品、从污染控制到包装等全部生产流程都将发生变革。参加2004年4月在美国佛罗里达州奥兰多市召开的世界第一届工业生物技术大会的科学家指出，对各种工业今后的发展趋势都需要做出重新评估。

第三，生物技术应用于食品生产，能够改良生产工艺，增加食品品种，改良食品的风味，提高原材料的利用率，甚至能变废为宝。生物技术应用于食品有着悠久的历史，传统上曾被集中用于生产面包、奶酪、米酒、啤酒、葡萄酒、酱油等多种发酵食品。自20世纪70年代以来，随着基因工程为核心内容，包括细胞工程、酶工程和发酵工程的现代生物技术广泛应用于食品生产与开发，食品工业也有了飞速的发展。利用现代生物技术不仅能改造食品资源、同时还能改进传统工艺,改良食品品质,提高产品加工深度,增加食品包装功能并将其产业化。现代生物技术也将成为解决食品工业生产所带来的环保和健康等问题的有效途径。

第四,生物技术应用于医药卫生,能够提高抗生素等药物的产量和药力,降低目前昂贵药物的生产成本,生产新型高效免疫类药物(如疫苗)。目前,医药卫生领域是现代生物技术应用得最广泛、成绩最显著、发展最迅速、潜力也最大的一个领域。利用疫苗对人体进行主动免疫是预防传染性疾病的最有效手段之一。注射或口服疫苗可以激活体内的免疫系统,产生专门针对病原体的特异性抗体。20 世纪 70 年代以后,人们开始利用基因工程技术来生产疫苗。基因工程疫苗是将病原体的某种蛋白基因重组到细菌或真核细胞内,利用细菌或真核细胞来大量生产病原体的蛋白,把这种蛋白作为疫苗。例如用基因工程制造乙肝疫苗用于乙型肝炎的预防。我国目前生产的基因工程乙肝疫苗,主要采用酵母表达系统产生疫苗。生物技术的开发应用,提供了新的诊断技术,特别是单克隆抗体诊断试剂和 DNA 诊断技术的应用,使许多疾病特别是肿瘤、传染病在早期就能得到准确诊断。

生物技术在疾病治疗方面主要包括提供药物、基因治疗和器官移植等方面。利用基因工程能大量生产一些来源稀少价格昂贵的药物,减轻患者的负担。这些珍贵药物包括生长抑素、胰岛素、干扰素等等。基因治疗是一种应用基因工程技术和分子遗传学原理对人类疾病进行治疗的新疗法。

第五,生物技术应用于能源和环境保护,能够利用大量的加工废料,生产沼气、乙醇等能源物质;可以利用微生物吃掉海上的泄油和农用、生活用的大量废旧塑料;可以利用固定化酶技术处理污水。现代生物技术建立了一类新的快速准确监测与评价环境的有效方法,主要包括利用新的指示生物、利用核酸探针和利用生物传感器。人们分别用细菌、原生动物、藻类、高等植物和鱼类等作为指示生物,监测它们对环境的反应,便能对环境质量做出评价。核酸探针技术的出现也为环境监测和评价提供了一条有效途径。例如,用杆菌的核酸探针监测水环境中的大肠杆菌。

近年来,生物传感器在环境监测中的应用发展很快。生物传感器是以微生物、细胞、酶、抗体等具有生物活性的物质作为污染物的识别元件,具有成本低、易制作、使用方便、测定快速等优点。现代生物治理采用纯培养的微生物菌株来降解污染物,例如科学家利用基因工程技术,将一种昆虫的耐 DDT 基因转移到细菌体内,培育一种专门“吃”DDT 的细菌,大量培养,放到土壤中,土壤中的 DDT 就会被“吃”得一干二净。

总之,生物技术将会以其独特的、其他技术不可相比的能力,成为解决当前日益严重的世界性的能源、资源、粮食、人口和环境五大危机的排头兵。应用和开发生物技术，必定会给人类带来幸福，更加证明科学技术是第一生产力。

第二节 基因工程

基因工程，又称遗传工程、DNA 重组技术，是把在生物体外重新组合的 DNA 分子片段，借助于某种方法引入适当的细胞内进行复制和表达，从而产生出所需的基因产物或生物个体。按照人类的需要进行设计，然后按设计方案创建出具有某种新的性状的生物新品系，并能使之稳定地遗传给后代。

一、基因工程的内容

基因工程采用与工程设计十分类似的方法，明显地既具有理学的特点，同时也具有工程学的特点。生物学家在了解遗传密码是 RNA 转录表达以后，还想从分子的水平去干预生物的遗传。1973 年，美国斯坦福大学的科恩教授，把两种质粒上不同的抗药基因“裁剪”下来，“拼接”在同一个质粒中。当这种杂合质粒进入大肠杆菌后，这种大肠杆菌就能抵抗两种药物，且其后代都具有双重抗菌性，科恩的重组实验拉开了基因工程的大幕。

DNA 重组技术是基因工程的核心技术。重组，顾名思义，就是重新组合，即利用供体生物的遗传物质，或人工合成的基因，经过体外切割后与适当的载体连接起来，形成重组 DNA 分子，然后将重组 DNA 分子导入到受体细胞或受体生物构建转基因生物，该种生物就可以按人类事先设计好的蓝图表现出另外一种生物的某种性状。基因工程一般分以下几个内容或步骤：

(1) 目的基因的分离。采用从生物体中分离或人工合成等方法，获得控制所需性状的目的基因。一般都是单基因，控制某一个性状。

(2) 目的基因与载体重组。为了使目的基因进入受体细胞并能自我复制和表达，需将其与载体 DNA 分子连接。一般是与细菌的质粒或病毒 DNA 连接。

(3) 重组后的目的基因导入受体。采用载体介导法（重组上的载体有介导能力）或无载体直接介导法。

(4) 检测目的基因的导入效果。通过载体上存在的已知基因的表达或扩增目的基因，验证导入的真实性。

(5) 筛选转基因生物体。真正的转基因生物体是指目的基因被导入受体后能够正常表达并能够与受体染色体一起复制、遗传稳定的生物体。最终的筛选标准应是生物体原有优良性状不改变，不出现不需要的性状，最重要的是必须表达所需要的由目的基因控制的性状。

二、基因工程的应用

基因工程应用广泛，是生物技术中的主体之一。主要的应用有：将动物的基因转移到细菌中表达以获得所需的产品，如疫苗等；改造细菌等微生物的基因，使之表达人类所需的产物，如蛋白质等；改造已有的基因，使其表达的蛋白质、酶、激素等具有新的特性；构建目的基因导入动植物，产生转基因动物、转基因植物。目前已经使用的基因工程产品或技术有：胰岛素、生长激素、乙肝疫苗和干扰素等药品；DNA 指纹技术、PCR 技术等用于诊断疾病；抗虫水稻等抗虫作物、抗花叶病烟草或番茄等转基因植物；生长激素转基因猪等。

信息技术的发展改变了人类的生活方式，而基因工程的突破将帮助人类延年益寿。目前，一些国家人口的平均寿命已突破 80 岁，中国也突破了 70 岁。有科学家预言，随着癌症、心脑血管疾病等顽症的有效攻克，在 2020~2030 年间，可能出现人口平均寿命突破 100 岁的国家。到 2050 年，人类的平均寿命将达到 90 至 95 岁。

人类将挑战生命科学的极限。1953 年 2 月的一天，英国科学家弗朗西斯·克里克宣布：我们已经发现了生命的秘密。他发现 DNA 是一种存在于细胞核中的双螺旋分子，决定了生物的遗传。有趣的是，这位科学家是在剑桥的一家酒吧宣布了这一重大科学发现的。破译人类和动植物的基因密码，为攻克疾病和提高农作物产量开拓了广阔的前景。

1987 年，美国科学家提出了“人类基因组计划”，目标是确定人类的全部遗传信息，确定人的基因在 23 对染色体上的具体位置，查清每个基因核苷酸的顺序，建立人类基因库。1999 年，人的第 22 对染色体的基因密码被破译，“人类基因组计划”迈出了成功的一步。可以预见，在今后的四分之一世纪里，科学家们就可能揭示人类大约 5 000 种基因遗传病的致病基因，从而为癌症、糖尿病、心脏病、血友病等致命疾病找到基因疗法。

继 2000 年 6 月 26 日科学家公布人类基因组“工作框架图”之后，中、美、日、德、法、英等 6 国科学家和美国塞莱拉公司，在 2001 年 2 月 12 日，联合公布人类基因组图谱及初步分析结果。这次公布的人类基因组图谱是在原“工作框架图”的基础上，经过整理、分类和排列后得到的，它更加准确、清晰、完整。人类基因组蕴含有人类生、老、病、死的绝大多数遗传信息，破译它将为疾病的诊断、新药物的研制和新疗法的探索带来一场革命。人类基因组图谱及初步分析结果的公布将对生命科学和生物技术的发展起到重要的推动作用。随着人类基因组研究工作的进一步深入，生命科学和生物技术将随着新的世纪进入新的纪元。

基因工程在 20 世纪取得了很大的进展，这至少有两个有力的证明。一是转基因动植物,一是克隆技术。转基因动植物由于植入了新的基因,使得动植物具有了原先没有的全新的性状,这引起了一场农业革命。如今,转基因技术已经开始广泛应用,如抗虫西红柿、生长迅速的鲫鱼等。1997 年世界十大科技突破之首是克隆羊的诞生。这只叫"多利"的母绵羊是第一只通过无性繁殖产生的哺乳动物,它完全秉承了给予它细胞核的那只母羊的遗传基因。"克隆"一时间成为人们注目的焦点。尽管有着伦理和社会方面的忧虑,但生物技术的巨大进步使人类对未来的想象有了更广阔的空间。

基因工程技术是现代生物技术的核心内容,它是分子遗传学和工程技术相结合的产物。基因工程对传统生物技术产生很大变革,如以食品工业为例,即运用基因工程技术对动物、植物、微生物的基因进行改良,不仅可以为食品工业提供丰富的动植物原材料、性能优良的微生物菌种以及高活性、价格低廉的酶制剂,而且还可以赋予食品多种功能、优化生产工艺和开发新型功能性食品。

(一) 改善食品原材料品质和加工性能

动、植物是食品加工的基本原料。基因工程运用于植物食品原料的生产上,可进行品种改良、新品种开发与原料增产,如选育抗病植物、耐除草剂植物、抗昆虫或抗病毒、耐盐或耐旱植物等。既丰富了食品原料的多样性,也改善和提高了食品资源的品质特性,增加了食用与营养价值。如利用反义 RNA 技术将几种不同的基因结构转移至番茄植株上,可以明显延缓番茄的后熟和老化,延长其货架期。利用基因工程可以改变谷类蛋白质中氨基酸的比例,使其具有完全蛋白质的来源,营养价值大大提高。大豆经基因工程改造后可使其植物油中含有较高比例的不饱和脂肪酸,极大提高了食用油的品质。

在畜产品生产中,应用基因工程生产某些畜用激素已投入批量生产,如增加产奶量和瘦肉型化的重组生长激素等。在不影响奶的质量前提下,美国康奈尔大学利用基因工程技术研究了一种牛生长激素(bovine somatotropin,BST),给母牛注射能提高乳牛的产奶量。利用生物技术还可改变乳的成分,如生产酪蛋白含量高的奶,生产含改良蛋白(酪蛋白和仪一乳清蛋白)的牛奶,减少乳中乳糖和 B- 乳球蛋白的含量等。

(二) 改良微生物的菌种性能

食用工业如酒类、酱类、食醋、乳酸菌饮料的发展,关键在于是否有优良的微生物菌种。利用基因工程对传统发酵微生物进行改良,目前已成为改良食品工业菌种的一个重要途径。如在啤酒酵母的改良中,利用转基因技术将外源——乙酰乳酸脱羧酶基因导入啤酒酵母细胞进行表达,可有效降低啤酒中双乙酰含量而改善啤酒风味。基因工程技术还已将真菌的淀粉酶基因转入,并将此基因进一步转入酵母细胞中,使之直接利用淀粉生产酒精,省掉了高压蒸煮工序,可节约 60% 能源，大大缩短了生产周期。

许多食品生产中所使用的食品添加剂或加工助剂，如氨基酸、维生素、增稠剂、乳化剂、表面活性剂、食用色素、食用香精及调味料等，都可以采用基因工程菌发酵生产获得，故基因工程对微生物菌种改良大有可为。

（三）应用于生产

保健食品的有效成分和食品疫苗在保健食品的生产中，可以利用转基因手段，在动、植物或其细胞中，通过基因表达而获得有利于人类健康的有效成分。例如将一种有助于心脏病患者血液凝结溶血作用的酶基因克隆至牛或羊中，便可在牛或羊乳中产生这种酶。1997 年上海医学遗传所与复旦大学成功研制出一种乳汁中含有人凝血因子的转基因羊，饮用这种羊奶可以起到药膳同食的效果。

食品疫苗就是将某些致病微生物的有关蛋白质（抗原）基因，通过转基因技术导入某些植物或动物受体细胞中，得以表达，直接成为具有抵抗相关疾病的疫苗。利用转基因植物生产食品疫苗是当前食品生物技术研究的热点之一。目前已成功研制出狂犬病病毒、乙肝表面抗原、链球菌突变株表面蛋白等 10 多种转基因马铃薯、香蕉、番茄的食用疫苗。虽然食品疫苗的研发还处于起步阶段，但发展潜力巨大。

三、安全准则及潜在阻力

1971 年基因工程还在酝酿之中，关于重组 DNA 的潜在危险的问题就已提出。争论的焦点在于重组后的病毒 DNA 对人体感染和致病的可能性问题。1972 年第一个重组 DNA 分子问世后，人类对基因工程的安全性空前关注。美国公众公开表示，他们担心应用重组 DNA 技术可能会培养出具有潜在危险的新型微生物，甚至是人类尚无能力控制的微生物。

1976 年 6 月 23 日美国国家卫生研究院制订并正式公布了“重组 DNA 研究准则”。为了避免可能造成的危险性，该准则除了规定被禁止的重组 DNA 实验类型外，还制订了许多具体的实验防护的标准，包括物理防护 P1—P4 四个等级和生物防护 EK1—EK3 三个等级。

“安全准则”的公布，促进了安全质粒和安全寄生细菌的建立，也使 DNA 重组研究进入蓬勃发展的新阶段。1977 年，世界上第一家专门制造和生产医疗药品的基因公司在美国旧金山成立，标志着基因工程正在进入实用阶段。

“安全准则”在实际使用中逐渐趋于缓和，并被多次修改。迄今为止尚未发生人们曾经担忧过的重组 DNA 的危险事故。1979 年对“安全准则”作了第一次修改，允许研究者使用病毒 DNA 进行重组 DNA 实验。1981 年又宣布可以使用大肠杆菌及酵母菌作寄主。到今天,基因工程研究已基本不再受任何限制。当然这并不意味重组DNA研究没有任何潜在的危险性了。相反,作为负责的科学工作者,对此应有清醒的认识和自觉的行动。

美国政府发起的耗资达30亿美元的人类基因组计划,一些人对它的巨大意义开始怀疑。历史上任何一门科学技术的发展超越当时人类认识水平时,都会爆发一场科学与伦理、科学与宗教或科学与社会的争论大战。生物技术在近几十年中飞速发展,其巨大的潜在能力逐渐显露,但它所创造的一个又一个奇迹,对人类伦理道德观念产生了莫大的冲击。因此在当前和今后一定时期,生物技术的发展必然会存在某些潜在的阻力。比较典型的阻力,是来源于人们对基因产品的不理解和不信任,人们对个人基因信息的保护与占有及人们信奉的人人平等、种族平等和男女平等的观念等。

第三节 细 胞 工 程

细胞工程是指在细胞或亚细胞水平上进行的遗传操作,以及在细胞和组织水平上进行的培养繁殖技术。细胞工程是生物工程的一个重要方面。总的来说,它是应用细胞生物学和分子生物学的理论和方法,按照人们的设计蓝图,进行在细胞水平上的遗传操作及进行大规模的细胞和组织培养。

一、细胞工程的内容

细胞工程所涉及的主要内容有细胞培养、细胞融合、细胞拆合、染色体操作及基因转移等方面。通过细胞工程可以生产有用的生物产品或培养有价值的植株,并可以产生新的物种或品系。细胞工程主要有以下几种技术:

(一) 细胞融合技术

用适当的方法将两个特性和来源不同的细胞融合在一起,产生一个新细胞。原生质体融合技术是针对植物的融合技术。细胞融合是指用自然或人工的方法,使两个或几个不同的细胞融合成一个细胞的过程。细胞融合的结果,一个细胞中含有两个不同的细胞核,则称为异核体;随后的有丝分裂中,来自不同细胞核的染色体可能合并到一个结合核内。因此,又称为体细胞杂交。细胞融合的范围很广,从种内、种间、属间、科间一直到动、植物两界之间都进行了尝试。在植物方面,由于各类细胞具有全能性,在烟草、矮牵牛、胡萝卜等种间杂种,马铃薯和番茄、曼陀罗和颠茄、烟草和矮牵牛等属间杂种都已获得了再生植株。在动物方面人和鼠体细胞杂交,虽然不能长成一个新个体,但能作基因定位的材料。因此,这项新技术,在理论研究和工、农、医方面的应用,均有广阔的前景。

（二）核移植技术

借助显微操作仪，将某受体细胞的核移去，再移入另一供体细胞的核，使其发育成带有新核细胞特性的细胞或生命体。与核移植技术相似的细胞工程技术还有胚胎分割、细胞器移植等。

（三）细胞或组织培养技术

将离体的细胞或组织培养在合适的培养基上，维持其生长、分裂或分化。由于植物细胞具有全能性，被培养的细胞或某一块组织，甚至原生质体，可以发育成一个完整的植物体。动物细胞无此特性，被培养的都是幼嫩的保持分裂能力的细胞，而且培养条件十分苛刻。

（四）染色体工程

将一种生物的特定染色体，按照人们的意图予以消除、添加或同别的生物的染色体置换或改造的技术。目前基因工程的操作技术多限于单个或少数基因在大肠杆菌等微生物中的表达。为了改变真核细胞的遗传性和控制高等生物的生命活动，还必须研究和开发染色体工程，建立一种新的技术体系，把所需的基因或染色体片段整合到染色体的任意位置，并能将有关遗传信息在细胞分裂中一代又一代的传递下去。目前这方面的工作还处于起步阶段。

二、细胞工程的应用与突破

利用植物细胞融合技术，可以打破种属界限，实现远缘杂交，创造新的植物品种。

（一）淋巴细胞杂交瘤技术是细胞融合在医学上的成功应用

它是将免疫细胞与瘤细胞融合，产生的杂交瘤细胞既具有瘤细胞的增殖能力，又具有免疫细胞的抗体合成和分泌的功能。培养单个杂交瘤细胞形成克隆，从中提取质地均一的抗体，称为单克隆抗体。利用各种单克隆抗体，能够特异性地诊断相应的病毒性、细菌性、寄生虫性或肿瘤性的疾病。所谓“生物导弹”是将单克隆抗体连接上细胞毒素，专一性地杀死抗体结合的肿瘤细胞。植物组织培养技术已广泛应用于名贵植物的快速繁殖和某些无性繁殖植物的脱毒技术中。而动物的克隆正是细胞工程制造的奇迹。

（二）细胞工程在食品工业中的应用

细胞工程就是在细胞水平上，按照人们的设计，有计划地改造生物遗传特性和生产性能，以获得特定的细胞、细胞产品或新生物体的技术。主要有细胞培养、细胞融合及细胞代谢物的生产等。这是随着细胞培养和细胞融合技术的发展而发展起来的。利用植物细胞的大量培养，生产天然色素、天然香料、次生代谢产生的功能性食品和食品添加剂。日本研究人员利用培养草莓细胞生产红色素的技术已成功应用于葡萄酒及食品加工中。我国科学家利用胡萝卜细胞生产胡萝卜素已获得成功，繁殖速度快，周期短，并可实现工业化生产。现已有上百种植物经细胞培养生产次生代谢物，半数以上产量超过原植株，为该技术工业化、商业化生产奠定了基础。食品发酵工业的关键是优良菌株的获取。除了通过各种化学、物理方法诱变育种及基因工程育种外，采用细胞融合技术或原生质融合技术改良和培育新菌株，也是一种有效的方法。如日本研究人员利用原生质体的细胞融合技术，对构巢曲霉、产黄青霉、总状毛霉等菌的同一种内或种间进行细胞融合，选育出蛋白酶分解能力强、发育速度快的优良菌株，应用于酱油生产中，既提高了生产效率，又提高了酱油品质。

（三）粮食与蔬菜生产

利用细胞工程技术进行作物育种，是迄今人类受益最多的一个方面。我国在这一领域已达到世界先进水平，以花药单倍体育种途径，培育出的水稻品种或品系有近百个，小麦有 30 个左右。其中河南省农科院培育的小麦新品种，具有抗倒伏、抗锈病、抗白粉病等优良性状。在常规的杂交育种中，育成一个新品种一般需要 8~10 年，而用细胞工程技术对杂种的花药进行离体培养，可大大缩短育种周期，一般提前 2~3 年，而且有利优良性状的筛选。前面已介绍过的微繁殖技术，在农业生产上也有广泛的用途，其技术比较成熟，并已取得较大的经济效益。例如，我国已解决了马铃薯的退化问题，日本麒麟公司已能在 1 000 升容器中大量培养无病毒微型马铃薯块茎作为种薯，实现种薯生产的自动化。通过植物体细胞的遗传变异，筛选各种有经济意义的突变体，为创造种质资源和新品种的选育发挥了作用。现已选育出优质的番茄、抗寒的亚麻以及水稻、小麦、玉米等新品系。有希望通过这一技术改良作物的品质，使它更适合人类的营养需求。

（四）园林花卉

在果树、林木生产实践中应用细胞工程技术主要是微繁殖和去病毒技术。几乎所有的果树都患有病毒病，而且多是通过营养体繁殖代代相传的。用去病毒试管苗技术，可以有效地防止病毒病的侵害，恢复种性并加速繁殖速度。目前，香蕉、柑橘、山楂、葡萄、桃、梨、荔枝、龙眼、核桃等十余种果树的试管苗去病毒技术，已基本成熟。香蕉去病毒试管苗的微繁殖技术已成为产业化商品化的先例之一。因为香蕉是三倍体植物，必须通过无性繁殖延续后代，传统方法一般采用芽繁殖，感病严重，繁殖率低；而采用去病毒的微繁殖技术不仅改进了品质，亩产量约提高 30%~50%，很容易被蕉农接受。

近年来，对经济林木组织培养技术的研究也受到很大的重视。采用这一技术可比常规方法提前数年进行大面积种植。特别是有些林木的种子休眠期很长，常规育种十分费时。据不完全统计，现已研究成功的林木植物试管苗已达百余种，如松属、桉树属、杨属中的许多种，还有泡桐、槐树、银杏、茶、棕榈、咖啡、椰子树等。其中桉树、杨树和花旗松等大面积应用于生产，澳大利亚已实现桉树试管苗造林，用幼芽培养每年可繁殖 40 万株。

（五）临床医学与药物

自 1975 年英国剑桥大学的科学家利用动物细胞融合技术首次获得单克隆抗体以来，许多人类无能为力的病毒性疾病遇到了克星。用单克隆抗体可以检测出多种病毒中非常细微的株间差异，鉴定细菌的种型和亚种。这些都是传统血清法或动物免疫法所做不到的，而且诊断异常准确，误诊率大大降低。例如，抗乙型肝炎病毒表面抗原（HBsAg）的单克隆抗体，其灵敏度比当前最佳的抗血清还要高 100 倍，能检测出抗血清的 60% 的假阴性。

近年来，应用单克隆抗体可以检查出某些还尚无临床表现的极小肿瘤病灶，检测心肌梗死的部位和面积，这为有效的治疗提供方便。单克隆抗体并已成功地应用于临床治疗，主要是针对一些还没有特效药的病毒性疾病，尤其适用于抵抗力差的儿童。人们正在研究“生物导弹”——单克隆抗体作载体携带药物，使药物准确地到达癌细胞，以避免化疗或放射疗法把正常细胞与癌细胞一同杀死的副作用。

（六）繁育优良品种

目前，人工授精、胚胎移植等技术已广泛应用于畜牧业生产。精液和胚胎的液氮超低温（–196 摄氏度）保存技术的综合使用，使优良公畜、禽的交配数与交配范围大为扩展，并且突破了动物交配的季节限制。另外，可以从优良母畜或公畜中分离出卵细胞与精子，在体外受精，然后再将人工控制的新型受精卵种植到种质较差的母畜子宫内，繁殖优良新个体。综合利用各项技术，如胚胎分割技术、核移植细胞融合技术、显微操作技术等，在细胞水平改造卵细胞，有可能创造出高产奶牛、瘦肉型猪等新品种。特别是干细胞的建立，更展现了美好的前景。

三、克隆技术

“克隆”是英文单词“Clone”的音译，其本身的含义是无性繁殖，即由同一个祖先细胞分裂繁殖而形成的纯细胞系，该细胞系中每个细胞的基因彼此相同。克隆技术在现代生物学中被称为“生物放大技术”，它已经历了三个发展时期：第一个时期是微生物克隆，即用一个细菌很快复制出成千上万个和它一模一样的细菌，而变成一个细菌群；第二个时期是生物技术克隆，比如用遗传基因——DNA 克隆；第三个时期是动物克隆，即由一个细胞克隆成一个动物。

1997 年 2 月 22 日，英国罗斯林研究所的科学家维尔穆特等人宣布用体细胞克隆绵羊获得成功，在世界上引起巨大震动。克隆绵羊“多利”由一头母羊的体细胞克隆而来，使用的便是动物克隆技术。在自然界，有不少植物具有先天的克隆本能，如番薯、马铃薯、玫瑰等的插枝繁殖的植物。而动物的克隆技术，则经历了由胚胎细胞到体细胞的发展过程。

早在20世纪50年代，美国的科学家以两栖动物和鱼类作研究对象，首创了细胞核移植技术。1986年，英国科学家魏拉德森用胚胎细胞克隆出一只羊，以后又有人相继克隆出牛、鼠、兔、猴等动物。这些克隆动物的诞生，均是利用胚胎细胞作为供体细胞进行细胞核移植而获得成功的。而克隆绵羊“多利”则是用乳腺上皮细胞(体细胞)作为供体细胞进行细胞核移植的，它翻开了生物克隆史上崭新的一页，突破了利用胚胎细胞进行核移植的传统方式，使克隆技术有了长足的进展。

克隆绵羊“多利”没有父亲，却有三位母亲。整个克隆过程如下：

首先，科学家从一只产自芬兰的6岁成年多塞特母绵羊A(“多利”的亲生母亲)的乳腺中取出一个本身并没有繁殖能力的普通细胞，将这个细胞的基因分离出来备用。

然后，科学家再取出另一只母绵羊B(“多利”的借卵母亲)的未受精的卵细胞，将这个卵细胞中的基因取出，换上母绵羊A的乳腺细胞的基因，形成一个含有新遗传物质的卵细胞，再将这个基因已被“调包”的卵细胞放电激活，促使它分裂发育成胚胎。

最后，当胚胎生长到一定程度时，将它植入第三只母绵羊C(“多利”的代孕母亲)的子宫中，经过正常的妊娠产下“多利”。

多利完全继承了其亲生母亲——多塞特母绵羊的全部DNA基因特征，是多塞特母绵羊百分之百的“复制品”。无性繁殖现象在低等植物中是存在的，而按照哺乳动物界的规律，动物的繁衍要由两性生殖细胞来完成，由于父体和母体的遗传物质在后代体内各占一半，因此后代绝对不是父母的复制品。这是因为其他克隆动物的遗传基因来自胚胎，且都是用胚胎细胞进行的核移植，不能严格地说是“无性繁殖”。另一原因，胚胎细胞本身是通过有性繁殖的，其细胞核中的基因组一半来自父本，一半来自母本。而“多莉”的基因组，全都来自单亲，这才是真正的无性繁殖。即克隆绵羊的诞生，意味着人类可以利用哺乳动物的一个细胞大量生产出完全相同的生命体，完全打破了亘古不变的自然规律。这是生物工程技术发展史中的一个里程碑，也是人类历史上的一项重大科学突破。

克隆技术被誉为“一座挖掘不尽的金矿”，它在生产实践上具有重要的意义，潜在的经济价值十分巨大。首先，在动物杂种优势利用方面，较常规方法而言，哺乳动物克隆技术费时少、选育的种畜性状稳定；其次，克隆技术在抢救濒危珍稀物种、保护生物多样性方面可发挥重要作用，即使在自然交配成功率很低的情况下，科研人员也可以从濒危珍稀动物个体身上选择适当的体细胞进行无性繁殖，达到有效保护这些物种的目的。但是，动物克隆技术的重大突破，也带来了广泛的争议。

克隆技术对人类来说，是一把“双刃剑”。一方面，它能给人类带来许多益处——诸如保持优良品种、挽救濒危动物、利用克隆动物相同的基因背景进行生物医学研究等；另一方面，它将对生物多样性提出挑战——生物多样性是自然进化的结果，也是进化的动力，有性繁殖是形成生物多样性的重要基础，而“克隆动物”则会导致生物品系减少，个体生存能力下降。除此之外，克隆动物健康问题也很多，世界各地的克隆动物流产、夭折、畸形现象都非常严重。多利羊在目前问世的大批克隆动物中算是健康长寿的，它经历了出生、发育、生子和死亡的全过程。科学家们关于克隆动物的争论很多，但有一点却是普遍认同的，那就是克隆技术远未成熟，应用克隆技术时需格外慎重，多利羊难题需要尽快破解。

第四节　酶工程与发酵工程

酶工程与发酵工程是利用分离和提纯的生物酶大规模地催化生化反应，生产有用的产品的技术。就是将酶或者微生物细胞、动植物细胞、细胞器等在一定的生物反应装置中，利用酶所具有的生物催化功能，借助工程手段将相应的原料转化成有用物质并应用于社会生活的一门科学技术，包括酶制剂的制备，酶的固定化，酶的修饰与改造及酶反应器等方面内容。酶工程的应用主要集中于食品工业、轻工业以及医药工业中。酶工程以其投资少、见效快、能耗低、三废少而广泛应用在发酵工业、化学工业、生物制药、食品工业以及环境保护等领域。

一、酶工程的内容

早期的酶工程是将酶与反应物产物混合在一起催化，酶的使用是一次性的；20 世纪 70 年代后由于固定化酶和固定化细胞技术的出现，以及生物反应器和生物传感器的使用，酶工程进入快速发展的第二代；到了 80 年代，基因工程应用于酶工程，出现了基因工程酶制剂，加上反应系统的自动化控制，酶工程又发展成第三代。固定化酶或固定化细胞是指在酶促反应中，将酶或具有一定功能的生物体（如微生物、植物或动物的组织、细胞或细胞器）用一定的方法定位在反应器内，使其能够与反应物和产物容易分开，从而可以反复使用和连续化生产，固定化细胞较固定化酶更为简便。除此之外还有生物传感器、基因工程酶制剂等。

生物传感器是指利用酶或生物体具有的功能，在体外模拟生物体进行生化反应的装置,如发酵罐。而基因工程酶制剂是指利用 DNA 重组技术构建高效表达特定酶的基因工程菌或细胞,作为固定化细胞催化生化反应,这也正是实现人类自由控制酶反应的关键。

二、酶工程的应用

酶工程技术是食品工业中运用最为广泛的一项现代生物技术。具体的应用有:酶工程技术生产氨基酸、酶工程法合成新型甜味剂、酶试纸法诊断疾病、加酶洗涤剂、用固定化酶和细胞监测环境和治理污染等。目前已有几十种酶成功地运用于食品工业,涉及淀粉的深度加工,果汁、肉蛋制品,乳制品等加工制造,在改进食品技术,提高食品质量,改善食品风味等方面发挥了重要作用。

(一) 食品加工

酶工程的应用能有效地改造传统的食品工业。如将玉米经酶法液化、糖化和葡萄糖异构化,可生产果葡糖浆,代替蔗糖用作饮料和食品的甜味剂。应用酶法生产果葡糖浆是现代酶工程在食品工业上最成功、规模最大的应用。在果蔬加工中,利用果胶酶可以明显降低果汁澄清度,增加果汁出汁率,降低果汁黏度,提高果汁过滤效果。在食品烘焙加工时,酶制剂可以增大面包体积,改善表皮色泽,改良面粉质量,延缓陈变,提高柔软度,延长保存期限。在乳制品加工方面,凝乳酶作为重要的凝结剂被广泛适用。在肉制品加工中,添加少量的木瓜蛋白酶可以分解胶原蛋白,软化肉品。

(二) 食品保鲜与贮藏

酶技术应用于食品保鲜是利用酶的催化作用,防止或消除外界因素对食品的不良影响,从而保持食品原有的优良品质和特性。目前应用较多的是葡萄糖氧化酶和溶菌酶的酶制剂保鲜技术。例如把葡萄糖氧化酶和过氧化物酶添加入果蔬中,密闭保藏,可以脱去氧气,延长果蔬的保藏期。溶菌酶对革兰氏阳性菌、枯草杆菌、地衣型芽孢杆菌等有较强的溶菌作用,现已在干酪、肉制品、水产品、乳制品、糕点、饮料等防腐保鲜中广泛应用。

(三) 食品分析与检测

由于酶具有特异性,因此它适合于植物和动物材料的化合物的定性和定量分析。例如采用乙醇脱氢酶测定食品中的乙醇含量,采用柠檬酸裂解酶测定柠檬酸的含量等。另外,在食品中加入一种或几种酶,根据它们作用于食品中某些组分的结果,可以评价食品的质量,这是一种十分简便的方法。

(四) 轻化工业中的应用

酶工程在轻化工业中的用途主要包括:洗涤剂制造(增强去垢能力)、毛皮工业、明胶制造、胶原纤维制造(黏接剂)牙膏和化妆品的生产、造纸、感光材料生产、废水废物处理和饲料加工等。

(五) 医药上的应用

DNA 重组技术促进了各种有医疗价值的酶的大规模生产。用于临床的各类酶品种逐渐增加。酶除了用作常规治疗外,还可作为医学工程的某些组成部分而发挥医疗作用。如在体外循环装置中,利用酶清除血液废物,防止血栓形成和体内酶控药物释放系统等。另外,酶作为临床体外检测试剂,可以快速、灵敏、准确地测定体内某些代谢产物,也将是酶在医疗上一个重要的应用。

(六) 能源开发上的应用

在全世界开发新型能源的大趋势下,利用微生物或酶工程技术从生物体中生产燃料也是人们正在探寻的一条新路。例如,利用植物、农作物、林业产物废物中的纤维素、半纤维素、木质素、淀粉等原料,制造氢、甲烷等气体燃料以及乙醇和甲醇等液体燃料。另外,在石油资源的开发中,利用微生物作为石油勘探、二次采油、石油精炼等手段也是近年来国内外普遍关注的课题。

(七) 环境工程上的应用

在科学技术高度发展的同时,环境净化尤其是工业废水和生活污水的净化,作为保护自然的一项措施,具有十分重要的意义。在现有的废水净化方法中,生物净化常常是成本最低、最可行的。

三、发酵工程的内容及应用

发酵工程,亦称微生物工程,是在传统的发酵工艺基础上,采用酶工程等新工艺新技术,工业化生产发酵产品。发酵技术的基本原理是微生物在有氧或无氧的环境下生长、繁殖和代谢,产生所需的产品。不同的微生物其代谢产物也不同,发酵生产必须使用单一菌种才能获得较纯的产品。因此,筛选和培养优良菌种是发酵工业的首要任务。目前人们利用基因工程和细胞工程技术,可以很方便地得到所需的菌种,包括那些自然界没有的菌种。

发酵技术是生物技术中发展最早的一门技术,因此其应用比较广泛。早在20 世纪初期,德国就利用微生物发酵技术工业化生产甘油、乙醇等。第二次世界大战期间,青霉素的发酵生产为抗生素工业的建立奠定了基础。发酵工程技术是最早应用于食品领域的生物技术。现代发酵工程对食品工业的影响主要表现在利用现代发酵技术改造传统发酵食品以及加速开发高附加值的现代发酵产品。涉及新食品配料、食品加工催化剂、饮料稳定剂、D- 氨基酸及其衍生物制造等诸多食品工业领域。

目前,现代人类生活的很多必需品,如食品、化妆品、药品等都是来自于发酵工业。具体有:酸牛奶、柠檬酸、活性干酵母、调味剂、增稠剂、酶制剂、啤酒、果酒、酒精、氨基酸、抗生素等。此外,微生物采矿、微生物生产单细胞蛋白等正在进入应用之中。现在发酵工程已成为生物技术产业化的基础和常规的手段,发酵工程与其他生物技术的结合,不仅为发酵工业,也为生物技术产业开创了新篇章。

(一) 改造传统的食品加工工艺

利用现代发酵技术改造传统发酵食品最典型的是使用双酶法糖化工艺取代传统的酸法水解工艺,用于味精生产,可提高原料利用率10%左右。在啤酒生产中,国外采用固定化酵母的连续发酵工艺进行啤酒酿造,可将啤酒的发酵时间缩短至1天,甚至90分钟。我国对传统酿造制品,如黄酒、酱类、豆腐乳等利用优选的菌种发酵,提高了原料的利用率,缩短了发酵周期,改良了风味品质。此外,利用发酵工程生产天然色素、天然新型香味剂等食品添加剂,逐步取代人工合成的色素和香精,这也是当前食品添加剂研究的方向。

(二) 生产单细胞蛋白

单细胞蛋白(Single Cell Protein,SCP)主要指酵母、细菌、真菌等微生物蛋白质资源。由于微生物菌体的蛋白质含量高,同时还含有多种维生素,因此人们已公认SCP是最具应用前景的蛋白质新资源之一,对于解决世界蛋白质资源不足问题将发挥重要作用。

用于生产SCP的微生物以酵母和藻类为主,也有一些是采用细菌、丝状真菌和放线菌等菌种。现在许多国家都在积极进行球藻及螺旋藻SCP的开发,如美国、日本、墨西哥等国所生产的螺旋藻食品既是高级营养品,又是减肥品,在国际市场上很受欢迎。我国螺旋藻的开发研究始于20世纪70年代,目前已建立了大规模的养殖生产基地,发展前景看好。

(三) 开发功能性食品

所谓功能性食品是指对人体具有增强机体防御机能、调节生理节律、预防疾病和促进康复等有关生理调节功能的加工食品。它代表了当代食品发展的新潮流。研究表明,一些药用真菌,如灵芝、冬虫夏草、茯苓和猴头菇等真菌中的多糖成分,能明显提高人体免疫力,且大部分还具有抗肿瘤和抗衰老功效。这是发展功能性食品的一个重要原料来源。

传统的生产方法是从野外采摘或人工种植的真菌实体直接提取,不仅规模小、产量低,且易受天气和季节的影响,难以满足功能性食品的发展需求。现在,通过发酵途径则可实现真菌多糖的工业化连续生产。例如河北省科学院微生物研究所等筛选出了繁殖快、生物量高的优良灵芝菌株,应用于深层液体发酵并取得成功,建立了一整套发酵和提取新工艺,为研制功能性食品提供了更为广阔的药材原料。

（四）蛋白质工程

蛋白质工程是20世纪80年代兴起的第二代基因工程，也是基因工程在蛋白质生产上的应用。它是通过DNA重组技术，改变某种蛋白质的性质或制造一种新蛋白质的技术。将蛋白质工程与其他生物技术（如发酵工程、酶工程）结合，能够生产人类所需的食用蛋白质、药用蛋白质、各种酶类制剂等。如果与微电子技术、计算机技术结合，将促进生物半导体和生物芯片的研制，生物计算机的出现也就为时不远了。

此外，许多功能性食品或功能性成分，如低聚糖、糖醇、EPA、DHA、Y-亚麻酸、超氧化物歧化酶（SOD）、有益菌等都可通过发酵工程获得，其中许多已实现大规模生产。

第五节 医药技术

到20世纪，医学已形成了完整的理论与技术体系，采用了越来越有效的治疗疾病、增进健康和延长寿命的各种技术，尤其是21世纪新出现的技术。因此，20世纪开始的医学是现代医学，其中最具有现代技术特征的医学内容是医药技术。在医药领域，生物技术在预防、诊断和治疗影响人类健康的重大疾病方面发挥了重要作用，并由此形成了高速成长的生物医药产业，这是目前为止生物技术最大的应用领域。

一、医学科学的内容

就生物技术而言，有60%以上的成果都集中应用于医药产业，用以开发特色新药或对传统医药进行改良，由此引起了医药产业的重大变革，生物制药也得以迅速发展。生物制药就是把生物工程技术应用到药物制造领域的过程，其中最为主要的是基因工程方法。即利用克隆技术和组织培养技术，对DNA进行切割、插入、连接和重组，从而获得生物医药制品。生物药品是以微生物、寄生虫、动物毒素、生物组织为起始材料，采用生物学工艺或分离纯化技术制备，并以生物学技术和分析技术控制中间产物和成品质量而制成的生物活化制剂，包括菌苗、疫苗、毒素、类毒素、血清、血液制品、免疫制剂、细胞因子、抗原、单克隆抗体及基因工程产品（DNA重组产品、体外诊断试剂）等。目前，人类已研制开发并进入临床应用阶段的生物药品，根据其用途不同可分为三大类：基因工程药物、生物疫苗和生物诊断试剂。这些产品在诊断、预防、控制乃至消灭传染病，保护人类健康中，发挥着越来越重要的作用。

现代医学包括基础医学、应用医学、医药工程技术与理论医学四个方面：基础医学主要研究机体正常结构与功能、各种因素对机体的影响和疾病的发生、发展与转归等规律的学科群,包括生命论、机体反应论、病因论等;应用医学研究正常人群、病人或特定集团的健康保护、疾病的预防、诊断、治疗与康复等应用课题的学科群,包括疾病认识论、疾病对策论、康复论、环境保健论等;医药工程技术是用现代工程技术解决医学研究和应用中所需的各种技术、装备、药物、手段等的新兴交叉技术学科群,包括信息论、控制论、系统论、仿生论等;理论医学是从各种不同角度研究医学内在发展规律与外部诸因素的关系、医学组织与人员的特征和管理以及医学科学方能等的学科群,包括医学论、伦理论、方法论、预测论等。

现代医学的结构越来越表明该学科是一门综合性的应用科学,其科学基础不仅包含生命科学和保健科学,数学和技术科学,还包括了心理学和社会科学,这就意味着医学不仅具有自然科学性质,而且还具有明显的社会科学属性。就我国目前现状而言,医学在学科体系上划分为以下五部分:基础医学、临床医学、中医学、药物学、卫生与预防医学。

二、医学科学的发展及医疗技术成就

医学具有悠久的历史。在现代医学产生之前,医学处于经验阶段。医生能够诊治病人,但不知道治病和患病的原因机理。

19 世纪,基础医学得到了较大的发展。由于微生物学的建立,人们了解了某些疾病(特别是传染病)的发病机理,并相应地开展了免疫疗法。人体解剖和生理机能的研究也取得了不少进展,在此基础上提出了病理学的基本概念,建立了细胞病理学。随着基础医学的进步,临床医学也发生了一定的变化。特别是麻醉和消毒技术的出现,使得外科手术的感染率和死亡率急剧下降,手术数量大大增加。进入 21 世纪,医学发展异常迅速。许多疾病的有效治疗和预防开始实现。20 世纪医学的显著进步,是由于物理学、化学、生理学、技术科学和工业技术的巨大发展所促成的,也是在 19 世纪医学成就的基础上进一步引申而成的。现代医学的重要成就主要体现在以下几方面医疗技术上:

(一) 化学治疗和抗生素治疗

1909 年,德国药物学家艾利希(P.Ehrlich)研制出编号“606”的药物——一种有机砷制剂,可杀死梅毒螺旋体,使长期流行的梅毒得到了有效的治疗,成为化学治疗的先驱。1935 年德国化学家多马克(G.Domagk)研制出磺胺类制剂“波浪多息”(Prontosil),第一次找到了对人无害、高效杀菌的人工合成的化学药物。1928 年英国细菌学家弗莱明(A.Fleming)发现青霉菌产生的青霉素有很强的抑菌或杀菌作用。之后,英国病理学家弗洛里(H.W.Florey)和德国化学家钱恩

(E.B.Chain)解决了青霉素的浓缩问题,使大量生产成为可能。1943 年青霉素首次应用于临床,对猩红热、白喉、脑膜炎、淋病、梅毒等均有显著疗效。第二次世界大战期间,刚刚问世的青霉素曾使患肺炎的英国首相丘吉尔很快痊愈。

化学治疗和抗生素治疗是 20 世纪医学最显著的成就之一。由于它们的出现和不断发展,使肆虐的几乎不可控制的各种传染病得到了有效治疗,外科手术的感染问题也得到了基本解决。

(二) 免疫疗法

免疫学是 20 世纪初兴起的学科,主要是对人体免疫机制进行系统研究。免疫疗法是疫苗在治疗和预防传染病上的实际应用。

早在 16 世纪我国就有取"人豆浆"预防天花的做法。18 世纪末,欧洲出现了用科学方法制造牛痘苗的方法。19 世纪末,狂犬疫苗问世。20 世纪初伤寒疫苗、霍乱疫苗、白喉和破伤风类毒素、卡介苗(抗结核病)等相继出现。20 世纪中叶,预防脊髓灰质炎(小儿麻痹)的疫苗和预防流感的疫苗制备成功并立即临床使用。其中流感疫苗的使用曾成功地遏止了 1957 年从亚洲发源的流感病毒的蔓延。20 世纪 70 年代以来麻疹疫苗的广泛接种,使麻疹的发病率降低了 90%以上。

目前生物技术给免疫治疗注入了新的活力。一方面是利用酶工程和发酵工程,生产出新型疫苗,降低了成本,提高了效力。另一方面是利用杂交瘤技术,生产单克隆抗体,用于乙肝、肿瘤等疾病的诊断和治疗。

(三) 营养缺乏病的治疗

19 世纪末,通过化学分析知道食物的主要成分是糖类、脂肪和蛋白质。进入 20 世纪蛋白质的营养作用逐渐被揭示。1938 年英国的罗斯(W.C.Rose)在搞清了必需氨基酸和非必需氨基酸之后又确定了人体所必需的 8 种氨基酸。另外维生素接连被发现,从 1913 年到 1948 年短短的 30 多年,陆续发现了维生素 B_1 等 8 种维生素。

随着营养学知识的增加,因营养缺乏而导致的疾病逐渐被找出病因并得到有效治疗,如软骨病、坏血病、脚气病等。目前营养缺乏症已很少出现,所以营养知识被更多地用于食品的生产和饮食中。

(四) 内分泌紊乱与激素治疗

对激素作用的认识开始于 20 世纪初。1901 年分离出"肾上腺素",1902 年又发现了促胰液素,1905 年"激素"一词开始使用,1909 年"内分泌学"被定义为对内分泌腺及其分泌物"激素"的研究。

胰岛素的提取及其对糖尿病的治疗是 20 世纪医学上的伟大成就之一。1921 年加拿大的班丁(F.G.Banting)和贝斯特(C.H.Best)首次提取出胰岛素,

1922年报道其有治疗人类糖尿病的作用。50年代胰岛素成为第一个被测出氨基酸顺序的蛋白质,60年代中期又成为第一个被人工化学合成的蛋白质,因此胰岛素不仅在医学上有重要地位,而且在分子生物学研究工作中占有重要地位。

脑垂体分泌的促肾上腺皮质激素及下丘脑分泌的促甲状腺素释放激素等神经激素的成功提取和分析,不仅揭示了脑垂体和下丘脑的相互关系及作用,而且将神经和内分泌两大系统联系起来,形成了一个统一体。

(五) 外科治疗与器官移植

输血和麻醉是外科手术中两项重要的辅助手段。在20世纪以前,存在着因输血死亡和血液凝结两大难题。1901年血型的发现和1915年抗凝剂的使用,才使输血变得安全易行。麻醉药的应用是在19世纪后叶开始的,当时主要是吸入氯仿等进行全身麻醉,存在病人感觉不舒服和麻醉深浅不易掌握等问题,有时还会因麻醉过深导致死亡。1904年局部麻醉剂普鲁卡因被发现并用于手术,不过其大量使用是在不锈钢针出现并解决了穿刺断针问题以后。

外科治疗上的成就还有脑开颅手术、心脏手术,以及心脏移植、肾移植、肺移植、肝移植和胰腺移植等内脏移植手术。其中成功率和存活率最高的是肾移植。

(六) 分子医学与基因治疗

分子生物学的诞生及在医学上的应用,产生了分子医学。分子医学的研究始于镰状红细胞贫血症病因的揭示,该病是由于血红蛋白上的氨基酸被另一个氨基酸取代所致。

关于"癌基因"的发现是分子医学在20世纪后半叶所取得的重要功绩。1909年,美国劳斯(P.Rous)证明癌由癌病毒引起。以后人们又进一步证明癌病毒不在人与人之间横向传染,而在直系亲属间纵向传播。1969年美国希伯纳(Huebner)提出所有细胞都包含癌病毒的全部遗传信息,包括致癌的癌基因。1983年已发现了20种致癌的RNA病毒的癌基因。在这些RNA病毒中,存在着逆转录酶和与致癌有关的DNA序列。正常细胞中也存在着与癌基因同源的DNA序列,称为"原癌基因"。原癌基因一旦活化为癌基因,便引起细胞癌变。虽然癌症的病因和发展是复杂的,引起癌症的因素很多,但人类对癌症的征服已露端倪。

目前正在发展的基因疗法是利用基因工程技术改造基因再送回患者体内。如将贫血患者的骨髓细胞抽出后,将正常血红蛋白的基因转入骨髓细胞,再将骨髓移回患者体内。

(七) 诊断技术

自1895年伦琴(W.C.Roentgen)发现X射线后,X射线诊断已成为现代医学中重要的诊断手段和成就。此后近30年间又相继发展了心电图、梅毒血清反应、脑血管造影、心脏导管、脑电图等技术。

1949 年超声波成像系统研制成功，成像质量不断改善和提高，在 A 型基础上又发展出 B 型、M 型等。1972 年计算机技术应用到 X 射线机上，产生了电子计算机 X 射线照相术（CT），使诊断技术进入了新时期。

60 年代日本采用光导纤维制成了第一个胃镜，如今已经有了食道、十二指肠、胰胆管、小肠、结肠、支气管、肾盂、膀胱、子宫、腹腔、关节等 20 多种纤维内窥镜，提高了临床诊断效能。80 年代核磁共振技术开始应用于医学诊断，并显示出其比 CT 更强的优势。

遗传病的产前诊断始于 1960 年，当时是抽取子宫内羊水来诊断胎儿是否患血友病；以后逐渐发展到通过羊水诊断先天性代谢缺陷、脊柱裂、无脑儿等畸形胎儿。

（八）生殖学的奇迹——试管婴儿

1978 年 7 月 25 日，世界上第一个试管婴儿露易·布朗呱呱落地，开创了人类生殖学的新纪元。所谓试管婴儿是指体外受精，体内发育，即将卵子和精子在试管内结合成受精卵，再将发育到一定时期的受精卵移植到子宫内正常发育。这一技术的成功，标志着人类有了一定的控制生殖的能力，也解决了众多的各种不孕夫妻的难题，同时也可以避免家族遗传病。

胚胎移植技术特别是核移植技术在生殖工程上的应用，又进一步扩展了生殖途径，其发展之快甚至已使人类开始担忧“克隆人”的出现了。

三、医药技术的类别及应用

（一）医药技术的类别

医药技术，即医药工程技术，有的学者称其为生物医学工程，都是指现代医学领域中交叉渗透了生物学、电子学、化学、数学、力学、高分子化学、工程学等学科知识，并由此而开发出融合了各种技术的用于诊断或治疗的设备、药物、手段等。因此从功能上可以将医药技术分为诊断技术和治疗技术，从性质上又可分为生化技术和物理技术。当然这种划分不是绝对的，也不是全面的。

（二）几种主要现代医药技术简介

1. 电子计算机断层摄影（CT）

CT 通常是指 X 射线 CT。1969 年英国的赫斯菲尔德（G.W.Housefield）和美国的柯马克（A.M.Commack）发明。CT 的问世，标志着计算机技术开始进入医学领域。

CT 的工作原理是将普通的 X 射线透射仪的光源和接收器沿人体横断面平行旋转 360 度，旋转时在每一个角度透射过人体的射线由接收器转换成数据信号传给计算机，由计算机分析综合，处理成人体某一部位的横断层图像。各部位的断层图像组合起来就是身体某一部分的三维图像。

CT 的优点是诊断迅速，操作简便，对病人影响很少，准确率高。它能够对脑组织、脏器组织以及体神经组织内病变细胞特别是癌变细胞有较好的辨别率，因此特别适合对癌症的诊断。

2. 核磁共振技术（NMR）

现在医学上使用的 NMR 技术的全称是核磁共振成像电子计算机扫描技术。核磁共振现象是 1946 年由美国两位科学家发现的，1973 年与计算机结合实现图像化。20 世纪 80 年代开始应用于临床诊断。

NMR 的原理是原子核在外加磁场作用下吸收能量，产生共振，当撤掉外加磁场时，共振原子核逐渐静止并将吸收的能量向外释放。每个原子核之间因其自身的状态差异也导致吸收和释放的能量存在差异。这些释放的能量转换成信号由计算机综合成图像，就可以将人体各个部位的切面图呈现于面前。

由于 NMR 反映的是人体化学分子的内部信息，这与 X 射线 CT 不同，因此人们更希望它能诊断早期癌症。

目前临床使用的 NMR 仪都是质子成像。由于它对人体无任何损害、可以在人体任何切面上成像、不用造影剂也能对软组织成像等，因此正在成为更有效的诊断技术。

3. 超声波成像技术（B 超）

超声波为高频声波，最早用于水底声纳和工业无损探伤技术，20 世纪 50 年代开始用于医学。最初的医学超声装置始于 A 型脉冲超声诊断仪，它是应用超声波通过人体不同性质的组织时具有不同的反射特性；测定各层组织界面的位置，将信号以波的形式在示波器上显示。

现在临床使用的都是 B 型超声诊断仪。这是 20 世纪 70 年代以后发展起来的超声波断层成像技术。它的成像是超声波在不同组织界面处的反射波经转换而成，因此是非定量的，图像失真。正在发展的超声 CT 是将超声反射信号经计算机定量处理后成像，将能更准确真实地反映待查组织状况。

超声技术多用于心血管和腹部脏器的检查，不适于肺和头部的诊断。

4. 红外成像技术

红外线的波长介于可见光和微波之间。任何物体都可能存在反射或自身辐射红外线(也叫红外辐射)。利用物体的自身辐射进行摄像的技术叫红外热像术；用红外线照射物体利用反射的红外辐射摄像的技术叫红外摄影术。生物体都是有自身辐射的，而且不同的组织细胞，尤其是同一种组织细胞的健康和病变部分，自身辐射因其自身温度的差异而不同，一般是病变部位温度高。因此红外热像术可以应用于医疗诊断。国外是在20世纪50年代开始应用,至20世纪60年代已普遍使用。我国是20世纪70年代有进口仪器,1976年有了国产仪器。

红外热像术适合于浅表肿瘤、血管疾病、皮肤病等疾病的辅助诊断。

5. 光纤内窥镜技术与激光医用技术

内窥镜在20世纪初就在临床上使用了。但早期的内窥镜只能探查食道、直肠、膀胱等较粗和无弯曲通路的部位。光导纤维是20世纪60年代开始发展起来的新技术。通俗地讲,光导纤维就是质量非常高、传导非常好、直径非常细的玻璃丝。光在光导纤维里的折射是全反射,因此无论是多么曲折的通路,光导纤维都能使光毫无损失地传输。光纤应用于内窥镜,发展出了胃镜、十二指肠镜、结肠镜、肾盂镜、支气管镜,甚至还有了关节镜,使人们的视野进入了人体更深的领域。

激光已成为外科医生的新型手术刀。用激光刀手术,可以做到准确、快速、不出血、不感染。最初激光刀多用于眼科手术,刀口小,时间短,患者几乎无痛苦。后来激光刀逐渐被用于脑部和神经外科等非常精细部位的手术。在肿瘤的切除和直接烧灼上,激光有更大的优越性。

将激光和光纤结合,可以将激光输送到病变部位,直接杀死病变细胞,无需手术来暴露病变组织,既有效,患者又无多大痛苦。

6. 免疫诊断技术

免疫是机体的一种生理功能,是识别、破坏和排斥外来物质(即抗原)或机体自身产生的异构物质(突变或老化细胞)的保护性反应。当抗原进入体内时,免疫系统将产生相应的抗体并与抗原识别、结合。免疫诊断技术是通过某种手段标记特定的抗体,再将有标记的抗体输入机体,机体内若存在相应的抗原即可与之结合,由此可检测抗原的存在。

目前医学上使用的免疫诊断技术有以下三种:

荧光免疫技术:抗体与荧光色素结合,通过荧光显微镜等方法检测荧光。

免疫酶技术:亦称酶联免疫吸附技术,是将催化特定反应的某种酶与抗体结合,通过检测该酶的反应产物的存在来鉴定与抗体结合的抗原的存在。

放射免疫技术:使抗体结合某种放射性同位素,利用放射自显影等技术检测放射性的存在,进而鉴定抗体的存在。

7. 干扰素

干扰素是由免疫细胞产生的一类诱生性的小分子量、高活性、多功能和广用途的蛋白质。现在研究发现干扰素具有抗多种病毒及其他微生物和调节免疫细胞的免疫活性的性质。因此,干扰素是一种广谱的治疗病毒感染的制剂,可用于治疗上呼吸道感染、乙型肝炎、疱疹病毒感染、狂犬病、艾滋病等,而且在抗肿瘤方面也呈现出较好的效果。

利用人体血液中的白细胞或其他细胞来生产干扰素，其成本很高，价格昂贵。目前正在进行的基因工程技术生产干扰素的研究已取得初步成功，完成了干扰素的人工合成和干扰素合成基因的表达。非基因工程干扰素的生产也已走向工业化和自动化。

8. 单克隆抗体

1975 年，科勒（Kohler）和米斯得恩（Milstein）建立了淋巴细胞杂交瘤技术，他们把用预定抗原免疫的小鼠脾淋巴细胞与能在体外培养中无限生长的骨髓瘤细胞融合，形成具有双亲特征的杂交瘤细胞，通过克隆化得到来自单个细胞的杂交瘤细胞系，它们所分泌的抗体是针对同一抗原决定簇的、在分子结构上是同质的抗体，即单克隆抗体，简称单抗。

单抗具有高度同质性、高度特异性和无限量供应性的优点，因此单抗特别适合于各种传染性疾病和癌症的诊断。目前单抗诊断已有试剂盒投放市场用于诊断。

9. PCR 技术

聚合酶链反应（PCR）是一种体外由特定引物引导的特定基因或 DNA 片段的酶促扩增技术。

1984 年，美国的科学家发明了一种新的检测特定 DNA 序列的技术，即 PCR 技术。该技术的原理和操作都十分简单，但却意义重大，用途广泛。

PCR 实际上就是特定基因或 DNA 序列的体外多次扩增（即复制），每次扩增的步骤是升温（94℃）、DNA 变性解成单链；降温（42℃~55℃）、引物与每条 DNA 单链复性结合成双链；升温（72℃）、DNA 聚合酶催化引物延伸，扩增完成一次，再继续升温至 94℃，进入下一次扩增。由于 PCR 每次扩增的结果都是体系中已有 DNA 扩增片段的加倍，因此，如果完成 30 次循环，可得到 Z^{30} 约 10^{9} DNA 拷贝。这个浓度通过电泳技术完全可以检测出来。

PCR 可用于检测已知或未知序列的基因。扩增出的 DNA 不一定是一个完整的基因，但应是基因的一部分，仍可证明该基因的存在。因此 PCR 技术应用于医学使诊断尤其是基因诊断更加准确简便。目前 PCR 技术已经用于以下疾病的诊断：细菌、病毒、支原体、衣原体和寄生虫等微生物引起的肺炎、肝炎、淋病、伤寒等传染性疾病；某些遗传性疾病；白血病等。PCR 技术具有极高的敏感性和准确性，即使是一点儿血痕它也可以检测出痕量的 DNA，因此也被法医所使用。

第六节 生物医药技术的未来

生物医药产业最发达的国家是美国。第一家运用现代生物技术的制药公司——美国的 Cetus 公司,创建于 1971 年。到目前为止,美国生物制药业已有数百家公司,正在开发数千种药品。生物技术药品已涉足 200 多种疾病,其研究多数是针对癌症治疗,在传染性疾病、神经性疾病、心血管疾病、呼吸系统疾病、艾滋病、自体免疫性疾病、皮肤病等其他疾病方面的研究力量相当。总览生物技术在生物制药领域的发展新趋势,主要有以下几方面:

一、人类基因组计划

人类基因组草图的成功绘制推进了人类基因及人类疾病的破解进程。掌握了人类基因的序列,我们能够进一步知道细胞中成千上万个基因的功能。在这里使用“进一步”这个词的意思是目前我们知道功能的基因只占这些基因的10%~20%,大部分基因还未被我们所了解,破解人类基因的功能是下一个 20 年中生命科学和生物制药开发的一个方向。由全套基因组编码控制的蛋白质相应地被称为蛋白质组,蛋白质组学是在人类基因组计划研究发展的基础上形成的又一个新兴学科。生物功能的主要实现者是蛋白质,而蛋白质又有自身特有的活动规律,蛋白质组学主要是在整体水平上研究细胞内蛋白质的组成及其活动规律。随着时间的推移,随着蛋白质组知识的继续扩展,将能够把基因变化与胞内蛋白水平的变化联系起来,希望能够看到更多根据人类基因组计划开发出的新药。

二、转基因植物及转基因动物

转基因植物是把来源于任何生物甚至人工合成的基因转入植物。转基因动物,一方面是将正常人的基因片段导入动物体内,让这种基因在哺乳动物体内表达,并能通过该动物分泌的奶或其他组织提取具有活性的分泌物质,获得大量廉价的珍稀药物;另一方面是利用转基因动物培养人体器官,解决人体器官移植供体短缺问题。这些技术对于需要量大的治疗用蛋白质药物的生产有利。对于转基因植物,如果需要更多蛋白,多种植一些就行了。

三、个性化药物

个性化药物是指适合于某一特定病人的药物。新技术的开发将使治疗方法产生巨大的进步,使个性化药物的运用成为可能。生物技术使得我们能够区别遗传物质形成过程中的细微差异,了解每个病人在治疗效果、药物敏感性和副反应发生方面的差异。如果知道一个人会对某种药物产生怎样的反应和如何代谢,医生就能在治疗前确定病人用什么药合适。这些进步对医药产生了很大影响,制药企业可以生产更有效的药物。知道了药物对哪些人疗效好且副反应少,临床实验就可以在疗效好且副反应少的人中进行,医生就可以避免将处方药物开给使用效果不好或有严重副反应的人。这样,对于特殊人群有好处的药物就有可能被开发出来了,而不是被拒绝,新药开发的成本也就会降低。病人将受益于使用合适的药物,不用再试用所有的药物或受大量的副反应的影响。医生的处方药物会及时发挥作用,治疗会在更短的时间内见到效果,并且可以节省治疗费用。

拓展阅读

1. 中国科学院.2010 科学发展报告[M]. 北京:科学出版社,2010.

2. 中华人民共和国科学技术部编.国际科学技术发展报告(2010)[R]. 北京:科学出版社,2010.

3. 刘国诠主编.现代生物技术丛书——生物化学工程[M]. 北京:化学工业出版社,2008.

思考题

1. 简述生物技术的应用范围和开发意义。
2. 为什么说基因工程和细胞工程是生物技术的核心?
3. 克隆技术对人类有何益处?你认为“克隆人”会发生吗?
4. 生物技术的发展为什么会有阻力?你认为应如何克服这些阻力?
5. 现代医学有哪些重要的成就?

第十二章　新材料与新能源技术

众所周知，材料、能源和信息始终是组成人类物质文明和精神文明的三大要素。随着人类对材料、能源和信息的认识和利用不断深化，创造出不同时期的物质文明和精神文明。今天，人类在新的高度对这三大要素有了更深入的认识，产生了现代材料技术和能源技术等新技术群支持下的现代文明。

第一节　新材料技术及其发展

当前一场全方位、多层次的新技术革命，正在全世界范围内蓬勃兴起，其中新型材料作为新技术革命的支柱也在飞速发展。所谓新材料，是指那些新近发展或正在发展中的，具有优异性能和特殊功能，对加速科学技术进步、促进国民经济发展、增强国防实力具有重大推动作用的材料。新型材料是相对于传统材料而言的，二者之间没有截然的分界。新型材料的发展往往以传统材料为基础，传统材料的进一步发展也可以成为新型材料。由于新型材料是以科学技术的最新成就为基础，其性能超群，应用广泛，因此对发展经济、科技、国防具有特殊的重要作用。

一、新型金属材料

自20世纪中叶以来，在金属材料的“统治地位”受到了来自“有机高分子材料、无机非金属材料和名目繁多的复合材料”的严重挑战之时，新型金属材料技术为其带来勃勃生机。

（一）非晶态金属

1960年美国皮·杜维等首先发现，当某些液态贵金属合金（如金—硅合金）以每秒100万摄氏度的冷却速度急剧冷却时，可以获得一种被称为“金属玻璃”的非晶态合金。金属玻璃一般以铁—镍、硅—金、钯—硅—铜、铁—磷—碳等为基本成分，有时是以磷—铬—碳为添加物熔炼而成的非晶态物质。非晶态金属的强度和硬度比现有的一般晶态金属都高，超过了超高硬度工具钢。非晶态金属还具有很高的韧性，有的即使弯曲到接近180度也不会断裂。金属玻璃的另一个重要特性是磁阻小，只有硅钢片的1/10~1/3。金属玻璃具有非常强的耐化学腐蚀的性能，许多金属玻璃的耐腐蚀性能比最好的不锈钢还要高100倍。

（二）形状记忆合金

1963年美国海军一个研究所发现某些金属材料具有“形状记忆效应”。所谓形状记忆效应是指某些合金材料在一定的条件下，虽经变形但仍然能够恢复到变形前原始形状的能力。那个被阿波罗登月舱带到月球上的环形天线，就是用极薄的记忆合金材料先在正常情况下按预定要求做好，然后降低温度把它压成一团，装进登月舱带上天去。放到月球表面上以后，在阳光照射下温度升高，当达到转变温度时，天线又“记”起了自己本来面貌，变成一个巨大的半球形。形状记忆合金的可贵之处，还在于它是一种无疲劳的材料，这种“回忆”而“变形”的本领可以反复使用500万次而不产生疲劳断裂。目前形状记忆合金主要分为镍—钛系、铜系和铁系合金等。它在工程方面最早是用在管接头和紧固件上，当记忆合金套管收缩时能形成密封防漏的连接，其效果远胜于焊接。在医学上可应用于人造心脏、人工关节等。此外，还广泛应用于各种自动调节和控制装置，也被称为“智能材料”。

（三）超塑合金

长期以来，人们幻想着有那么一种材料，加工的时候，能够像用面和糖制作面点、糖果那样柔软可塑，成型后，又能像钢铁一样坚固。早在1920年德国人罗森汉在锌—铝—铜三元共晶合金研究中，发现这种合金与一般金属结晶不同，冷轧后具有非结晶材料的特征，即发现材料具有暂时的高塑性这一奇异现象，也就是这种合金的超塑性状态。到目前为止，至少已发现170多种合金材料具有超塑性。最常用的铝、铜、铁、镍合金均有10–15个型号，它们的延伸率在200%~2 000%之间。各种合金的超塑性成型，不仅可生产难成型和复杂形状的结构件，且可大大降低设备的吨位，减轻设备的重量，缩短和简化工艺流程，提高产品质量和成材率，降低成本。所以超塑性合金的利用为金属成型和节能开辟了新的广阔途径。如人造卫星上的球形燃料箱是用钛合金制造的，壁厚为0.71~1.5毫米，利用普通方法是无法成型的，只有采用超塑性成型的吹塑成型法才可能实现。

（四）超高温合金

从锅炉、蒸汽机、内燃机到石油、化工用各种高温物理化学反应过程的装置和煤的液化、气化装置，从原子反应堆的热交换器到喷气涡轮发动机的多种部件都在时时追求超高混合金材料。其中镍基超高温合金在喷气发动机中的应用，为航空工业开创了新纪元。据统计，从1940年到1975年的35年当中，镍基超高温合金在受应力为150 MPa、寿命为100小时左右的条件下，其工作温度已经由700℃提高到1 050℃左右，这使发动机的推力质量比不断增加，因此超高温合金在发动机中的用量也日益增加。再者，将熔点比较高的金属或合金的一种或几种难熔化合物粉末混合压制烧结而成的高温金属陶瓷,可用来制造火箭发动机的各种超高温工作零件。

(五) 贮氢合金

美国布鲁克赫本国立研究所率先在贮氢合金的研究上获得成功,该所在1968 年发现了镁—镍合金具有贮氢机能。随后,荷兰飞利浦公司于 1970 年开发了镧—镍合金。1974 年,布鲁克赫本研究所又研制出铁—钛贮氢合金,从而为氢能的实用化打开了突破口。贮氢合金的主要成分有镁、钛、铌、钒、锆和稀土类金属,添加成分有镉、铁、锰、钴、镍、铜等。由这些元素组成的贮氢合金,一般都具有较好的贮氢性能,需要贮氢时,让合金与氢反应,生成金属氢化物;需要用氢时,将金属氢化物加热,利用它把氢放出来。吸氢与放氢的多少,通过温度、压力的变化进行调节,就像我们用蓄电池充放电一样方便。

(六) 减振合金

敲击时,不像青铜、钢材那样发出洪亮的"金属音",而像橡胶那样只发出微弱的哑声,然而又像钢材那样能承受较高工作温度和具有较高的强度,这样的金属材料称为减振合金。有人把这类合金产品命名为"无声合金""消声合金""安静合金"等。经过多年的研究目前已出现了数十种新型的减振合金。例如既有优良的耐腐蚀性又有高疲劳强度的钴—镍系合金,轻且减振性能极高;用作火箭卫星上的精密仪器防振台架的镁—锆系合金;耐蚀性优良的镍钛合金;加工性和耐蚀性均优的铁—锆—铝系合金等。并由此形成了一个新兴的功能材料领域,其应用日益广泛,越来越受到人们的重视。

(七) 非晶态合金

非晶态合金又称为金属玻璃,具有拉伸强度大,强度、硬度高,高电阻率、高磁导率、高抗腐蚀性等优异性能,适合做变压器和电动机的铁芯材料。采用非晶态合金做铁芯,效率为 97%,比用硅钢高出 10% 左右,所以得到推广应用。此外,非晶态合金在脉冲变压器、磁放大器、电源变压器、漏电开关、光磁记录材料、高速磁泡头存储器、磁头和超大规模集成电路基板等方面均获得应用。

二、新型陶瓷

从传统陶瓷到先进陶瓷是陶瓷发展史上的又一次重大飞跃。这一过程开始于 20 世纪 40~50 年代,并且还在不断地发展。新型陶瓷,无论从材料的性能,还是从材料的制备工艺技术来看,都已经和人们对陶瓷的旧有印象有了很大的不同。日本的企业家和陶瓷科学家为了改变人们对先进陶瓷的印象,特别把这种高技术陶瓷制成剪刀和水果刀作为礼品赠客或作为商品出售,称之为永不卷刃、永不生锈、永不磨损的刀具。有的先进陶瓷具有很好的弹性,可以制作成陶瓷弹簧。先进陶瓷按其使用性能来看，大体上可以分为先进结构陶瓷和先进功能陶瓷两大类：

（一）先进结构陶瓷

1924年德国人鲁夫用纯氧化铝粉末，在2 000℃左右的高温炉中烧结，得到了世界第一块纯氧化铝质瓷，俗称刚玉。刚玉质瓷具有耐高温、抗腐蚀、高强度、高硬度、高绝缘性等优良性能，可用作机械零件、各种切削工具、装甲防护材料、人造关节等。

再如，氮化硼陶瓷兼备多种优良性能，特别值得一提的是热压成瓷后的氮化硼制品，可以很容易地进行机械加工，而且加工精度高，可达10纳米。可以用它制造形状复杂而尺寸精度又要求较高的零件，如高频行波管收集极上的绝缘散热管等。

以碳纤维或石墨纤维补强硼硅酸盐玻璃或石墨纤维补强硼硅酸盐玻璃或锂硅酸盐玻璃陶瓷的复合材料，强度已达到了铸铁的水平。纤维补强陶瓷材料可作为宇宙飞行器的烧蚀材料、隔热保护层，也可用作高温燃气轮机上的陶瓷元件等。

（二）先进功能陶瓷

功能陶瓷主要是指利用材料的电、磁、声、光、热、弹性等方面直接的或耦合的效应以实现某种使用功能的陶瓷。先进功能陶瓷习惯上是按其使用功能和实用器件来进行分类的，其特点是品种繁多、丰富多彩。

先进功能陶瓷与电子技术有很密切的关系，所谓的“功能”在很多情况下都与电子技术有着某种联系。先进功能陶瓷大体上包括装置陶瓷、电容器陶瓷、铁电陶瓷、压电陶瓷、电致伸缩陶瓷、热释电陶瓷、磁性陶瓷、半导体陶瓷、导电与超导陶瓷、光学陶瓷以及敏感陶瓷等。例如，稳定的氧化锆陶瓷在高温时不仅产生电子导电，也会因氧离子的运动而产生离子导电。因此，凡是在高温情况下需要测量或控制氧气含量的地方，都可以采用氧化锆陶瓷氧气敏感元件。阳离子导电陶瓷有着和阴离子导电陶瓷相类似的广泛应用，可以作为离子选择电极的选择膜即离子浓度传感器。利用它只允许某一种阳离子通过的特性，可以准确而又迅速地测定待测离子的浓度，用于金属的提纯等。而半导体陶瓷作为可变电阻，可用于各种电气和电子线路的稳压和过电压保护、各种继电器接点的灭弧等。

三、新型高分子材料

高分子是由碳、氢、氧、氮、硅、硫等元素组成的分子量足够高的有机化合物。常用高分子材料的相对分子质量在几百到几百万之间，高分子量对化合物性质的影响就是使它具有了一定的强度，从而可以作为材料使用。因为高分子化合物一般具有长链结构,每个分子都像一条长长的线,许多分子纠集在一起,就成了一个扯不开的线团。这就是高分子化合物具有较高的强度,可以作为结构材料使用的根本原因。另一方面,人们还可以通过各种手段,用物理的或化学的方法,或者使高分子与其他物质相互作用后产生物理变化或化学变化,从而使高分子化合物成为能完成特殊功能的高分子材料。

功能高分子材料主要包括物理功能高分子材料及化学功能高分子材料。前者诸如导电高分子、高分子半导体、光导电高分子、压电及热电高分子、磁性高分子、光功能高分子、液晶高分子和信息高分子材料等,后者如反应性高分子、离子交换树脂、高分子分离膜、螯合高分子、高分子催化剂、高分子试剂及人工脏器等。此外还有生物功能和医用高分子材料,如生物高分子、模拟酶、高分子药物及人工骨材料等。

高分子材料包括塑料、橡胶、薄膜、胶粘剂和涂料等。在现代工业和日常生产中,都离不开高分子的三大合成材料——塑料、合成纤维和合成橡胶(它们在未加工前也称为树脂)。在全世界塑料的通用品种中,聚乙烯、聚苯乙烯、聚氯乙烯、聚丙烯四大品种的总产量在亿吨左右。其他如透光性好的有机玻璃,被称为"塑料王"的耐腐蚀塑料聚四氟乙烯,作为工程塑料的聚砜、聚碳酸酯、聚甲醛、聚酰亚胺和常用作泡沫塑料的聚氨酯等,都是人们所熟知的。在合成纤维中涤纶(聚酯纤维)、腈纶(聚丙烯腈纤维)、尼龙(聚酰胺纤维)早已进入千家万户。在合成橡胶中,丁苯橡胶和顺丁橡胶已经部分代替天然橡胶,其消费量正在逐年增长。总之,当前高分子材料正向高性能化、功能化、生物化的方向发展。

四、高性能复合材料

所谓复合材料,是指把两种以上宏观上不同的材料合理地进行复合而制得的一种材料,目的是通过复合来提高单一材料所不能发挥的各种特性。复合材料可分为结构复合材料和功能复合材料。目前形成产业规模的主要是结构复合材料,功能复合材料正处于发展之中。功能复合材料一般由功能体和基体组成,基体不仅起到构成整体的作用,而且能产生协同或加强功能的作用。功能复合材料主要包括导电功能复合材料、导磁功能复合材料、换能功能复合材料、阻尼功能复合材料、屏蔽功能复合材料等。

结构复合材料是作为承力结构使用的材料,由能承载荷的增强体与能联结增强体成为整体材料同时又起传递力作用的基体构成。增强体包括各种玻璃、陶瓷、碳素、高聚物、金属以及天然纤维、织物、晶须和颗粒等,基体则有高聚物(树脂)、金属、陶瓷、玻璃、碳和水泥等。由不同的增强体和不同的基体即可构成名目繁多的结构复合材料,如高聚物(树脂)基复合材料、金属基复合材料、陶瓷基复合材料、碳 / 碳复合材料、水泥复合材料等。结构复合材料的特点是可以根据材料在使用中受力的要求进行选材设计及复合结构设计。先进复合材料中树脂基复合材料得到了广泛的应用,金属基和陶瓷基复合材料尚处于发展阶段,需要解决的关键问题是控制质量和降低成本。

五、信息材料

信息材料是指为电子计算机、微电子技术和通信技术等领域开发和使用的材料。它主要包括获得信息的敏感材料、大容量传输信息的光学纤维、高速度处理信息的半导体材料、高密度存储信息的记录材料等。

(一) 半导体材料

它是最常见的也是最主要的信息材料。它可分为元素半导体材料和化合物半导体材料。元素半导体材料以高纯度单晶硅、锗为主,化合物半导体材料常用的是砷化镓。砷化镓半导体材料存贮信息的能力和硅半导体不相上下,但处理信息速度要快 10 倍,是理想的下一代半导体材料。

(二) 信息敏感材料

它是传感器的核心材料,对外界各种作用信息的反应很灵敏,有光敏、热敏、压敏、电敏、磁敏、声敏、湿敏、味敏、气敏等许多种类。如用氧化铟、氧化锌等气敏材料制成的传感器,有“电鼻”之称——它能闻出百万分之一浓度的氢气,十万分之一浓度的氟利昂或一氧化碳,可“闻”气体达 40 余种。铯、铷等光敏金属可用于制造称为“光电眼”的光电管,广泛应用于电影、电视、电子计算机、无线电传真和夜视技术等方面。压电陶瓷是一种受力作用便会产生高压电流的敏感材料。1914 年人们合成了第一种压电陶瓷——钛酸钡。1955 年后又合成了锆钛酸铅压电陶瓷,这种陶瓷受到很小的力的作用,就可产生上万伏高压,可用于制造点火装置、延迟线换能器、无损探伤和盲人助视器等。

(三) 信息记录材料

它是可以记录语言、文字和图像的材料,是计算机设备及软件的关键材料,目前主要采用磁粉涂布式磁带或磁盘作为记录介质。现代金属氧化物,如 $X-Fe_2O_5$、Fe_3O_4、CrO_2 等磁记录材料可以在几平方厘米的面积上把几千本甚至上万本书的内容记录存贮起来。现在还发展了一种光存贮技术,容量更大、保真度高、无噪声、无机械接触、寿命长,可以进行录放和抹除。光存贮的主要记录材料是钆钴合金。日本新近研制成功的一种立方晶氮化硼材料,导热性好,抗放射线的能力比硅高 15 万倍,用它制成蓝光光盘,可使光盘记录密度提高百倍以上。

(四) 信息传输材料

现在人们找到了一种光通信的方法,采用以石英纤维制成的光导纤维来传输信息。它容量大、重量轻、耐腐蚀、易施工、不受电磁干扰、保密性好,而且信号耗损少。一条光路就可以传输600万路电话或600个频道的电视节目。目前最有发展前途的信息传输材料就是这种光导纤维。

六、超导材料

1911年荷兰著名的低温物理学家翁纳斯发现当水银的温度下降到-269℃时,电阻突然消失了,这就是超导现象。材料获得超导电性能的温度称为转变温度。自此以后,人们对超导现象进行了大量的研究,并在数千种物质中发现了超导电性。不过之所以在以后几十年的时间里没有得到广泛的应用,是因为一直到1986年以前,已知超导材料的最高临界温度只有23.2 K,大多数超导材料的临界温度还要低得多。这样低的温度基本上只有利用液氦才能达到。因此尽管超导材料具有革命性的潜力,但是由于很难制造工程用的材料,又难以保持很低的工作温度,所以超导技术的实际应用一直受到严重的限制。而且,人们对超导的机制之前一直处于探索中。1933年德国物理学家迈斯纳(W.Meissner)和奥森菲尔德(R.Ochsebfekd)对锡单晶球超导体做磁场分布测量时发现,在小磁场中把金属冷却进入超导态时,体内的磁力线一下被排出,磁力线不能穿过它的体内,也就是说超导体处于超导态时,体内的磁场恒等于零。1935年F. 伦敦和H. 伦敦(London)两兄弟基于超导体的零电阻和迈斯纳效应,提出的描述超导体电磁性质的两个方程,并推断出穿透深度效应。后来直至1957年,巴丁、库柏、徐瑞弗合作提出了微观超导体理论,即所谓BCS理论,才真正弄清了超导的本质。这样超导理论获得了巨大的突破,奠定了超导体的微观理论基础。

超导材料具有的优异特性使它从被发现之日起,就向人类展示了诱人的应用前景。但要实际应用超导材料又受到一系列因素的制约,这首先是它的临界参量,其次还有材料制作的工艺等问题(例如脆性的超导陶瓷如何制成柔细的线材就有一系列工艺问题)。21世纪,超导材料的应用主要有:(1)利用材料的超导电性可制作磁体,应用于电机、高能粒子加速器、磁悬浮运输、受控热核反应、储能等;可制作电力电缆,用于大容量输电(输送功率可达10 000 MVA);可制作通信电缆和天线,其性能优于常规材料。(2)利用材料的完全抗磁性可制作无摩擦陀螺仪和轴承。(3)利用约瑟夫森效应可制作一系列精密测量仪表以及辐射探测器、微波发生器、逻辑元件等。利用约瑟夫森结作计算机的逻辑和存储元件,其运算速度比高性能集成电路的快10~20倍,但是功耗只有四分之一。

超导技术的进步必定会带来一场与能量、电子、电工、交通等有关的深刻广泛的工业革命,它将极大地改变世界的面貌。

七、纳米技术

纳米级结构材料简称为纳米材料(Nano Material),是指在三维空间中至少有一维处于纳米尺度范围(1~100 nm),或由它们作为基本单元构成的材料,这大约相当于10~100个原子紧密排列在一起的尺度。由于它的尺寸已经接近电子的相干长度,它的性质因为强相干所带来的自组织使得性质发生很大变化。并且,其尺度已接近光的波长,加上其具有大表面的特殊效应,因此其所表现的特性,例如熔点、磁性、光学、导热、导电特性等,往往不同于该物质在整体状态时所表现的性质。纳米材料具有一定的独特性,当物质尺度小到一定程度时,则必须改用量子力学取代传统力学的观点来描述它的行为,当粉末粒子尺寸由10微米降至10纳米时,其粒径虽改变为1 000倍,但换算成体积时则将有10^9倍之巨,所以二者行为上将产生明显的差异。

纳米材料大致可分为纳米粉末、纳米纤维、纳米膜、纳米块体等四类。其中纳米粉末开发时间最长、技术最为成熟,是生产其他三类产品的基础。

(一)纳米粉末

又称为超微粉或超细粉,一般指粒度在100纳米以下的粉末或颗粒,是一种介于原子、分子与宏观物体之间处于中间物态的固体颗粒材料。可用于高密度磁记录材料、吸波隐身材料、磁流体材料、防辐射材料、单晶硅和精密光学器件抛光材料、微芯片导热基片与布线材料、微电子封装材料、光电子材料、先进的电池电极材料、太阳能电池材料、高效催化剂、高效助燃剂、敏感元件、高韧性陶瓷材料(摔不裂的陶瓷,用于陶瓷发动机等)、人体修复材料、抗癌制剂等。

(二)纳米纤维

指直径为纳米尺度而长度较大的线状材料。可用于微导线、微光纤(未来量子计算机与光子计算机的重要元件)材料、新型激光或发光二极管材料等。

(三)纳米膜

纳米膜分为颗粒膜与致密膜。颗粒膜是纳米颗粒粘在一起,中间有极为细小的间隙的薄膜。致密膜指膜层致密但晶粒尺寸为纳米级的薄膜。它们可用于气体催化(如汽车尾气处理)材料、过滤器材料、高密度磁记录材料、光敏材料、平面显示器材料、超导材料等。

(四)纳米块体

是将纳米粉末高压成型或控制金属液体结晶而得到的纳米晶粒材料。主要用途为超高强度材料、智能金属材料等。

此外,纳米材料的用途很广,主要体现在以下几个方面:

1. 医药

使用纳米技术能使药品生产过程越来越精细,并在纳米材料的尺度上直接利用原子、分子的排布制造具有特定功能的药品。纳米材料粒子将使药物在人体内的传输更为方便,用数层纳米粒子包裹的智能药物进入人体后可主动搜索并攻击癌细胞或修补损伤组织。使用纳米技术的新型诊断仪器只需检测少量血液,就能通过其中的蛋白质和DNA诊断出各种疾病。

2. 家电

用纳米材料制成的纳米材料多功能塑料,具有抗菌、除味、防腐、抗老化、抗紫外线等作用,可用作电冰箱、空调外壳里的抗菌除味塑料。

3. 电子计算机和电子工业

可以从阅读硬盘上读卡机以及存储容量为目前芯片上千倍的纳米材料级存储器芯片都已投入生产。计算机在普遍采用纳米材料后,可以缩小成为"掌上电脑"。

4. 环境保护

环境科学领域将出现功能独特的纳米膜。这种膜能够探测到由化学和生物制剂造成的污染,并能够对这些制剂进行过滤,从而消除污染。

5. 纺织工业

在合成纤维树脂中添加纳米等复配粉体材料,经抽丝、织布,可制成杀菌、防霉、除臭和抗紫外线辐射的内衣和服装,可用于制造抗菌内衣、用品,可制得满足国防工业要求的抗紫外线辐射的功能纤维。

6. 机械工业

采用纳米材料技术对机械关键零部件进行金属表面纳米粉涂层处理,可以提高机械设备的耐磨性、硬度和使用寿命。

纳米技术作为一种最具有市场应用潜力的新兴科学技术,其潜在的重要性毋庸置疑,一些发达国家投入大量的资金进行研究工作。如美国最早成立了纳米研究中心,日本文教科部把纳米技术列为材料科学的四大重点研究开发项目之一。在德国,以汉堡大学和美因茨大学为纳米技术研究中心,政府每年出资6 500万美元支持微系统的研究。在国内,许多科研院所、高等院校也组织科研力量,开展纳米技术的研究工作,并取得了一定的研究成果。

第二节　新能源技术概述

能源技术是研究各种能源的开发、生产、转换、传输、分配、储存以及综合利用的科学技术体系,而新能源一般是指尚未被大规模利用,还有待进一步研究、试验完善，才能开发利用的能源，如太阳能、地热能、海洋能、生物能以及氢能等。随着生态文明建设的发展，发展新能源科学技术是解决能源需求、提高能源利用率、开展能源综合利用的根本所在。

一、能源技术与能源危机

人类利用能源的历史大体经历了五大阶段：火的发现和利用；畜力、风力、水力等自然动力的利用；石化燃料的开发和利用；电能的发现及利用；原子核能的发现及利用。在能源利用史上，就其划时代性革命转折而言，主要有三次大转换：第一次是煤取代木材成为主要能源；第二次是石油取代煤而居主导地位；第三次是目前向多能结构的过渡。能源的替代和转换是人类社会不断发展的重要标志，每一次能源转换的结果，都伴随着生产技术的重大变革，使人类社会产生质的飞跃。煤、石油等矿物性燃料近几十年消耗猛增。

20 世纪 50 年代以后，由于石油危机的爆发，对世界经济造成巨大影响，国际舆论开始关注起世界“能源危机”问题。许多人甚至预言：世界石油资源将要枯竭，能源危机将是不可避免的。如果不做出重大努力去利用和开发各种能源资源，那么人类在不久的未来将会面临能源短缺的严重问题。

据估计，作为世界上最重要的矿物性能源的煤、石油和天然气等的开采量，20 世纪最后 25 年将是过去 100 年（1876—1975）的 1.5~2 倍。据统计，2011 年世界煤炭储量 8 690 亿吨，可供开采 112 年。2006 年底，全世界剩下可以开采的石油储量为 1 619 亿吨，按 2005 年开采量计算，预计可开采年限为 40.5 年；2001 年全球天然气储量为 152 万亿立方米，按 2000 年的开采速度，也仅够开采 65 年。由此可见世界面临着能源危机。由于以煤炭、石油和天然气等为主体的能源已成为人类社会的重要动力支撑体系，所以能源危机必将给全球带来深刻的影响。

二、新能源技术的特点

能源是人类生存和发展的重要物质条件。煤炭、石油、天然气等化石能源支持了 19 世纪和 20 世纪近 200 年来人类文明进步和经济社会发展，但煤炭、石油、天然气等不可再生能源持续增长的大量消耗，不仅使人类面临资源枯竭的压力，同时更感到了环境问题的严重威胁。面对能源资源和环境问题，国际社会采取了积极的应对措施，特别是 1992 年召开的联合国环境与发展大会和 2002 年召开的可持续发展世界首脑会议，使可持续发展思想逐渐成为国际社会的共识。目前，提高能源利用效率、开发利用可再生能源、保护生态环境、实现可持续发展已成为国际社会的共同行动。加强全球合作，妥善应对能源和环境挑战，实现可持续发展，是世界各国的共同愿望，也是世界各国的共同责任。随着世界经济的不断发展,能源和环境问题日益突出。如果能源和环境问题得不到有效解决,不仅人类社会可持续发展的目标难以实现,而且人类的生存环境和生活质量也会受到严重影响。可再生能源丰富、清洁,可永久利用。加强可再生能源开发利用,是应对日益严重的能源和环境问题的必由之路,也是人类社会实现可持续发展的必由之路。

目前,各国为解决能源危机,在积极制定节能措施、提高能源利用率、降低能源消耗政策的同时,开始逐步向多元能源结构过渡。一方面积极开发新的高效节能技术,诸如余热回收利用技术、煤炭的气化和液化技术等,以达到充分利用常规能源;另一方面大力开发新能源的利用技术。现代新技术的不断发展,为利用新能源提供了条件。尽管主要的常规能源前景面临危机,但新能源技术的发展给人类以无限生机。目前人们积极开发利用的能源主要集中在太阳能、风能、地热能、海洋能、生物能和氢能这六种新能源,这六项技术的突破和变动都会深深影响着人类的未来。

第三节　核 能 技 术

核能俗称原子能,它是指原子核里的核子(中子或质子)重新分配和组合时释放出来的能量。核能分为两类,一类叫核裂变能,它是指重元素(铀或钚等)的原子核发生裂变时释放出来的能量。另一类叫聚变能,它是指轻元素(氘和氚)的原子核在发生聚变反应时释放出来的能量。前者应用技术已成熟到能用来制造原子弹、原子反应堆和核动力装置等,后者不受控核反应已实现(制造出氢弹),受控核反应仍在研究之中。

一、核能的发现及应用

核能有巨大的威力,1 千克铀原子核全部裂变释放出的能量,约等于 2 700 吨标准煤燃烧时所放出的化学能。一座 100 万千瓦的核电站,每年只需 25~30 吨低浓度铀核燃料,而相同功率的煤电站,每年则需要有 300 多万吨原煤,这些核燃料只需 10 辆卡车就能运到现场,而运输 300 多万吨煤炭,则需要 1 000 列火车。核聚变反应释放的能量更可贵。有人做过生动的比喻:1 千克煤只能使一列火车开动 8 米,1 千克铀可使一列火车开动 4 万千米;而 1 千克氚化锂和氘化锂的混合物,可使一列火车从地球开到月球,行程 40 万千米。地球上蕴藏着数量可观的铀、钍等核裂变资源,如果把它们的裂变能充分地利用起来,可满足人类上千年的能源需求。在汪洋大海里,蕴藏着 20 万亿吨氘,它们的聚变能可顶几万亿亿吨煤,可满足人类百亿年的能源需求。

核能是人类最终解决能源问题的希望。核能技术的开发,对现代社会将产生深远的影响。核裂变能的成就虽然首先被应用于军事目的,但其后就实现了核能的和平利用,其中最重要也是最主要的是通过核电站来发电。核电站已跻身电力工业行列,是利用原子核裂变反应放出的核能来发电的装置,通过核反应堆实现核能与热能的转换。核反应堆的种类,按引起裂变的中子能量分为热中子反应堆和快中子反应堆。由于热中子更容易引起铀-235的裂变,因此热中子反应堆比较容易控制,大量运行的就是这种热中子反应堆。这种反应堆需用慢化剂,通过它的原子核与快中子弹性碰撞,将快中子慢化成热中子。早在20世纪50年代初,人类开始开发利用核能,诞生了核电站。经过60多年的发展,核电已是世界公认的经济实惠、安全可靠的能源。

除此之外,核能还可以作为动力。潜艇采用的最新式核动力装置——自然循环压水反应堆,总功率达3万马力,一次装料后,可续航18万公里。核动力还应用于各类海洋水面舰船上。核航空母舰、核巡洋舰、核驱逐舰、原子能破冰船、核商船等早已游弋在辽阔的海面。核动力在汽车、机车、飞机、火箭、航天工具等的应用正处于研究阶段。核动力火箭比化学火箭具有更大的推力,但因反应堆的体积和材料问题,应用尚有不少困难。目前,核能用于炼钢、炼焦、气(液)化煤、制氢、淡化海水、放射性同位素生产等新工艺都是人们研究和追求的目标。

而且,可控核聚变技术一旦获得突破,将彻底解决人类的能源问题。理论上推断应该把聚变材料的原子电离成电子和离子,形成高温等离子体,当它们聚合时释放出中子和能量。实现这个反应,对等离子体的温度、密度及约束时间都有很高要求,理论上要达到1亿摄氏度以上的高温,约束到长达1秒钟时间。目前实验水平已能做到使等离子体达到几千万摄氏度,约束时间为0.6秒。虽然距离实际利用还有一段时间,但人们估计在21世纪中叶前即可实现受控核聚变的"点火"。地球上核聚变的原料贮量丰富,在平均30千克的海水中就有将近1克氘和氚,而1克氘可发电10万度,相当于8 000升石油的发电量,海洋是核聚变燃料取之不尽的宝库。

二、核电站的发展及最新进展

(一) 第一代核电站

自20世纪50年代至60年代初苏联、美国等建造了第一批单机容量在300 MW左右的核电站,如美国的希平港核电站和英第安角1号核电站,法国的舒兹(Chooz)核电站,德国的奥珀利海母(Obrigheim)核电站,日本的美浜1号核电站等。第一代核电厂属于原型堆核电厂,主要目的是为了通过试验示范形式来验证其核电在工程实施上的可行性。

（二）第二代核电站

20 世纪 70 年代，因石油涨价引发的能源危机促进了核电发展，目前世界上商业运行的 400 多台机组大部分在这段时期建成，称为第二代核电机组。第二代核电厂主要是实现商业化、标准化、系列化、批量化，以提高经济性。

第二代核电站是目前世界上正在运行的 439 座核电站（2007 年 9 月统计数）主力机组，总装机容量为 3.72 亿千瓦。还有 34 台在建核电机组，总装机容量为 0.278 亿千瓦。在三里岛核电站和切尔诺贝利核电站发生事故之后，各国对正在运行的核电站进行了不同程度的改进，安全性和经济性都有了不同程度的提高。

不过如今，从事核电的专家们对第二代核电站进行了反思，当时认为发生堆芯熔化和放射性物质大量向环境释放这类严重事故的可能性很小，不必把预防和缓解严重事故的设施作为设计上必须的要求，因此，第二代核电站应对严重事故的措施比较薄弱。

（三）第三代核电站

对于第三代核电站类型有各种不同看法。美国核电用户要求文件（URD）和欧洲核电用户要求文件（EUR）提出了第三代核电站的安全和设计技术要求，它包括了改革型的能动（安全系统）核电站和先进型的非能动（安全系统）核电站，并完成了全部工程论证和试验工作以及核电站的初步设计，它们将成为第三代核电站的主力堆型。

我国自主创新的第三代核电项目也有所建设，和正在运行发电的第二代核电机组相比，预防和缓解堆芯熔化成为设计上的必须要求，而这一点也正是作为第二代核电站的福岛核电站近期事故中暴露出来的弱点。据悉，我国第三代核电站将装备有蓄水池，这样的“大水箱”在紧急情况下能释放出大量的水，从而达到降温等应急需求。通过总结经验教训，美国、欧洲和国际原子能机构都出台了新规定，把预防和缓解严重事故作为设计上的必须要求，满足以上要求的核电站称为第三代核电站。而且，美国、法国等国家已公开宣布，今后不再建造第二代核电机组，只建设第三代核电机组。

（四）第四代核能系统

第四代核能系统概念（有别于核电技术或先进反应堆），最先由美国能源部的核能、科学与技术办公室提出，始见于 1999 年 6 月美国核学会夏季年会，同年 11 月的该学会冬季年会上，发展第四代核能系统的设想得到进一步明确；2000 年 1 月，美国能源部发起并约请阿根廷、巴西、加拿大、法国、日本、韩国、南非和英国等 9 个国家的政府代表开会，讨论开发新一代核能技术的国际合作问题，取得了广泛共识，并发表了“九国联合声明”。随后，由美国、法国、日本、英国等核电发达国家组建了“第四代核能系统国际论坛（GIF）”，拟于 2~3 年内制定出相关目标和计划;这项计划总的目标是在2030年左右,向市场推出能够解决核能经济性、安全性、废物处理和防止核扩散问题的第四代核能系统(Gen-Ⅳ)。

第四代核能系统将满足安全、经济、可持续发展、极少的废物生成、燃料增值的风险低、防止核扩散等基本要求。目前,世界各国都在不同程度上开展第四代核电能系统的基础技术的研发工作。

第四节 能源技术新进展

新能源的含义是相对的,现在的常规能源过去也曾是新能源,今天的新能源将来也会成为常规能源。新能源的共同特点是:具有再生性,取之不尽,用之不竭,储量丰富,能进行大规模的开采利用,也能小规模地机动使用;清洁、安全;具有较高的热值,便于贮存、运输和使用;价格低廉;无污染和无公害。同时这些特点也为能源技术的新进展指明了发展方向。

一、洁净煤技术

洁净煤技术(CCT)一词源于美国,是指从煤炭开发到利用的全过程中旨在减少污染和提高效益的煤炭加工、燃烧、转换和污染控制等新技术的总称。

传统意义上的洁净煤技术主要是指煤炭的净化技术及一些加工转换技术,即煤炭的洗选、配煤、型煤以及粉煤灰的综合利用技术,国外煤炭的洗选及配煤技术相当成熟,已被广泛采用;目前意义上的洁净煤技术是指高技术含量的洁净煤技术,发展的主要方向是煤炭的气化、液化、煤炭高效燃烧与发电技术等。它是当前世界各国解决环境问题的主导技术之一,也是高新技术国际竞争的一个重要领域。根据我国国情,洁净技术包括:选煤,型煤,水煤浆,超临界火力发电,先进的燃烧器,流化床燃烧,煤气化联合循环发电,烟道气净化,煤炭气化,煤炭液化,燃料电池。洁净煤技术包括两个方面,一是直接烧煤洁净技术,二是煤转化为洁净燃料技术。

为了减少直接烧煤产生的环境污染,世界各国都十分重视洁净煤技术的开发和应用。经过20多年的发展,国外的煤炭气化、液化以及发电技术已经日趋成熟。通过实施洁净煤技术,煤矿企业在经济上增加盈利,环境由此得到改善,使经济增长和保护环境协调发展。我国是烧煤大国,70%以上的能源依靠煤炭,大力发展洁净煤技术有更重要的意义。

二、燃料电池技术

燃料电池作为继火电、水电、核电之后的第四代发电方式,被誉为21世纪清洁、高效的动力源，受到人们广泛的关注，是替代传统能源的最佳选择。因此，燃料电池技术的研究开发受到许多国家的政府和跨国大公司的极大重视。

美国将燃料电池技术列为涉及国家安全的技术之一，《时代》周刊将燃料电池电动汽车列为21世纪10大高技术之首；日本政府认为燃料电池技术是21世纪能源环境领域的核心；加拿大计划将燃料电池发展成国家的支柱产业。近十年来，国外政府和企业在燃料电池方面的投资额超过100亿美元。为开发燃料电池，戴姆勒－克莱斯勒公司近年来每年就投入10亿美元，丰田公司的年投资额超过50亿日元。欧、美发达国家和日本等国政府和企业界都将大型燃料电池的开发作为重点研究项目，并且已取得了许多重要成果，PEMFC技术已发展到实用阶段，使得燃料电池即将取代传统发电机及内燃机而广泛应用于发电及汽车上。

2MW、4.5MW、11MW成套燃料电池发电设备已进入商业化生产，用于国防、航天、汽车、医院、工厂、居民区等方面；各等级的燃料电池发电厂相继在一些发达国家建成，其中，国际燃料电池产业巨头加拿大巴拉德公司筹资3.2亿美元，建成的燃料电池厂已于2001年2月正式投产。美国和欧洲将成批生产低成本的家用供电－供暖燃料电池作为最近的开发计划。目前，在北美、日本和欧洲，燃料电池发电正快速进入工业化规模应用的阶段，车用氢燃料电池已成为世界各大汽车公司技术开发的重中之重。

迄今为止，世界6大汽车公司在开发氢燃料电池车上的开发费用已超过100亿美元，并以每年10亿美元的速度递增。1997年至2001年，各大公司研制出的车用燃料电池就达41种。我国开发燃料电池技术相对乏力，20世纪60年代曾开展过多种燃料电池的实验室研究，70年代投入大量人力物力开展用于空间技术的燃料电池研究，其后研究工作长期停顿。

最近几年，我国才开始重新重视燃料电池技术的研究开发，并取得很大进展。但是，在总体上，我国燃料电池的研究开发刚刚起步，仍处于科研阶段，与国外相比，我国的燃料电池研究水平还较低，我国对燃料电池的组织开发力度还远远不够。

不过在“十五”科技发展规划中，燃料电池技术被列为重点实施的重大项目。鉴于世界燃料电池发电技术的发展迅猛、市场广阔的前景和我国长远发展的战略需要，国家科技部、国家发改委、商务部应该联合制订我国燃料电池发电技术的发展规划，既要组织有关高等院校、科研院所积极攻关，更要引导国家电力公司、石油集团、石化集团及汽车、机械制造等工业企业热情参与，集中力量，加大人力、物力、财力的投入，急起直追，共同推进燃料电池发电技术的研究开发。在具体做法上，我们应从高起点起步，整机引进国外的燃料电池发电设备,可先引进规模较小的电池堆。在努力消化吸收的基础上,积极创新,这样可以使我们更快地掌握高技术,有利于加快我国燃料电池电站技术的发展。

三、智能电网技术

智能电网是当前全球电力工业关注的热点,引领了电网的未来发展方向,涉及从发电到用户的整个能源转换和输送链。2003 年美国电科院经过长期深入的研究和探索,率先提出了智能电网研究和实施的技术框架,给出了智能电网的科学定义:综合应用现代通信、计算、控制等技术的电网,能够持续不断地适应各种正常操作、运行方式调整的优化运行,并能主动预测和应对电网扰动。欧洲在 2006 年推出了研究报告"欧洲智能电网技术框架",全面阐述了智能电网的发展理念和思路,对智能电网的定义是:将电力与通信和计算机控制连接在一起,以获取在供电可靠性、传输容量和客户服务等方面的巨大效益。在这个完全自动化的供电网络中,每一个用户和节点都得到了实时的监控,并保证了从发电厂到用户端电器之间的每一点上的电流和信息的双向流动。

智能电网主要具有稳定性、可持续性、自愈性、灵活性和经济性等特征。稳定性主要是指,当前电网都是朝着互联模式和远距离传输模式发展,在电网发生大扰动和故障时,电网事故具有影响范围广、事故发展速度迅速和恢复缓慢等特点。越来越多极端气候条件和自然灾害以及政治目的的恐怖活动也在一定程度上威胁电网的安全运行,智能电网必须能考虑到这些潜在危害,发现问题,维持安全稳定运行。

可持续性主要是指越来越多的新能源技术被研究和应用,新型能源能最大程度降低对环境的破坏和污染,发展可持续能源利用策略。

自愈性是指电网主要运行和调度中心具有实时、在线连续的安全评估能力;广域系统在线监视和保护系统;故障隔离和系统自我恢复的能力。事故发生之后,智能网络能迅速隔离故障,最大程度恢复供电能力;能快速接入分布式电源,提供电源支撑,自我恢复。

智能电网关键技术主要是指智能电网不能仅仅停留在花里胡哨的概念和幻想上,而是需要积极将互联网的精神贯彻到电力行业,用技术的智能化实现电力行业的市场化,从而极大地缓解电力紧张和电力中断问题。

智能电网建设是一项规模宏大、长期艰巨的发展任务,智能电网的发展将是一个持续、渐进、丰富和完善的长期进程。以智能电网为蓝本的下一代电网,将给全球电信产业、信息产业及所有相关产业带来巨大的商机。

第五节 可再生能源的利用

世界上越来越多的国家认识到一个能够持续发展的社会应该是一个既能满足社会需要,而又不危及后代人生存的社会。因此,尽可能多地用洁净能源代替高含碳量的矿物能源,是能源建设应该遵循的原则。随着能源形式的变化,常规能源的贮量日益下降,其价格必然上涨,而控制环境污染也必须增大投资。

就中国而言,我国是世界上最大的煤炭生产国和消费国,煤炭约占商品能源消费结构的76%,已成为我国大气污染的主要来源。大力开发新能源和可再生能源的利用技术将成为减少环境污染的重要措施。能源问题是世界性的,向新能源过渡的时期迟早要到来。从长远看,太阳能等新能源的应用,也必然可以制约矿物能源价格的上涨。

一、太阳能

太阳能既是一次能源,又是可再生能源。它资源丰富,既可免费使用,又无需运输,对环境无任何污染。为人类创造了一种新的生活形态,使社会及人类进入一个节约能源减少污染的时代。尽管太阳辐射到地球大气层的能量仅为其总辐射能量的二十二亿分之一,但已高达173 000 TW,也就是说太阳每秒钟照射到地球上的能量就相当于500万吨煤。太阳能是万物生长之源。太阳使海洋蒸发水分,造成云雨,汇成万里江河,形成水力资源,太阳促成大气层冷暖空气的对流,形成风力;矿物燃料也是远古动植物贮存的太阳能。所以,除了原子能外,现在地球上的一切能量,归根到底皆来源于太阳辐射能。太阳辐射能的利用范围广泛,利用形式多种多样:

(一) 太阳能转变为热能

将太阳能直接转换为热能(即光—热转换)而加以利用的太阳能设备,其基本原理是使太阳光聚集加热某种物体而获得热能。聚集太阳光的装置有"平板型集热器"、"抛物面型反射聚光器"和伞式反射镜等。这些反射镜面采用玻璃表面镀反射层(如镀银、镀铝等),或是金属表面抛光或镀反射层。现在已制造出太阳能水泵、太阳能电站、太阳能高温炉、太阳能焊接机等设备。

(二) 太阳能转变为电能

太阳能电池和利用"光电效应"把太阳能直接转换为电能(简称太阳能电池)。太阳能电池有多种,主要有硅电池、砷化镓电池和硫化镉电池等。其中硅电池可靠性好、寿命长,转换效率较高(13%~20%),应用比较普遍。

（三）太阳能转换为化学能

到目前为止，“光—化学转换”是生物利用太阳能的最主要最根本的方式。模拟绿色植物的光合作用将太阳能直接转化成化学能，产生电和氢气，人们称其为绿能。目前，人工光化学能利用太阳能的工作尚处于实验阶段。一旦这种转换实现，人类的食物和生产过程的能源都可以通过这一“梦幻中的工厂”得到，必将引起科学技术和社会生产的巨大变革。

二、风能

风能是人类最早利用的能源之一。由于地面各处受太阳辐照后气温变化不同和空气中水蒸气的含量不同，因而引起各地气压的差异，在水平方向高压空气向低压地区流动，即形成风。风能资源决定于风能密度和可利用的风能年累积小时数。风能密度是单位迎风面积可获得的风的功率，与风速的三次方和空气密度成正比关系。据估算，全世界的风能总量约 1 300 亿千瓦，中国的风能总量约 16 亿千瓦。被誉为“风车之国”的荷兰，新设计的涡轮风力机的效率已达 45%~50%，并设计出将多座风车联合运行的风车阵。

人类利用风能的历史可以追溯到西元前，但数千年来，风能技术发展缓慢，没有引起人们足够的重视。但自 1973 年世界石油危机以来，在常规能源告急和全球生态环境恶化的双重压力下，风能作为新能源的一部分才重新有了长足的发展。风能作为一种无污染和可再生的新能源有着巨大的发展潜力，特别是对沿海岛屿，交通不便的边远山区，地广人稀的草原牧场，以及远离电网和近期内电网还难以达到的农村、边疆，作为解决生产和生活能源的一种可靠途径，有着十分重要的意义。即使在发达国家，风能作为一种高效清洁的新能源也日益受到重视，比如：美国能源部就曾经调查过，单是得克萨斯州和南达科他州两州的风能密度就足以供应全美国的用电量。世界各国也在竞相发展风力发电，研制人工风力工场，以解决风的流动不稳定问题。预计，风能这种无污染的清洁能源，将有一个较大的发展。

利用风来产生电力所需的成本已经降低许多，即使不含其他外在的成本，在许多适当地点使用风力发电的成本已低于燃油的内燃机发电了。风力发电年增率在 2002 年时约 25%，现在则是以 38% 的比例快速成长。2003 年美国的风力发电成长就超过了所有发电机的平均成长率。自 2004 年起，风力发电已成为所有新式能源中最便宜的。在 2005 年风力能源的成本已降到 1990 年代时的 1/5，而且随着大瓦数发电机的使用，下降趋势还会持续。

三、地热能

地热能是由地壳抽取的天然热能，这种能量来自地球内部的熔岩，并以热力形式存在，是引致火山爆发及地震的能量。地球内部的温度高达 7 000℃，而在 80 至 100 千米的深度处，温度会降至 650 至 1 200℃。透过地下水的流动和熔岩涌至离地面 1 至 5 千米的地壳，热力得以被转送至较接近地面的地方。高温的熔岩将附近的地下水加热，这些加热了的水最终会渗出地面。运用地热能最简单和最合乎成本效益的方法，就是直接取用这些热源，并抽取其能量。地热能是可再生资源。

人类很早以前就开始利用地热能，例如利用温泉沐浴、医疗，利用地下热水取暖、建造农作物温室、水产养殖及烘干谷物等。但真正认识地热资源并进行较大规模的开发利用却是始于 20 世纪中叶。地壳中的地热通常以其在地下热储中存在的不同形式，分为蒸汽型、热水型、干热岩型和岩浆型。目前利用的主要是前两类。地热可直接供热，也可用来发电。

地热发电实际上就是把地下的热能转变为机械能，然后再将机械能转变为电能的能量转变过程。目前开发的地热资源主要是蒸汽型和热水型两类，因此，地热发电也分为两大类。地热蒸汽发电有一次蒸汽法和二次蒸汽法两种。一次蒸汽法直接利用地下的干饱和（或稍具过热度）蒸汽，或者利用从汽、水混合物中分离出来的蒸汽发电。二次蒸汽法有两种含义，一种是不直接利用比较脏的天然蒸汽（一次蒸汽），而是让它通过换热器汽化洁净水，再利用洁净蒸汽（二次蒸汽）发电。第二种含义是，将从第一次汽水分离出来的高温热水进行减压扩容生产二次蒸汽，压力仍高于当地大气压力，和一次蒸汽分别进入汽轮机发电。

地热发电已有几十年的历史，其基本原理与火力发电一样，利用地热能通过机械能的中间转换产生电能。地热水和地热蒸汽可用做干燥、蒸馏、加热等，中低温地热直接用于采暖、医疗、温室等，收到良好的经济效益。我国藏滇地热带有巨大的高温地热源，已建成拉萨羊八井地热电站，装机容量 1989 年为 19.18 兆瓦，开发前景良好。国外正研究热岩层发电技术，开发深层地热流体的抽出技术，以及火山、高温岩体发电技术。地热能的开发远景也将会十分惊人。

四、生物能

生物能是太阳能以化学能形式贮存在生物中的一种能量形式，一种以生物质为载体的能量，它直接或间接地来源于植物的光合作用，在各种可再生能源中，生物质是独特的，它是贮存的太阳能，更是唯一可再生的碳源，可转化成常规的固态、液态和气态燃料。地球上生物资源极为丰富，除森林、农作物等初级产物以外，人畜、禽类及工农业有机废物、垃圾等次级产物也是丰富的生物资源，具有很大的能量。从生长迅速的薯类或海藻发酵制取酒精，利用粪尿或垃圾发酵制取沼气，从桉树等“油树”中提取石油等，可以说对生物能源的研究和利用丰富多彩。

生物能可通过厌氧消化、触酶气化、生物光分解、加氢气化、热分解等技术转换为气体燃料，可以通过加温焙烧等技术转换为固体燃料。这些转换技术正处于开发阶段，有待进一步提高转化效率和降低成本，以便推广应用。

生物能的开发和利用具有巨大的潜力。目前主要从以下四个方面研究开发：

一是建立以沼气为中心的农村新能量、物质循环系统，使秸秆中的生物能以沼气的形式缓慢地释放出来，解决燃料问题；

二是建立“能量林场”“能量农场”“海洋能量农场”。建立以植物为能源的发电厂。变“能源植物”为“能源作物”，如“石油树”、“绿玉树”等；

三是种植甘蔗、木薯、海草、玉米、甜菜、甜高粱等，既有利于食品工业的发展，植物残渣又可以制造酒精以代替石油；

四是作为燃料电池进行开发。燃料电池的工作原理和一般电池相似，都是通过电极上的“氧化—还原反应”使化学能转变成电能。区别在于，一般电池的燃料预先放在电池里，至消耗完为止；燃料电池的反应物则储存在电池之外，有天然气、甲醇、液氨、氢等，因此可以连续供电。随着技术的改进和材料价格的下降，结构简单、使用维护方便、不污染环境的燃料电池将更具有竞争力。生物厌氧消化生产沼气是一种综合利用生物资源的方法。许多国家已采用厌氧消化法进行城市污水和废渣的处理，回收沼气作燃料，并为农业生产提供优质有机肥。中国已有几百万个沼气池，研制成功了沼气发电站与动力站，对解决农村能源不足问题起到了很大作用，并正在开发生物气化炉、生物质柴油、甜高粱制酒精等新技术。从世界范围看，生物能的开发和利用将进入一个新时代。

五、海洋能

海洋是个庞大的能源宝库，蕴藏着丰富的石油、天然气和地热等能源资源。海洋能指依附在海水中的可再生能源，海洋通过各种物理过程接收、储存和散发能量，这些能量以潮汐、波浪、温度差、盐度梯度、海流等形式存在于海洋之中。海水温差能是一种热能。低纬度的海面水温较高，与深层水形成温度差，可产生热交换。其能量与温差的大小和热交换水量成正比。潮汐能、潮流能、海流能、波浪能都是机械能。潮汐的能量与潮差大小和潮量成正比。波浪的能量与波高的平方和波动水域面积成正比。在河口水域还存在海水盐差能（又称海水化学能），入海径流的淡水与海洋盐水间有盐度差，若隔以半透膜，淡水向海水一侧渗透，可产生渗透压力，其能量与压力差和渗透能量成正比。目前，潮汐能的开发已初见成效。

中国浙江省大陈岛等地已建成了潮汐电站。1979 年日本首次研制了大型波浪发电船“海明号”,根据汽缸活塞的原理发电。波浪能发电目前已受到欧洲一些国家的高度重视,英国将它列为新能源开发的首位。

海洋既是吸能器,又是贮能器。它吸收和储存太阳能的热量比土壤多一倍。利用表层海水与深层海水的温差,可借助低沸点的氨等“工作物质”发电。盐度差发电和海流发电也在研究之中。这些能源具有再生性和不污染环境等优点,海洋这个巨大的能源将大有用武之地。

实践证明,现代化程度愈高,能源的消费量就愈大。因此,不论哪个国家,若要加快国民经济的发展,就必须能源先行,保证能源有相应的增长。否则,就会直接和间接地影响国民经济的发展,甚至造成巨大的损失。为保证将来大规模的能源供应,世界各国都在制订规划、采取措施、组织力量,逐步将目前的常规能源系统过渡到持久的、多样的、可再生的新能源系统。不久的将来,受控核聚变、氢能及太阳能大规模利用技术可望获得突破性进展,并将从根本上改变现有能源结构。

总之,海洋能在海洋总水体中的蕴藏量巨大,而单位体积、单位面积、单位长度所拥有的能量较小。这就是说,要想得到大能量,就得从大量的海水中获得。最重要的是,海洋能具有可再生性。海洋能来源于太阳辐射能与天体间的万有引力,只要太阳、月球等天体与地球共存,这种能源就会再生,就会取之不尽,用之不竭。而且,海洋能有较稳定与不稳定能源之分:较稳定的为温度差能、盐度差能和海流能;不稳定能源分为变化有规律与变化无规律两种,属于不稳定但变化有规律的有潮汐能与潮流能。人们根据潮汐潮流变化规律,编制出各地逐日逐时的潮汐与潮流预报,预测未来各个时间的潮汐大小与潮流强弱。潮汐电站与潮流电站可根据预报表安排发电运行。既不稳定又无规律的是波浪能。而且,海洋能有一个显著的特点,就是属于清洁能源,也就是海洋能一旦开发后,其本身对环境污染影响很小。

六、氢能

氢能在 21 世纪有可能在世界能源舞台上成为一种举足轻重的二次能源。它是一种极为优越的新能源,其主要优点有:燃烧热值高,每千克氢燃烧后的热量,约为汽油的 3 倍,酒精的 3.9 倍,焦炭的 4.5 倍。氢具有高挥发性、高能量的特点,是能源载体和燃料,同时氢在工业生产中也有广泛应用。现在工业每年用氢量为 5 500 亿立方米,氢气与其他物质一起用来制造氨水和化肥,同时也应用到汽油精炼工艺、玻璃磨光、黄金焊接、气象气球探测及食品工业中。液态氢可以作为火箭燃料,因为氢的液化温度在 -253℃。而且,氢燃烧的产物是水,是世界上最干净的能源。资源丰富,氢气可以由水制取,而水是地球上最为丰富的资源,演绎了自然物质循环利用、持续发展的经典过程。

早在 1970 年,美国通用汽车公司的技术研究中心就提出了“氢经济”的概念。1976 年美国斯坦福研究院就开展了氢经济的可行性研究。20 世纪 90 年代中期以来多种因素的汇合增加了氢能经济的吸引力。这些因素包括:持久的城市空气污染、对较低或零废气排放的交通工具的需求、减少对外国石油进口的需要、CO_2 排放和全球气候变化、储存可再生电能供应的需求等。氢能作为一种清洁、高效、安全、可持续的新能源,被视为 21 世纪最具发展潜力的清洁能源,是人类的战略能源发展方向。世界各国如冰岛、中国、德国、日本和美国等不同的国家之间在氢能交通工具的商业化方面已经出现了激烈的竞争。虽然其他利用形式是可能的(例如取暖、烹饪、发电、航行器、机车),但氢能在小汽车、卡车、公共汽车、出租车、摩托车和商业船上的应用已经成为焦点。

中国对氢能的研究与发展可以追溯到 20 世纪 60 年代初,中国科学家为发展本国的航天事业,对作为火箭燃料的液氢的生产、H_2-O_2 燃料电池的研制与开发进行了大量而有效的工作。将氢作为能源载体和新的能源系统进行开发,则是从 20 世纪 70 年代开始的。现在,为进一步开发氢能,推动氢能利用的发展,氢能技术已被列入《科技发展“十五”计划和 2015 年远景规划(能源领域)》。

拓展阅读

1. 中国科学院.2010 高技术发展报告[R]. 北京:科学出版社,2010.

2. 中国高技术产业发展年鉴(2010)[M]. 北京:北京理工大学出版社,2010.

3. 郑子樵. 新材料概论[M]. 长沙:中南大学出版社,2009.

思考题

1. 简述新材料及其主要门类。
2. 什么是能源技术?
3. 简述新能源及其主要特征。
4. 新能源与旧能源相比有哪些优势?
5. 目前人们正在研究开发的可再生能源主要有哪几种?

第十三章　海洋技术与空间技术

海洋技术和空间技术是20世纪中期以后迅速发展起来的两门高新技术。如果把陆地作为人类生存的第一环境，那么海洋和空间则可称作人类生存的第二和第三环境。20世纪50年代后，由于陆地资源日益显示出匮乏的迹象，探索开发海洋资源的现代海洋技术便应运而生，发展成为重要的技术领域。与此同时，探索开发空间资源的空间技术也迅速发展起来。

第一节　海洋技术的崛起

海洋中蕴藏着丰富的资源。传统上对海洋的开发利用主要是海洋运输、海洋捕鱼和海洋制盐三个方面。人类远远未能达到充分利用海洋资源的程度。20世纪50年代后兴起的现代海洋开发，则是运用现代科学技术对海洋资源进行全面系统的开发利用。现代海洋开发包括海洋石油开采、海洋矿物开采、海水养殖、海水淡化、海洋能源利用和海洋空间开发等。

一、海洋生物

海洋是地球表面上广阔连续海域的通称。地球的海洋分为太平洋、大西洋、印度洋和北冰洋四大洋与附属海，如地中海等。海洋总面积约为3.6亿平方千米，约占地球表面积的71%，其平均深度为3 795米。全球海水总量约为13.4亿立方千米。海底地形包括大陆架、大陆坡、海沟和海底山脉等。大陆架是各大陆在水下的自然延伸部分，其平均宽度65千米，平均深度130米。大陆坡是与大陆架相连的海底部分，平均宽度16千米，坡度约为43°。大陆坡以外的部分是由海沟、海底山脉和海底盆地等组成的真正的海底。海洋中蕴藏着丰富的资源。但是，几千年来，人类只是从海洋中获得了少量的盐和鱼虾。20世纪50年代后，海洋中丰富的资源才逐渐为人们所开发利用。

海洋中有着大量的生物资源。据调查，海洋生物有20万种之多，占地球生物物种总数的80%以上。其中鱼类有2.5万种，贝类有9万种，海洋植物约有1.7万种。此外，海洋中还有大量的龟、蛇和哺乳动物。海洋生物总重量近400亿吨，在保持生态平衡的情况下，每年可向人类提供2亿吨鱼类。海洋植物也是一种重要的资源。除传统上已开发利用的海带、紫菜等资源外，海洋藻类也是极有价值的资源。藻类富含蛋白质、维生素和矿物质，可用于制造人工食品。海洋生物资源还可用作工业原料、药品原料和饲料等。

二、海洋能源

海洋能源是指海洋本身所蕴含的能量，包括海洋潮汐能、浪能、海流能、海水温差能和海水盐度差能等。潮汐能来自太阳、地球、月球的相对运动。潮汐周期约为23小时。在某些特殊地形区域，潮高可达10米以上。全世界潮汐能发电可装机10亿千瓦，年发电1万亿度。波浪能来自太阳能，波浪的上下运动和横向运动均可用来发电，每平方千米海面的波浪能约为20万千瓦，据估算全世界波浪能的丰度接近潮汐能。海流存在于许多地区的海面或海洋深处，其水流极强，流量极大。专家估计，海流的总能量足以让全世界实现电气化。海水温差能是海洋表面受太阳照射后温度升高，形成与深水层的温差所带来的能。海洋表层水与深层水的温差可达20摄氏度以上。据测算，如果在南纬20度与北纬20度之间，离岸15公里的海面上安装温差发电设备，理论上可以发出50万亿千瓦的电力。海水盐度差能是指，在河口地区，淡水与咸水之间的盐度差所形成的一种能源。美国有人计算，只要利用10%的密西西比河的流量，就可发电100万千瓦。这些能源如果得以开发，人类将获得取之不尽的能源。

海水化学资源综合利用，是形成产业链、实现资源综合利用和社会可持续发展的体现。海水化学资源综合利用技术，是从海水中提取各种化学元素（化学品）及其深加工技术。主要包括海水制盐、苦卤化工，提取钾、镁、溴、硝、锂、铀及其深加工等，现在已逐步向海洋精细化工方向发展。海水资源开发利用，是实现沿海地区水资源可持续利用的发展方向。

据专家估计，沉积于海底及溶解于海水中的矿物质有1千亿到几万亿吨。调查表明，海水中有80多种元素，其中铀4亿吨，银5亿吨，黄金600万吨等。长期以来，人类只是利用了食盐一项。如果能把海水中的铀开发出来，将会在很大程度上解决人类的能源问题。近海海底蕴藏有石油、天然气、铜、锡等大量矿物资源。据勘测，全世界海洋大陆架区域80%都有石油，已探明的石油储量就有2 500亿吨，相当于陆地储量的3倍。如果把海底石油全部开采出来，按世界目前的使用量计算，可以使用270年。大陆架区域还含有丰富的天然气资源，已探明的就有54亿立方米，深海海底也有许多矿物存在。

另外，海水本身就是资源，可以直接利用，是直接替代淡水、解决沿海地区淡水资源紧缺的重要措施。海水直接利用技术，是以海水直接代替淡水作为工业用水和生活用水等相关技术的总称。包括海水冷却、海水脱硫、海水回注采油、海水冲厕和海水冲灰、洗涤、消防、制冰、印染等。

海水直流冷却技术已有近百年的发展历史，有关防腐和防海洋生物附着技术已基本成熟。目前我国海水冷却水用量每年不超过 141 亿立方米，而日本每年约为 3 000 亿立方米，美国每年约为 1 000 亿立方米，差距很大。

海水循环冷却技术始于 20 世纪 70 年代，在美国等国家已大规模应用，是海水冷却技术的主要发展方向之一。海水脱硫技术于 20 世纪 70 年代开始出现，是利用天然海水脱除烟气中 SO_2 的一种湿式烟气脱硫方法。具有投资少、脱硫效率高、利用率高、运行费用低和环境友好等优点，可广泛应用于沿海电力、化工、重工等企业，环境和经济效益显著。目前，拥有自主知识产权的海水脱硫产业化技术亟待开发。另外，海水冲厕技术 20 世纪 50 年代末期始于我国香港地区，形成了一套完整的处理系统和管理体系。

第二节　海洋探测技术

近些年来，世界各国都在加紧研究和开发海洋资源。然而，要想更好地合理利用海洋资源，先进的探测技术和手段必不可少。许多国家在研究开发利用海洋资源的同时，也在不断提高海洋探测技术和设备研制的开发工作，一些先进的海洋探测技术和设备也应运而生。

一、海洋科学调查船

大型海洋调查船可对全球海洋进行综合调查，它的稳定性和适航性能好，能够经受住大风大浪的袭击。船上的机电设备、导航设备、通信系统等十分先进，燃料及各种生活用品的装载量大，能够长时间坚持在海上进行调查研究。同时，这类船还具有优良的操纵性能和定位性能，以适应各种海洋调查作业的需要。海洋科学调查船担负着调查海洋、研究海洋的责任，是利用和开发海洋资源的先锋。这种船调查的主要内容有海面与高空气象、海洋水深与地貌、地球磁场、海流与潮汐、海水物理性质与海底矿物资源（石油、天然气、矿藏等）、海水的化学成分、生物资源（水产品等）、海底地震等。其中极地考察和大洋调查等活动，为世界各国科学家所瞩目。

二、海洋卫星

卫星技术在海洋开发中的应用十分广泛。海洋卫星在几百千米高空能对海洋里许多现象进行观测。这是因为它有一些特殊的本领。比如测量海水的温度，用的就是遥感技术。当太阳发出的电磁波到达海面时，能量的分布是不均匀的。利用遥感技术就可以帮助我们测量海面的温度及其特征。数据经电脑分析后，就可得到海面温度的情况，最后打印成一张海面温度分布图。由于几乎是同步观测后得到的数据，所以观测结果很真实。

如果让海洋卫星来测量海浪的高度，就要用主动遥感技术。它就好像照相机使用闪光灯一样。雷达成像系统就是一种主动微波遥感，它可以用来测量海浪的高度。它是利用海面“粗糙度”不同的原理来进行的。光波射到海面，如果海面没有浪，就会呈现海平如镜的状态，即为光滑面。这时，从卫星上发出的雷达波就会产生镜反射，雷达接收不到回波。如果海面有波浪，就会变得“粗糙”，波浪越大，海面越“粗糙”，这时，雷达波就会向各个方向散射，产生漫反射，于是，雷达就会收到一部分回波。

因此，波平如镜的海面，在雷达正片上就显得比较亮。根据回波信号的强弱以及雷达波的角度，通过计算机就可以算出海面的粗糙度，从而得知海浪的高度。

三、潜水器的新进展

潜水器是指具有水下观察和作业能力的活动深潜水装置，主要用来执行水下考察、海底勘探、海底开发和打捞、救生等任务，并可以作为潜水员活动的水下作业基地。又称深潜器、可潜器。载人潜水器有坚固的耐压壳，耐压壳外装有可减少航行阻力的外壳。艇上的蓄电池、高压气瓶等设备装在非耐压结构的外壳中，以提供一部分浮力。潜水器的动力装置一般用蓄电池为能源，系缆潜水器则通过电缆由母船提供电能。潜水器一般装有多个推进器，可朝不同方向运动；利用主压载舱、重量调整装置或纵倾调整装置来控制潜水器的稳定；还有氧气供给与二氧化碳吸收的环境控制装置。潜水器还根据需要装有罗经、深度计、障碍物探测声呐、高度深度声呐、方位探测听音机和各种水声通信设备，以及供水下作业用的机械手、水下电视和照明设备。潜水器广泛应用于军事领域。

1554 年意大利人塔尔奇利亚发明制造了木质球形潜水器，对后来潜水器的研制产生了巨大影响。第一个有实用价值的潜水器是英国哈雷于 1717 年设计的。过去人们利用潜水器大多是探寻沉船宝物，这些潜水器都是没有动力的，它们须由管子和绳索与水面上的母船保持联系。20 世纪 50 年代以后，出现了各种以科学考察为目的的自航深潜器。1948 年瑞士的皮卡德制造出“弗恩斯三号”深潜器并下潜到 1 370 米。虽然载人舱严重进水，但开创了人类深潜的新纪元。

1951 年，皮卡德和他的儿子造出了著名的“的里雅斯特”号深潜器。深潜器长 15.1 米，宽 3.5 米，可载三人。1953 年 9 月在地中海成功下潜到 3 150 米。之后皮卡德和他的儿子为美国建造新型的深潜器。新的“的里雅斯特”号于 1958 年建成，首次试潜就达到 5 600 米，第二年达到 7 315 米。1960 年，美国利用新研制的深潜器首次潜入世界大洋最深处——马里亚纳海沟，下潜深度达 10 916

米。1953 年，第一艘无人遥控潜水器问世，1980 年法国“逆戟鲸”号无人深潜器下潜 6 000 米。日本“海沟”号无人潜水探测器（最大潜水深度 1.1 万米），1997 年 3 月 24 日在太平洋关岛附近海区，从 4 439 吨级的“横须”号母船上放入水中，成功地潜到 10 911 米深的马里亚纳海沟底部，这是无人探测器的潜水世界最高纪录。潜水器可以完成多种科学研究及救生、修理、寻找、探查、摄影等工作。如“阿尔文”号曾找到过落入地中海的氢弹和“泰坦尼克”号沉船。海洋科学技术中心还计划开发性能更高的无人驾驶深海探测器，并且使用燃料电池做动力源。

第三节　海洋开发技术

海洋是全球生命保障系统的一个重要组成部分，也是人类社会可持续发展的宝贵财富。当前，随着陆地资源短缺、人口膨胀、环境恶化等问题的日益严峻，各沿海国家纷纷把目光投向海洋，加快了对海洋的研究开发和利用。一场以开发海洋为标志的“蓝色革命”正在世界范围内兴起。海洋开发技术是海洋技术的一个分支，是人类进行海洋开发，实现海洋实际价值所采取的手段的总称，它是海洋开发吸收和消化各种现代科学技术、通信技术，使之适应海洋这个特殊的环境而形成的。它为传统海洋产业的改造和新兴海洋产业的迅速发展创造了条件，促进了海洋产业结构的调整。

一、海洋深水石油和天然气开发

海底石油（包括天然气）是埋藏于海洋底层以下的沉积岩及基岩中的矿产资源之一。海底石油（包括天然气）的开采始于 20 世纪初，但在相当长时期内仅发现少量的海底油田，直到 20 世纪 60 年代后期海上石油的勘探和开采才获得突飞猛进的发展。现在全世界已有 100 多个国家和地区在近海进行油气勘探，40 多个国家和地区在 150 多个海上油气田进行开采，海上原油产量逐日增加，日产量已超过 100 万吨，约占世界石油总产量的 1/4，1990 年，海底石油的产量占世界石油总产量的 35%~40%。石油勘探，就是考证地质历史，研究地质规律，寻找石油天然气田。主要经过四大步骤：确定古代的湖泊和海洋（古盆地）的范围；然后从中查出可能生成石油的深凹陷来；在可能生油的凹陷周围寻找有利于油气聚集的地质圈闭；最后对评价最好的圈闭进行钻探，查证是否有石油或天然气，并搞清它有多少储量。在深海勘探的实践中，人们创造了独特的找油办法，一般有物理勘探、地震勘探、重力勘探和磁力勘探等办法。

（一）物理勘探

物理勘探是普遍采用的办法。海上石油物理勘探一般是在海洋调查船上装备特别的仪器设备,来发现有利于石油聚集的地层和构造。最常用的办法是采用重力勘探、磁力勘探和地震勘探。

(二) 地震勘探

地震勘探就是在海水中用炸药爆炸或用压缩空气,电火花瞬时释放大量的能量,产生人工地震波,利用声波在不同物质中以不同速度传播的原理,来寻找对石油储积有利的地层和构造。

(三) 重力勘探

所谓重力勘探就是使用重力仪测定海底岩石的重力值,以求得岩石的密度、地质年代和深度。通过对海区重力场的观测来了解沉积岩的厚度和基岩起伏情况,划分所测地区的构造单元,研究隆起的性质,从而来确定油气区。

(四) 磁力勘探

所谓磁力勘探是通过置放在调查船或调查专用飞机上的磁力仪,来测定船舶或飞机经过海区磁力强度大小,以确定海底下磁性基底上沉积的厚度、地质构造,从而寻找石油和天然气。

上述的这些方法只能间接地确定海洋石油在海洋中的位置,究竟海底是否有石油,储量有多大,还必须通过海上钻探这种直接的方法才能证实。因此,海上钻探是油气勘探开发中的重要一环,通过钻探打井所取得的岩心样品来确切掌握海底油气资源的情况。在海上钻井比在陆地上钻井要困难得多。

首先是因为海面动荡不定,要保持钻井稳定,就要建造一个高于海面的工作台或者钻井平台,然后在平台上开展钻探活动。海上钻井平台一般有固定式钻井平台和活动式钻井平台。当然也有的国家制造了钻井船,把钻井设备安装在船上进行钻井作业。世界上在海洋里钻井数量最多的是美国。英国、印度尼西亚、马来西亚、印度、俄罗斯等国也为数不少。1965 年,美国埃克森石油公司在南加利福尼亚近岸海域用“卡斯 -1”号钻井装置在世界海洋上打下了第一口深水井,水深为 193 米。后来,深水石油钻井的数量越来越多,技术装备也越来越先进。目前,世界上钻井水深大于 1 000 米的钻井船有 18 艘,其中,最大钻井水深为 2 600 米,最大钻井深度为 1 000 米。从未来的发展趋势来看,海上石油钻探将向深海发展。海上石油钻井装置也从基座式平台发展到自升式、半潜式平台、钻井驳船、钻井浮船等。近十几年来,我国海洋石油开采也取得很大进展,目前南海已是我国最大的产油区之一。

二、海洋遥感技术和导航技术

海洋遥感技术,主要包括以光、电等为信息载体和以声波为信息载体的两大遥感技术。海洋声学遥感技术是探测海洋的一种十分有效的手段。利用声学遥感技术,可以探测海底地形、进行海洋动力现象的观测、进行海底地层剖面探测,以及为潜水器提供导航、避碰、海底轮廓跟踪的信息。

海洋遥感技术是海洋环境监测的重要手段。卫星遥感技术的突飞猛进,为人类提供了从空间观测大范围海洋现象的可能性。目前,美国、日本、俄罗斯等国已发射了10多颗专用海洋卫星,为海洋遥感技术提供了坚实的支撑平台。中国的海洋遥感技术始于20世纪70年代,开始是借助国外气象卫星和陆地卫星的资料,开展空间海洋的应用研究,解决中国海洋开发、科学研究等实际问题。同时,中国积极研究发展本国的卫星遥感技术。1990年9月,中国发射"风云一号"卫星,该卫星上有两个波段为专用的海洋窗口,用于海洋遥感探测。

海洋导航技术,主要包括无线电导航定位、惯性导航、卫星导航、水声定位和综合导航等。无线电导航定位系统,包括近程高精度定位系统和中远程导航定位系统。最早的无线电导航定位系统是20世纪初发明的无线电测向系统。

20世纪40年代起,人们研制了一系列双曲线无线电导航系统,如美国的"罗兰"和"欧米加",英国的"台卡"等。卫星导航系统是发展潜力最大的导航系统。1964年,美国推出了世界上第一个卫星导航系统——海军卫星导航系统,又称子午仪卫星导航系统。目前,该系统已成为使用最为广泛的船舶导航系统。中国的海洋导航定位技术起步较晚。1984年,中国从美国引进一套标准"罗兰-C"台链,在南海建设了一套远程无线电导航系统,即"长河二号"台链,填补了中国中远程无线电导航领域的空白。在卫星导航方面,中国注重发展陆地、海洋卫星导航定位,已成为世界上卫星定位点最多的国家之一。

三、海水淡化技术

海洋是生命的摇篮,海水不仅是宝贵的水资源,而且蕴藏着丰富的化学资源。加强对海水(包括苦咸水)资源的开发利用,是解决沿海和西部苦咸水地区淡水危机和资源短缺问题的重要措施,是实现国民经济可持续发展战略的重要保证。而海水淡化是开发新水源、解决沿海地区淡水资源紧缺的重要途径。

海水淡化是指从海水中获取淡水的技术和过程。海水淡化方法在20世纪30年代主要是采用多效蒸发法;20世纪50年代至80年代中期主要是多级闪蒸法(MSF),至今利用该方法淡化水量仍占相当大的比重;20世纪50年代中期的电渗析法(ED);70年代的反渗透法(RO)和低温多效蒸发法(LT-MED)逐步发展起来。特别是反渗透法(RO)海水淡化,已成为目前发展速度最快的技术。

据国际脱盐协会统计,截至2001年底,全世界海水淡化水日产量已达3 250万立方米,解决1亿多人口的供水问题。这些海水淡化水还可用作优质锅炉补水或优质生产工艺用水,可为沿海地区提供稳定可靠的淡水。国际海水淡化的售水价格已从20世纪六七十年代的2美元以上降到目前不足0.7美元的水平，接近或低于国际上一些城市的自来水价格。随着技术进步导致的成本进一步降低，海水淡化的经济合理性将更加明显，并作为可持续开发淡水资源的手段将引起国际社会越来越多的关注。

我国反渗透海水淡化技术研究在海水淡化与反渗透膜研制方面取得了很大进展。现已建成反渗透海水淡化项目13个，总产水能力日产近1万立方米。目前，我国正在实施万吨级反渗透海水淡化示范工程和海水淡化膜组器产业化项目。蒸馏法海水淡化技术研究已有几十年的历史。天津大港电厂引进两台3 000立方米/日多级闪蒸海水淡化装置，于1990年运转至今，积累了大量宝贵经验。

四、海洋空间开发技术

海洋空间技术的广阔领域主要体现在以下几个方面：

（一）交通运输空间

海洋交通运输的优点是连续性强、成本低廉，适宜对各种笨重的大宗货物作远距离运输；缺点是速度慢，运输易腐食品需要辅助设备，航行受天气影响大。

（二）海上生产空间

海上生产项目建设的优点是可大大节约土地，空间利用代价低，交通运输便利，运费低，能免除道路等基础设施建设费用；冷却水充足，取排方便，价格低廉，可免除污染危害。缺点是基础投资较大，技术难度高，风险大。

（三）海底电缆空间（通信、电力输送）

通信电缆包括横越大洋的洲际海底通信电缆、陆地和海上设施间的通信电缆，电力输送主要用于海上建筑物、石油平台等和陆地间的输电。

（四）储藏空间

利用海洋建设仓储设施，具有安全性高、隐蔽性好、交通便利、节约土地等优点。

而且，现代海洋空间开发已从传统的交通运输扩大到生产、通信、储藏、文化娱乐等各个方面。包括积极开发利用港口资源、滩涂资源及浅水区的空间资源，适度发展海上城市、海上浮动工厂、水下工业城市、人工岛、海上机场、海底隧道、海底管道和缆线铺设、人工围海造地，以及开辟海洋娱乐场、海洋公园等。日本、新加坡等一些海域宽广的国家已开始建造海上城市。日本是世界上建造人工岛成绩最为显著的国家之一。战后50多年来，已向海洋索取土地达到200平方千米，相当于26个香港岛。其中最为著名的人工岛要数神户人工岛，该岛位于神户市东南3千米、水深13米的海面上，建于1966—1988年，削平了神户西部的两座山峰，将 8 000 万立方米的土石填入海中，耗资达 5 300 亿日元。该岛面积为436万平方米，有双层大桥与神户相连。岛上居民达2万多人，商店、学校、医院、邮局、博物馆、公园、体育馆、游泳池、污水处理场等各种设施齐全，有 6 000 多户住宅，是一个名副其实的海洋城。岛上还有现代化的装卸码头，可同时停泊 28 艘万吨巨轮。日本还计划在 21 世纪建成"海洋通信城市"，将容纳 100 万常住人口和 50 万流动人口。

五、海洋环境保护技术

目前对海洋的战略性全面开发还只是处于起步阶段。科学家预测，21 世纪海洋将成为人类生产、生活的主要领域。食品不足一直是人类面临的严重问题。海洋开发技术的发展将从根本上解决这一问题。把现代生物技术应用于海洋养殖业，可发展出高效的海洋农业和海洋牧业。而卫星通信和定位技术、深水遥控技术等必将极大地促进远洋和深海捕捞业的发展，据一些科学家预测，21 世纪人类的食物结构将发生重大变化，海洋将提供人类所需蛋白质的 60% 以上。

可持续发展观的核心内容是社会经济的发展不仅要考虑当代人的需要，而且要顾及子孙后代的发展需要，即要保证人类社会具有长远的、持续发展能力，在发展中实现人口、资源、环境的协调统一。海洋资源在整个自然资源系统及社会发展中所具有的重要作用，决定了在其开发和利用过程中必须实现可持续性。所谓海洋资源的可持续开发利用是指在海洋经济快速发展的同时，应该做到科学合理地开发利用海洋资源，不断提高海洋资源的开发利用水平及能力，力求形成一个科学合理的海洋资源开发体系；通过加强海洋环境保护、改善海洋生态环境，来维护海洋资源系统的良性循环，实现海洋资源与海洋经济、海洋环境的协调发展，并力争交给下一代一个良好的海洋资源环境。

海洋具有的丰富资源，可以为人类发展提供巨大的物质支撑，帮助人类解决陆地资源短缺所带来的各种困境。海洋作为不同于陆地的特殊自然体，其自身环境的复杂性、灾害的多样性，造成开发的艰难性，由此使海洋资源的供给相对不足，大量的海洋资源无法得到充分利用。要解决这个矛盾，关键要依靠海洋高新技术。没有一定的装备技术条件，海洋资源的开发活动将无法进行。

因海洋开发是一项技术高度密集的行业，现代海洋工作广泛地采用了现代科技的重要成就，它对最新技术的使用程度，其多、其广、其高是其他行业很少能够与之比拟的。因此，海洋资源的可持续开发利用，在很大程度上主要是依赖于科学技术特别是海洋高科技的支撑。海洋科技主要包括海洋探测高技术、海洋油气矿产资源勘探开发高技术、海洋生物技术、海洋清洁生产技术等，其应用的重点将致力于海洋资源开发技术发展及其产业化、海洋资源可持续开发与保护、海洋资源开发中的服务保障技术等领域的研究。

首先,要加强与海洋资源可持续利用有关的管理科学和应用基础科学的研究,如资源再生过程、海水养殖容量、海洋资源承载能力、海岸带陆海相互作用、综合管理的理论方法和机制等研究;利用先进的科学技术手段,对海洋资源的可持续利用水平做出科学评价和预测,为确保开发利用海洋的行动和政策提供科学依据。此外,依靠先进的科学技术,提高海洋资源勘查精度,探索新的、可开发利用的海洋生物、矿产、能源、水及空间等资源,以增强海洋资源转化为现实存量的可能性,提高海洋资源的供给能力,为世代利用海洋和从海洋持续获取利益提供资源储备。

其次,提高海洋开发技术水平,在研究开发海水利用技术、海洋生物技术、深海矿产资源开采技术、海洋空间开发利用技术的基础上,逐步形成海洋开发技术研究、实验、推广应用和向现实生产力转化的机制,推动海洋高新技术产品、产业和产业群快速增长,提高海洋资源利用效率和附加值,节省资源,促进海洋产业可持续发展。

面对海洋中所蕴含的丰富资源,在人们认识到海洋资源对区域经济的巨大拉动和支撑作用后,各沿海国家、地区以及受利益驱动的不同群体纷纷加入海洋开发的行列。由于海洋综合管理机制尚未建立起来,海洋开发技术落后,加之一些部门的急功近利,导致对海洋资源的严重破坏。表现在:海洋资源开发利用不合理,开发利用水平低、不充分,造成资源与环境的破坏和严重浪费;近海渔业资源捕捞过度使海洋生物资源、海洋生态系统遭到不同程度破坏;入海污染物总量逐年增加,致使某些海域环境污染加剧等影响可持续开发利用的环境和资源问题越来越突出。因此,海洋资源开发和利用中必须吸取人类在陆地开发中的经验和教训,尽最大可能防患于未然,不要重蹈覆辙。

第四节 空间技术

空间技术是探索、开发和利用宇宙空间的技术,又称为太空技术和航天技术,目的是利用空间飞行器作为手段来研究发生在空间的物理、化学和生物等自然现象,包括自地面到太空的一切运载工具的研制等,主要依赖于电子技术、自动化技术、遥感技术和计算机技术等众多先进技术的发展。因此,一个国家空间技术的成就,最能体现其科学技术的水平,是衡量其科技实力的重要标志。

一、空间技术的诞生

早在 18 世纪末期,人们就运用气球进行探空活动,并进行了一些科学实验。

但是,气球升空是依赖于空气浮力的,而且其结构简单,不可能到达大气层的上部(从理论上说,气球上升的最大高度也只有 50 公里)。所以,到 20 世纪初期,科学家们便开始研究不依赖于空气浮力而能够进入宇宙空间进行探索的工具。

1903 年,俄国科学家奥尔科夫斯基(Ziolkovskii)发表了题为《利用喷气仪器研究宇宙空间》的论文,首次提出了利用火箭探索宇宙空间的设想。1926 年 3 月,美国科学家戈达德(Godard)详细地研究了火箭推进原理,并用氧和汽油作推进剂,设计、制造并发射了世界上第一枚液体火箭。此后德、意、英、法、美等国,纷纷展开了火箭技术的研究。

人类自古以来就渴望像鸟儿一样在太空自由自在地飞翔,如今这一梦想终于实现。20 世纪 50 年代后期,人类完成了文明史上又一次飞跃——征服外层空间。伴随着载人航天的实现,人类对物质世界的认识又产生了划时代意义的变革。继地球、海洋、天空之后,空间技术正把地球文明推向高远浩瀚的宇宙。特别是随着人类空间活动的日益深入,人们认识到,空间环境中蕴藏着极其丰富的空间资源,仅就地球引力和地球卫星作用范围这一最小的外空领域看,现已探明可供利用和开发的空间资源大致有:航天器相对于地球表面的高远位置资源,高真空和高洁净资源,微重力环境资源,太阳能资源,强宇宙粒子射线资源,月球及其他行星资源等。这些资源都极其丰富和极有利用价值,对其中任何一项开发都会给人类带来巨大的利益。

而且,翻开人类社会历史的画卷,没有其他任何事件对一个国家和社会的影响能够同空间技术的发展相媲美,因此,空间技术从诞生之日起,就和一个国家的政治紧紧地联系在一起。航天技术的实现,既是综合国力的象征,又是一个国家综合技术发展水平的集中体现。具备航天能力的国家,本身就说明了这个国家的科技综合水平达到了一个很高的水平,它必将极大地增强一个国家的综合国力,提高其在国际活动中的地位。在现今的国际活动中,讨论的许多重大问题都与空间有关,世界大国首脑会谈也往往离不开航天这个重要问题。

在人类空间技术的发展中,围绕谁将第一个发射第一颗人造卫星,苏联和美国曾展开了一场争夺,这场争夺被认为是衡量社会主义和资本主义制度优劣的尺度,结果苏联于 1957 年 10 月 4 日第一个将人造卫星发射上天,使美国上下的自尊心受到了极大的打击。此后,苏联和美国又围绕着在载人航天上谁是“老大”展开了激烈的竞争,同样,敏感的政治家甚至把这场竞争看成是社会主义和资本主义两种社会制度优劣的竞争。苏联实现第一个把人送入太空,第一个成功发射载人空间站,第一个宇航员出舱活动,美国第一个将美国国旗插上月球,发射成功航天飞机,这些对于提高美苏两国的国际威望,弘扬民族精神,振奋民族斗志,增强民族凝聚力等,都起到了巨大的作用。

20世纪60年代,我国成功进行了原子弹、氢弹爆炸试验和导弹核武器的试验;1970年4月24日我国发射第一颗人造地球卫星("东方红一号"),是继苏联、美国、法国、日本之后世界上第5个能独立发射人造卫星的国家。"两弹一星"的发射成功,大涨了中国人民的志气,使中国成为名副其实的东方大国,中国人的腰杆挺直了。正如邓小平同志所说,如果20世纪60年代中国没有发射导弹、没有发射卫星,中国就不能叫有重要影响的大国,就没有现在这样的国际地位。

二、空间技术的发展

空间技术的诞生,是20世纪与电的发明齐名的重大科学成果。自1957年10月4日苏联发射成功人类第一颗人造卫星后,空间技术得到了飞快的发展。美国于1958年、法国于1965年、日本和中国于1970年相继发射了自己的人造卫星。如今,尽管美国和俄罗斯在卫星研制技术方面仍然领先于其他航天国家,但包括中国在内的欧洲、日本和印度也不甘示弱,其余还有几十个国家也竞相投资卫星研制技术。至今,已有5 400多个航天器升上太空。由于空间技术对人类经济、政治、军事和科学技术上的重要意义,目前,世界上有70多个国家参与开发空间技术,而应用空间技术成果的国家遍布全球,空间技术正在很大的层面上改变着人类的生活。这一切都无疑向人们传递着这样的信息:空间技术带来了社会的变革,带来了人类生活方式、思维方式、思想观念等诸方面巨大变革。实践证明,发展空间技术有巨大的政治作用和应用意义。

遥感卫星的发射成功后,使人类开始从宇宙空间的高度观测地球,还把人的视觉从可见光范围扩展到紫外、红外以及微波辐射区。人们应用卫星遥感技术监测森林砍伐、森林再造、土地使用变化情况;用于研究水涝和盐化、沙漠化、海岸线动态变化、干旱和农产品估算等;用于评估和开发水资源、自然资源勘探、污染监测和更新地图等。遥感卫星解决了人类用常规手段无法观测或观测不足的难题,不仅大大提高了效率,而且大大提高了观测精度、范围和准确性。

利用通信卫星,人类实现了全球通信、电视转播,以至于今天的人类,离开了通信卫星就无法生活。目前,国际通信卫星已经发展到第八代,卫星通信转发器由最初的几个,增加到几十个,寿命由几十天发展到长达15年以上,一颗通信卫星的通信能力为几万条话路,可同时转发几十套电视节目。近年来,随着微电子、微机械等技术的发展,一些小型通信卫星相继升空,现代小卫星组成的星座给人类通信带来了划时代意义的革命,一些由小卫星组网的通信系统正在陆续建立。通信卫星使地球变成"地球村",使距离变得不再遥远。

利用通信卫星已经把电视教育课程送往边远地区;利用通信卫星指导开展抢险救灾,极大地减少了灾害的损失。今天利用通信卫星架起的空间信息高速公路，使工商企业和整个社会处于一场革命之中，人们能充分利用信息，大大提高物质生产的效率，提高原材料和能源利用率，从而改变人类生产和生活方式，由通信卫星带来的通信革命导致可视电话、电视会议、电视购物、电视教学、在家中办公等一系列新生事物的出现。

气象卫星在进行天气预报、探测和跟踪台风和旋风、研究和监测地表以及海洋生物量等方面发挥了重要作用，还为洪涝灾害预警和赈灾等提供服务。据有关资料统计，在今天，人类依靠气象卫星每年避免天气灾害损失达数千亿美元。

导航定位卫星不仅为飞机、船舶、公路铁路交通提供导航服务，还为搜索与救援进行准确定位。利用卫星建立天基交通系统，使航天、航空、航海、铁路、公路相结合，建立现代化的高速立体交通管制网络。卫星导航定位系统广泛应用于舰船、飞机、车辆，为交通安全与提高运输效率提供有力的保证。据预测国际航空及车辆利用卫星通信所产生的效益可达 450 亿美元。

农业是人类生存的保证，今天，通信广播卫星、资源卫星、气象卫星、导航定位卫星在农业现代化中均获得了广泛应用，据报道，早在 20 世纪 70—80 年代，一些西方国家就利用资源卫星进行小麦、大豆、水稻、玉米和马铃薯等农作物的估产，以增加或减少某种农作物的种植面积或确定粮食政策。如今，全世界已有上百个国家运用资源卫星的技术成果，可以说，资源卫星造福了整个人类。

除开发空间位置资源外，在空间环境资源的开发利用上，各航天大国也进行了不懈的探索尝试，最大规模的探索活动是 20 世纪 70 年代后期开始的，而这些探索主要是在空间站和航天飞机上进行的，其中，最主要的是在“和平号”空间站里进行的。通过 20 年的努力，一些商品已贴上了“空间”商标。如：大尺寸微乳胶球、高纯药物等，对空间微重力环境应用，特别是材料加工潜力的认识有了深化，形成了微重力流体力学，空间材料学、生命科学及生物技术体系。

有资料称，苏联从 1980 年至 1990 年在空间站上进行了 500 项材料加工实验，范围涉及金属和合金、光学材料、超导体、电子晶体、陶瓷和蛋白质晶体等。如今，空间生长砷化镓晶体，已成为最有希望的商品。在加工工艺方面，已取得的新工艺有皮壳工艺、无熔器加工工艺、电泳工艺等，这些工艺既进一步促进空间材料生产的发展，又为改进地面材料生产指明了方向，如电泳工艺，可提高分离速度 400~700 倍，目前，这一工艺被认为是空间材料加工中，最有经济效益的项目之一，这些无疑将对未来人类社会产生深远的影响。

人类在天空中所进行的一系列生物技术、生命科学实验，在加深对人类生命自身的研究，合成新的药物，抵御各种疾病的影响，延续生命，提高生命质量上，取得了重要的成果，同时，又为未来在空间站或外星上建立长期居住基地，提供受控生态环境及生命保障体系，做了理论上和技术上的准备。

在空间环境资源的开发利用上，中国也利用返回式卫星和“神舟”飞船进行了许多材料生长、生物技术实验，取得了许多可喜的成果。深邃高远的太空，蕴藏着许多未知之谜，空间技术的发展，为人类揭开太空的奥秘提供了有效的手段，一个又一个航天器的升空，对地球和宇宙天体观测进入了全新的天地。2001年2月14日在西方情人节这一天，美国“约会”无人探测器投入小行星“爱神”的怀抱，从而实现了人类第一次在一个近地小行星上着陆的壮举。此举也拉开了人类21世纪探测宇宙空间的序幕。

据有关资料，为揭开宇宙之谜，人类现已发射了多种探测月球、火星、金星、水星、土星、天王星和海王星的探测器等100多个科学卫星和深空探测器，这些探测器取得了丰厚的科学研究成果，大大加深了人类对宇宙的认识，改变了不少传统观念，为未来开发宇宙提供了宝贵的数据，并有望开拓人类新的生活空间。如，发现地球内外辐射带，发现月球上的水冰，绘制火星地形图等。40多年人类航天事业，使人类加深了对地球、太阳系和深空的更多了解。

第五节　航天器技术新进展

开发空间资源的空间技术是一项系统工程。这种系统至少包括航天器、航天器发射场、航天器测控网、用户设备以及其他保障设施等，其中最关键的技术是航天器的研制。航天器是指在地球大气层以外的宇宙空间基本上按天体力学规律运行的飞行器。主要包括人造卫星、宇宙飞船、空间站、空间探测器和航天飞机等五大类。

一、人造地球卫星

人造地球卫星是环绕地球在空间圆形或椭圆形轨道上运行的无人航天器。根据不同的用途，人造地球卫星又分为科学卫星、通信卫星、对地球观测卫星、气象卫星和侦察卫星。

（一）科学卫星

科学卫星是为科学研究目的而发射的卫星。科学卫星由于摆脱了地球磁场、地球大气层等影响，所以对研究宇宙空间的自然现象十分有利。例如，1983年1月25日美国发射的红外天文卫星，由于摆脱了地球大气层对来自太空的红外辐射的影响，10个月内，就发现了2万多个以前不知道的星系，还发现了形成不到100万年的恒星和围绕胚胎恒星的尘埃状云盘。这些发现为研究天体的形成和演化提供了极为宝贵的资料。

(二) 通信卫星

通信卫星是用于通信目的的卫星,是一种地球同步轨道卫星。通信卫星位于地球赤道平面,距地面约 3.6 万千米,每 23 小时 56 分绕地球运行一周。其周期恰好等于地球自转的周期。所以从地球上看,通信卫星就好像是静止不动的。发射地球同步卫星比发射一般卫星复杂得多。目前只有中国、美国、俄罗斯等少数几个国家能够发射同步卫星。卫星通信系统包括空间部分和地面部分。空间部分包括同步通信卫星和卫星测控站,地面部分包括信息发射站和信息接收站。其通信原理是地面发射台把载有电话、电报、电视等信号的电磁波发送到卫星上,卫星把接收到的信号加以放大后,再发送到另一个地面接收站,从而实现两地的通信联络。卫星通信的覆盖面积极大,可达地球表面的 14 万平方米以上,所以,从理论上说,只要在赤道上空均布 3 颗同步卫星,即可覆盖全球,实现全球通信。卫星通信不受地形限制,无论是山区、沙漠或海洋,只要在卫星覆盖范围之内,都可进行通信。现在,全球通信卫星已组成通信系统网,可以进行电话、电报、电视、广播、传真等多种形式的全球通信联络。

(三) 地球资源卫星

资源卫星是在侦察卫星和气象卫星的基础上发展而来的。利用卫星上装载的多光谱遥感器获取地面目标辐射和反射的多种波段的电磁波,然后把它传送到地面,再经过处理,变成关于地球资源的有用资料。它们包括地面的和地下的,陆地的和海洋的等。

地球资源卫星可广泛用于:地下矿藏、海洋资源和地下水源调查;土地资源调查,土地利用,区域规划;调查农业、林业、畜牧业和水利资源合理规划管理;预报农作物长势和收成;研究自然植物的生成和地貌;考察和监视各种自然灾害如病虫害、森林火灾、洪水等;环境污染、海洋污染;测量水源,雪源;铁路,公路选线,港口建设,海岸利用和管理,城市规划。地球资源卫星具有重大的经济价值和潜在的军事用途。

(四) 气象卫星

气象卫星是专门用于气象观测和天气预报的卫星。可分为两类。一类是对某一固定区域进行观测的地球同步轨道卫星,另一类是位于地球南北极上空的极地气象卫星(其轨道平面与赤道平面夹角约 98°,运行周期约为 100 分钟),用于对全球气象变化进行观测和预报。气象卫星对于社会经济建设、防止自然灾害有着重大意义,也有着很高的社会经济效益。一般来说,发射一颗气象卫星只需几千万美元,而每年从气象卫星得到的收益,少则几亿美元,多则可达几十亿美元。

(五) 侦察卫星

侦察卫星是用于军事侦察的卫星。这类卫星上装有多种仪器,运用高空摄影技术、红外遥感技术和微波探视IJ技术等，对敌方的军事目标进行侦踪，并可以收集敌方的电信、雷达等重要军事情报。先进的侦察卫星可以在200千米以上的高空拍摄到地面清晰的照片，可以区分地面几厘米大小的东西。若在侦察卫星上装有摄像机，还可把侦察到的情报送到地面荧光屏显示器上，在远离对方阵地的指挥所里就可以清晰地看到敌方的火力配备和部队调动等情况，侦察卫星在军事上有着重大价值。

(六) 导航卫星

这种卫星发出一对频率非常稳定的无线电波，海上船只、水下的潜艇和陆地上的运动体等都可以通过接收卫星发射的电波信号来确定自己的位置。利用导航卫星进行导航是航天史上的一次重大技术突破，卫星可以覆盖全球进行全天候导航，而且导航精度高。

作为空间技术的后来者，中国在空间技术的开发利用上，取得了举世瞩目的成果，40年来，中国空间技术在完全依靠自己的力量下，得到了较快的发展，到2001年初，已发射成功49颗类型不同、用途各异的人造卫星和神舟号载人飞船，建立了返回式卫星系列、通信卫星系列、资源卫星系列和现代小卫星系列，成为名副其实的空间技术大国。中国自1975年发射成功第一颗返回式卫星后，1984年中国发射成功“东方红二号”通信卫星，又于1997年5月10日发射成功“东方红三号”通信卫星，利用发射成功的通信卫星，中国实现了卫星通信，改变了通信落后的状况。1997年6月10日，“风云二号”气象卫星的升空，使中国成为继美、俄后，第三个既可以研制极轨气象卫星又可以研制静止轨道气象卫星的国家，建立起气象卫星应用体系。1999年10月14日，“资源一号”卫星的发射成功，迎来了我国应用传输型对地遥感卫星服务人类社会的新时代。2000年底北斗导航试验卫星发射成功，建立了我国导航卫星系统。2010年6月2日，我国又将第4颗北斗导航卫星送入预定轨道，标志着北斗卫星导航系统组网建设又迈出重要一步。空间技术为奔跑在现代化大道上的中国，插上了腾飞的翅膀。

二、载人飞船和空间站

载人飞船又称宇宙飞船，能保障航天员在外层空间生活和工作，以执行航天任务并返回地面的航天器。载人飞船可以独立进行航天活动，也可用为往返于地面和空间站之间的“渡船”，还能与空间站或其他航天器对接后进行联合飞行。载人飞船容积较小，受到所载消耗性物质数量的限制，不具备再补给的能力，而且不能重复使用。1961年苏联发射了第一艘东方号飞船，后来又发射了上升号和联盟号飞船。美国也相继发射了水星号、双子星座号、阿波罗号等载人飞船。阿波罗号是登月载人飞船。

阿波罗登月计划是美国从 1961 年到 1972 年从事的一系列载人登月飞行任务。美国于20世纪60年代至70年代初组织实施的载人登月工程,或称“阿波罗”计划。它是世界航天史上具有划时代意义的一项成就。工程开始于1961年5月,至 1972 年 12 月第 6 次登月成功结束,历时约 11 年,耗资 255 亿美元。在工程高峰时期,参加工程的有 2 万家企业、200 多所大学和 80 多个科研机构,总人数超过 30 万人。

1992 年,我国载人航天工程正式立项研制。1999 年 11 月 20 日,中国第一艘无人试验飞船神舟一号飞船在酒泉起飞,21 小时后在内蒙古中部回收场成功着陆,圆满完成“处女之行”。这次飞行成功为中国载人飞船上天打下非常坚实的基础。2001 年 1 月 10 日,中国在酒泉卫星发射中心成功发射了神舟二号飞船。2002 年 3 月 25 日,中国在酒泉卫星发射中心成功发射了神舟三号飞船。2002 年 12 月 30 日,中国在酒泉卫星发射中心成功发射神舟四号无人飞船。

神舟五号——2003 年 10 月 15 日 9 时整,我国自行研制的神舟五号载人飞船在中国酒泉卫星发射中心发射升空。9 时 9 分 50 秒,神舟五号准确进入预定轨道。这是中国首次进行载人航天飞行。乘坐神舟五号载人飞船执行任务的航天员是 38 岁的杨利伟。他是我国自己培养的第一代航天员。神舟五号载人飞船在太空中围绕地球飞行 14 圈,经过 21 小时 23 分、60 万千米的太空行程,于 16 日 6 时 23 分在内蒙古主着陆场成功着陆返回,标志着中国已成为世界上继苏联、美国之后第 3 个能够独立开展载人航天飞行的国家。

神舟六号——2005 年 10 月 12 日 9 时整,神舟六号飞船顺利升空,实现了 2 名宇航员多天飞行,他们分别是:聂海胜、费俊龙。神舟六号于 10 月 16 日凌晨安全返回,使我国载人航天技术进一步成熟。神舟六号实现了第一次进行多人多天太空飞行试验,为未来航天员在空间站生活和工作奠定了基础。第一次实现宇航员进入轨道舱。航天员首次往返轨道舱,进行了失重状态下的关闭返回舱门及检漏试验。第一次进行了真正有人参与的空间科学试验。

神舟七号——神舟七号载人飞船于 2008 年 9 月 25 日 21 点 10 分 04 秒 988 毫秒从中国酒泉卫星发射中心载人航天发射场用长征二号 F 火箭发射升空。飞船于 2008 年 9 月 28 日 17 点 37 分成功着陆于中国内蒙古四子王旗主着陆场。神舟七号飞船共计飞行 2 天 20 小时 27 分钟。

如今我国航天技术又有了新的里程碑,2011 年 9 月 29 日,天宫一号目标飞行器发射升空,进入轨道。又是在酒泉卫星发射中心,当年 11 月 1 日 5 点 58 分发射神州八号飞船,与天宫一号目标飞行器进行我国首次航天器空间交会对接试验,中国航天人突破了载人航天三大基础性技术的最后一项——空间交会对接技术。

神舟九号——2012 年 6 月 16 日 18 时 37 分在酒泉卫星发射场，通过长征二号 F 运载火箭发射升空，与在轨运行的天宫一号目标飞行器进行载人交会对接。2012 年 6 月 29 日 10 时许，神舟九号飞船返回舱成功降落在位于内蒙古中部的主着陆场预定区域。

神舟十号——2013 年 6 月 11 日 17 时 38 分 02.666 秒，由长征二号 F 改进型运载火箭（遥十）“神箭”成功发射。在轨飞行 15 天，并首次开展中国航天员太空授课活动。

嫦娥三号探测器已于 2013 年 12 月 2 日凌晨 1:30 分在四川省西昌卫星发射中心发射。“嫦娥三号”携带“玉兔号”月球车首次实现月球软着陆和月面巡视勘察，并开展月表形貌与地质构造调查等科学探测。

人类并不满足于在太空作短暂的旅游，为了开发太空，需要建立长期生活和工作的基地。于是，随着航天技术的进步，在太空建立新居所的条件成熟了，这就是空间站的建立。

空间站是一种大容积的、可供多名宇航员长期居住和工作的大型载人航天器。是一种在近地轨道长时间运行，可供多名航天员巡访、长期工作和生活的载人航天器。空间站分为单一式和组合式两种。单一式空间站可由航天运载器一次发射入轨，组合式空间站则由航天运载器分批将组件送入轨道，在太空组装而成。

按时间顺序讲，苏联是首先发射载人空间站的国家。其礼炮 1 号空间站在 1971 年 4 月发射，后在太空与联盟号飞船对接成功，有 3 名航天员进站内生活工作近 24 天，完成了大量的科学实验项目，但这 3 名航天员乘联盟 11 号飞船返回地球过程中，由于座舱漏气减压，不幸全部遇难。礼炮 2 号发射到太空后由于自行解体而失败。苏联发射的礼炮 3、4、5 号小型空间站均获成功，航天员进站内工作，完成多项科学实验。其礼炮 6、7 号空间站相对大些，也有人称它们为第二代空间站。它们各有两个对接口，可同时与两艘飞船对接，航天员在站上先后创造过 210 天和 237 天长期生活记录，还创造了首位女航天员出舱作业的记录。苏联于 1986 年 2 月 20 日发射入轨的和平号空间站，2000 年底俄罗斯宇航局因和平号部件老化（设计寿命 10 年）且缺乏维修经费，决定将其坠毁，和平号最终于 2001 年 3 月 23 日坠入地球大气层。美国在 1973 年 5 月 14 日成功发射一座叫做天空实验室的空间站，它在 435 千米高的近圆空间轨道上运行，宇航员用 58 种科学仪器进行了 270 多项生物医学、空间物理、天文观测、资源勘探和工艺技术等试验，拍摄了大量的太阳活动照片和地球表面照片，研究了人在空间活动的各种现象，直到 1979 年 7 月 12 日在南印度洋上空坠入大气层烧毁。我国在 2011 年 9 月 29 日发射了首个试验性空间站天宫一号（目标飞行器），这也使我国成为继苏联和美国后第三个能够独立发射空间站的国家。2013 年 6 月 20 日 10 时,中国女航天员王亚平开始的中国首次太空授课,就是在天宫一号上实现的。

此外,航天技术的发展,还带动了电子、自动化、计算机、遥感、生物、材料、工艺等许多高技术的发展,这些技术应用到各个领域,直接牵引人类社会的发展,对人类的发展、宇宙的演变等基础学科也产生巨大的影响,并形成空间天文学、空间生物学、卫星通信学、卫星海洋学等一大批新的边缘学科。正如科学家所预言,21 世纪国家对航天能力的依赖,就像 19 世纪和 20 世纪工业的生存与发展对电和石油的依赖一样重要。

拓展阅读

1. 海洋高技术成果汇编(2001-2005)[G].北京:海洋出版社,2007.
2. 2007 高技术发展报告[R].北京:科学出版社,2007.
3. 王云.航空航天概论[M].北京:北京航空航天大学出版社,2009.

思考题

1. 现代海洋开发包括哪些领域?发展现状如何?
2. 试述海洋的可持续发展。
3. 宇宙空间有哪些重要资源?
4. 简述空间技术的发展历程。
5. 简述航天技术发展的意义。

第四篇
科学、技术与社会

科学、技术与社会的互动过程经历了科学技术化、技术科学化、科技社会化、社会科技化的阶段，三者之间的关系日益复杂密切，相互作用的模式呈现多种形态。科学、技术与社会之间存在着一个不断生成的动态结构，这促使人们用一种生态的、系统的、过程的视角审视作为客观知识、创造活动、社会建制和文化类型的科学，采取整体的、审慎的态度处理科学、技术与社会的关系。STS（科学、技术与社会）从一个研究领域转变成一种超越学科界限的、新的思想范式。STS 重视科学技术对社会转型的作用，社会形态对科技发展的影响，科学知识、技术手段在社会中的传播和应用等。这种新的思想范式有助于消除学科壁垒，树立“大科学观”，让公众了解科技决策，推动真正的社会民主进程。

第十四章　科学、技术与社会的互动

科学技术作为工具和物质手段改变了人类的生产方式和生活方式，它作为现代社会发展最强大的推动力量改变了社会的结构、塑造着人类的形象、变换着世界的政治格局。科学技术的发展具有双重效应，它在为人类带来方便的同时也把人类带进一个充满风险的社会。科学技术的发展不是自生成的，它受到社会条件和文化价值观念的制约。探究科学、技术与社会的互动关系和作用机制是当代人理解自身处境、摆脱生存危机的必要路径。自20世纪70年代以来，“科学、技术与社会”成了一个崭新的研究领域。

第一节　科学和技术发展的社会支撑

科学技术的社会化是20世纪科学发展的主要特征之一。科学技术作为一种有组织的社会活动，是以社会的支持为先决条件的。科学技术为社会的发展提供了新动力，社会发展为科学和技术的进步提供了新空间。一个国家或地区的社会发展水平越高，对科学技术的需求就越多，社会的资金、人才、物资设备就会沿着需求的通道供给科技创新活动；优厚的待遇、宽松的社会环境、自由的思想氛围、灵活的用人机制对于科技的发展是至关重要的。下面我们就循着历史的线索探究社会环境对科学技术发展的作用机制。

一、社会需求对科学技术发展的拉动

近代科学技术的发展与社会的需求密不可分。以牛顿力学建立、蒸汽机的改进和广泛使用为标志，引发了近代产业革命。英国之所以成为此次革命的发源地，与它当时的社会状况密切相关。

17世纪英国的毛纺织业因受到来自印度和中国物美价廉的棉纺织品的冲击，英国国会在1700年颁布法令，禁止输入棉织品，从而导致了棉纺织品价格上涨，刺激了英国棉纺织业的发展，由于海外市场的压力，英国的棉纺织品不得不提高质量，降低成本，以满足国内市场的需求，迎接国际市场的竞争。棉纺织业的技术革新已经是个急迫的问题了。轻工业需要的投资少，资本周转快，获利容

易。在轻工业中,棉纺织业是新兴产业,它不像毛纺织业那样受到封建行会和传统法规的束缚,改变人类进程的工业革命就在这个新兴行业中悄然发生了。

1733年,兰开郡的机械师凯伊发明了飞梭,把原来的手掷梭改进为绳拉梭,织布的速度提高了一倍,织品的宽度也增加了,接下来“纱荒”出现了,改进纺纱技术成为棉纺织业发展的关键。1765年,织工哈格里夫斯发明了手摇纺纱机,他把这种可同时纺织8根纱线的机器以自己女儿的名字命名为“珍妮机”,后经改进,可使十六到十八根纱锭同时工作,工作效率提高了15倍,后又经改进,可同时纺出八十根线,这一新技术迅速得到推广,到80年代末,英国已有“珍妮机”两万架。珍妮机对棉纺织业的影响极其深远,成为英国工业革命的起点。1768年,阿克莱特在木匠海斯的协助下,发明了比珍妮机效率更高、更省力、纱线更牢固的水力纺纱机。1771年,阿克莱特在曼彻斯特建立了纺纱厂,这是英国的第一个水力棉纺厂,也是近代机械工业的开端。1779年,纺纱工人塞缪尔·克隆普顿发明了兼具珍妮机和水力纺纱机优点的、被人们形象地称作“骡机”(具有马和驴的优点)的新型纺纱机,一次可以带动三四百个纱锭。纺纱技术的革新,促使织布技术的改进。1785年,埃德蒙·卡特莱特发明了水力织布机,把织布的效率提高了40倍,从此出现了大规模的织布工厂。随着纺纱和织布的机械化,与之配套的净棉机、梳棉机、整染机都发明出来了,布匹的漂白、染色、印花等过程也都发生了变化。

以水力作为原动力,就必须把工厂建在河流沿岸,既受地点限制又受季节限制。采用适应性更强的动力成为工业发展的迫切要求。1698年,托马斯·萨夫里发明了蒸汽唧筒,用于矿山抽水。1705年,纽康门对该设备进行了改进,制成第一台大气压力机,利用蒸汽冷却时产生部分真空形成的大气压力作动能,从矿井中抽水,但这种机器不能作为动力机器普遍安装。1769年,在纽康门蒸汽机的基础上瓦特发明了单动式蒸汽机,1784年,他又试制成功了联动式蒸汽机,因其可以广泛使用而被称为“万能蒸汽机”。1785年,万能蒸汽机开始用于棉纺织业。1789年,瓦特获得专利权。瓦特蒸汽机很快被大量应用到纺织、冶金、面粉加工等行业,大工业在英国各地建立起来。后来,瓦特蒸汽机又被应用到交通运输业,促进了运输工具的改造。1807年,美国人富尔顿发明了汽船;1814年,英国人史蒂芬逊发明了机车,实现了以蒸汽机作动力的铁路运输。瓦特蒸汽机的发明和使用解决了工业发展所必需的动力问题,推进了工业革命向纵深发展。工业革命从一个部门内的生产方式的革命开始,引起各工业部门的连锁反应,从轻工业到重工业,最后形成机器生产的完整体系。

机器的制造和使用需要大量的金属材料,冶金业和采煤业首先发展起来,为大机器工业奠定了基础。18世纪末,英国开始使用汽锤和简单的车床制造金属部件,此后各种锻压设备和钻床、刨床、镗床等工作母机都被发明出来,用机器生产机器的时代到来了。到19世纪40年代,英国的大机器生产基本取代了工场手工业,工业革命基本完成。英国成为世界上第一个工业国家。从19世纪70年代起,欧美各国先后开始了新的科技和工业革命。新时代的到来和新生活方式的开始是与"电"和"油"密切联系在一起的。1831年,英国科学家法拉第发现了电磁感应现象,提出了电磁感应定律,为发电机提供了理论基础。1866年,德国工程师西门子研制成功了第一台自激式发电机;1870年,比利时人格拉姆发明了电动机,同年,美国发明家爱迪生发明了电灯照明系统。此后,电话、电车、电焊、电镀、电解法、电冶法如雨后春笋涌现出来。蒸汽机体积庞大,启动不便,费用昂贵,从某种程度上制约了生产效率的提高。以电为动力,用电动机带动机器,取代和补充蒸汽动力成为必然的趋势。对于以电为动力的工业体系而言,发电和输电是两个制约因素,1882年,法国学者德普勒实验高压直流输电成功,同年,爱迪生在纽约建立美国第一个火力发电站,把输电线连接成了网络。以发电、输电、配电为主要内容的电力工业和以制造发电机、电动机、变压器、电线电缆为主要内容的电气设备工业迅速发展起来。世界历史从蒸汽时代进入电气时代。

现代生产的机械化、自动化和社会化对科学技术的要求更高、更迫切。宇航技术对新材料的需求,生产自动化控制对快速运行的计算机需求,电子商务、全球金融业务对网络技术的需求,都对科学技术的发展提出了高难度的课题,从而推进了科学技术向更深广的领域延伸。科技产品成为了社会生活的细胞,社会生活的整体是科技产品存在的环境。它们互依互动,共生共存。"一方面,工业革命紧密结合了卓越的科技、社会结构、信息渠道,创造出非常统一的社会系统。另一方面,它也破坏了社会潜在的和谐,创造了充满经济压力、社会冲突和心理抑郁的生活方式。"① 分裂成为现代社会的基本特征。

二、文化基因对科学技术发展的定向

不同国家和民族的文化基因存在着差异,表现为思维方式、信仰体系、价值取向的不同。虽然这些都是社会发展的隐性要素,但它们决定着科技人员对待自己所从事工作的总态度,也是他们从事科学技术研究的内在动力。

科学社会学之父罗伯特·默顿在《17世纪英格兰的科学、技术与社会》中从"大文化"的角度,以17世纪英格兰的科学为研究对象,对当时的科学团体(如1662年成立的皇家学会)成员的宗教倾向、研究兴趣的转移、科学期刊(如《哲学汇刊》)上发表的科研成果进行了社会学的分析。他强调:波义耳、哈雷、胡可、

---

① [美]阿尔文·托夫勒.第三次浪潮[M].黄明坚,译.北京:中信出版社,2006:24.

牛顿等科学家的同时出现不能归因于偶然的共生。要想对这种现象给出合理的解释，就应该从各种社会状况的结合中，从种种道德的、宗教的、美学的、经济的以及政治的条件的结合中去寻找。[①] 著名的"默顿命题"是对他这种探索的简练表达。默顿指出：清教主义既重视研究自然，探索自然界的奥秘，以此来颂扬上帝，又注重应用科学技术造福于人，从而完成善业；强调经验，又不忽视理性。这种保持着内在张力的价值取向是英格兰成为第一个科学中心的重要动因。

西方的社会学家、科学史家都非常重视基督教对科学技术和社会关系生成的深层关联。总的来看，基督教作为西方文化基因对科技发展的促进作用有以下三个方面：

第一，基督教鼓励信徒研究自然。研究自然就是研究上帝的创造物，研究上帝的造物是基督徒认识上帝、理解上帝的最主要的途径之一，只有弄清了自然的奥秘才能真正认识上帝的伟大，才能从内心赞美上帝。基督教对待自然的态度为基督徒研究自然提供了充足的理由。

第二，科学和信仰分属不同的领域决定了基督徒对待自然的态度。记载上帝话语的《圣经》和上帝造物的自然是基督徒理解上帝的两本必读书。第一部关乎人类命运和救世之道；第二部显示创世的规律，是科学研究的对象。这种区分保持了神学（宗教）与科学的畛域和完整性，有助于避免两类信息无谓的对立，也为科学家在研究自然时保持谦卑的态度奠定了基础。

第三，基督教的价值观为科学技术发展提供指引。科学技术的发展所带来的环境危机、道德危机与人类享受科学带来的方便同在，人类的未来取决于人类道德与科学发展的水平相协调平衡。科技本身无助于人类摆脱生存的危机。《圣经》对生命的意义、生活的价值和目的等当代人迫切需要解决的问题都有启示。对这些启示做出当代的解读有助于匡正高科技时代人类的各种不当选择和盲目行动。

三、经济对科学技术发展的推动

社会的经济支持是科学技术发展的最重要的物质基础。现代的科学技术研究需要社会的经济投入。经济实力雄厚的国家对科学技术的投入高，从事科学技术研究的人员就会增加，科研设备也会得到改进，科学技术研究的成果就会增加。社会的经济竞争是科学技术的发展过程中最基本、最持久的刺激因素。

美国的科学技术发展是经济主导型的。美国资本主义制度最显著的特点是通过各种有效措施把资本主义的四大要素——土地、劳动力、资本和企业家的素

---

① ［美］罗伯特·金·默顿．十七世纪英格兰的科学、技术与社会［M］．范岱年等，译．北京：商务印书馆，2000：33.

质融合到经济行为中,通过企业的不断创新保持经济的优势。在不断淘汰旧产品、老企业和过时的组织形式的过程中,科学技术起着决定性的作用。企业为了生存,必须常年不断地进行革新,这种内发的力量是科学技术发展最强大的推动力。

四、政治对科学技术发展的促动

政治是以强制手段支配整个社会行为的强大力量,对科学技术的发展具有重要影响。主要表现在以下三个方面:第一,社会制度为科学技术的发展提供环境;第二,国家政策和科研体制为科学技术的发展提供方向;第三,国家安全战略需要汇集科学技术研究的最新成果。保罗·肯尼迪在《大国的兴衰》一书中,考察了从1500—2000年的经济变迁与军事冲突,其中我们可以看到战争对科学技术的巨大推动作用,科学技术在人类处于战争状态时,无论处于冷战还是武力冲突的状态,科学技术都会成为制造杀人工具的手段。[①] 美苏之间的军备竞赛充分体现了政治对科学技术发展方向的影响。

关于政治对科学技术发展的作用,二战后德国的科技发展是典型的例子。二战后的德国政府实行社会市场经济,在保证社会安定的同时给经济发展以自由;成立中央银行,为企业长期提供低息贷款,加快经济复苏;颁布《反抑制竞争法》,避免破坏性的企业冲突;成立专家委员会,加强宏观调控;通过《经济稳定与促进增长法》确定货币稳定、经济增长、充分就业、贸易平衡四大经济发展目标;调整工业战略,生产高附加值产品;加强职业教育,培养一流的技术工人;鼓励成立工会,协调劳资双方的关系。这些政治措施的制定和实施与德国重视教育、工艺技术和企业内部研发的历史传统相结合,大大促进了德国科学技术的发展。

第二节 科学、技术对社会的影响

从人类社会发展史的角度来看,人类社会类型经历了从渔猎社会到农业社会、从农业社会到工业社会、从工业社会到信息社会的转变。在社会转型的过程中,科学、技术起着决定性的作用。种植技术和饲养技术推动了人类社会从渔猎社会向农业社会转变,从而使人们的生活居有定所、人口增长、文化和艺术繁荣、社会国家化;机械技术和能源技术推动了人类社会从农业社会向工业社会的转变,从而使生产交通机械化、社会城市化、生活节奏快速化、经济商品化、贫富两

---

① [美]保罗·肯尼迪.大国的兴衰[M].陈景标等,译.北京:国际文化出版公司,2006:364—365.

极化成为社会生活的主要特征；计算机技术和通信技术推动工业社会向信息社会的转型，庞大的地球变成了“地球村”，生产办公自动化、服务交往网络化、第三产业主体化、管理民主化、生活闲暇化、全球一体化成为“地球村民”生活的主要特征。20 世纪 70 年代以后，科学技术的各个领域日趋活跃，以信息技术为龙头，在生物技术、材料技术、能源技术、空间技术和海洋开发技术等方面掀起了一场世界性、全方位的科技革命高潮。科学技术同人类社会的关系日益密切，它已经深入到现代社会的每一个毛细血管中，它无时无刻不在改变着社会的结构、人类的生活方式和文化形态。

一、科学技术对经济结构的影响

科学技术作为处理人与自然关系的社会活动，它是一种社会建制；作为一种知识形态，它是一种潜在的生产力；当它进入生产过程中被物化时，它就成了影响经济结构的现实因素。科学技术对经济结构的影响是从以下几个方面开始的：科学技术提高了劳动者的素质、科学技术改进和革新了劳动资料、科学技术扩大了劳动资料的来源、科学技术使生产管理科学化、标准化。科学技术作为现实化的生产力首先影响了社会生产领域中各个部门之间的关联方式和比例关系，即影响了产业结构。科学技术的新突破必然导致社会的产业结构发生新变化。新技术、新设备、新工艺的采用必然会提高生产效率；新能源和新材料的使用降低了成本，从而导致了供求关系的变化，引起产业结构的调整。以高新技术为核心的产业效率高、经营效益好、发展速度快，在国民经济中所占的比例逐步上升，对于优化产业结构和资源配置起着枢纽作用。

产业结构的变化与社会劳动的结构密切相关。科学技术的发展使体力劳动减少，劳动者不得不通过掌握科学技术进入到新兴的生产领域。科学技术对于劳动力在不同生产部门之间的流动起着推动作用。

科学技术引发的交通、运输、通信、服务等方式的改变，影响着人们消费方式的改变，同时科学技术也创造了新的消费方式。在信息社会中，物质性消费的比重逐渐降低，非物质性消费的比重逐渐上升。在“地球村时代”的国际贸易中，非实物形态的无形贸易如技术贸易、专利买卖、国际保险、咨询服务的份额呈迅速上升的趋势。

二、科学技术对生活方式的影响

科学技术改变了人类的生产方式、消费方式，也就改变了人类的生活方式。随着科学技术的发展，人类取得物质生活必需品的艰辛度不断下降，获取生活必需品的途径主要依靠国际市场，个人可以分享的物质产品的种类越来越多，物质生活的丰富和便利使得人们对精神生活的需求日益增加。

计算机、机器人、数据通信技术的发展使人在劳动中从“操作者”转变为“控制者”，人在生产中的角色发生了根本性的改变。生产方式的改变影响了人的思维方式和交往方式。在科技高度发达的信息社会中人控制的范围增大了，世界变小了，人们的空间观念改变了，消费方式也随之转变。与此同时，人们有了更多的闲暇，“时间是财富”的观念逐渐转向“时间是享受生活”的观念。在未来学家托夫勒看来，人类社会发展的第三次浪潮到来了。“新兴文明为我们制定新的行为准则，带领我们超越规格化、同步化及中央计划的局限，超越能源、金钱及权力集中的境况。新文明有其截然分明的世界观，有其处理时间、空间、逻辑与因果关系的独特方式，并且有其对未来政治学的独特原则纲领。”① 人类正在经历着有史以来最深刻的变革。

三、科学技术对伦理道德的影响

自近代以来，科学技术的功利效应令世人瞩目。科学技术在现实中的应用，影响人们的日常生活。这个基本的事实是导致各种伦理问题的根源，与此同时科学技术的发展推动了新道德规范的形成。

由生物技术、医学技术导致的生命伦理问题，核能的开发和利用导致的核伦理问题，由于生活节奏的加快导致的家庭不稳定和人情冷漠问题，网络上人际交往和商品交换引起的网络道德问题等，都与科学技术的发展有着深层的关联。科学技术和道德是人类社会发展的两轮，二者互依互动。人类的未来取决于人类的道德发展能否与科技的发展相平衡。

四、科学技术对文化形态的影响

科学技术的发展为人类的生活开拓了新的疆域，人生活在自然界、机器世界和日常生活的世界混合为一的新世界中，科学技术的发展破坏了日常生活的直接性，在信息高度发达的世界里，人们越来越依靠第二手的信息作为自己日常判断的依据。对日常生活世界的遗忘成为这个时代各个民族文化的共同特征，没有受到科学技术“污染”的部族成为这个时代文化多元化的宝贵资源。

科学技术发展的一体化、全球化导致了各民族文化的趋同化。生活在不同地域的人拥有一个共同的信息空间、一个共同的网络世界，在这个共有的环境中成长起来的人有着精神结构的相似性。这种精神结构的同构性是各民族文化交流的新基础。

---

① [美]阿尔文·托夫勒．再造新文明[M]．白裕承，译．北京：中信出版社，2006：3—4.

科学技术的发展有利于文化的繁荣。科学技术的文化属性决定了科学技术的革新会在精神、制度、器物层面影响社会文化形态的嬗变。科学技术的发展不仅改变了文化的内容，就连文化传播的方式也随着科学技术的发展而变化。

第三节　科学、技术与社会的协调发展

科学技术是一柄双刃剑。现代的高科技加速了社会成员的贫富分化，导致了与人类利益相悖的消极后果，甚至威胁着人类的生存。在科学技术和社会相互作用的动态过程中，如何协调三者之间的关系，使之相互促进，均衡发展，从而为人类提供新的生活方式是研究科学技术与社会关系的根本任务。对于我们这个时代来说，我们面临三重困境：一是以温室效应为标志的环境危机；二是以核武器为标志的生存危机；三是以追求物质享受为标志的信仰危机。这三重困境与世界的经济全球化、政治多极化、信息网络化交织在一起。人类的道德水平与技术发展水平的协调，各个国家和民族为全球行动的后果负起共同的责任是摆脱危机的唯一出路。

一、科学技术与社会协调发展的障碍

科学技术与社会的相互作用在不同的时代有不同的表现形式和作用机制，分析这些表现形式，探究各种作用机制，做到具体问题具体分析，从而找到这个复杂系统的良性运行方式，是我们从事科学技术与社会研究的目标，为了实现这个目标，必须首先弄清科学技术与社会协调发展的障碍。

（一）观念的障碍

观念是人对外界事物的看法或认识，是社会意识的一部分。科学技术与社会协调的观念障碍主要有两种极端的表现方式：一是不相信科学，结果愚昧迷信盛行；另一个是过分相信科学，唯科学马首是瞻，出现科学技术崇拜，结果导致科学的滥用和误用。这两种状况都不是理性的，与科学的基本精神相违背。科学是理性的事业，它是按照理性原则建构起来的，同时也承认只要自己存在着，就永远是假说，需要验证、修正和完善。科学的态度既坚持原则，又不自满自封。不克服对科学技术认识的偏见，走出观念的误区，科学技术与社会的协调发展就很难实现。

（二）利益的障碍

在科学技术与社会发展的过程中，会形成不同的利益集团，它们从自身利益出发，通过不同的方法干预科学技术与社会的相互作用，从而引发新的矛盾。这种利益障碍主要表现在三个方面：一是科技成果的既得利益者或科技资源的

占有者为了自身的利益不顾其他社会成员的异议和反对而继续使用危害他人或对环境不利的技术手段进行生产；二是不同的利益集团或地区，为扩大影响或提高效益和地位滥用各种技术，特别是发展中国家和地区为了生存和发展不顾及环境问题；三是世界各国利用科学技术开展军备竞赛，成为社会稳定的巨大隐患。

（三）结构的障碍

结构障碍是由于社会内部结构不协调引起的，在一个国家内部，有两种表现形式：一是体制；二是发展不平衡。体制障碍主要表现为社会管理的不完善，由于条块分割，科学技术的投资、研究、应用和协调由多个部门分头管理，政出多门，经常互相抵触。这不但大大削弱了科技服务社会的功能，而且对出现的问题也往往见解不一，一时难以调和，长期不得治理。发展不平衡的障碍指的是不同地区、行业、部门间由于发展不平衡而阻碍科技人才的自由流动、科技成果的快速转化。

（四）能力的障碍

能力障碍是发展水平障碍，也可称为不完善障碍，集中表现在两方面：一是想有效地阻止问题的恶化，常常受经济力量和现实条件的限制而无法实现。譬如烟囱冒黑烟、污水流入江河等都使人类长远利益受到危害，但是许多国家和地区没有经济力量来解决，只能任其继续恶化。假如为了防止大气污染而立刻禁用化石燃料，许多国家马上就会陷入经济危机。二是科技水平的限制。科学技术是个开放系统，永远有解决不完的问题，往往是解决了一个问题，又留下新问题。新问题往往比前一个问题更严重更难解决，科技越发展这种情况就越明显。在科学技术活动中，有一个能耗原理或能量覆盖现象，即治理某一个问题的污染或消除其影响所耗能量要大于原问题发生时的能耗。自然界本身虽然有一定的净化能力，可以减少一部分人工消耗，然而对于人的破坏性行为，自然界的能力已经显得微乎其微了。要消除造纸厂对河流和环境的污染，需耗费它的产值的几倍甚至上百倍的费用，而这在目前是根本无法实现的。

综上所述，不难发现，影响科学技术与社会发展协调的原因有客观的、暂时不可避免的，但更多的是人类自身内部造成的。科技危害的受害者是人自己，从长远看，一小部分当时受益者最终也是受害者。解铃还需系铃人，改变人的观念、提高人的素质、规范人的行为是实现科学技术与社会协调发展的根本举措。

二、科学技术与社会关系的新特征

科学技术是人与自然之间的中介，是人类进入微观世界、宇观世界、虚拟世界的桥梁。在过去的三百年间，人类通过科学技术在一定程度上实现了征服自然的梦想,与此同时,也受到了自然的报复。环境污染、资源枯竭、气候异常、物种灭绝成为我们这个时代不可回避的难题。面对这些关系到人类生死存亡的问题,人们在不断地对科学技术的本性进行反思,同时也在重新思考科学技术与社会的关系,密切关注科技与社会互动过程中出现的新动向。

(一)有机化的动向

20世纪科学的发展向人们展示了一个有机的、自组织的宇宙图景。英国哲学家怀特海是自然机体论创立者,他在《科学与近代世界》中提出的自然机体论可以概括为以下三个方面①:

首先,自然是活的。自然是一个在银河系和地球层面上不断创造的过程,自然中的一切都是相互影响、相互依赖、相互转化的。严格的学科区分掩盖了这样的事实,即自然存在的各种不同形态彼此之间的区别逐渐消失,从根本上讲它们是不可分离的,换句话说,学科门类区分破坏了自然的整体性、连续性理解。关于自然概念(physical nature)的不足之处,需要用它同生命的融合来补充。生命向未来转化是宇宙的本质。将自然理解为一种静止的事实,是荒谬的,没有转变就没有自然。

其次,活的存在具有内在相关性。自然是活的,"活的"意味着任何现实存在物都能以一种自觉或不自觉的方式对周围环境进行创造性的回应。

再次,万物合生。在自然有机体中,每一个活的存在就是一个细胞。细胞不能单个地活下去,它们相互依存,由细胞构成的自然整体是历史的或进化的,其未来也不是前定的。自然有机体的未来取决于其内部发生的事件。每一个发生的事件都会成为有机体未来状况的条件。

最后,他指出万物各有内在的价值。从自然机体论的角度来看,自然界中的一切现象,包括人、动物、植物、无机物、单细胞生物、无机物、分子和原子,都有自身的价值,因为它们都参与宇宙的创造,都对新的宇宙有自己独特的贡献,在这个活生生的宇宙中只有创造性才是终极实在。自然是一个不断创造的过程,人只是它的一个整合的部分。人类只是宇宙生命中的一种生命。把生命和主体活动视为人类专利,把其他的存在只看作客体的人类中心主义在这里彻底解构了。

宇宙是有机的、动态的、生长着的,它只能用适合生命模型的进化方式来描述和把握,而不能用看待孤立粒子的机械模型来描述和把握。有机的宇宙观为人们看待科学技术与社会的关系提供了新视角。

(二)生态化的取向

把科学技术与社会看作是一个"生态系统",从机体进化的角度研究科学技

---

①[英]怀特海.科学与近代世界[M].何钦,译.北京:商务印书馆,1997:47.

术与社会之间相互作用的机制是研究科学技术与社会关系的基本新立场。罗马俱乐部成员、著名的系统哲学家埃里克·詹奇提出“自然的自组织的进化”对于我们理解科学技术与社会作为一个生态系统的总体特征有最直接的引导作用。詹奇认为,进化的自然有以下特征:

首先,自组织是自然界进化过程的普遍动力学原理。无论在物理化学系统、生物系统、社会生物系统中还是在生态系统、社会文化系统中都存着耗散结构。耗散结构提供了自然系统动力学的普遍描述。自组织动力学是联系生命界和非生命界的桥梁。

其次,自然进化是宏观进化和微观进化的统一。自然进化的整体统一是由多层次进化的关联性所决定的,它表现为宏观系统和微观系统的相互影响和协同进化,出于一定演化阶段的自然系统,它的宏观方面造就了微观进化的环境和条件,以确定性、必然性的形式制约微观结构的进化;微观结构面对宏观环境的变化改变自己的行为方式,以自身的新奇性、灵活性和随机性影响宏观环境。

再次,自然界的自组织进化具有目的性。在进化的过程中,整个宇宙和复杂的生命形式都在增强自存的能力。系统的自组织程度越高,他们调节环境的动力学关系就越复杂,自我超越的能力就越强。自组织系统进化的目的不是预定的,而是系统自身生成的。

最后,自然的进化是自组织系统多层次分化的过程。在自然进化的多层次统一体中,低级的自组织层次是高级的自组织层次的基础。人是自然进化的一个层次,他具有自反映意识,能创造性地调节自己的发展和整个自然进化的关系。自反映意识还使人领悟到自己与自然进化的整体动力学关联,从而认清自己在自然中的位置和在进化中扮演的角色。

自组织的宇宙观提供了一种生态的宇宙观和一种新的伦理学。伦理是进化活动协调的行为准则。自然的进化是多层次的,伦理也是多层次的。在不同的自组织层次就有不同的伦理机制。

(三) 人文化趋向

自20世纪60年代开始,人类遭遇的多维交织的全球性危机引发人们从文化的深层思考危机产生的根源。一般看来,这场危机是工业化过程和现代技术发展的必然结果。《转折点——科学、社会、兴起中的新文化》的作者弗里特约夫·卡普拉指出,真正导致这场危机的是笛卡尔—牛顿的机械论的世界观。在此基础上发展起来的还原主义方法论造成了一系列的分裂与对抗。机械论的宇宙观把自然看作是一部没有生命、没有目的、没有精神的机器,这种宇宙观决定了人们对待自然、对待环境的态度,对西方的经济政治制度也产生了深远的影响。

要摆脱这场危机就必须超越机械论的自然观，转向机体的宇宙观、生态的世界观，在这种世界观的指导下，进行一场文化的革命。

三、科学技术与社会协调发展的实现方式

科学技术与人类社会发展之间的不协调从其萌现至今也不过200年，速度之快超出人们的想象，所以必须加以遏制。协调的方式有多种，最有代表性的有两种：一种是罗马俱乐部的观点，主张“零”增长，被称为悲观派，在他们看来科学技术的进展使社会畸形发展，最终会超越地球的极限，使社会崩溃，所以要零增长；另一种观点是美国物理学家卡恩的大过渡论，被称为乐观派，他们认为地球的纵深开发具有很大潜力，只要合理协调，问题是可以解决的。这两种观点各有其理，但共同的失误是把科学技术与社会分割开，把科学技术当作超越一切的因素来考虑，难免以偏概全。由于科学技术是人类社会大系统发展中的一个子系统，因此只有在分析和把握它们之间关系的基础上，才能真正找到解决问题的出路。

第一，文化是人类历史积累的结果，它表现为人们生活和活动的类型和形式，文化是人的创造物，包括物质文化和精神文化两部分。科学技术无疑是文化中最重要的部分，因而和文化存在密切的相互作用关系。人们通常将文化中与科技相关的部分叫科学文化，另一部分叫人文文化。因此，社会与科技矛盾的协调实质上是人文文化与科学文化的协调问题。毋庸讳言，近代科学革命以来，科学文化对人文文化产生了巨大的影响。今天，人文文化究竟在多大意义上，通过何种途径影响科学文化、控制科学技术成果的应用、协调社会与科技的矛盾呢？这需要从人文文化的基础地位来回答。人文性是科学技术的出发点。科学和技术的最高目的是为了人的生存和完善。不存在与人的生活目和意义无关的科学和技术。

科学技术是人的科学技术，它的主体依然是人，其活动不但总是带有活动者的色彩，而且始终面临活动者的活动与大众需求之间的协调这一具有浓郁人文色彩的问题。新创造和发明的科技成果如何进入已有的人类生活，与人类的文化传统相协调，也是科技工作者孜孜以求的目标。人文文化的渗入将使科学技术获得和拥有某种崇高性，从而完善科学文化。文化对社会与科技矛盾的协调有多种途径，其中最基本的是使人文精神向科学技术融入，主要表现在科学技术日益唤醒内在的人性，在科技视野中更加重视其结果对人的利弊功害、对人类命运的影响，从而将科技的兴衰与人类的发展紧密地结合起来，使之成为为人类福祉而活动的基本方式。以往的生产方式主要依据科学原理发明和改进工具，劳动过程中人的需求是较少被考虑的。文化协调的价值在于强调生产过程中人

的积极性的调动和发挥，特别是将以人为本的管理引入生产劳动过程，尊重人的需求，使科技活动越来越富有“人情味”，成为人化的科学。我们不但要看到科学技术作用的二重性，而且要看到人对科技作用的二重性。因为同一科技成果掌握在不同人手中，其社会效果是不一样的。为此，就要探究有利于科学技术健康发展的社会主体精神，重构有利于科技进步的社会新文化。在文化的建构中，一方面要能够通过满足社会成员的多层次需求来建立成员间复杂的联系，消除人与人之间的隔阂，激励人们的创新动机，规范其思想和行为，重塑其幸福观念。另一方面，要鼓励建立多侧面、多层次、多视野的思维方式和创新网络，使科技在社会整合的前提下顺利分化、杂化和“软”化，逐渐同其他文化因素协调互渗，成为相容的整体。再一方面，要培养思想观念和行为的自主性与创造性，使作为文化主体的人不再是某种外部事物的“顺民”，而是一个自由自主地决定自己行为和命运的创造者，真正恢复人的本性。从而使新文化的兴起真正成为新世纪科技革命和社会发展的先导，使科学技术真正成为人的科学，使人类在日常生活的基础上重新找到生活的崇高性。

第二，确立全球利益观。由于科学技术和生产力的发展，“地球村”的时代已经到来。尽管世界发展不平衡，各地区还有不同的矛盾和冲突，但就总体而言，全球利益的时代已经到来。核恐怖、环境污染、能源和资源危机越来越表现出一种全球性的特征，为此人类建立了多种多样的全球性组织来协调解决，但是由于各种复杂的原因，很多人对此还缺乏明晰的认识，甚至发达国家的一些有识之士，尽管做出了各种预测，提供了各种设计方案，仍然没有摆脱冷战模式从而确立科学的全球意识和思维。对此，我们不但要看到人类面对有限的地球彼此之间存在利益冲突，还要看到共同的命运高于一切，看到对他人的关爱就是对自己的关爱。发达国家要拿出更多的热心和责任心来帮助发展中国家，发展中国家要拿出更多的理智和信心来发展自己，尽快摆脱贫穷和落后，最终实现全球共存共荣。在新人文精神的指导下，建立和强化全球性组织的职能，由此平衡人类利益、推动共同发展。这是可行的而且是必须的选择。

第三，完善体制，推进社会转型。完善体制是各国内部的事情，实现社会转型则是个全球问题，但二者彼此相关。没有各国完善的管理体制，就不可能实现向全球社会的转型；而没有全球社会的转型，就不可能有科学技术与人类社会发展的协调。信息革命、新产业的出现和知识经济的兴起为全球时代的到来和社会转型奠定了新的基础。

所有的措施可归结为一条，就是科技与社会协调发展不过是人自身发展和完善的另一种表述。只有人类自身的充分发展和完善，全球和谐的时代才能出现，全球文明才有可能。

拓展阅读

1. [美]詹奇 . 自组织的宇宙观[M]. 曾国屏,译 . 北京:中国社会科学出版社,1992.

2. [比]普里高津, [法]伊·斯唐热 . 从混沌到有序[M]. 曾庆宏,沈小峰,译 . 上海:上海译文出版社,1987.

3. [美]R. K. 默顿 . 科学社会学[M]. 鲁旭东,林聚任,译 . 北京:商务印书馆,2004.

思考题

1. 简述现代科技的整体发展趋势。
2. 如何理解科学技术发展的二重性?
3. 科学技术与社会协调发展的障碍是什么?
4. 怎样实现科学技术与社会发展的协调?

第十五章 工 程

在自然—科学—技术—工程—产业—经济—社会这一链条中，工程处于关键环节，一端连接着科学、技术，与自然相关涉，一端连接着产业、经济，与社会相关涉。科学、技术与社会的互动，根本来说是通过工程活动这一媒介发生的。如果说科学、技术是生产力的话，那么只能是潜在意义上而言的，工程才是现实的生产力，并使作为潜在的生产力的科学、技术得到社会实现，发挥其应有价值。因此，工程是科学、技术与社会关系的最为具体、丰富和现实的体现，是具象化的科学、技术与社会。这就决定了对科学、技术与社会（STS）问题的探究不能撇开工程。

本部分将讨论三个工程问题：一是回答什么是工程的认知问题；二是回答工程在社会中的作用如何以及工程自身的价值与地位问题；三是回答导致工程安全问题的基本因素以及有关工程的社会约束与规范问题。

第一节 工程的基本知识

工程知识问题是工程学研究的主要任务。工程学的研究也一直试图回答什么是工程、工程的对象、工程的特点、工程类型，以及工程的历史演进等与人类工程活动有关的问题。同时，工程哲学、工程社会学的研究也都对工程做出界定和说明。但迄今为止，还没有一个一劳永逸的工程概念。

一、工程理解的历史演变

从词源上来看，工程的英语词“engineering”是 engine（机器）和 ingenious（有创造才能）的复合词。“ingenious”源于拉丁语中的 in（在……之中）和 gignere（产生），从词源上说，这个词的意思本来是“从内部生发出来”。所以工程的本义与人的智能性创造相关。

从工程范畴形成来看，杨胜标发表在《自然辩证法研究》2000 年第 1 期的《工程范畴演变考略》一文认为，“工程”一词在我国至晚出现在 1060 年北宋欧阳修的《新唐书·魏知古传》中，到清代雍正十二年（1735 年），御弟允礼主持编撰了《工程做法》，清代钦定《工程做法则例》记录了 27 种建筑物各部尺寸单和瓦石油漆等的算料算工算账法。中国传统工程的内容主要是土木建筑，强调施工过程,后来才指其结果。西方 engineering 词义的发展与工程师(engineer)及科学技术的发展紧密联系着。公元 200 年,罗马作家特鲁里安就把工程槌称作 ingenium(精巧),后来设计和操作此类装置的人就被称作 ingeniateres 或 ingeniator,这就是工程师(engineer)一词的起源。Engineering 的古英文词动词是 engine,指设计、发明,而且这层意思贯穿于近现代 engineering 一词中。Engineering 起源于军事活动,后随民用工程(civil engineering)的出现,特别是工业革命时期出现的机械工程、采矿工程等,使工程不仅作为技术而且成为科学(engineering science),于是又增加了"学科理论"的含义。Engineering 被美国职业开发工程师协会(The Engineers Council for Professional Development, U.S.)定义为下面这些科学原理的创造性应用:"设计或完善结构、机器、器械、生产程序及单独或联合地利用它们进行的工作;如同充分理解设计一样制造和操作;预见他们在具体操作下的行为;顾及所有方面,预期的功能、运作的经济性及对生命财产的安全保障。"①《不列颠百科全书》解释 engineering 范畴所对应的工程师职能,将其分为:research(研究);development(开发);design(设计);construction(构建),建筑工程师负责准备场地,选择经济安全又能产生预期质量的程序,组织人力资源和设备;production(生产),这是制造工程师的任务;operation(操作),操作工程师控制机器、车间及提供动力、运输和信息交流的组织,安排生产过程,监督员工操作;management and other function(管理及其他职能)。由此可以看出,engineering 除工程外,还有研究、设计、开发、操作与管理等含义。中国大百科全书出版社 1994 年出版的《自然辩证法百科全书》,对工程的定义是,把数学和科学技术知识应用于规划、研制、加工、试验和创建人工系统的活动和结果,有时又指这种活动的专门学科。狭义地说,工程是指进行勘探采掘、土木建设、机械加工、飞机制造、卫星发射等方面的实践过程和目标实现,如三峡工程、核电站工程、登月工程和地下防御工程之类。广义地说,工程包括土木工程、机械工程、航空工程和电力工程等学科(在英语中工程和工程学都是同一个词,即 engineering)。

从工程的进展来看,工程的目的、要素、结构、范围都在不断演变。工程这一概念是随着生产、科学和技术实践的发展而出现的。在古代,由于军事上的需要,城市要构筑防御性的城墙、工事和堡垒,制造弩炮、浮桥、云梯等军用器械,从事这些活动的设计者被叫作军事工程师(military engineer)。工程最早仅与军事上的防御工事和兵器制造相关,即军事工程。后来,出现了民用工程师,即土木工程师(civil engineer),他们设计建筑物、筑路、浚河,从而产生了土木工程(civil engineering)。18 世纪,由于工业的迅速发展尤其是产业革命的兴起,一方面提

① *Encyclopedia Britannica*(8). Encyclopedia Britannica INC., 1964: 391.

出各种各样的技术需要,另一方面新的机器、动力和材料大量出现又提供了新的技术手段和条件,经济活动领域的不断扩张,使工程的范围日益扩大。19世纪和20世纪上半叶,生产力有了迅速发展,经济实力增强,电磁学、微观物理学和结构化学取得重大突破,加上两次世界大战的刺激,军事工程、动力工程、化学工程等更加大型化,还出现了无线电工程、原子能工程、计算机工程和高分子材料工程等新的工程领域,对无机自然界的物料、能源和信息进行转化、加工的工程得到系统的发展。20世纪50年代以来,工程的对象又从地面扩大到空间,产生了开发利用宇宙空间和人造天体的航天工程、空间工程;从陆地扩大到海洋,出现了开发利用海洋生物、矿物、能源和动力的海洋工程;而且从无机自然界扩展到生命自然界、人体乃至社会、思维领域,涌现出一系列的新型综合工程,如生物工程、酶工程、人体工程、医学工程、智能工程、教育工程和管理工程等,使得现代工程范畴已经大大地丰富和深化了。

从对工程范畴的界定来看,由于着眼点和角度不同,工程的定义也各不相同,几种代表性的观点是:(1)工程是应用科学知识使自然资源最佳地为人类服务的一种专门技术;(2)工程是将自然科学的原理应用到工农业生产部门中去而形成的各学科的总称;(3)工程是把数学和自然科学知识应用于开辟合理使用天然材料和自然力的途径上来,从而为人类谋利的职业或专业;(4)工程是生产制造部门用比较大而复杂的设备进行的工作;(5)工程是人类的一种活动,通过这种活动使自然力处于人类控制下,并使事物的性质在装备和机器上发挥效用;(6)工程是人们综合应用科学(包括自然科学、技术科学和社会科学)理论和技术手段去改造客观世界的实践活动。① 这是陈昌曙在2002年归纳出来的。

今天,学界从自然、文化、实践、造物、实体、生存等方面对工程做出进一步阐释:②

工程就是按照人类的目的而使自然人工化的过程,是组织设计和建造人工物以满足某种明确需要的实践活动(王沛民等);工程是人们综合运用科学的理论和技术的手段去改造客观世界的具体实践活动,以及所取得的实际成果(朱高峰);凡是自觉依循虚体完形、通过利用现成实体完形以创造新的实体完形来满足人的需要的活动及其成果,就是工程(徐长福);工程是实际的改造世界的物质实践活动,即"造物"(李伯聪);工程是技术的系统,技术是工程的要素,一种技术的研究与实现过程就构成了工程(王洪波);工程就是人的物化,就是人的社会建构,工程的本质就是人的自我实现(安维复);工程是艺术或使纯粹科学知识获得实际应用的科学(Samuel C. Florman);还有学者在生存论视域下主张,工程

① 陈昌曙.技术哲学文集[G].沈阳:东北大学出版社,2002:180.

② 张秀华.历史与实践:工程生存论引论[M].北京:北京出版社,2011:70—71.

不只是主体的建构、造物活动与活动成果，而且是以“栖居”为指归的“筑居”（包含建构和培育），是生存主体筹划着去存在的能在的生存方式。换句话说，工程是人“在世界之中”的特定实践和建构方式，是人的“自为本性”、自我超越与自我实现特质所决定的人的生存方式——人类存在，是工程主体自为的存在，即通过“知道的做”或行动，将意识中的理想、目标等形而上的东西，对象化为持存的存在——实体，实现人的本质力量（主体客体化），同时通过非对象化活动（客体主体化）丰富、提升人的类本性。

目前，能够易于接受的工程理解是，实证地看，工程是作为有价值取向的主体，为了满足其特定需要，以一定经验知识或科学理论为基础，以一定技艺或技术为手段，以一定程序或规则为运作机制变革现实的建构性的对象化活动及其成果。

严格说来，广义的工程不仅包括运用自然技术改变自然界的“自然工程”（造物工程），运用调节人的行为社会技术变革社会的“社会工程”，而且包括运用思维技术生产知识的“知识生产工程”或“精神创造工程”。[①] 但是，在本章中我们所指的工程是改变自然的“造物”工程——“自然工程”。它是在特定的社会条件下，对科学、技术、人文以及人力、物力和财力等众多因素的集成。这就决定了，工程不仅具有自然属性，还具有社会性、集成性、人文性和实现性等特性。

可见，工程是一个历史范畴，是伴随人类社会实践的不断深化而发展的，它依赖于科学、技术，又独立于科学和技术，有自身的存在方式、功能与内涵。

二、工程的多维特性

与科学、技术相比较，工程有其自身特点，并使科学、技术、工程“三元论”成为可能。就是说，科学、技术和工程是各自独立的范畴，不能相互僭越和取代。但由于三者共同作为人们把握世界的不同维度，因而又是相互联系、相互转换的。正是三者之间的密切联系，又导致片面地把工程归结为对技术的应用，或只把工程看成是科学、技术逻辑的延伸，因而忽略了工程的非逻辑、非技术的价值和人文维度。为彰显工程独特的多维特性，张秀华在《历史与实践：工程生存论引论》一书中从以下不同角度讨论了科学、技术与工程的区别和联系：[②]

从活动的主体来看，科学活动的主体是科学家、科学共同体，技术活动的主体是技术发明家、技术共同体，而工程活动的主体是政府、企业、组织或工程共同体，包括投资者、决策者、管理者、工程师、工人和利益相关者。

从把握世界的典型形式来看，科学对应“发现”，技术对应“发明”，工程对应

---

① 张秀华．历史与实践：工程生存论引论［M］．北京：北京出版社，2011：9.

② 张秀华．历史与实践：工程生存论引论［M］．北京：北京出版社，2011：7—8.

"规划设计""建造""培育"。工程设计构成工程的关键环节,是为了满足特定工程目标,运用科学知识和技术手段、方法,进而制定出具体实施方案的活动。它是运用科学发现、技术发明并使之转化为生产力的过渡环节。一般工程设计是相当复杂的,需要兼顾自然、社会、经济、政治、生理、心理以及文化等多种因素,而且要解决的问题也是开放的,不存在最好的唯一方案,必须根据技术原理、现有条件、服务对象、自然资源与社会约束条件等,给出多个可行方案,并最终选择较优的可行方案。因而工程设计涉及科学决策问题。

从活动的目的来看,科学为了发现"一般规律"——"求真",以观念地把握世界(位于知识性层面);技术为了发明"可能的'特殊'方法"——"讲行",以提供变革现实的方法、手段等潜在性可能的方案世界(位于操作性层面);工程为了满足人类生存与发展的需要,利用科学的原理、技术的手段和一定的运行机制,变革自然与社会,现实地营造或建构实存的属我的人工世界和人类世界(位于现实性层面),是从形而上的目标到形而下的过程——"论成"。

从活动对象来看,科学面对事实的世界或现象的世界,其规律具有可重复性;技术面对的是潜在的观念的世界,其手段和方法也是可重复的具有一般适用性;工程不仅面对事实世界而且面对价值、审美的世界,建构的任何工程项目都是一次性的、个别性的——只这一个或那一个工程,具有"当时当地性"。

从活动结果来看,科学产出的是理论(原理),具有公共性;技术产出的是方案(规程),具有私有性,技术发明的专利就基于此;工程产出的是新的存在物——"人工物"或"人工世界",具有特定的归属性,即所谓产权。

从社会关涉来看,科学是"排我的"——主观与客观相符合(客观性诉求,不考虑人的因素),技术是"有我的"——客观迎合主观需要(考虑到社会的需要),工程则是"时时离不开我的"——总是从目的性出发的合目的性与合规律性的统一(追求社会实现)。①

从社会功能、社会角色来看,科学、技术是潜在的社会生产力,但技术使得科学向生产力转换有了可能,科学是可信的客观的真理,技术是运用科学原理发明的有效的方法和手段,因而是可靠的;而工程是现实的生产力,直接体现着社会的生产方式,工程总是特定的社会经济、政治和文化活动,工程是人们把握世界、解释世界和建构世界的切近的存在方式。

从时间的视野来看,科学是"演化"的,表现为科学知识的由少到多的积累过程;技术是"进化"的,表现为优胜劣汰的手段、方法的选择过程;工程则是"发展"的,表现为从无到有、从有到优的工程系统及其要素的整体提升和创新过程。

---

① 张秀华.工程的生存论意蕴[J].自然辩证法研究,2004(4).

在这个意义上说，工程创新是创新的主战场（殷瑞钰语）。

从知识性来看，科学知识的基本单元是概念、定律，技术知识的基本形式是技术发明、技术诀窍，工程知识的主要内容是调查工程的约束条件、确定工程目标、设计工程方案以及做出明智决策和后果预见等。

以上是科学、技术、工程的主要区别，并充分体现了工程自身的特点。但它们并非各不相干而是相互依存、相互转换的。

技术、工程可以转化为科学。对技术和工程的认知就形成技术科学乃至技术学、工程科学（包括一般工程学和专业的工程学）或跨学科的工程研究。科学可以利用技术的手段和工程方式从事科学研究活动。所谓大科学就是体制化了的运用现代技术手段与现代工程的组织管理方式的现代科学。

科学的应用可以转化为技术、推动技术的发展，而技术利用科学又能拉动科学的发展。技术离开了科学就只能是原始的经验技术，科学的产生、发展和在技术领域的运用使传统的经验技术变为现代技术。

技术能应用于工程，表现为对工程的推动，而技术一旦应用就转化为工程。如果说传统的工程主要凭借工程活动主体的经验和技巧，那么现代工程离不开现代科学、现代技术，科学、技术和规则是现代工程活动的三大维度，正所谓“没有无技术的工程”，“没有纯技术的工程”，“技术的成败不等于工程的成败”（李伯聪语），但工程对科学、技术的运用具有选择性，而非被动的采纳。工程选择技术方案势必对技术进步起导向作用，并拉动技术的进化。

三、科学、技术与工程的互动

由于上述科学、技术与工程之间的密切关系，特别是工业革命以来的现代化运动，使得现代科学、现代技术与现代工程互动频率加剧，并赋予不同的时代特征。我们说，19 世纪是以科学为主导的科学→技术→工程（生产）的科学时代，20 世纪是以技术为核心的技术→科学→工程的技术时代，21 世纪必将是以工程为统领的工程→技术→科学的工程时代。

首先，这是历史的逻辑和工程实践自身发展所决定的。科学、技术作为工程的内在因素，其发生、发展必然直接影响到工程实践本身。就是说现代科学和现代技术的应用必然产生现代的工程。事实上，随着现代科学革命、现代技术革命的发生与发展，现代产业革命总是相伴而生的。同样，从 19 世纪的科学主导地位，到 20 世纪的技术主导地位，21 世纪必然凸显出工程的主导地位。

从上述科学、技术和工程关系的分析就可以看出，工程从“隐”到“显”是技术的应用对工程推动的结果。如果说 19 世纪以前是工程→技术→科学的生成模式，19 世纪是科学→技术→工程，20 世纪是技术→科学→工程，那么，21 世纪将重新复归到以工程为主导的工程→技术→科学的作用模式，但这不是简单的重复，而是在更高的层次上的复归，它具有了新的意味：一是现代工程实践自身的发展直接构成技术进化的动力，表现为拉动作用的增强，为科学研究提出新的问题域。例如绿色产业（产业是工程的集聚）的发展，直接导致对清洁技术的开发，拉动生态科学、环境科学等的发展；二是工程的发展离不开科学、技术的支撑，而且科学、技术的联系更为紧密，已形成科学技术化、技术科学化和科学、技术、工程一体化的趋势。而"19世纪中叶以前，科学与技术是分离的，它们各自独立发挥对生产实践的作用。技术的进步往往依靠生产经验的积累和传统技艺的提高。科学理论则在实践之后，根据人们在生产技术活动中积累起来的经验材料总结而成"；[①] 三是科学、技术、工程被镶嵌在一个从自然到社会的大链条中，即自然—科学—技术—工程—产业—经济—社会（殷瑞钰语），由此不难看出，工程是构成各类产业的基本环节，具有更多的社会关涉，科学、技术向社会生产力的转换是通过工程实践实现的。认识到这一点就会将工程推到前台，而从工程的观点看科学技术也是在所难免的了。

其次，这是由人们普遍地关注工程、自觉地反思工程的时代特征所决定的。近代产业革命以来，随着科学、技术的迅猛发展，人类的工程实践领域不断扩展，工程作为实践的格，工程活动已经渗透到人类生产生活的各个领域，不仅有工程化的物质生产——变革自然的"自然工程"，工程化的社会体制模式、制度设计与安排——调整人与人权益关系的"社会工程"，而且有工程化的知识生产——提供各类理论知识的"精神创造工程"——"知识工程"。也许，会有"泛工程"之嫌，似乎把一切都工程化了，但这只不过是对社会现实的一种描述而已。无论是在政府机关、企事业单位、大众传媒，还是在社会公众的日常生活与语言中，"工程"字眼儿，比比皆是，成为继科学、技术之后使用频率最高的语词。除了传统的土木工程、水利工程、机械工程、电力工程、化学工程、工业工程外，我们可以不假思索地列举出来：宇观的航空航天工程，宏观的冶金工程、海洋工程、核能开发工程、环保（保洁）工程、通信工程、材料工程、信息工程、生物工程、知识工程……，以及微观的基因工程、纳米工程……，此外，还有中国语境下的"三峡工程""南水北调工程""退耕还林工程""绿化工程""希望工程""菜篮子、米袋子工程""形象工程""863工程""再就业工程"……。由此不难看出，流俗的工程已被理解成有目的、有计划、有组织的行动及其活动成果。尽管人们并没有执着于普适的工程概念与定义，但似乎达成了共识，并自觉地利用工程的思维考虑和处理问题。当然，有人会说这是科学主义盛行、科技理性主义霸权的结果，

---

① 丁长青. 科学技术学[M]. 南京：江苏科学技术出版社，2003：184.

这一点的确不能排除，但这只是看到了问题的一个方面，没有充分重视问题的另一个方面，那就是人类总是通过各种工程活动把握、解释和建构着生活世界——人工自然、人类社会乃至精神世界，并且作为历史的存在，经历了从自发（自在）、自觉（自为）到自在与自为统一的辩证过程。

今天，正是人们对工程的自觉，使工程从幕后走到了前台，从隐问题变成显问题。同时还必须看到，人们对工程的关注不仅仅出于工程福祉的一面，而且还由于工程活动的负面作用，如环境污染、生态恶化、资源困乏等问题，引起了思想家们的反思。实际上，马克思、恩格斯较早看到了资本主义制度下大工业所带来的人的异化生存状态，马克思在《1844 年经济学哲学手稿》中详细地阐发了其异化劳动理论。现代人文主义与科学主义的冲突，尤其是法兰克福学派对科学技术异化的批判等，无一不是对现代工程实践所组建的人的生存方式的质疑。从工程师眼中的自己——解决事关公众利益的能手、为公众服务，到公众眼中的工程师——作为功利论者的工程师、作为实证主义者的工程师、作为应用自然科学工作者的工程师；[①] 从工程界自我规范——1914 年最早的美国土木工程师协会（ASCE）的工程伦理规范的问世，以及世界工程组织联合会（WFEO）和联合国教科文组织（UNESCO）主办的每四年一次的世界工程师大会的召开尤其是《上海宣言》的发表，到兴起于 20 世纪 60 年代的工程伦理；从工程界内部的工程决策，到社会公众参与的工程决策；从进入 21 世纪以李伯聪的《工程哲学引论——我造物故我在》[②] 为标志的中国工程哲学的创建乃至由工程界与哲学界联盟跨学科的工程研究（包括工程学的、工程哲学的、工程伦理的、工程美学的、工程社会学的、工程人类学、工程文化学的研究等）的发起，到美国学者 S.L. 戈德曼（S.L.Goldman）发表的《我们为什么需要工程哲学》[③] 一文，以及 2003 年布西阿勒里（L.L.Bucciarelli）在欧洲出版了《工程哲学》[④] 一书，乃至德国哲学家 H. 波塞尔（Hans Poser）立足于工程科学与自然科学的区分指出工程科学的哲学与自然科学的哲学不同，并表达了工程科学家与哲学家合作的重要性（尽管他没有在技术与工程之间作出严格划界）。可以说，今天，工程哲学的研究已经步入体制化、建制化的轨道，在我国，在中国自然辩证法研究会下成立了“工程哲学专门委员会”；在美国，成立了“21 世纪工程哲学指导委员会”。

因此，我们说现代工程作为工业化和现代化的实现方式、现代性的载体，已

---

① P. Aarne Vesilind, Alastair S. Gunn. 工程、伦理与环境[M]. 吴晓东等，译 . 北京：清华大学出版社，2003：30—41.

② 李伯聪 . 工程哲学引论——我造物故我在[M]. 郑州：大象出版社，2002.

③ S. L. Goldman. Why We Need a Philosophy of Engineering: A Work in Progress [J]. *Interdisciplinary Science Review*, 2004, 29(2).

④ Louis L. Bucciarelli. *Engineering Philosophy* [M]. Delft University Press, 2003.

成为普遍的时代特征，这不仅体现在人们把各种事物自觉的工程化上，使得工程作用领域显著扩大，而且体现在公众主动关注工程、理解工程、反思和批评工程以及参与工程决策的社会趋势上，从自然界到社会自身，从生存到意识，引起了人类社会的剧烈回应。如果说哲学是时代精神的精华，那么当下工程哲学的兴起，恰恰反映了工程的时代特征。以至于工程成为科学、技术与社会的具象化形态和样式。这也是为什么要把工程放到“科学技术与社会篇”来考察的主要原因。

第二节 工程的社会功能

工程作为现实的生产力，其发展的质与量、水平与规模直接反映着一个社会的文明状况。可以说前工业社会以农业生产为主导的前现代工程成就了顺应自然的农业文明，工业社会以工业生产为主导的现代工程成就了改造和控制自然的工业文明，而后工业社会以信息业为主导的后现代工程正在推动人类步入寻求人与自然和谐、生态友好的信息文明新时代。在这一过程中，工程直接拉动科学发现、技术发明，促进结构调整与战略升级，推动经济发展和社会进步。同时拓展人类的生存空间和人工世界，确证并提升人的本质力量。具体说来，工程在社会生活中发挥着以下几方面重要作用，并凸显了工程的社会功能。

一、吸纳社会劳动力，提供个体必要的就业场所

这方面突出地表现在现代社会。人类步入现代社会以来，工业化所伴随的都市化，致使更多的人涌向大城市，这就增加了城市和社区本身的就业压力，也使人们之间的生存竞争加剧。正是工程活动向各个领域的拓展，以及各类工程共同体对社会劳动力的接纳，为不同层次的待就业人员与那些苦于无生活来源的失业人员，提供了必要的就业场所、去向和生存空间，进而也提供了最为基本的福利保障。因为，让人有劳动的场所和机会，就是保障人的生存权利，它无疑构成了个体的最基本的福利。

诚然，工程活动技术含量的提高，大机器本身也排挤着工人，造成新的失业，但工程共同体活动领域的增加以及分工的细化，又不断提供更多新的就业机会。这需要辩证地看问题。作为社会学鼻祖的马克思为我们树立了榜样，恩格斯曾在《法学家的社会主义》一文中指出：“马克思了解古代奴隶主，中世纪封建主等等的历史必然性，因而了解他们的历史正当性，承认他们在一定限度的历史时期内是人类发展的杠杆；因而马克思也承认剥削，即占有他人劳动产品的暂时的历史正当性；但他同时证明，这种历史的正当性现在不仅消失了，而且剥削不

论以什么形式继续保存下去，已经日益愈来愈妨碍而不是促进社会的发展，并使之卷入愈来愈激烈的冲突中。"[①] 的确，在马克思看来，"资本家的管理不仅是一种由社会劳动过程的性质产生并属于社会劳动过程的特殊职能，它同时也是剥削一种社会劳动过程的职能"。[②]

按照这种历史的尺度与价值的尺度相统一的原则，在资本主义制度下，当我们看到掌握着工程活动生产资料的资本家对其所雇佣的工人存在着严酷的剥削时，也应承认这种剥削有其存在的历史必然性与合法性，而且有其积极的作用——毕竟为社会劳动力提供了就业的机会，以保证雇佣工人及其家人维持生存的基本生活需要。尽管雇佣工人的劳动异化了，但他必须去竞争这种异化了的劳动岗位，否则就会饿肚子。正如马克思在谈到分工时所看到的那样，"当分工一出现之后，任何人都有自己一定的特殊的活动范围，这个范围是强加于他的，他不能超出这个范围：他是一个猎人、渔夫或牧人，或者是一个批判的批判者，只要他不想失去生活资料，他就始终应该是这样的人。"[③] 就是说，个体的生存不但不能摆脱现实的工程活动所提供的社会生活基础，反而，必须主动进入到发挥自己劳动能力的工程共同体中来。正是这种对工程活动共同体依赖的必然性，马克思在阐释资本家共同体时指出："资产阶级抹去了一切向来受人尊崇和令人敬畏的职业的神圣光环。它把医生、律师、教士、诗人和学者变成了它出钱招雇的雇佣劳动者"[④]，而投入到资本生产的不同分工的环节中。

实际上，受生产力发展水平的制约，不只是资本主义的工程活动共同体存在着分工的强制性，社会主义制度下工程共同体的活动也还带有一定的分工强制性。"各尽所能，按劳分配"本身就具有强制性：谁不劳动，谁就没有饭吃；"不劳动者不得食"[⑤]。

进一步说，"任何一个民族，如果停止劳动，不用说一年，就是几个星期，也要灭亡，这是每一个小孩都知道的。"[⑥] 因此，工程共同体的活动不只是提供个人谋生的场所，而且还是满足民族国家乃至人类生存的需要。它不仅为个人或个体提供生存和福利保障，而且把为人类本身谋求福祉当成工程共同体的社会责任。

二、创造物质财富，满足人的基本需要

这是工程最基本的、也是最重要的社会功能。一些学者之所以把工程定义

① 马克思恩格斯全集[M]. 北京：人民出版社，1965，21：557-558.

② 马克思恩格斯文集[M]. 北京：人民出版社，2009，5：384.

③ 马克思恩格斯选集[M]. 北京：人民出版社，1995，1：85.

④ 马克思恩格斯选集[M]. 北京：人民出版社，1995，1：275.

⑤ 列宁专题文集 . 论社会主义[M]. 北京：人民出版社，2009：48.

⑥ 马克思恩格斯选集[M]. 北京：人民出版社，1995，4：580.

为创造新的存在物的活动或强调造物的工程,是因为他们看到了人类工程行动的宗旨,在于创造人们生存和生活所需要的物质资料。

的确,正如工程教育所揭示出的,人类最初的工程是与生产活动浑然一体的,其目的就是生产人们衣、食、住所需要的生活资料。换句话说,人这种未经专门化的存在物,是"没有约束和没有固定的存在"(《圣经》语),就决定了必须通过工程共同体的集体劳动去创造他所需要的一切。

实际上,人始终是而且越来越是生活在他们所结成的工程共同体所建构和重新安排了的工程世界即人工世界中。在马克思看来,尽管原生态的自在的自然界具有先在性——人是自然界长期进化的产物,人首先是自然的存在物,但这种先于人的自然界对人来说等于无,只有打上人的实践活动烙印的人工自然和人类社会才是人们生活的现实世界,而且这个现实的世界是通过人的劳动而诞生并通过人的劳动不断得以生成。用他自己的话说,"整个所谓世界历史不外是人通过人的劳动而诞生的过程"。[①] 而劳动不是单个人的劳动,而是结成工程共同体的劳动。

因而,可以毫不夸张地说,工程共同体的集体劳动使人们赖以生存的人工自然成为可能,让人拥有了适合其生存、发展的属人世界,创造了世世代代所需要的一切物质财富,而且不同时代、不同地域的工程共同体的造物能力和水平总是标明其所处社会的生产力状况。因为工程直接整合了生产力的各种要素,而表现为现实的社会生产力。

从远古的洞穴、茅屋到现今的高楼大厦,从穿兽皮、草鞋到琳琅满目、款式各异的品牌商品的消费,从徒步行走到种种交通工具的利用,从单纯的陆地生产到海洋工程、航天工程,从造物到"造人",从改变物质结构的化学工业到改变时空结构的信息工程所开创的地球村时代,工程共同体的工程活动仍在不断地满足和引领人们的物质生活需要,并支撑、丰富着社会经济生活的内容。这正是为什么建筑哲学家会有此格言:"上帝(或造物主)一次性地给定了一大堆建材(石头、木料、泥巴、茅草、芦苇、竹子……),其余的一切,都是建筑设计师、木匠、石匠和泥瓦匠……的劳作。"[②]

三、塑造人文价值,丰富人们的精神生活

工程共同体的生产活动不同于动物本能的生产活动,后者服从必然律、受自然法则的约束,它只能按照它所属的那个种的尺度去生产,而前者作为人的生产,是自由自觉的活动,不仅遵从他律的客观尺度,而且依循内在尺度,并主要是

① 马克思恩格斯文集[M].北京:人民出版社,2009,1:196.

② 赵鑫珊.建筑:不可抗拒的艺术[M].天津:百花文艺出版社,2002:1.

从自身的需要和目的出发，按照“为我的原则”、美的尺度去重新安排世界。工程活动作为物质生产本身凝结着人们的自由之本质或者是人的本质的对象化，包含着对美好事物的向往，因而表达和塑造着人文价值，也只有如此才能满足人的精神生活的需要。

马克思在《1844年经济学哲学手稿》中，对此做了深刻的阐释，他说：“诚然，动物也生产。动物为自己营造巢穴或住所，如蜜蜂、海狸、蚂蚁等。但是，动物只生产它自己或它的幼仔所直接需要的东西；动物的生产是片面的，而人的生产是全面的；动物只是在直接的肉体需要的支配下生产，而人甚至不受肉体需要的影响也进行生产，并且只有不受这种需要的影响才进行真正的生产；动物只生产自身，而人再生产整个自然界；动物的产品直接属于它的肉体，而人则自由地面对自己的产品。动物只是按照它所属的那个种的尺度和需要来构造，而人却懂得按照任何一个种的尺度来进行生产，并且懂得处处都把固有的尺度运用于对象；因此，人也按照美的规律来构造。”①

一般说来，审美原则是工程共同体的规范之一，它几乎总是在兼顾工程产品实用性的同时被考虑。

有的学者专门研究作为工程活动之一的建筑的艺术。把建筑作为一首哲理诗②，一种不可抗拒的艺术③。

相信，用不了多久工程美学将成为人们所青睐的研究课题。因为，工程之美不仅体现在工程共同体和谐有序的劳动中，而且体现在工程设计的理念与工程产品的形式美以及给社会公众所带来的美的感受中。人类就是在富有美的建造活动和美的产品的消费中，确证、提升着人的类本质和人的精神境界的。正是如此，马克思说：“工业的历史和工业的已经生成的对象性的存在，是一本打开了的关于人的本质力量的书，是感性地摆在我们面前的人的心理学”。④

四、建造“属我世界”，拓展“类”生存空间

工程共同体的建造活动——工程活动使世界二分化，即世界二分化为自在的世界（自在自然）和自为的世界（人工自然或属人世界），人就生活在属人的世界中。早在《黄帝宅经》中，就深刻地表述过：宅者，人之本。人因宅而立，宅因人得存。人宅相扶，感天动地。⑤就是说，人不能没有宅，宅只能是人的宅。人

---

① 马克思恩格斯文集[M]. 北京：人民出版社，2009，1：162–163.

② 赵鑫珊. 建筑是首哲理诗[M]. 天津：百花文艺出版社，1998.

③ 赵鑫珊. 建筑：不可抗拒的艺术[M]. 天津：百花文艺出版社，2002.

④ 马克思恩格斯文集[M]. 北京：人民出版社，2009，1：192.

⑤ 王征. 黄帝宅经[M]. 转引自：赵鑫珊. 建筑是首哲理诗[M]. 天津：百花文艺出版社，1998：1.

因为有了自己建造的宅才成其为人，宅因为有了人才有了本体论意义。如果我们把“宅”引申为“人工世界”，就意味着人们只能生活在他们自己建造的“人工世界”中。

这个“人工世界”是工程共同体建构的属人世界，是作为类存在物的人的类生活——工程实践的产物，它不是一成不变的，而是随着工程共同体所从事的工程活动范围的拓展而扩展，是一个不断生成的过程，进而也拓展人类的类生存空间。

历史地看，正是以培育、养育为主的农业工程，使人类由森林、水域地带走向平原、内陆地区；由于有了手艺人、商人共同体的活动——手工业和商业的繁荣，使人类由广大的农村走向城市；现代工程共同体所成就的现代工业工程，开辟了铁路、航道，打破了人们生存的地域限制（同时也瓦解了具有一致性和确定性的“自然家园”的传统共同体，开始了“个体化”进程，进入被人为建造的新的共同体中），在条件允许的情况下人们可以在世界范围内从事生产和交往（尽管增加了生存的不确定性和选择的焦虑感以及不得不屈从于大机器下的分工，但克服了以往的人身依附性，丢掉的是不得不屈从的确定性，换来的是自由，虽然只是以物为基础的有限的自由），使得历史向世界历史转变，表现在横向的全球化运动、纵向的现代化运动。

今天，工程共同体的建造活动——工程，几乎触及地球上的每一个角落，以至于整个地球变成了一个村庄。正如我们所察觉到的，从第一个航天计划的实行，到载人飞船的试验成功，工程共同体的工程活动视野，尤其在“航天人”那里，早已面向太空，为人类的明天寻求着新的可能生存空间。

五、打造生活样式，成就人类文明

工程共同体的工程行动建构着属人的世界、人工世界，拓展着人们的生存空间，这同时也意味着有什么样的工程，就有什么样的生活方式。或者说工程活动的水平——生产力状况，直接组建着人们生活世界的生存样式，成就着人类不同阶段的文明。因为，“随着新生产力的获得，人们改变自己的生产方式，随着生产方式即谋生的方式的改变，人们也就改变自己的一切社会关系。手推磨产生的是封建社会，蒸汽磨产生的是工业资本家的社会”。[①] 而生产方式、社会关系的改变，又必然引起观念、原理、范畴的改变，决定着人们的精神生产活动和精神文明建设。

大体说来，在前工业社会，工程共同体所进行的以农业为主导的“自在工

---

① 马克思恩格斯选集[M]. 北京：人民出版社，1995，1：142.

程”,因其力量的弱小,它给人的是依顺自然、效仿自然,日出而作,日落而息,春种秋获的田园生活方式;对应的是“总和为零的博弈”——自然经济模式;在自然观上,是一种有机论、整体论和给自然附魅的自然观。自然在耕田人的眼里几乎可以说是效仿的榜样,是阐释人生的模式;在思维方式上,是一种向后看的本体论思维、还原思维。因而,总体上说,其文化的价值取向是“自然的逻辑”,成就的是农业文明。

在工业社会,工程共同体所从事的以工业为主导的“自为工程”,因其力量的强大,打断了自然时间的链条,按照人的意志和需要重新安排世界,不是等待、效仿,而是促逼、宰制,塑造的是资产阶级生活方式,发展的是商品经济;在自然观上,自然界成为一架运转着的机器,即崇尚机械的自然观,自然被祛魅了,成为“工业人”随时开发和用不尽的大资源库,自然丧失了其自身存在的本体论根据,从“自在之物”变为“为我之物”,成为被征服、宰制的对象;在思维方式上,是一种知识论的二元对立的思维,人与自然的关系成为统治与被统治、征服与被征服的对立关系。与此同时,人与人之间的关系也变成人与物之间的关系,人被当成物来对待。这一方面几乎伴随着整个由现代工程共同体所从事的现代工程活动,成就的是以资本的逻辑为价值取向的工业文明。

正如齐格蒙特·鲍曼所揭示的:“有两种趋势始终伴随着现代资本主义。一种趋势已经表现出来:用人为的设计、强加的监控规则,来取代共同体过时的‘自然而然的理解’、取代由自然来调整的农业节奏和由传统来调整的手工业生活的规则,这是一种坚持不懈的努力。第二种趋势是,(这次是)在新的权力结构框架内,恢复或从零开始创造一种‘共同体的感觉’,但这种努力远远不是如此坚持不懈的努力(而且这还是一种延误了的努力)。”①

齐格蒙特·鲍曼所说的“第一种趋势”主要体现在泰勒制的前福特制生产模式中。由于“工作的科学组织”及单纯效率寻求,使生产者的生产表现与他们的动机、情感分离开来。生产者将暴露在机器的非人格的节律当中,这种节律将设定运动的步伐,并决定每一个行动;没有为个人的决定和选择留下任何空间。创造、奉献和合作的作用,甚至是机器操作者临场技巧的作用将被降低到最低程度。这种机械的确定性寻求与人的自由完全对立起来,工人的劳动异化,异化劳动不是肯定人而是否定人,无法实现作为人的类本质的自由自觉的活动,最终导致人的异化。②

第二种趋势与第一种趋势并行,始于慈善家们所创建的“模范村庄”,目的是重建一个被工作场所环绕的共同体,以使工厂的工作变成“完整无缺的生活”

① [德]齐格蒙特·鲍曼.共同体[M].南京:江苏人民出版社,2003:39.

② 马克思恩格斯文集[M].北京:人民出版社,2009,1:163-164.

追求。然而这种尝试被同时代的人视为“乌托邦社会主义者”的行为而遭到排斥。直到一个世纪以后，随着“梅约计划”的成功，人们意识到，工作的满足和友好氛围能比严厉的规则和无所不在的监视——“全景监视”更有效果。

“福特主义工厂”综合了以上两种趋势，并成为资本主义企业追求成功的典范。腾尼斯将其概括为：它的目标是要把“选择意志”重新锻造为“本质意志”，要把明显的人为的、抽象地设计出来的行为的理性模式“自然化”。①

如果说福特制生产模式仍然将人看作手段而不是目的，较其前的单件生产模式对工人的技能要求不是提高而是降低。那么，进入“后福特制”(Postfordism)生产模式——“精益生产”(Lean Production)模式的工程，再度提高了对工人的要求，如要求依赖劳动者专用性知识和能力的长期积累，要求教育培训员工具有多方面的技能，要求充分发挥工人潜力，调动其工作热情等。②

实际上，后福特制代表的生产模式恰好反映了后工业工程的特征，它所对应的是知识经济、学习型社会，它在更高的层次上组建着人们新的生活样式，成就的是信息文明。因此，它崇尚的是“返魅”的自然观，世界是有待照料的大花园；依循的是生存论或有规范的实践论的思维方式，坚持可持续发展；它摆脱了单纯追逐“资本的逻辑”，而转向“自由的逻辑”的价值取向，③让人类在大地上诗意地栖居正在并将最终成为新一代工程共同体的理想。

第三节 工程安全

工程的社会功能主要说明了工程造福人类的正面功能或正价值，实际上工程不但对人类有“功”，而且工程也有“过”，特别是大规模、高科技的现代工程由于技术的、社会的，乃至政治的和人为的原因，频繁出现各种工程事故和工程问题，既造成巨大的经济损失、政治影响和生态环境的破坏，也威胁到人们的生命安全，甚至造成了GDP的“含血量”增加和人类的生存危机。所以，看到工程在社会生活中正面作用的同时，也不能回避工程的负面价值，以吸取经验教训，改进同类工程的安全性能，使其更人性化、更可靠。一代代的工程人正是在一个个痛苦的工程反思的基础上，带着极强的责任感和使命感跋涉前行的。由于现代工程的复杂性、不确定性和风险性的特征，以及工程共同体的异质性和利益主体的多元化，使得各种工程问题、工程事故频发。这就客观地决定，必须重视工程安全，不仅要对问题工程进行成因分析，而且应努力寻求规避工程风险和问题工

① [德]齐格蒙特·鲍曼.共同体[M].南京：江苏人民出版社，2003：43.

② 李伯聪.工程人才和工程创新[C].香山科学会议(2005年第259次)会议材料汇编，2005：27.

③ 张秀华.历史与实践：工程生存论引论[M].北京：北京出版社，2011：201.

程发生的可能途径。

一、几种典型的问题工程案例

随着工程不断向宇宙的广度和深度进军，当我们享受着工程带来的便利交通、快捷通信、琳琅满目的商品以及各种时尚消费时，我们也增添了不安、焦虑和恐惧。因为或直接、或间接地让我们触目惊心地看到了一起起工程事故的悲剧。矿难传来的噩耗不断，石油泄漏污染了一个又一个海湾，化工厂爆炸、桥梁坍塌、飞机失事、火车相撞、核电站泄漏……这些都是问题工程带来的恶果。我们既无法也没必要一一介绍这些有问题的工程，这里仅分析几个典型工程灾难的案例。

（一）切尔诺贝利核电站事故及其原因分析

1986 年 4 月 26 日，苏联乌克兰的切尔诺贝利核电站，发生了人类和平利用核能最惨重的一次灾难。切尔诺贝利核电站 4 号机组反应堆熔化燃烧，引起爆炸，冲破保护壳，厂房起火，8 吨多强辐射物质倾泻而出。结果导致了 31 人当场死亡，污染遍及众多国家的 694.5 万人口和 15 万平方千米地区。参加救援工作的 83.4 万人中，有 5.5 万人丧生，7 万人成为残疾，30 多万人受放射伤害死去。

1996 年乌克兰官方公布，10 年来已有 16.7 万人死于本事故的核污染，320 万人受到辐射伤害。灾后两年之中，26 万人参加了事故处理，为 4 号核反应堆浇了一层层混凝土，当作“棺材”埋葬起来。清洗了 2 100 万平方米的受污染设备，消除 600 个村庄的污染物，掩埋 50 万立方米“脏土”，为核电站职工另建了斯拉乌捷奇新城，为撤离的居民另建 2.1 万幢住宅。这一切，包括发电减少的损失，共达 80 亿卢布(约合 120 亿美元)。乌克兰政府作出永远关闭该电站的决定。白俄罗斯共和国损失了 20% 的农业用地，220 万人居住的土地遭到污染，成百个村镇人去屋空。近核电站 7 千米内的松树、云杉凋萎，1 000 公顷森林逐渐死亡。30 千米以外的“安全区”也不安全，癌症患者、儿童甲状腺患者和畸形家畜急剧增加；即使 80 千米外的集体农庄，20% 的小猪生下来也发现眼睛不正常。上述怪症都被称为“切尔诺贝利综合征”。国际原子能机构专家称，要消除事故造成的污染，至少需 100 年。因此，这是当时世界上最严重的核电站事故，被定为核电站事故的最高级——7 级。

1. 事故发生过程描述①

切尔诺贝利核电站位于白俄罗斯—乌克兰林地东部普里皮亚特河畔，基辅

---

① 唐芳文，姜凡．切尔诺贝利核电站事故的原因及后果[J]. 国外电力，1986(12).

以北 130 千米处。这个地区人口密度小,在 1986 年初,核电站周围 30 km 以内的总人口约 10 万人。在该电站西边 3 千米处有一个普里皮亚特市,有 4.9 万人。在西南方 15 千米处有一个切尔诺贝利市,人口为 1.25 万。

在该核电站的东南方,在普里皮亚特河的谷地内有一个 23 平方千米的冷却水池,供给汽轮机冷凝器的循环冷却水。苏联建造的世界上第一台核电机组就是石墨水冷堆机组。到 20 世纪 70 年代就发展成标准的 RBMK-1000 型石墨水冷堆机组,电功率为 1 000 kW。到 1985 年底,苏联共建成这种型号的机组 14 台,还建成 2 台电功率为 1 500 MW 的大型机组。由于压水堆机组的性能比石墨水冷堆机组好,从 80 年代开始,苏联转向主要建设压水堆机组。

切尔诺贝利核电站已建成 4 台石墨水冷堆机组(RBMK-1000 型),分别于 1972 年、1978 年、1984 年和 1989 年达到满功率运行。反应堆热功率为 3 200 MW,每座堆带两台 K-500-65 型汽轮发电机。每座反应堆有两条冷却剂循环回路,每条回路都由 4 台循环泵(并联)和两台汽水分离器、燃料通道(即压力管)组成。

石墨水冷堆是用石墨作减速剂,水作冷却剂,低浓缩铀作燃料。反应堆的堆芯位于尺寸为 21.6 × 21.6 × 25.5 m 的混凝土壳中,是用方形石墨块砌成的。在石墨块中有燃料管通道孔。在燃料区周围是石墨反射层。在堆芯空间充 80% 的氦和 20% 的氮。

在反应堆中有 1693 根燃料通道管。该管的上部是不锈钢管,位于堆芯的中部是锆铌合金管。在一根燃料管中装两组燃料组件(串接)。

每个燃料组件由 18 根燃料棒组成。燃料棒的外径是 13.6 mm,包壳厚度为 0.9 mm。包壳材料是锆铌合金。核燃料是氧化铀,浓缩度为 1.8%~2.1%。

反应堆的控制保护系统(CPS)可以自动维持机组的功率水平,当主要设备发生事故时可以快速降功率或停堆,补偿反应性的变化,控制活性区的功率密度分布。除了 CPS 系统外,还有径向功率密度场和轴向功率密度场的物理监督系统,启动监督系统,每根燃料管的水量监督系统,燃料棒破损的探测系统,以及燃料管整体性的监督系统等。反应堆的工程安全系统主要有以下几个:

一是事故堆芯冷却系统(ECCS)。当冷却剂循环回路发生事故(如管道破裂)时,堆芯事故冷却系统就向堆芯供水,把燃料中的剩余发热带走。事故冷却水由事故水箱供给,当水箱的水用完后,就由事故冷却水泵从压力抑制池中把水送到堆芯。在事故冷却水中可以加入中子强吸收剂硼,以迫使反应堆停堆。

二是抑压系统。当燃料通道管破裂时,漏出的高温水就会变成蒸汽,因而使反应堆厂房内的压力增加。为使反应堆厂房的压力不超过允许值,像沸水反应堆一样有一个抑压池,在池中装了大量的水。当反应堆厂房的压力升高后,通向抑压池的逆止阀就打开，水蒸气进入抑压池中，被水冷凝成水。这样，就防止反应堆厂房的压力升高。

三是区域安全系统。把反应堆的某些系统（如冷却剂循环系统）或设备分隔开，分隔的间隔有的是密封的，当某一部分发生放射性事故时，就可以把事故限制在一个小的范围内。此外，还有安全保证系统、控制安全系统、放射性控制系统和机组功率控制系统等。

切尔诺贝利核电站发生事故的是第 4 号机组。事故发生前，堆芯中 1 659 根燃料通道中有核燃料，平均燃耗为 10.3 MWD/kg。大部分（75%）燃料组件是第一炉燃料，燃耗在 12~15 MWD/kg 之间。

事故前，1986 年 4 月 25 日，4 号机组正准备停堆进行中期维修。运行人员计划在 8 号汽轮发电机带厂用电的情况下对该汽轮发电机组进行一些试验。试验的目的是检验在电源故障期间，利用汽轮发电机转子的惯性来维持机组本身用电的可能性。试验按 8 号汽轮发电机试验工作计划进行，而该计划未做适当的准备，也没有得到批准。如果这项试验采取一些安全措施是可以做的。

同日，在 1:00 时运行人员开始降低 4 号机组的功率，在这之前，该机组是在额定参数下运行。在 13:05 时，反应堆热功率降到 1 600 MW，7 号汽轮发电机停机。4 号机组需要的电力切换到 8 号汽轮发电机的母线上。

14:00 时，按试验计划反应堆的事故堆芯冷却系统与冷却剂循环回路断开。这违反了运行规程。

23:10 时，又开始降功率。按照试验计划，在反应堆热功率为 700~1 000 MW 时，发电机降负荷并同时为本机组提供电力。在局部自动调节系统被断开后（按运行规程应在低功率下进行），运行人员无法及时消除自动调节器测量部分产生的不平衡。因此热功率降至 30 MW 以下。直至 4 月 26 日 1:00 时，运行人员才将热功率稳定在 200 MW。由于反应堆“中毒”仍在继续，进一步提高功率受到了小的可利用的过剩反应性的限制。反应堆的功率比要求的功率低很多。即使如此，还是决定进行试验。在 1:03~1:07 时又在原 6 台循环泵运行的基础上先后投入两台循环泵，以便在试验中有 4 台泵作为堆芯安全冷却之用。

由于反应堆功率和冷却剂循环回路的水力阻力都比计划值低很多，又由于全部 8 台循环泵都在运行，通过堆芯的水流量达 56 000~58 000 立方米 / 小时，个别泵的流量达 8 000 立方米 / 小时。这违反了规程。因为，流量增加可引起冷却剂循环回路的管道振动加剧，所以这种运行方式是禁止的。由于通过反应堆的水流量增加，引起蒸汽量的减少，汽水分离器中蒸汽压力降低，以及其他反应堆参数的变化。运行人员试图靠手动操作维持系统的主要参数——蒸汽压力和汽水分离器中的水位达到规定值,但没有完全成功。此时汽水分离器的蒸汽压力降了 0.5~0.6 MPa,水位降到紧急事故标记以下。为了避免在这种条件下停堆,操作人员断开了与这些参数有关的事故保护系统。同时,反应性继续缓慢降低。

在 1:23:30 时,运行人员从快速反应性计算程序的打印上看到过剩反应性已达到要求立即停堆的值,然而,运行人员没有停堆,又开始试验。在 4 月 26 日 1:23:04 时,8 号汽轮发电机的紧急调节阀关闭,反应堆继续在热功率约 200 MW 下运行。在关掉紧急调节阀后,紧急保护也被切断,以便在第一次试验失败后可再进行试验。这又偏离了试验计划。在计划中,当停掉两台汽轮发电机的情况下不允许切断紧急保护。开始试验不久,反应堆功率开始缓慢上升。在 1:23:04 时,机组值班长下令按下 AZ–5 按钮。这个操作将全部控制棒和快速停堆棒送入堆芯。棒在下落,但在几秒钟后感到数次震动。操作人员看到控制棒停在中途未全部插到底,于是他们切断伺服机构驱动套管电源,以便控制棒靠自重落入堆芯。

根据在 4 号机组外面的观察,约在 4 月 26 日 1:24 时,接连发生两次爆炸。大量燃烧着的材料和火星飞到反应堆的上空,有些落到汽轮机房的屋顶并引起了一场大火。爆炸不仅把反应堆炸坏了,也把反应堆厂房的屋顶炸开了一个洞,墙壁也炸坏了。

2. 事故的原因分析

这次事故在好长一段时间内把原因直接归结为工作人员违反操作规程所致,正如下文所揭示的:①

在 1986 年 4 月 26 日 1:23 时,反应堆的热功率降至 200 MW,8 号汽轮发电机停机,这时机组人员还在进行试验。不久,反应堆的功率就开始上升。由于流过反应堆的水流量减少,所以生成的蒸汽多,汽水分离器的蒸汽压力升高。由于反应堆的安全系统和保护系统被切断,当堆芯中蒸汽增加、水减少,即水吸收的中子减少,所以引起了正反应性,即功率增加,产生的蒸汽增加又引起功率增加,这样形成一个恶性循环(这种情况和压水堆、沸水堆相反,在压水堆或沸水堆中,当蒸汽增加时,使中子的减速能力差,而使反应性下降,即负反应性),这就是超临界事故。

由于发生超临界事故,产生大量蒸汽,所以燃料通道管内的压力迅速增加,燃料棒的温度升高,使燃料通道管破裂,蒸汽就漏到反应堆内的空间,即石墨中间。水蒸气和石墨作用产生一氧化碳,高温蒸汽与石墨发生化学反应产生氢气。

---

① 唐芳文,姜凡. 切尔诺贝利核电站事故的原因及后果[J]. 国外电力,1986(12).

氢气、一氧化碳和空气(氧气)混合就形成爆炸性气体。所以在 1986 年 4 月 26 日 1:24 时,接连发生两次爆炸,使反应堆和部分建筑物遭到破坏,并引起了一场火灾,大量放射性裂变产物释放到环境中。

发生这次事故的原因主要是运行人员在做汽轮发电机的试验时没有做好准备,又严重违反了有关安全的运行规程。切尔诺贝利核电站 4 号机组的运行人员违反主要运行规程的条款列入表内,计有 6 条(见表 15.1)。如果其中某一条不违反,事故就可能避免,至少能减轻事故的程度。尤其是断开事故堆芯冷却系统和汽水分离器的水位和压力的保护系统是不应该的,这使反应堆失去了安全保护系统,在发生事故时就无法进行控制以致造成这一次严重的核电事故。这次事故主要是人为引起的。

表 15.1　4 号机组运行人员违反操作规程的主要条款表

序号	违反的规程条款	目　的	后　果
1	将运行的反应性降到比允许值低很多的程度	防止形成“碘坑”	反应堆的紧急保护系统不起作用
2	功率降到低于试验所要求的功率值	不用自动控制	反应堆处于很难控制的条件下
3	投入全部循环泵,每个泵的流量超过规定值	为了满足试验要求	冷却剂循环回路中的水温接近饱和温度
4	切断从两台汽轮发电机来的反应堆保护系统的停堆信号	必要时在汽轮发电机停运的情况下重复试验	失去反应堆自动停堆的机会
5	断开了汽水分离器中水位和蒸汽压力的保护系统	坚持进行试验	有关反应堆热参数的保护系统被断开
6	断开了事故堆芯冷却系统	希望避免在试验进行时事故堆芯冷却系统误启动	失去了减少事故程度的机会

然而,进一步的研究则表明,除了核电站工作人员违规操作造成核事故外,更为首要的原因是工程设计存在严重技术缺陷。正像有的学者所看到的:①

苏联公开报告中报道了操作人员反复进行切换各种安全装置等重大违反操作规程的实验,结果证明,比起操作人员的错误来,更严重的是设计上存在重大缺陷。

日本《朝日新闻社》1990 年 7 月 16 日得到了“苏联国家原子能安全监督委员会”未发表的文件。该文件是由 20 位专家组成的科学技术评议会于 1990 年

① 张景秀 . 切尔诺贝利核电站事故的原因[J]. 全球科技经济瞭望,1991(6).

2月15日写成的，题目叫“决定”。根据该文件，像事故发生前那样，在低输出状态下，反应堆的控制棒大部分从炉心拉起来，当按下紧急停止开关让控制棒下降时，会在炉心下部促进核裂变。因此，输出激增，在炉内产生大量蒸汽。这种类型的反应堆在低输出状态下，如果炉内的蒸汽增加，据说容易进一步引起核裂变反应，这就是所谓的“正真空效应”。从而导致破坏性的输出激增，产生爆炸。控制棒是由吸收中子的吸收棒和其下部由黑铅做成的排水棒两部分组成。但排水棒短，控制棒拉到最上边时，排水棒的下端高出炉心下端1.25米左右，由此浸在水里。在这种状态下，当按紧急停止开关时，控制棒进入炉心，而排水棒下端把水压出，那里部分暂时性地被黑铅占据。水吸收引起核反应的中子的作用比黑铅要好。水被黑铅置换则中子增加，核反应则会加剧。该文件指出，这种缺陷在事故发生的两年前，即1984年就已在内部被指出过，但一直没有改进。过去一直认为事故的主要原因是操作人员严重违反操作规程，文件指出“事故的发生和规模与此无关”。实际上，这个缺陷在1986年苏联向国际原子能机构（IAEA）提出报告书以后，西方专家马上就推测到了。

在讨论苏联报告书的国际原子能机构的专家会议上，就事故原因进行说明的阿曼·阿巴乾所长回答记者提问时指出，他大体同意“决定”的结论，事故的原因第一是由于原子反应堆本身的特性决定的，操作人员违反操作规程不具有附加效果，但设计的缺陷因违反操作规程与事故联系起来。该研究所在事故以后早期阶段就已清楚这一点。切尔诺贝利核事故造成了重大损失和国际性影响，其经验教训值得认真吸取。

同时，该事故也暴露了核电站建设选址不当，管理监督不力，经济效益至上而安全意识不强等问题，特别是在事故发生后企业乃至政府并没有迅速向公众阐明真相，也没有及时采取相应的措施来避免事故的扩大，整个事故最后的曝光主要是通过一些其他国家检测空气中的漂浮物而揭露，以至于扩大了事故的次生灾难。

（二）三门峡工程的“是”与“非”①

为了治理黄河的泛滥并达到综合利用水利工程的目的，三门峡工程经过三起三落，1954年苏联专家的到来最终促成黄河规划委员会编制成《黄河综合利用规划技术经济报告》；同年11月至1955年7月，国家计划委员会、国家建设委员会和国务院组织召开了多次关于三门峡规划方案的会议，在得到党和国家领导人认可的情况下，1955年7月18日，时任中华人民共和国国务院副总理的邓子恢在一届全国人大二次会议上作了《关于根治黄河水害和开发黄河水利的综

① 该案例主要参考包和平的《黄河三门峡工程的哲学分析》，见殷瑞钰，汪应洛，李伯聪等．工程哲学．北京：高等教育出版社，2007：345-360.

合规划》的报告；7 月 30 日全国人大一致通过了《关于根治黄河水害和开发黄河水利的综合规划的决议》。而后经过工程设计与施工等环节，在 1960 年 9 月三门峡水库投入运行。

然而，在水库运行仅仅一年半的时间，就有 93% 的来沙淤积库中，总量达 15.3 亿吨，而且库区上游出现“翘尾巴”，潼关河床迅速升高，其淤高近 5 米，在渭河口形成拦门沙，致使渭河下游泄洪能力迅速降低，两岸地下水位抬高，水库淤积末端上延，不仅渭河下游两岸农田被淹没，土地盐碱化面积增大，而且严重威胁着西安等广大关中地区工农业的生产安全和人们的生活安全。因此，陕西省对三门峡水库的运行方式提出强烈反对意见。

为了减轻水库淤积和渭河洪涝灾害，1962 年 3 月水库的运行方式被迫由“蓄水拦沙”改为“拦洪排沙”。尽管减缓了库区的泥沙淤积，但因泄洪能力不足，仍有 60% 的来沙淤积在库中。尔后，在“确保下游，确保西安”的原则下，经专家们的反复讨论，1964 年 12 月决定再次对该项工程进行改造。第一次改建自 1968 年 1 月至 1968 年 8 月，主要增建了“两洞四管”。从而使水库泄量增大一倍，进一步缓解了水库严重的泥沙淤积，潼关以下由“淤”变“冲”，而潼关以上的淤积问题未能解决。对此，不得不进行 1969 年 12 月开始的第二次水库改建：一是打通已经堵死的 8 个施工导流底孔，并将其改建为永久泄水排沙孔；二是将电站改建为低水头发电，安装了我国自制的 5 台总容量为 25 kW 的发电机组等。三门峡水电站第 1 台机组于 1973 年 12 月建成发电，此后水库按“蓄清排浑”方式运行。1990 年后，又陆续打开了 9–12 号底孔。

可见，三门峡水库的建设经过了两次改变水库的运行方式，两次改建，才维持其使用。但是，直到今天仍然对该工程的“存”还是“废”存有争议。原因主要在于：

一方面，肯定地说，三门峡工程在几十年的运行中，特别是经过改建和运行方式的改变后，保存了一定的有效库容，在防洪、防凌、灌溉、发电、供水等方面发挥了综合利用效益。此外，该项工程经过近半个世纪的建设，也取得了宝贵的工程技术成就，如加深了对黄河泥沙特征的认识，发展了泥沙理论，丰富了在多泥沙河流上修建水库的经验；提高了水利工程的施工技术水平和工程质量，并培养了一大批水利工程技术人才。

另一方面，三门峡工程的确存在严重的负面效果，如移民问题和生态环境问题凸显等。这使其成为人们心目中的问题工程。由于三门峡水库的移民安置正处于“大跃进”和国家困难时期，以至于对移民的安置存在规划粗疏、补偿标准低、工作方法简单地采取了行政命令等现象，结果造成了至今都难以解决的遗留问题。例如，一些移民生产条件差，生活水平降低；有些安置点塬高沟深，水质不好，人畜饮水困难；交通闭塞，耕作运输不便；基础设施薄弱，文教卫生落后，儿童上学难，群众就医难等。更为严重的是，三门峡工程引起了始料未及的多方面生态问题。其中最为严重的是“渭河问题”。历史上，渭河原是一条冲淤相对平衡的河流，但是，自建库到 2004 年汛后，渭河下游淤积泥沙达 13.10 亿立方米，淤积末端已经超过西安草滩。由于淤积的沙泥，河床抬升，渭河下游已经由过去的正常河流变成河床高于地面的地上“悬河”，从根本上改变了渭河下游的防洪排涝形势。据统计，自建库以来，渭河下游支流有 17 个年份出现决口，决口达 73 处之多，累计淹没农田 40 万平方千米，冲毁房屋 21 万多间。不只如此，三门峡水库工程还造成库周塌岸，周围土地盐碱化、沼泽化，水井坍塌和地下水质恶化，以及农田肥力降低、陆生和水生物的变化等。

那么，为什么三门峡水库工程就上马了呢？难道对这些可能带来的副作用就全然无知吗？实际上早在 20 世纪 30 年代，就有许多中外专家想在黄河干流上通过修建大坝来治理黄河水害或开发黄河水利资源。例如，1946 年国民政府聘请由美国专家雷巴德、萨凡奇、葛罗同、柯登等组成的顾问团，对三门峡地区进行实地考察。但他们得出的结论是：三门峡建库发电，对潼关以上的农田淹没损失太大，又是以后无法弥补的。建议坝址改到三门峡以下 100 米处的八里胡同。其主要任务在于防洪而非发电。

而在新中国成立后，三门峡水库要不要建的问题也经历了三起三落。第一次起落是，1949 年，在《治理黄河初步意见》一文中，以“变害河为利河”为治理目标，以“防灾和兴利并重，上、中、下游统筹，干流与支流兼顾”为治理黄河的方针，主张从三门峡、八里胡同和小浪底三处坝址中选择一处，建造一座综合利用的水库。但是到了 1951 年，就有人根据我国当时的政治、经济、技术以及人力、物力和财力等条件，提出了反对意见：认为在黄河干流上修建大型水库困难太大，建议从支流开始寻求解决问题的途径。第二次起落是，经过对支流建水库的方案计算得出结论：支流太多，拦洪机遇又不十分可靠，且花钱多，效益小，需时较长，交通不便和施工困难等，仍需从干流的潼孟河段下手。于是，三门峡水库方案被再次提出。但这个方案几经权衡之后，终因要淹没八百里秦川“损失太大”而舍弃。第三次起落是，自 1952 年下半年开始，转为研究淹人淹地较少的邙山建库方案。经过研究终因其投资超过 10 亿元，淹没人口超过 15 万，且无综合利用效益而放弃。于是三门峡方案在 1952 年冬第三次被黄河水利委员会提出。然而，水利部随后却对解决防洪问题做出了明确指示：一是要迅速解决黄河防洪问题；二是根据国家经济状况，花钱不能超过 5 亿元，移民不能超过 5 万人。于是，三门峡方案因超标被第三次搁置。后来，由于苏联专家的介入并最终通过了他们参与设计的三门峡规划。

可以说,三门峡水库规划的通过是与苏联专家介入并提供技术经济论证是分不开的。同时,也和当时急需治理黄河泛滥分不开。而且规划的通过使得建设三门峡工程变成了“国家意志”。以至于在后来关于三门峡工程设计上,也没能很好地发扬民主,而让少数人服从了多数人的意见。这可以从以下三门峡工程的设计与争论中得到说明。

1955 年 8 月,黄河规划委员会(简称黄规会)提出了《黄河三门峡水利枢纽设计技术任务书》,并明确指出:三门峡水电站的设计应根据黄河综合利用规划技术经济报告,并考虑国家计划委员会 1955 年提出的意见、本设计任务书和其他供本水电站设计用的原始基础资料进行编制。

按照我国上述各项文件的要求,苏联列院于 1956 年 4 月提交了《黄河三门峡工程初步设计要点》。同年 7 月,国务院对《黄河三门峡工程初步设计要点》进行了审查,提出审查意见和决定,并将相关信息函告苏联电站部水力发电设计总院。按照中国方面的意见和决定,苏联列院于 1956 年底完成了他们所承担的三门峡工程的初步设计。

问题是,1956 年 4 月,列院提出《黄河三门峡工程初步设计要点》报告后,由于该报告主张:在保证三门峡水库 50 年寿命的前提下,水库正常高水位不应低于 360 米高程。这比最初《技术经济报告》中确定的水库正常高位的 350 米又高出 10 米,耕地淹没和库区移民也随之增加了许多,农田淹没由 200 万亩增加到 325 万亩;移民由 58.4 万人增加到 87 万人。此报告引起中国有关人士和专家的注意。

1965 年 5 月,清华大学的黄万里教授向黄规会提出了《对三门峡水库现行规划方法的意见》,反对建造三门峡水库。

1956 年 12 月和 1957 年 3 月温善章分别向水利部和国务院提出了《对三门峡水电站的意见》,反对以高坝大库进行蓄洪拦沙。

在这种情况下,水利部于 1957 年 6 月 10–24 日在京召开了水利部、电力部、清华大学、武汉水利学院、天津大学、三门峡工程局,以及有关省水利厅的专家、教授共 50 人参加的三门峡工程讨论会,讨论三门峡水库的正常高水位和运行方式。讨论的议题为:一是应否修建三门峡水利枢纽;二是水库拦沙与排沙问题;三是综合利用水库的要求和运行;四是对以水土保持工作为修筑三门峡水利枢纽的基础的评价。

围绕上述问题展开了十分激烈和复杂的争论,有学者对该争论进行了梳理并区分出三个派别,即高坝派、低坝派和反坝派,详见表 15.2:[①]

---

① 殷瑞钰,汪应洛,李伯聪等. 工程哲学[M]. 北京:高等教育出版社,2007:351.

表 15.2 关于三门峡工程设计争论中三派的主要观点

指标 派别	是否建坝	拦沙与排沙	是否综合利用	主要理由	代表人物
高坝派	是	拦沙	充分综合利用	效益巨大	大多数专家
低坝派	是	排沙	防洪为主,兼顾综合利用	移民、耕地等淹没损失巨大;从长远看与水利资源比较土地资源更为珍贵	温善章、叶永毅、吴康宁、王潜光、王郁、方宗岱、杨洪润、俞漱芳
反坝派	否	排沙	否	设计思想错误;不值得	黄万里、张寿荫

遗憾的是,最终决策选择了所谓多数人支持的“高坝派”意见,而未能倾听少数人的声音,忽视了“低坝派”和“反坝派”所陈述的理由,最终使该工程成为问题工程,造成不可挽回的生态恶化和严重的社会问题。而实践证明低坝派的意见是比较合理的,工程运营后的运营方式的改变以及两次改建都回到了低坝派主张的以排沙和防洪为主兼顾综合利用的设计思想上。即使如此,三门峡工程也造成了不可挽回的生态灾难、经济损失与社会问题。在这个意义上说,反坝派的主张恰恰是最合理的。当然,我们只是事后判断。

不难看出,导致三门峡成为问题工程的原因主要在于工程决策环节。

首先,在该不该建造三门峡水库问题的决策上,政府有关部门有偏听偏信苏联专家的嫌疑,因为之前该工程已经被美国专家所否定,而且在“三起三落”的过程中,最终都是否定的声音高于肯定的声音。决策层对此并未给予足够重视,而苏联专家的《技经报告》最终促使建造三门峡工程成为现实。这里不能排除当时我国的水利工程技术能力较弱,建设像三门峡水库这样的大工程必须借助外来技术力量,而从政治和技术上看,苏联列院无疑是最可靠的选择。

其次,在怎样建设的工程设计决策上,再次忽视了否定的态度和声音。尽管也召开了工程设计的讨论会,但不顾“低坝派”和“反坝派”的少数人意见,一意孤行地选择了由苏联专家设计的并由“高坝派”所支持的工程建设方案。也许按照政治生活中的少数服从多数的原则,此决策程序无可厚非。但是,在工程决策中,不仅涉及政治、经济和社会因素,还涉及科学、技术、审美因素等;不仅关涉价值问题,而且关涉真理问题。在真理问题上,要实事求是,并非多数人就必然拥有真理,而在专业性极强的领域常常是真理在少数人手里。所以,科学的工程决策不能忽略少数人尤其是少数专家的意见。他们不是靠拍脑袋随意说话而是经过认真研究后的意见,因此,这是极其宝贵的。工程决策者可以最终不选择来自专家的不同意见，但却不能不认真考虑和借鉴这些看法尤其是与主流相左的观点。

（三）堤溪沱江大桥坍塌事故的问责[①]

堤溪沱江大桥工程是湖南省凤凰县至贵州省铜仁大兴机场凤大公路工程建设项目的控制性工程，大桥全长 328.45 m，桥面宽度 13 m，设 3% 纵坡，桥型为 4 孔 65 m 跨径等截面悬链线空腹式无铰连拱石拱桥，桥墩高 33 m。

该桥的建设涉及以下责任单位：建设单位是湘西自治州凤大公路建设有限责任公司，为国有独资公司，隶属于湘西自治州人民政府。2003 年 10 月，湖南省人民政府决定，湘西自治州凤大公路的建设项目业主变更为湖南省公路管理局。2004 年 5 月，湖南省公路管理局又委托湘西自治州公路管理局作为业主重新组建凤大公司；设计和地质勘察单位是华罡设计院，具有公路行业甲级《工程设计证书》、甲级《工程咨询资格证书》和甲级《工程勘察证书》；施工单位是湖南路桥建设集团公司，具有建设部颁发的"公路工程施工总承包特级、公路路基工程专业承包壹级、公路路面工程专业承包壹级、桥梁工程专业承包壹级、公路交通工程专业承包交通安全设施"《资质证书》和《安全生产许可证》。湖南路桥建设集团公司所属道路七分公司具体负责堤溪沱江大桥的施工任务；监理单位为湖南省金衡交通咨询监理有限公司，具有公路工程甲级监理资质。

然而就是这座责任主体如此明确的在建湖南省湘西土家族苗族自治州凤凰县堤溪沱江大桥，却于 2007 年 8 月 13 日 16 时 45 分，发生特别重大坍塌事故，造成 64 人死亡、4 人重伤、18 人轻伤，直接经济损失 3 974.7 万元。

事发之时，堤溪沱江大桥建设工地的 7 支施工队、152 名作业人员正在进行 1、2、3 号孔主拱圈支架拆除和桥面砌石、填平层等施工作业。桥梁施工中，随着拱上荷载的不断增加，1 号孔拱圈受力最大的多个断面达到或接近极限强度出现开裂、掉渣，接着落下石块。在最先达到完全破坏的 0 号桥台侧 2 号腹拱下方主拱断面裂缝张大并下沉，下沉量最大的断面右侧拱段（靠 1 号墩侧）带着 2 号横墙向 0 号台侧倾倒，通过 2 号腹拱挤压 1 号腹拱，因 1 号腹拱为三铰拱，承受挤压能力最低而迅速破坏下塌。受连拱效应影响，整个大桥迅速向 0 号台方向垮塌。大桥坍塌过程仅持续了大约 30 秒。

事故发生 5 分钟后，凤凰县政府立即向州、省政府有关部门报告，并由县委、县政府主要领导带领机关干部、公安干警和医务人员赶到现场抢救。省委、省政府领导率相关部门负责人迅速赶赴现场，指挥抢险搜救工作，并成立了事故处置指挥部。指挥部从省内紧急调集各方面专家和技术力量汇聚现场，组成了由公

---

① 该案例分析主要参考交通部文件：交公路发［2007］766 号：《关于湖南省凤凰县堤溪沱江大桥"8·13"特别重大坍塌事故处理结果的通报》。

安、武警、医务及政府其他相关部门的 1 857 名干部群众参加的现场救援队伍，调用各类挖掘机械设备、救护车辆共计 49 台(辆)，进行现场清理和失踪人员搜寻工作。经过 5 天的紧张工作，现场抢险搜救至 8 月 18 日结束。

对此，党中央、国务院领导同志做出重要批示，华建敏国务委员赶赴事故现场指导抢险救援工作。8 月 16 日，经国务院同意，成立了由国家安全监管总局、监察部、交通部、建设部、全国总工会、湖南省人民政府及有关部门人员参加的国务院湖南凤凰县堤溪沱江大桥“8·13”特别重大坍塌事故调查组，并邀请最高人民检察院安排人员参加。

调查组从项目立项、地质勘察、设计、施工、监理和工程管理六个环节入手，通过现场勘察、技术鉴定、查阅资料和询问有关当事人，查明了事故发生的经过、直接原因和间接原因，最终认定这是一起重大的工程责任事故。

从导致事故发生的直接原因来看，主要是工程使用的材料质量低劣和违反操作工艺规程问题。由于大桥主拱圈砌筑材料未满足规范与设计要求，拱桥上部构造施工工序不合理，主拱圈砌筑质量差，降低了拱圈砌体的整体性和强度，随着拱上施工荷载的不断增加，造成 1 号孔主拱圈靠近 0 号桥台一侧约 3 m 至 4 m 宽范围内，即 2 号腹拱下的拱脚区段砌体强度达到破坏极限而坍塌，受连拱效应影响，整个大桥迅速坍塌。

从造成事故的间接原因来看，涉及以下几个方面：

1. 施工单位严重违反工程建设质量和安全生产的法律法规及技术标准，施工质量控制不力，现场管理混乱。一是项目经理部未经设计单位同意，擅自与业主商议变更原主拱圈施工方案，未严格按照设计要求的主拱圈砌筑方式进行施工。二是未配备专职的质量监督员和安全员，未认真整改落实监理单位多次指出的严重工程质量和安全生产隐患；主拱圈施工质量问题突出，如拱石材料未严格控制形状和尺寸，砌体砌缝宽度极不均匀，部分砌筑不密实，砌体存在空洞；主拱圈施工各环在不同温度无序合龙，造成拱圈内产生附加的永存温度应力，削弱了拱圈强度。三是倒排工期赶进度，连续施工主拱圈、横墙、腹拱、侧墙，在主拱圈未达到设计强度的情况下就开始落架施工作业，降低了砌体的整体性和强度。四是技术力量薄弱，现场管理混乱。项目经理部的技术、管理人员共 17 人，其中专业技术人员仅 6 人；施工人员技术素质低，劳务分包给不具备施工基本水平的农民工队伍，且在上岗前未按规定进行技术培训和安全教育，卷扬机操作人员、试验员、测量员等均无相应资格证书；工程材料质量把关不严，未按照设计要求控制拱石规格。五是道路七公司未按规定履行质量和安全管理职责。没有专门的安全生产管理机构，在巡查中走过场，未能发现存在的严重质量、安全生产隐患以及施工现场管理混乱问题，默认同意项目经理部招雇没有石拱桥施工经验的农民工及无证上岗等问题，违规同意项目经理部变更原主拱圈设计施工方案，盲目倒排工期赶进度。六是湖南路桥建设集团公司对工程施工安全质量工作监管不力。湖南路桥建设集团公司对道路七公司的机构设置、人员配置、质量安全职责和控制措施监督落实不力；指导和监督道路七公司贯彻落实工程建设质量和安全生产管理的规章制度不力；对项目经理部长期存在的管理混乱、人员不到位、无证上岗、工程质量等问题和对项目经理部变更原主拱圈设计施工方案、不顾工期延误现实盲目倒排工期赶进度的问题失察。

2. 建设单位严重违反建设工程管理的有关规定，项目管理混乱。一是对发现的施工质量不符合规范、施工材料不符合要求等问题，未认真督促整改。二是未经设计单位同意，擅自与施工单位商议变更原主拱圈设计施工方案，且为确保凤大公路在“州庆”前交工通车，盲目倒排工期赶进度，将原计划三个月完成的主拱圈砌筑时间压缩为一个半月，严重影响大桥主拱圈砌筑质量。同时，为赶施工进度，越权指挥施工，甚至要求监理不要上桥检查。三是未能加强对工程施工、监理、安全等环节的监督检查，对检查中发现的工程质量问题未认真督促纠正；发现施工单位选用的施工材料不符合设计要求、施工人员未经培训等问题后未认真督促整改；发现监理人员资格不符合要求后也未采取任何措施。四是湘西自治州公路局主要领导同时兼任凤大公司主要领导，不能认真履行职责，放松对工程建设质量和安全生产的监督检查，没有督促整改工程存在的重大质量和安全隐患。五是湖南省公路局在将项目委托给州公路局后未认真履行自己的职责，疏于监督管理，没有及时发现和认真解决工程建设中存在的各种问题。

3. 监理单位违反有关规定，未能依法履行工程监理职责。一是现场监理处对施工单位擅自变更原主拱圈施工方案，未予以坚决制止；在主拱圈施工关键阶段，监理处人员投入不足；对发现的主拱圈施工质量问题督促整改不力，不仅没向有关主管部门报告，有关监理人员还在主拱圈砌筑完成但拱圈强度资料尚未测出的情况下，即在验收砌体质检表、检验申请批复单、施工过程质检记录表上签字验收合格。二是监理公司对现场监理处管理不力。派驻现场监理处技术人员不足；一半监理人员不具备执业资格；对驻场监理人员频繁更换，不能保证大桥监理工作的连续性。三是湖南省交通规划勘察设计院未能认真督促金衡监理公司贯彻落实有关工程质量和安全生产的法律法规和规章制度，对金衡监理公司在堤溪大桥工程监理中存在的问题失察。

4. 质量监督部门对大桥工程的质量监管严重失职。一是湘西自治州质监分站作为凤大公路的监督单位，工作严重失职。未制订月度、季度质量监督计划，未落实重点工程质量监督责任人；对施工方、监理方从业人员培训和上岗资质情况监督不力，大部分仅以口头形式向建设、施工、监理方通报质量监督结果和提出要求；发现重大质量和安全隐患后，未依法责令工程停工整改，也未向有关主管部门报告。二是省质监站对州质监分站业务工作监督指导不力；对凤大公路、堤溪沱江大桥这一“统贷统还”项目监管不到位，没有及时掌握凤大公路真实质量动态，对凤大公路工程建设中存在的管理混乱、施工质量差、存在安全隐患等问题失察。

5. 湘西自治州、凤凰县两级政府和有关部门及省有关部门对工程建设立项审批、招投标、质量和安全生产等方面的工作监管不力，对下属单位要求不严，管理不到位。一是湘西自治州交通局违规办理相关申报手续，在凤大公路工程建设项目立项审批过程中，违规补办并倒签工程招投标相关申报文件。二是凤凰县政府解决工程征地拆迁问题和保障施工环境不力，越权出台《凤大公路征地拆迁安置补偿办法》，导致凤大公路施工环境差，出现多次严重阻工，致使施工工期拖延长达一年多，导致后来为赶进度而倒排工期。三是湘西自治州政府在工程建设项目立项审批过程中，违反基本建设程序和招投标法的有关规定，要求州计委、州交通局弄虚作假，补办、倒签有关上报文件；对因征地政策导致凤大公路项目工程多次严重阻工、拖延工期以及保障施工环境督促解决不力；要求盲目赶工期，向“州庆”献礼，而对 50 周年州庆项目倒计时目标管理的后期实施工作监督检查不到位。四是湖南省交通厅履行工程质量和安全生产监管工作不力。在工程可行性研究报告尚未批复的情况下，违规委托设计单位编制勘察设计文件；违规批准凤大公司的项目开工报告；对下属单位省质监站、公路局管理不力，督促检查不到位；对堤溪大桥工程建设中存在的重大质量和安全隐患失察。

此外，勘察设计单位工作不到位。违规将地质勘察项目分包给个人，前期地质勘察工作不细，设计深度不够，施工现场设计服务不到位、设计交底不够。

该工程事故作为一起重大的责任事故，涉及以上众多的责任人和单位，经核实后对其一一追究法律、行政以及经济责任。一是对事故发生负有直接责任，涉嫌重大安全事故罪、滥用职权罪、玩忽职守罪等被移送司法机关处理的有 24 人。其中，政府公职人员 8 人，包括县处级 3 人，科级及以下 5 人；企业人员 16 人，包括包工头 4 人，建设、施工单位 7 人，监理单位 5 人。二是给予党纪、政纪处分的政府公职人员和国有企业人员共 33 人（11 人被撤职）。其中，政府公职人员 17 人，包括厅局级 6 人、县处级 9 人、科级及以下 2 人；企业人员 16 人，包括施工单位 9 人、设计单位 2 人、监理单位 5 人。三是对施工单位和建设单位各给予 500 万元的经济处罚。暂扣施工单位湖南路桥建设集团公司《建筑企业资质证书》《安全生产许可证》等有关证照半年，其所属的道路七公司依《公司法》等有关法律法规给予解散；暂扣监理单位湖南省金衡交通咨询监理有限公司《工程监理证书》等有关证照。四是对施工单位和建设单位主要负责人以个人 2006

年年收入基数的 80% 给予经济处罚。对施工单位所属七公司经理、项目经理部经理兼安全部负责人,施工单位安全生产部副部长、项目管理部部长、总工程师,监理单位董事长兼总经理、副经理、总工程师、驻地高监吊销有关执业资格和岗位证书。对涉案追究刑事责任以及追究行政责任的建设、施工、监理单位 9 人,自刑罚执行完毕或者受处分之日起,5 年内不得担任任何生产经营单位的主要负责人。

二、问题工程的成因与规避路径

如果说 21 世纪是工程的时代,那么也必然是确定性与不确定性、成功与风险、机遇与挑战并存的时代。因此,如何有效规避工程风险、确保工程安全的问题,对于工程的社会实现以及切实发挥工程的正向社会功能来说,显得尤为重要。这就不仅需要解决好影响工程安全、导致问题工程的科学认知课题,而且必须在自觉反思工程的基础上努力寻找尽量减少工程事故、工程灾难的可能途径,进而不断规范工程实践。

(一) 影响工程安全的主要因素

正如上面问题工程的案例分析所揭示的,当代影响工程安全、导致工程事故和工程灾难的原因,主要有以下几个方面:

1. 科学认知的问题

工程行动在向某一个领域进军时,由于对某些相关方面的问题缺乏科学知识,或者说对某些因素还存在认知上的盲点,这就增加了工程的不确定性或风险性。此种情况在工程决策和工程设计上容易引发错误的工程决策和不恰当的工程设计方案。比如,在三门峡工程上,由于当时我国工程技术人员,甚至苏联水利专家在内,都缺乏对黄河泥沙特征的认识,更没有在多泥沙河流上修建水库的经验,这就一定程度上存在工程行动的盲点,不仅给该不该建造三门峡水库的决策提出挑战,而且给怎样建造也增加了困难。然而,由于多种原因,特别是受科学认知的局限,三门峡水库的决策者既没有看到,也不可能正视该问题的存在,最终,导致各种工程问题和隐患。就此而言,科学认知的局限在任何时候都是工程的界限。固然,人类的理性是有限的,不可能使工程行动具有完备的、自足的科学知识、技术知识和工程知识等,客观上决定了工程就是在众多的不确定性中寻找确定性。但是,工程决策者应尽可能地努力发现工程的边界条件,认识自身的不足,而不能盲目乐观。否则,就难以有效地规避工程安全问题。

2. 技术选择的问题

许多问题工程,看来是偶然因素引发的,实际上根本原因则是工程的技术问题。这种情况有三种:一种是工程利用了所谓最新技术,而问题就出在“新”

上了。这主要是由于一味追求新技术，而对新技术性能的评估、考量不够，特别是缺乏必要的试验环节，在经验不足的情况下直接投入使用，以至于增大了技术的风险性。就是说工程设计所选择的技术有很高的前位性和先进性，但却缺乏可操作性。另一种情况是孤立地考察某一工程的技术是否先进，而忽略了工程的集成特征所决定的技术系统的配套性，只有技术系统整体优化才能最终实现工程的技术合理性目标。第三种情况是工程设计的技术标准低、技术安全系数小、可靠性差等存在的各种技术缺陷，就意味着还未施工就已经存在着工程隐患了，因而必然影响工程安全。比如，如果房屋设计的技术标准过低、防震级别过低、一旦地震级别超出设计的技术标准，就会出现严重倒塌，威胁人们的生命安全。实际上，切尔诺贝利核电站事故的发生，从根本上说也是由于工程设计的技术缺陷问题，只是工作人员的违规操作更加暴露了这一技术问题。

3. 社会的问题

变革自然的造物工程不仅具有自然属性，而且具有社会属性。因为工程总是社会的工程，它从社会的需要出发，体现社会的生产力，确证人的本质力量，同时也受制于社会的政治、经济和文化状况。因此，工程是社会地形成的，或者说社会直接型塑工程。工程的社会形成特征就决定了问题工程的社会关涉。从经济因素来看，如果工程活动仅仅以追求经济利益为目标，必然忽略工程的长远价值和整体利益，而表现为急功近利和对局部利益的强调，其极端化就会出现不择手段的唯利是图。进而，导致企业责任和个人责任的缺失，出现施工过程中的偷工减料、违规操作等直接危害工程质量的行为发生。许多工程事故，既不是缺乏工程的科学认识，也不是工程设计的技术问题，而恰恰是发生在工程施工的操作环节。目前，该问题在我国表现尤为突出。因为工程行为失范，像堤溪沱江大桥坍塌那样的责任事故不胜枚举。从政治因素来看，造成工程问题的原因主要表现在，工程决策上的政治导向，行政领导一言堂，缺乏必要的民主程序，不能广泛听取专家和社会公众的意见和建议，使得本不该上马的工程上马，以至于最终成为问题工程。一些政绩工程或形象工程多为豆腐渣工程。从文化的因素来看，主要是有些工程单纯出于功利目的而丧失了工程的人文向度，不是与具体的聚落文化风格相协调，而是破坏文化生态，甚至损毁地方文化遗产、文化古迹等，而使工程自身成为问题工程。此外，问题工程还表现为对生态环境的破坏上，如引起某些物种的灭绝、土壤沙化、河流泛滥、环境污染等。

总之，每一工程事故都有其产生的个别和具体原因，这里只是在一般的意义上来谈，而且限于一些基本的因素。

（二）规避工程灾难的基本路径

针对引发问题工程的上述可能原因，在工程活动过程中，应自觉寻求规避问题工程发生的可能路径。

1. 尊重自然规律

这是由工程活动的合目的性与合规律性相统一原则所决定的。造物的工程作为人类最切近的生存活动，主要处理的是人与自然的关系，其中对自然规律的把握和运用不仅制约着工程活动领域、工程活动的深度和广度，而且决定着工程活动的效果。因此，工程活动仅考虑需要和目的是不够的，还必须自觉遵守自然规律，否则就会遭到自然的惩罚。只有自觉把握和尊重自然规律，面向事实本身，坚持真理，才能建立科学的工程理念，避免工程活动的盲目性，有效规避工程风险，促进工程的社会实现。

同时，也只有认识到工程活动的合规律性，才能在目的主导下严格遵循科学和技术的逻辑，恰当运用相关科学原理和有效的技术手段，并通过科学管理优化对人流、物流、信息流以及科学、技术与人文等多因素整合的工程集成，做到物尽其用、人尽其能，既能依循物之物性——自然本性，又能张扬人之“人道”——以人为本，努力寻求人与自然关系的和谐。进而，一方面使工程这一形成价值理念、创造和生成价值的生产活动，通过社会公众的消费环节而获得满意的价值实现。另一方面，借助工程活动拉动科学和技术的发展，不仅提出新的科学、技术问题，而且有效推动科学和技术进步。更为重要的是，当今，科学、技术、工程一体化的趋势，科学自身的发展也必将提高技术科学和工程科学的发展水平，增加工程知识，并借助工程教育和工程传播，让公众了解工程、理解工程、走近工程，参与工程决策。

2. 科学决策

这是工程活动至关重要的环节，事关工程之成败。问题是，如何实现科学决策？就是在决策过程中要有一整套设计合理的决策程序，引入民主机制，发挥整体优势；依循工程的基本价值规范，形成工程评价的科学标准，做到有章可循；分析工程的优势与劣势，加强工程行动的界限和不确定性风险研究，在多方案比较中优化决策；创设多种意见表达的环境和渠道，避免单向度的肯定思维和辩护意识，要发挥否定思维和反思意识的作用；正视工程共同体结构的多维性和利益诉求的多元性，围绕工程总体目标的实现协调好利益冲突问题，调动各方面积极性。就是说，工程决策中应认真听取多方面意见，不仅要程序民主，而且要实际民主；决不应简单地采取少数服从多数的办法，用多数人的暴力压制少数人的话语权；更不能用政治决策代替专家的科学决策。现代工程如此复杂，其专业化程度极高，大多数人很难把握其中的奥妙，因此真理并非必然掌握在大多数人手中。但同时，也不能因此而拒绝社会公众的参与，因为工程总是直接或间接地关乎社会公众的切身利益。

为此，在工程决策的过程中，应坚持以下几个基本原则：(1)实现性原则。这是对工程的结果性评价，看"效果"。"实现性"是与人的生存需要关联着的，没有对工程的"需要性"，也就无所谓工程的"实现性"。(2)时效性原则。这是过程性与手段性评价，讲"效率"。如果说工程的实现性原则主要强调结果的评价，那么工程的时效性要求则着眼于工程活动的过程与手段性评价。(3)审美性原则。这是满足美的需要，重"人性的表达"。人们常说工程是科学又是艺术，恰恰表明工程活动不仅应遵循科学原理和客观规律，而且应考虑不同时代的审美理想。(4)创新性原则。这是工程的生命力所在，求"新"立"异"。由于工程是个体化的事物，要么是这一个工程，要么是那一个工程，这就决定工程的生命力在于它的个性和创新性。或者说，创新是工程获得社会实现的内在要求。(5)可持续性原则。这是维持类生存的根本尺度和最高原则，蕴含着"终极关怀"。因此，必须把工程的去与留建立在是否有利于安全以及实现经济、社会、生态的包容性和可持续发展基础上。

3. 增强工程主体的责任意识与伦理观念

要通过有效渠道，不断改善作为工程活动主体的工程共同体(包括组织和个人)的责任意识和伦理观念。从工程主体的责任意识来看，单纯从法律强制工程主体履行其应有的责任是不够的，这只是外在约束，还有待增强其承担责任的自觉性和主动性，进而，努力避免其不负责任的工程行为的发生。从工程主体的工程伦理观念来看，就是要使工程共同体成员增强其哪些是可为的合乎伦理的行为，哪些是不可为的非伦理行为的意识，以有效约束个人的职业行为规范。由于工程师在工程活动中担当着极为重要的角色，因此，工程师的伦理行为特别是工程师的职业伦理受到社会各方面的关注，正是在此境遇下，工程师共同体自己提出并制定了工程师职业伦理，这标志着工程师自我约束意识的新觉醒。然而，要切实从总体上提高工程行为主体的责任意识与伦理水平，还有待于社会公众的监督和鼓励，在这个意义上有必要开展"工程批评"①，因为，工程批评是以广大公众为主体或主角，通过与"工程家"、决策者以及政府部门的管理者对话的形式，对特定的有待决策的工程项目发表看法和意见、提出批评与建议。它具有明确的社会主体性、特定的对象性、公开的透明性、深度的民主性和双向或多向沟通性等特质。

4. 健全法制

工程活动不仅主体众多，工程对象所涉及的领域各异，而且利益冲突明显。这就需要以法律的形式对工程行为和工程领域加以限制、对利益冲突加以协调。

① 张秀华. 工程批评：工程研究不可或缺的视角[N]. 光明日报，2005-6-21.

目前有关经济产业、部门和微观企业的法律法规都已经建立，但随着工程活动向深度和广度的进军，相应的法律法规建设应及时跟上，以确保明确工程设计、工程决策、工程实施和工程后果等工程活动全过程责任；明确工程的技术标准、工程行为规范、工程环境和生态保护、工程安全以及能源节约等相关方面的条文规定。只有建立健全工程活动的法律法规，才能有利于规范、约束、打击工程活动中的投机取巧、偷工减料、违反规程、行贿受贿、贪污腐败等非法行为，确保工程活动的良性运转。

总之，如何规避工程灾难，不只是一个理论问题，更是一个实践问题。正是当代的工程活动的成与败，功与过，警醒我们必须切实采取有效措施，尽量减少和规避问题工程，让工程回到造福人类、满足人的生存需要和社会的可持续发展这一本根上来，让人在大地上诗意地栖居。

拓展阅读

1. 李伯聪．工程哲学引论——我造物故我在［M］. 郑州：大象出版社，2002.

2. 殷瑞钰，汪应洛，李伯聪等．工程哲学［M］. 北京：高等教育出版社，2007.

3. 张秀华．历史与实践——工程生存论引论［M］. 北京：北京出版社，2011.

4. 李伯聪等．工程社会学导论：工程共同体研究［M］. 杭州：浙江大学出版社，2010.

思考题

1. 为什么工程是具象化的科学、技术与社会？
2. 从科学、技术、工程的三元关系说明工程的多维性。
3. 从科学、技术与工程的互动分析当今工程从“隐”到“显”的含义与价值。
4. 分析并阐释工程作为现实生产力的社会功能。
5. 通过本章所剖析的工程案例归纳说明影响工程安全的主要因素。
6. 在现实的工程活动中如何规避工程事故和工程灾难？

第十六章　科学技术的发展与人类未来

科学技术与社会的相互作用表明，科学技术的发展不仅仅运行在物理世界里，也关涉人文世界。科学技术多轨道运行的趋势正在颠覆“发展科学技术是为了征服自然、改造自然”的传统观念，人与自然协调发展的观念已逐渐成为人们的共识。发展科学技术要考虑它的生态效应，科学技术与人类的可续发展问题成为新世纪的主题。科学技术通过各种各样的变形镶嵌在我们日常生活里，它不仅影响着当下的生活，也决定着未来生活方式的形成。科学技术对人类未来的影响有些是始料未及的。但有一点我们必须坚信——科技始终源于人性。这是我们对未来充满信心的保障。[①]

第一节　当代科学技术发展与全球性问题

人们对未来生活方式的思考不仅始于科学技术的新发展带来的希望、憧憬和激情，更重要的是来自于对当前危机的忧虑、反思和关注。科技一体化、经济全球化正在加速人类生活环境的变化，人类的行为已经成为一个影响地球环境的重要因素。当这种影响的效果日益明显时，人们才意识到自己行为的责任和义务。

一、人类面临的全球性问题

全球性问题是指在规模或程度上具有全球性质，对人类的生存和发展至关重要，涉及世界上各民族、国家、地区的根本利益，并需要全世界人民共同努力，国际社会一致行动才能得到解决的问题。目前人类所共同面临的亟待解决的全球问题可以归结为三个方面：人口问题、资源问题和环境问题。

首先我们来分析20世纪世界人口问题的四大特点：

第一是爆炸性增长。地球上人口的增长大致可分为三个阶段：第一阶段是从史前到公元1650年以前，世界人口由罗马帝国时期的2.5亿左右增至5.45亿，

---

① ［美］约翰·奈斯比特．定见［M］．魏平，译．北京：中信出版社，2007：108-109.

年均增长率为 0.05%；第二阶段是 1650 年到 1950 年，世界人口增至 25 亿，年均增长率为 0.5%；第三阶段是 1950 年至 2000 年，世界人口增至约 60 亿，年均增长率为 1.9%。人类从诞生到 1830 年约 230 多万年，人口数量才达到 10 亿，但自这一时刻起，每增加 10 亿人口的时间依次为 100 年、30 年、15 年、11.5 年，间隔越来越短，速度越来越快。人口学家将这种状况称为“人口爆炸”。

第二是区域增幅不平衡。世界人口的增长很不平衡，越是贫困地区人口增长越快。发达国家的人口出生率都低于 2%，而不发达国家要高出一倍多。不发达国家和地区的人口占世界的绝大多数，如中国和印度就占了世界人口的 37.6%，约占亚洲人口的 2/3。人口的失衡扩大了世界贫富差距，给发展中国家的就业、住房、教育造成严重困难，同时加剧了世界性的人口同资源、环境之间的矛盾，甚至引发新的地区冲突。

第三是年龄结构不合理。人口的年龄结构指一定地区或一个国家在特定年度内各年龄组人口的分布状况。国际上一般把人口分为三个年龄组，15 周岁以下是未成年组，15~65 周岁是成年组，65 周岁以上是老年组。人口增长持续一段时间之后，必然出现社会普遍老年化，这既增加了社会的负担系数，又相对减少了劳动人口，还会因为消费结构的变迁引发产业结构变化，带来一系列社会问题。

第四是人口向城市集中。人口激增和工业化生产引发城市恶性膨胀。据有关材料显示，世界城市人口占总人口比例在 20 世纪初不足 20%，到 20 世纪末接近 80%，人口过百万的城市也由 20 世纪初的十几个增到 440 个。城市恶性膨胀给世界的发展带来了一系列的困难，成为一个相当严重的问题。巨无霸型的城市在交通、水电、垃圾处理等方面遇到了难以克服的困难。

由于地球的承载能力有限，人口激增引起一系列社会问题。其中粮食问题在广大发展中国家始终是一个严峻的问题。这也是人类最基本的难题之一。为了解决粮食问题，生物技术在农业生产中得到了广泛的应用，转基因食品充斥着世界粮食市场。发达国家出口转基因粮食和转基因种子，在粮食市场占据了绝对的优势。生物技术发达的国家控制了落后国家的农业生产和经济命脉。这是一种新型的战争，也是一种持续的不平等，这里面隐藏着人类社会最深重的危机。

接下来我们来分析资源和环境问题。全球性的环境问题已经成为威胁人类生死存亡的问题，各个国家都已对这个问题有了不同程度的关注，并采取了相应的措施，对环境的危机意识是人类得以存续的首要条件，因此认识环境现状已经成为每一个“地球村”村民的责任和义务。目前，环境危机主要表现在以下三个方面：

首先，生态破坏严重，集中表现为滥伐森林，植被面积锐减；生物物种加速灭绝，动植物资源急剧减少，土壤破坏严重，土地沙漠化加快；水源大面积污染，全球严重缺水。

其次，环境污染加剧，其中大气污染、水体污染、土壤污染导致灾难性后果，典型事例有“烟雾事件”频发，有害废弃物剧增，严重危及人类健康和安全；酸雨成灾，危害日甚；“温室效应”加剧，全球气候变暖，海平面升高，低地国家面临灭顶之灾。

再有，自然灾害频发，特别是重大突发性自然灾害增多，主要有干旱、洪涝、地震、泥石流和滑坡、森林火灾和农林病虫鼠造成的灾害等。1998年影响全球的“厄尔尼诺”和“拉尼娜”现象给世界各地造成难以计数的经济损失，当年夏季中国长江、嫩江、松花江流域的特大洪水就是由此引起。这种现象自20世纪60年代以来已先后发生8次，而且近年来频率加快、幅度加大，已引起全世界各国政府的高度重视。与世界各国相比，我国作为最大的发展中国家环境状况不容乐观，基本情形是总体恶化，局部改善，治理不及破坏，生态赤字扩大。具体表现为：水土流失严重，流失面积已占国土面积的8.7%，1998年全国大洪水与此有直接关系，沙漠化进一步扩展，全国沙漠、戈壁、沙化土地已占国土面积的15.5%；草原退化加快，目前已达10亿亩[①]，而且每年仍以2 000万亩速度退化；生物物种大量灭绝，其中植物物种15%~20%处于濒危状态，属于我国特有、国家规定重点保护的珍贵、濒危野生动物已达312种之多，微小物种则难以计数；环境污染日趋严重，特别是大气煤烟型污染引发过近81.6%的城市出现酸雨，而废物排放量过大已使城市处于垃圾包围之中，最新的动向则是污染开始由城市大规模向乡村蔓延。

总之，环境污染给我国造成每年1 000亿元人民币以上的重大损失，这还不包括修复环境可能要支付更高的费用，因此环境已成为我国经济与社会发展的主要滞碍因素之一。要解决环境问题必须注意以下四个方面的问题：

第一，必须以保持生物圈的动态平衡为出发点，研究科学技术、社会与自然的相互关系，制定新的技术发展战略，使工业过程与自然过程相适应。

第二，研究由于人类改造自然的活动带来的污染对地球生态的影响，预测在自然过程和人类改造活动的作用下，环境将发生的区域性或全球性的变化。

第三，设计理想的工艺过程，综合利用自然资源，实现物质、能量的循环，并把现代工业生产和自然资源损耗纳入生物圈内物质总循环和能量交换之中。

第四，研究生物圈内生物资源的利用、保护和生产的合理方式，控制规划人

---

① 1亩=1/15公顷。

类自身的发展，保持生物种群的恰当比例。

以此为基础，寻求可以再生的能源，建立生态型经济；根据生态学规律自觉地治理和改善环境，推动人类社会健康发展，最终实现由地球"异己"向地球进化的内在动力的转变。

二、全球性问题的本质与人类的协调发展

全球性问题的本质是资源的有限性、社会发展的不可逆性和科技发展与道德发展的不均衡性。国家之间、个人之间的矛盾与冲突都与上述三个方面密切相关。具体说来，导致全球问题的出现及其恶化主要有这样几个原因：一是人口激增，这是各种全球问题中的首要问题，因为相应的人口就需要相应的资源配给；二是地区发展不平衡，因为不平衡就导致资源分配、占有的不公平，特别是少数发达国家消耗和使用绝大多数资源，并把众多发展中国家当作掠夺对象，从而引起严重的区域性和全球性的资源、环境问题；三是缺乏长远和整体眼光，意识不到问题的严重性，更没有采取积极有效的措施来防范和治理，工艺技术水平的落后又助长和加剧了问题的严重性。所以，解决问题的根本在于人类社会内部的协调和社会意识水平的提高。构建一个更好的世界是未来决定性的主题，企业公民意识会受到更多关注，企业也会努力让员工感觉到他们所做的工作是有价值的。[①] 全球问题需要全球性的协调，从客观上看，当前应亟待解决全球战略和资源分配两大问题。具体措施如下：

首先，制定科学的全球发展战略。目前，制订一个合理的全球发展战略必须首先考虑和解决三个问题。第一，在制订社会总体发展战略时不能只考虑人类自己想要如何发展，还要以地球的资源和环境的承载与总体同化能力为限度；第二，不仅要体现发达国家的意愿，更要考虑发展中国家的利益，要把发展和消除贫困结合起来；第三，在导向上要注意人的能动性的发挥，更多地向内挖潜，在自我改造和内部优化上多做文章。

其次，国家间合理地分配资源和责任。重新调整资源分配，使之更合理。由于少数发达国家占据和消耗大多数资源并且为了治理自己的小环境而把发展中国家当垃圾场，因此发展中国家要尽快觉悟并联合起来，共同维护自己的资源和生态权益，最终实现国际资源和生态在统一立法基础上的共享。否则，世界上只要还存在不合理的资源和环境之战，全球生态就永无优化之日。在改进生态环境方面，发达国家要承担更多的义务和责任。这样做，一方面由于发达国家经济、技术力量优越，可以有力地改善环境；另一方面还可以减轻发展中国家的环境压

---

① [英]帕特里克·迪克松．洞见先机——全球化的六个方面[M]．孙雪晶，译．北京：中国人民大学出版社，2005：242.

力，使之尽快发展起来，缓和国家间发展不平衡的矛盾。由于发展中国家的生产工艺和技术相对落后，对环境污染更为严重，因此必须针对问题突出的方面进行技术限制。为顺利地解决这些问题，国际组织应协调不同国家和地区，给予一定的技术援助和经济补偿，使之最终通过发展来解决发展问题，跟上世界的步伐。

由于主要发达国家的生态问题已基本得到有效控制，因此对资源和环境问题进行内部调整主要是发展中国家的任务。中国是世界上最大的发展中国家，资源和环境压力最大。一方面，中国在地域、资源、人口的绝对数量上都是全球首屈一指的，关系错综复杂，要想从根本上解决问题绝非易事；另一方面，中国作为发展中国家，国力有限，技术比较落后，公民受教育程度普遍偏低，主导产业更多地依赖原始资源，政府没有力量也无法保证在短期内大面积地有效约束产业对环境的破坏。从中国的国情来看，做好以下几个方面的工作是解决全球性问题所必需的。

严格控制人口数量。据载，1994 年我国的总人口已提前突破 12 亿大关，到 2011 年已突破 13 亿，而到 2030 年将达 16.3 亿至 17 亿。这是一串沉重的数字。人口多，首先要解决吃饭问题，还有庞大的失业大军和老龄队伍压在肩头，国家就很难有力量来解决生态问题。

迅速提高国民素质，特别是提高国民受教育程度和资源环境意识。在传播现代观念与生命意识的同时，弘扬传统文化和东方智慧中的环境伦理思想，将社会的环境保护与综合治理变为个体自觉的行为。

加强资源与环境的总体评估和研究，制定严格的资源与环境立法，在此基础上规划社会发展进程，以避免发达国家在发展中所走过的弯路。

加快产业和技术改造，努力发展无污染的生态型产业，提高原材料的利用率。对于一些资源损耗和环境破坏严重的行业，要利用自身优势，打破地域性利益格局。

严格抵制挥霍、浮华、铺张消费风气，狠刹奢靡之风；提倡满足物质生活需要所必需的合理消费观，将国民的消费水准控制在与经济发展相适应的限度内，引导国民用手中的钱支持生态建设，减缓由于发展经济给国家带来的生态压力。

加强资源和环保的国际合作，充分利用发达国家的资金和技术，借鉴他们的经验改善本国生态环境。

第二节 科学技术与可持续发展

可持续发展是关乎人类存在的根本问题。自 1987 年荷兰首相布伦特兰夫人在《我们共同的未来》中提出这一观点后，得到了广泛认同。1992 年联合国环境与发展大会在巴西里约热内卢召开,通过了《里约宣言》和《21 世纪议程》,倡导建立新的伙伴关系和广泛的国际合作,以保证全人类拥有一个更加安全和美好的未来,可持续发展观体现的整体性原则、公平性原则和持续性原则成为世界各国制定战略政策的出发点。然而,《京都议定书》达成协议的艰难显示了可持续发展内在的困难。由此看来,单单把经济、社会、资源和环境视为密不可分的整体,从物的、操作的层面寻找摆脱困境的出路不能从根本上解决问题。人类社会已经走到了历史转折点上。发展水平不同、资源环境不同、人文背景不同的人要想共同居住在“世界房屋”之中,并且能够和平共处,就必须在观念的层面经历一次深刻的变革。

一、人与自然关系的新视角

以机械唯物论为主导的社会否认自然的内在价值,只承认自然的工具价值,正因如此,人类在现代化的过程中付出了高昂的代价。现在有许多人批评这种价值观,强调尊重自然、敬畏自然、保护环境,然而,这种话语仍未摆脱自然是异己之物的旧框架,人与自然的关系仍然处于某种紧张之中,现代性的各种危险倾向仍未消除。自然机体论为重新建立人与自然、人与人的关系提供了一个新的出发点。我们可以从以下三个方面理解这个新视角。

人在世界中显现。我们每个人不是孤立的实体而是由与他人(物)的关系构成的。这样一来,个人的价值只有在和他人(物)的关系中,在共同体中才能实现。另一方面,人又不只是共同体的组成部分,人也有其个性和独立性。我们在很大程度上是由过去形成的,因而我们在每一瞬间都有一种决定,我们越是能融入他人,这种决定就越有意义。我们的共同体越富有,我们就越能成为具有我们自己个性和自由的个人。这种新视角让人们看到了“我们”和“他人”的重要。

对以经济人为基础的经济模式的彻底颠覆。经济人是从人之存在的丰富性中抽象出来的,在“经济人”眼中,自然界中的各种要素只有被放到市场上供生产商品、消费和娱乐的才有价值。作为个人之集合的我们,没有内在的关联,每个人都在追逐自己的利益,我和他只在市场交易中相关。“我们”之间的纽带是易断的,在这种经济模式中,共同体是没有地位的。物质利益原则带来的后果是灾难性的。自然机体论阐明了“共同体”成员之间关系的丰富性、互益性,为“共同体”的稳定性及其发展的连续性提供了充分的说明。人与自然的关系不再是静态的对立,而是动态的过程。

自然机体论确立了新的人类价值取向。生活意义的缺失是当代人最严重的危机。这种危机由来有之,近代科学走上量化的道路,加快了对“自然”的认识,科学构造出来的量化的公式体系取代了“本真的自然”,涌动不息的自然变成了亘古不变的依循某个章程运行的机器,人也成了“机器人”。这种简化是分析所必需的,沿着这条道路,人类对自然的认识的确增加了不少,然而生态危机、价值危机的出现也暴露了这种方法的缺陷。从我们今天的情形来看,把GDP作为衡量标准的发展观是西方近代以来发展出来的这种自然观和宇宙观在经济及人类社会生活领域中的体现。自然机体论恢复了自然的真面目,也确定了人与人、人与物的新型关系。自然机体论站在现代科学的基础上,阐释了与天地参、与自然和谐、仁民爱物的思想对现代人生活的意义。

二、确立可持续发展观

传统的发展观立足于工业化模式,以工业增长为衡量发展的唯一标志,在现实生活中表现为对GDP和高速增长目标的强烈追求,甚至上升为发展的唯一目标和动力。片面追求增长的结果是环境急剧恶化、资源日趋短缺、人民生活的实际福利下降,发展最终因难以持续而陷入困境。而更为严重的是在通行的GDP指标中既没有反映出自然资源和环境质量这种主要财富的实际价值,也没有揭示一个国家为经济发展所付出的资源和环境代价,相反倒是环境越污染、资源消耗越快。人们慢慢意识到增长未必就是发展。在环境危机和生存危机的逼迫之下,一种新的、可持续的发展观念逐渐为人们所接受。

可持续发展观强调的是经济与环境的协调发展,追求的是人与自然的和谐。其核心思想是健康的经济发展应建立在生态持续能力、社会公正和人民积极参与自身发展决策的基础上。它特别关注各种经济活动的生态合理性,追求使人类需要得到满足、个人得到充分发展,但又要保护环境,不对后代的生存和发展造成危害的双重目标,因此在发展指标上,它不单纯用GNP作为衡量进步的唯一指标,而是用社会经济、文化、环境、生活等多项指标来衡量发展,从而较好地把眼前与长远、局部与整体的各种利益有机统一起来,使经济能够沿着健康轨道发展。

与传统发展观相比,可持续发展观具有以下六个特点:第一,它以信息为主要资源,立足全球视野,讲究经济的持续发展和人地和谐;第二,它突出强调的是发展,并把消除贫困当作实施可持续发展的不可缺少的条件;第三,它认为经济发展与保护环境相互联系、不可分割,并强调把环保作为发展进程的一个重要组成部分,作为衡量发展质量、水平、程度的客观标准之一;第四,它强调代际的相互均等,强调后代人与当代人享有同样的环境权利,即享有在发展中合理利用资源和拥有清洁、安全、舒适环境的权利;第五,它提倡人们改变传统生产、生活方式,力争在生产时尽量少投入,在消费时尽可能多利用少排放,反对用高消耗、高投入、高污染、高消费来推动和刺激经济高速增长的模式;第六,它要求人们必须彻底改变对待自然界的传统态度，建立起新的伦理道德和价值标准，不再把自然界当作是被人类随意盘剥和利用的对象，而是看作人类生命和价值的源泉，从而学会尊重自然、保护自然，把自己当作自然界的一员，与之和谐相处，共建一个美好的家园。

资源与环境问题的全球化，促成了新观念的诞生，自然不再被看作可以被无限开发和利用的对象，建立在现代自然科学基础上的自然机体论逐渐取代了自然机械论，人们的思维方式从物理学转向生态学，在经济活动中，人们越来越注重生态资本的价值。“生态”已经超出了环保的范围，成为新世纪人类的基本思维方式和行动方式。人类社会正在从工业文明向生态文明过渡。

生态文明作为人类历史上一种新的文明类型强调人与自然的协同进化，其基本要点包括三方面：第一，不赞同绝对“极限论”，即不认为地球环境的承载能力是固定不变的，反对那种只有停止经济增长才能与环境保持和谐的看法；第二，主张环境的限度对于某一特定的种群是固定不变的，但对于人类并不具有绝对的意义。相信人类可依靠科学技术和生产力按环境演化的客观规律促进环境定向发展，从而增强地球环境的承载能力，在社会发展与环境进化的动态进程中寻求协调与合作。由于这两点过于强调人的能动作用，特别是突出人与其他动物的差别，因此近十年来随着环境问题和生态学研究的深入，人们又提出第三个要点，即人与自然相互依存和自然整体选择的观念，主张人应谨慎地利用科学技术不断地促进自然过程的自然方向性与人类生活活动目的性的统一，以实现人与自然的共同创造过程。

三、新文明形态的建立

生态文明是一种开放性的信念，其内涵会随着人对自然理解的加强不断丰富，为了适应这种文明发展的需要，人类在行动方面也要采取相应的措施，才不致流于空谈。其基本做法主要有：

建立全球生态文化，即改变传统的以人为中心的独断文化理念，建立包括环境健康发展观念在内的全球生态文化，以此规范人类的行为，协调社会的发展。

建构生态化科学技术，即把生态学原则渗透到人类的全部活动领域，特别是建立与全球生态密切联系的生态化科学技术，使生产力的构型生态化，优化人与自然的关系。

建立生态经济秩序，即用生态价值作为构建新型产业的重要尺度之一，建立国家性、国际性的生态经济新秩序，减少因过度开发而浪费资源或因过度贫困而破坏资源造成的恶性循环，降低发展的代价。

开展生态意识教育，更新思想观念，建立生态世界观，遵循“整体、协调、循环、再生”的方针,有效地发挥生态系统中各物种充分利用空间和资源的生物群落共生原理,多种成分互相协调和促进的功能原理,以及物质和能量多层次、多途径的利用和转化的原理,建立合理利用自然资源、保持生态稳定的全方位生态平衡系统。

拓展阅读

1. 刘福森 . 西方文明的危机与发展伦理学[M]. 南昌:江西教育出版社,2005.
2. 叶平,武高辉 . 科学技术与可持续发展[M]. 北京:高等教育出版社,2004.
3. 段伟文 . 科技创新与文明转型[M]. 北京:中国科学技术出版社,2009.

思考题

1. 怎样理解人与自然的基本关系?
2. 当前的全球问题主要表现在哪些方面?
3. 可持续发展观与传统发展观的差别有哪些?
4. 如何利用科学技术实现可持续发展?
5. 什么是生态文明观?如何建设生态文明?

第十七章 国家创新体系与科教兴国战略

国家创新体系的核心问题是如何发挥科学技术在生产体系中的作用。科学研究通过运用概念、范畴、定律、原理等思维形式揭示自然界和人类社会活动的本质和规律,主要回答是什么和为什么的问题,技术通过改造和控制自然及人类的行为模式,解决做什么和怎样做的问题,技术是科学进入生产体系的中介,在整个创新体系中,科学是基础,技术是路径,市场是目标。技术本身的特点决定了它在创新过程中的枢纽地位。科学技术研究成果的转化是在制度中完成的,制度制约着科技成果转化的速度和效果。科学、技术和制度的关系决定了一个国家发达的程度。

第一节 新兴工业化国家和地区的发展及其创新体系

20世纪中叶的新技术革命,催生了一批新兴的产业,一些国家和地区把握住了新的契机,结合自身的特点调整了经济发展模式,成为新兴的工业化国家和地区,其中最具代表性的为亚洲四小龙:韩国、中国台湾、中国香港、新加坡。20世纪60年代,韩国、新加坡、中国台湾和中国香港的经济持续高速发展,20年间完成了发达国家40~100年的发展,实现了工业化。亚洲四小龙的共同特点是政府重视教育,包括普通教育、高等教育、职业教育,对教育的投入不断增加,制定一系列教育法规,培养和吸引各种科技人才。随着经济发展状况的变化,不断调整产业结构也是亚洲四小龙腾飞的主要原因。这些新兴的工业化国家和地区在发展到一定阶段后,为了能持续发展,都在不同程度上调整了发展战略,创新成为经济、社会发展的原动力。建立国家和地区创新体系,全面提高国际竞争力,成为这些新兴工业化国家和地区的基本发展策略。中国是后发国家,在激烈的国际竞争中,需要大力发展新兴产业,改变产业结构,从根上提高国家的综合实力。

一、新兴工业化国家和地区的创新体系

在新一轮科技发展浪潮的推动下,日本完成了从技术立国到科技创新立国

的转变。二战之后的日本从废墟中发展起来,用40年的时间赶上美国,跻身于世界经济强国的行列。1950年日本人均GDP相当于美国人均水平的19.6%,1953年经济开始起飞,到1992年日本人均GDP相当于美国人均水平的90.1%,日本创造了从1820年到1992年间人均收入提高28倍的世界纪录。日本在"追赶"的过程中,科技教育等智力资本起到了至关重要的作用。

日本在战后大量引进国外现成的技术成果,进行二次创新。经过自己的消化和吸收,日本推出了在国际市场上具有竞争力的新产品,家用电子产品是最典型的例子。日本通过发展科学技术实现了经济的崛起。科学技术的水平也走到了世界的前列。20世纪末,日本改变了长期实施的"技术立国"战略,确立了"科学技术创新立国"和"知识产权战略立国"的基本国策,开始了从模仿到原创的转变。

1965—1973年,新加坡改变了过去依靠转口贸易的经济结构,建立起劳动密集型的轻工和纺织工业,增强经济发展的自主性;1974—1978年发展了重化工业,经济发展从劳动密集型向资本密集型转变;1979—1989年间新加坡抓住世界新技术革命的时机,大力发展了飞机零件、电子仪器、光学仪器、自动化器材等产业,实现了产业结构从资金密集型向技术密集型的转变。

亚洲四小龙的崛起,尤其是日本经济的迅猛发展,迫使发达国家尤其是美国做出必要的调整。20世纪80年代初,美国为解决经济滞胀问题和日本经济带来的挑战,一方面采取了通过高利率和大幅度财政赤字预算的政策,使日元升值,阻击日本商品出口;另一方面实现知识与经济的结合,发展高知识含量和高回报率的经济,对抗立足于制造业的日本经济。当日本以数倍于美国的速度发展汽车、钢铁、家用电器等产业时,美国以上千倍于日本的速度发展了高知识、大信息含量的计算机与软件产业。这种以知识为基础的经济,高科技产业所占比重很高。美国在知识经济方面的优势使日本遭受了二战以来最严重的挫折。知识经济以智力资源作为第一要素。为了实现从工业经济向知识经济的转型,发达国家巨资注入信息基础设施,例如信息高速公路的建设。知识经济的兴起是经济增长方式的改变也是生活方式、思想方式和教育方式的改变。

二、新兴工业化国家和地区持续发展的启示

在国际竞争中,没有永远的第一,每一种经济发展模式都有一定的生长周期。外部环境的变化需要国家这个"超机体"做出适当的调整。外部的环境没有发生剧烈的变化时,国家这个机体会保持原有的生长结构和节奏,一旦环境发生巨大的变化,它必须做出重大的调整。国与国之间的竞争,国际经济格局的变化有突变也有渐变,突变、巨变也不是一夜之间形成的,人类社会的这种发展节

奏为人类未雨绸缪提供了契机。

任何一种经济发展模式都有一个孕育发展的过程。国家是个极其复杂的巨系统，这种社会系统的发育过程类似动植物有机体的发育过程，一个器官或某几个器官先发育到一定程度，整个系统渐趋成熟，也就是说，任何复杂系统的发育都有先后次序，但任何部分的发育都会影响整体。日本、新加坡和美国在20世纪后半叶的发展说明，孤立的技术革新不能提高国家的综合实力，创新一定是系统整体的优化过程。当科学技术的发展把人们对社会发展、经济增长的认识提高到一个新高度时，国家创新体系这座社会发展的引擎才会应运而生。

第二节　我国的国家创新体系

国家创新体系是社会经济与可持续发展的引擎和基础，是培养造就高素质人才、实现人的全面发展、社会进步的摇篮，其主要功能是知识创新、技术创新、知识传播和知识运用。国家创新体系的培育是发展中国家提高自己的综合国力和国际竞争力的最重要的保障。从1949年至今，我国的创新体系实现了从单纯的技术创新到全面的国家创新的转变。

一、我国国家创新体系的发展历程

任何国家的国家创新体系都有一个自我成长的历程，具有本土化的特色。我国的国家创新体系大致可以分为以下四个阶段：

第一个阶段是形成阶段(1949—1977年)。其的主要特征是建立各类科研机构，制定国家科技发展计划。这一阶段主要是为了国防安全的需要，中国的高新技术发展倾向于军事方面，在高能物理、化学物理、近地空间、海洋科学等方面进行了不懈努力，"两弹一星"的研制成功是其重要标志。此时的国家创新模式主要是"政府主导型"，由政府直接控制，相应的组织系统按照功能和行政隶属关系严格分工；创新动机来源于政府认为的国家经济、社会发展和国防安全需要，等等；创新内容由各级政府制定；政府是资源的投入主体，资源严格按计划配置，创新的执行者或组织者进行创新是为了完成政府任务，其利益不直接取决于它们的现实成果，同时也不承担创新失败的风险和责任。

第二个阶段是发展阶段(1978—1995年)。其主要表现是探索国家创新系统的发展模式和创新政策。这一时期，创新模式主要是计划主导模式，即设立国家科技计划，在国家科技计划中引入竞争机制。这种模式的形成是伴随着中国改革开放的进程而出现的。在这一时期，国家科研经费大多以国家科技计划的形式出现，政府工作人员管理着科研经费的配置。国家先后出台了一系列的计划：

国家重点科技攻关计划、高技术发展计划(863计划)、火炬计划、星火计划、重大成果推广计划、国家自然科学基金、攀登计划等科技计划。与此同时，为迎接世界高新技术革命浪潮，中国也像许多国家一样兴办了许多科技园区。

第三个阶段是国家技术创新体系阶段(1995—1998年)。其显著特点是确立了市场经济的目标，从企业做起，进行企业制度和产权制度的改革，强化企业的创新功能。宏观管理体制也发生了重大变化，政府制定重大科技计划逐步由科技和经济主管部门联合制定，出现了新的参加对象，如国家工程中心(含国家工程研究中心、国家工程技术研究中心等)，生产力促进中心等，加快了科技成果的商品化、市场化。

第四个阶段是国家创新体系阶段(1998年至今)。1997年12月，中国科学院提交了《迎接知识经济时代，建设国家创新体系》的报告。该报告提出了面向知识经济时代的国家创新体系，具体包括知识创新系统、技术创新系统、知识传播系统和知识应用系统。1998年6月，国务院通过了中国科学院关于开展知识创新工程试点工作的汇报提纲，决定由中国科学院先行启动《知识创新工程》，作为国家创新体系试点。

二、我国国家创新体系的发展模式

中国的国家创新体系是由创新资源、创新机构、创新机制和创新环境四个相互关联、相互协调的主要部分构成的。在国家创新体系中，创新资源是创新活动的基础要素，要把创新人才的培养作为促进创新的核心。创新机构是创新活动的行为主体，是国家创新体系中最重要的组成部分。创新机制是保证创新体系有效运转的关键因素，要逐步建立和完善在市场经济基础上的分配激励机制，有利于创新资源和要素流动与互动的公平竞争机制，保证创新活动客观、公正和科学。创新环境是维系和促进创新的保障因素，要努力创造有利于创新的法律法规、政府激励政策、信息网络、大型科研设施与创新基地等软硬环境，逐步形成能有效参与国际竞争与合作的外部环境。

1996年经济合作与发展组织提出"国家创新体系是政府、企业、大学、研究院所、中介机构等为了一系列共同的社会目标和经济目标，通过建设性地相互作用而构成的机构网络，其主要活动是启发、引进、发行与扩散新技术，创新是这个体系变化和发展的根本动力。"由此我们可以看出国家创新体系具有以下几个特点：一是国家创新体系是一个网络，不是单纯地按一条或几条线流动，各机构之间相互影响，相互促进；二是国家创新体系的主体是企业、大学、研究院所，它们是知识创新和技术创新的最初实现者；三是国家创新体系的内在动力是创新，创新是连接各主体的首要因素，没有创新就谈不上国家创新体系；四是国家创新体系需要一整套完善的制度设计来保证其良好地运行。某个国家在建设国家创新体系时,要根据现有条件、状况而定。一般而言,当某个国家处于经济发展起飞阶段时,最好采用重点突破型国家创新体系;当进入中等发展阶段时,最好转向点线兼顾型国家创新体系;当进入到发达阶段时,应该转向全程自主型国家创新体系。

我国的国家创新体系真正建立起来并且发挥作用是在向市场经济转轨之后。从新中国成立到改革开放之前,虽然从形式上来讲,我国已经有了大学、科研机构、企业以及政府充当知识技术流动中介,但是在这相当长的一段时间内,我们只是具备了构建国家创新体系的组成要素,各主体各自为政,处于被动和封锁状态,并没有真正互动起来,形成一个网络,科技成果转化率很低。从我国国家创新体系的现状来看,有以下特点:总体投入高,人均投入低;产出效率、产出水平不高;政府效率不高;外部环境不完善。

国家创新体系与经济发展是一个相互推动、相互促进的过程,完善一国的国家创新体系需要其经济的相应发展。我国国家创新体系的构建需要从激励机制、协调机制以及外部环境三个方面进行调整。对于改善我国国家创新体系的外部环境,主要从以下三个方面入手:第一是搭建国家创新体系的基础平台;第二是改革与完善科技政策以及相关法律,尤其是知识产权法;第三是培育有利于研究开发的文化氛围和社会氛围。

第三节　我国的科教兴国战略

1995 年,我国启动了“科教兴国”战略。科教兴国是指全面落实科学技术是第一生产力的思想,坚持教育为本,把科技和教育摆在经济、社会发展的重要位置,增强国家的科技实力及向现实生产力转化的能力,提高全民族的科技文化素质,把经济建设转移到依靠科技进步和提高劳动者素质的轨道上来,加速实现国家繁荣强盛的伟大战略进程。

一、科教兴国战略的目标

到 2000 年,初步建立适应社会主义市场经济体制和科技自身发展规律的科技体制。在工农业科学研究与技术开发、基础性研究、高技术研究等方面取得重大进展。科技进步对经济发展的贡献率有显著提高。经济建设、社会发展基本转向依靠科技进步和提高劳动者素质的轨道。

到 2010 年,使基本建立的新型科技体制更加巩固和完善,实现科技与经济的有机结合。繁荣科技事业,培养、造就一支高水平的科学技术队伍。全民族科技文化素质有显著提高。重大学科和高技术领域的科技实力接近或达到国际先进水平。大幅度提高自主创新能力,掌握重要产业的关键技术和系统设计技术。主要领域的生产技术接近或达到发达国家的水平,一些新兴产业的生产技术达到国际先进水平,为建成社会主义现代化强国奠定坚实的基础。

科教兴国作为我国的基本国策,自实施以来取得了举世瞩目的成就。无论国际形势和经济形势如何变化,科教兴国战略仍是我国社会发展的指针。实施科教兴国战略,必须深化科技和教育体制改革,促进科技、教育同经济的结合。

二、科教兴国战略的实施

实施科教兴国战略,必须尊重知识、尊重人才。人才是科技进步和经济社会发展最重要的资源。要尽快建立起一整套人才培养、选拔、交流和使用的机制,形成有利于优秀人才特别是拔尖人才脱颖而出的环境。要充分发挥现有科技人员特别是中青年科技人才的作用,努力为他们创造良好的工作条件。要积极引进国外智力,鼓励留学人员回国工作或以适当方式为祖国服务。要重视从工人、农民和其他劳动者中培养选拔科技人才及各类专业技术能手。国民素质的提高和人才的培养,基础在教育。要大力普及九年义务教育、扫除青少年文盲,积极发展职业教育和成人教育,开展多种形式的岗位和技术培训,稳步发展高等教育,进一步发展和引导社会力量办学。要实施全面素质教育,以适应社会对各类人才的需要。要在全社会大力普及科技知识,引导人们树立科学精神,掌握科学方法,鼓励创造发明,努力提高全民族的科学文化素质。实施科教兴国战略要在优先发展教育,尊师重教的前提下,从以下几个方面向前推进:

第一,加快发展高技术产业。从第二次世界大战后至20世纪80年代,科学技术发生了划时代的历史性飞跃。尤其是20世纪80年代以来信息产业已成为世界经济的龙头产业。当代科技各学科的前沿都孕育着新的突破。科技进步对经济增长的贡献率已经从21世纪初的5%~10%上升到60%~80%。高新科技已成为跨世纪竞争的制高点和未来经济增长、社会发展与文明进步的主要推动力。高技术产业的建立和壮大关系到我国未来在世界格局中的地位。应该鼓励发展多种所有制形式和经营方式的高新技术产业,结合大中企业的技术改造,研究院所的改制,新项目的建设,有计划地建立我国自己的高新技术产业群,加速改变我国经济结构,提高技术水平,保证21世纪我国经济持续、健康、快速发展。

第二,深化科技体制改革。科技之所以能成为第一生产力,取决于它在生产、流通和社会活动中的广泛应用。改革开放以来,国家制定了一系列法规,推动了科技成果向经济和社会生活中的推广与扩散。技术市场的开放和发展极大地拓宽了科技与经济结合的渠道。当前,深化科技体制改革,使技术开发型研究院所进一步面向市场,与大中企业结合,创办高科技产业,向国内外市场进军,在市场上实现大发展,仍然是科技界的重要任务。同时,科技界、经济界和企业界都希望各级政府进一步加强对科技与经济结合的政策指导,完善产业政策,对重大关键技术组织协同攻关,对重大引进技术的消化创新,实行有利于科技进步和推广的财税和信贷制度,开创风险投资事业,制定保护国家高技术产业发展的政府采购规划等。总之,政府政策和市场机制是实现科技与经济密切结合的两个相辅相成的推动力量,缺一不可。

第三,进一步加强基础研究。基础研究是人类文明进步的动力,是科技与经济发展的源泉,是新技术、新发明的先导和培养造就科技人才的摇篮。历史已经充分证明,一个国家,一个民族,如果不能创立和吸取最新的科技成果,不能在现代科学成就的高度上观察和处理问题,就不可能实现国家的现代化。新中国成立 60 多年来,我国在基础科学领域已有了较好的基础,并取得了很大成绩。我们要按照有所为、有所不为的原则,继续加强对基础研究的支持,使之为科技和经济发展提供强大的科学动力和知识源泉。加强基础研究应该是我国特别重要的科技政策。

第四,要大力推进教育事业。科技成为第一生产力,必须依靠教育培养出日益增多的各类科技人才,去承接前人积累的科学知识,淘汰旧识,发现新知,掌握世传技术遗产,吸收世界各国的优秀成果,创造新方法,开发新产品,才能在生产过程中把科技转化为现实生产力。从这个意义上讲,要把我国的科技水平搞上去,必须把发展教育事业放在最重要的战略地位。要保证实施义务教育,大力发展中高等职业教育,重视发展继续教育,鼓励发展民办教育,大规模培养人才;要发展多种形式的高等教育,并使高校成为教育中心和研究中心,以满足国家和社会的需求。要提高知识分子特别是有贡献的科教人员的工资和生活待遇,建立一整套有利于人才培养和使用的机制。

第五,增加科教事业投入。执行科教兴国战略的一项重要措施是各级政府财政部门增加对科教事业的投入。目前世界上多数国家的基础研究、公益性服务和高技术研究主要靠政府投入,而高新技术的应用开发主要是靠社会投入,特别是靠企业投入。这是我们今后加强科技开发的重要方向。

第四节　公民科学素质的培育

科学技术进步、社会经济发展的目标,归根到底是提高公民素质,实现人的全面发展。科学素质是公民素质的重要组成部分。提高公民科学素质，对于增强公民获取和运用科技知识的能力、改善生活质量、实现全面发展，对于提高国家自主创新能力，建设创新型国家，实现经济社会全面协调可持续发展，构建社会主义和谐社会，都具有十分重要的意义。2006年的《科学素质纲要》提出了全民科学素质行动计划在“十一五”期间的主要目标、任务与措施和到2020年的阶段性目标。实施全民科学素质行动计划的方针是“政府推动，全民参与，提升素质，促进和谐”。以重点人群科学素质行动带动全民科学素质的整体提高；未成年人对科学的兴趣明显提高，创新意识和实践能力有较大增强；农民和城镇劳动人口的科学素质有显著提高，城乡居民科学素质水平差距逐步缩小；领导干部和公务员的科学素质在各类职业人群中位居前列。

科学教育与培训、科普资源开发与共享、大众传媒科技传播能力、科普基础设施等公民科学素质建设的基础得到加强，公民提高自身科学素质的机会与途径明显增多。到2020年，科学技术教育、传播与普及有长足发展，形成比较完善的公民科学素质建设的组织实施、基础设施、条件保障、监测评估等体系，公民科学素质在整体上有大幅度的提高，达到世界主要发达国家21世纪初的水平。

一、提高公民科学素质的具体措施

提高公民科学素质的途径是多种多样的，对于不同年龄、不同职业、不同文化层次的人，提高自身科学素质的方式也各具特色。为此，《科学素质纲要》对如何提高未成年人、农民、城镇劳动人口、领导干部和公务员的科学素质都提出了具体的要求。

（一）提高未成年人科学素质的措施

通过实施新世纪素质教育工程，推进新科学课程的全面实施。针对不同年龄段学生特点，注重课程的综合性与连贯性；开展学龄前科学启蒙教育，采取有效措施，积极推广义务教育阶段综合性科学课程，逐步推进高中科学课程改革；深化中小学科学课程教材、教学内容和教学方法改革，充分发挥现代教育技术的作用，改革科学教育评价制度，定期监测科学教育质量。

提高农村未成年人科学教育水平和质量。结合农村实际，加强农村中小学现代远程教育的科学教育资源建设，发展针对农村校外未成年人的非正规教育，开展生活能力和生产技能培训等科普活动。开展课外科技活动，引导未成年人增强创新意识和实践能力。普及保护生态环境、节约资源能源、心理生理健康、安全避险等知识。加强“珍爱生命、远离毒品”和崇尚科学文明、反对愚昧迷信的宣传教育。发挥未成年人在家庭和社区科普宣传中对成年人的独特影响作用。

通过“大手拉小手科技传播行动”、科技专家进校园(社区、科普基地)、中学生进科研院所(实验室)等活动,组织科技工作者与未成年人开展面对面的科普活动。提高母亲的科学素质,重视家庭教育在提高未成年人科学素质中的重要作用。

新闻出版、广播电视、文化等机构和团体加大面向未成年人的科技传播力度,用优秀、有益、生动的科普作品吸引未成年人,为未成年人的健康成长营造良好的舆论环境。

整合校外科学教育资源,建立校外科技活动场所与学校科学课程相衔接的有效机制。利用科技类博物馆、科研院所等科普教育基地和青少年科技教育基地的教育资源,为提高未成年人科学素质服务;加强现有青少年宫、儿童活动中心等综合性未成年人校外活动场所的科普教育功能,在有条件的地区建设青少年科技活动中心等专门的科普活动场所。发挥社区教育在未成年人校外教育中的作用。

(二) 提高农民科学素质的措施

逐步建立内容丰富、形式多样、适应需求的农村科学教育、宣传和培训体系。制定《农民科技教育培训体系建设规划》和《中国农民科学素质教育大纲》,指导面向农民的各类科学教育活动。

大力开展农民科技培训。结合实施全国农村党员干部现代远程教育、农村党员基层干部适用技术和市场经济知识培训计划、绿色证书工程、星火科技培训专项行动、双学双比、巾帼科技致富工程等,开展针对性强、务实有效、通俗易懂的农业科技培训,多渠道加大培训力度。使参加绿色证书培训达 1 000 万人;重点培育 100 万个科技示范户,辐射带动 2 000 万个农户。发挥好农业广播电视学校、农村成人文化技术学校、农村致富技术函授大学、农业科教与网络联盟、有关大中专院校和其他农村成人教育机构在农村科技培训中的作用。

广泛开展各种形式的科技下乡和群众性、社会性、经常性科普活动。深入开展文化科技卫生“三下乡”、科技活动周、全国科普日等活动,总结推广科技特派员、科技入户、科技 110、科普之冬(春)、科普大集、专家大院、科技咨询服务站、科技大王下乡、科教兴村等行之有效的做法,探索科技人员与农民互动的科技咨询服务长效机制。

开展农村富余劳动力转移就业科技培训。建立健全农村劳动力转移培训机制,按照《2003—2010 年全国农民工培训规划》要求,积极开展农民工的引导性培训、职业技能培训和岗位培训。

建立健全农村科技教育、传播与普及服务组织网络和人才队伍。发展农业技术推广机构、农村基层科普组织和农民合作经济组织，重点扶持1万个农村专业技术协会。组织专家咨询服务和志愿者队伍，形成动员科技人员为“三农”服务的有效机制；培养农民技术员队伍，提高农村实用人才的学习能力、实践能力和传播能力。

加强农村基层科普能力建设。依托农村中小学、村党员活动室、农村成人文化技术学校、文化站和有条件的乡镇企业、农村专业技术协会等农民合作组织，发展乡村科普活动场所。推动乡村科普橱窗、宣传栏等建设，开发和充实适应需求、富有特色的展示教育内容。加强民族地区科普工作队建设，提高西部地区特别是边疆民族地区基层的科普能力。

（三）提高城镇劳动人口科学素质的措施

加强对劳动者科技教育培训的宏观管理，进行专门的规划、组织和监督实施。统筹协调各相关部门的关系，合理分工、加强合作。

将劳动人口应具备的基本科学素质内容纳入各级各类职业教育和成人教育的课程内容和培训教材，将有关科学素质的要求纳入国家职业标准，作为各类职业培训、考核和鉴定的内容。

开展各种形式的劳动预备制培训、再就业培训、创业培训、农民工培训和各类从业人员的在岗培训和继续教育。城镇职工在职培训达到2.5亿人次，失业人员再就业培训1 500万人，农民工培训2亿人。新增劳动力接受劳动预备制培训的比例由目前的70%提高到90%。

在企业广泛开展科普宣传、技能培训和创建学习型组织、争做知识型职工等活动，着力加强科学方法、科学思想和科学精神教育，提高职工的科学文化素质。鼓励群众性技术创新和发明活动。充分发挥企业科协、职工技协、研发中心等组织和机构的作用。

建立企业事业单位从业人员带薪学习制度，鼓励职工在职学习，形成用人单位和从业人员共同投资职业培训的机制。在职业培训中，加大有关科学知识的内容。

优化整合各种教育培训资源，实现资源共享，形成广覆盖、多层次的教育培训网络，为劳动者提高科学素质提供更多机会和途径。

以城镇社区为依托，通过社区科普活动室、科普学校、科普画廊等机构和设施，开展多种形式的科普宣传，建设学习型社区，发挥社区在提高劳动者科学素质方面的作用。

（四）提升领导干部和公务员的科学素质

在面向领导干部普及科学技术知识的同时，突出弘扬科学精神，提倡科学态度，讲究科学方法，增强领导干部贯彻落实科学发展观的自觉性和科学决策的能力。围绕贯彻落实科学发展观和建设学习型机关,调动公务员提高自身科学素质的积极性和主动性,增强终身学习和科学管理的能力。为实现上述目标具体措施如下:将提高科学素质列为公务员和事业单位、国有企业负责人培训教育规划和相关计划的重要内容;各级机关在创建学习型机关中,其学习培训制度应体现提高领导干部和公务员科学素质的要求;各级行政院校和干部学院将提高学员科学素质列入教学计划,采取切实措施加以落实;举办讲座、报告会等科普活动,编辑出版相关的科普读物,向领导干部和公务员介绍现代科技知识及发展趋势,传播科学思想、科学方法、科学精神。组织公务员参与科普活动;报刊、电台、电视台和各级政府网站创办有关提高领导干部和公务员科学素质的栏目和节目;公务员录用考试大纲及题库中,列入与科学素质要求有关的具体内容。

二、创新主体的培育

公民科学素质的全面提高是一个国家真正具有创新能力的根本保证。提高公民的科学素质也是建立学习型社会的目标之一。提高公民的科学素质对于推进民主制度建设也有直接的影响。学习型、民主型的社会是创新型国家的基础。从这个意义上讲,培育创新主体首先应该从普及科学知识,提高公民的科学素养开始,重点实施以下基础工程:

(一) 科学教育与培训基础工程

加强中小学科学教育教师队伍建设。采取多种途径,开展中小学和农村成人文化技术学校科学教育教师培训工作,尤其重视县级以下中小学科学教育教师的培训,提高学历层次和实施科学教育的能力和水平。鼓励师范院校设置科学教育专业,培养具有较高专业水平和职业能力的科学教育教师。建立科技界和教育界合作推动科学教育发展的有效机制。动员组织高等院校、科研院所的科技专家参与中小学科学课程教材建设、教学方法改革和科学教师培训。加强科学教育与培训志愿者队伍建设。发挥老科技工作者协会、老教授协会的作用,动员组织离退休科技工作者、教育工作者、公务员和企业事业单位管理者参与科学教育与培训。发展青少年科技辅导员队伍,提高辅导员的素质和能力。加强科学教育研究,按照普及性、基础性、发展性的要求,促进科学课程的完善与发展,更新课程内容,提高中小学科学课程的教材质量,改进教学方法。以创新意识和实践能力的培养为重点,促进学习方式的变革。

加强职业教育、成人教育和各类培训中科学教育的教材建设。根据农民、城镇劳动人口、领导干部和公务员的特点和需求,以科学发展观、先进适用技术、职业技能、现代科技知识为主要内容编写教材。重视少数民族文字的教材编写和音像类教材的开发制作。加强中小学特别是农村中小学科学教育基础设施建设。根据科学课程的需要，建立健全实验室、图书室，充实实验仪器、教具、音像设备、计算机等教学器材，并面向社会提供服务。

增强行政院校和干部学院，高等院校、科研院所，职业学校、函授学校、广播电视学校等机构的科学教育和培训功能。利用社会资源开展科学教育和培训。鼓励和支持科技馆等科普场馆、社区学校、成人文化技术学校等开展科学教育与培训。构建不同职业、不同工种、布局合理的职业技能培训基地。

（二）科普资源开发与共享工程

建立有效激励机制，促进原创性科普作品的创作。以评奖、作品征集等方式，加大对优秀原创科普作品的扶持、奖励力度，吸引和鼓励社会各界参与科普作品创作；调动科技工作者科普创作的积极性，把科普作品纳入业绩考核范围；建立将科学技术研究开发的新成果及时转化为科学教育、传播与普及资源的机制；鼓励和支持科普创作、科技传播专业团体发挥作用；制定优惠政策和相关规范，鼓励和吸引更多社会力量参与科普资源开发。

加强合作与交流。推动科普、科技、教育、传媒界的有效合作，引进国外优秀作品，借鉴国际先进创作理念和方法，促进我国科普创作整体水平的提高。集成国内外现有科普图书、期刊、挂图、音像制品、展教品、文艺作品以及图片、科普志愿者等各类科普信息，建成数字化科普信息资源库和共享交流平台，通过互联网为社会和公众提供资源支持和公共科普服务。开展优秀科普作品的推介、展演、展映、展播和展示活动，扩大科普信息资源的共享范围。针对公众生产生活的实际需求，组织编制简明生动的科普资料，以公众易于获得的方式送达基层。制定相关法规、规章和标准，充分保护知识产权，创造公共科普信息资源公平使用的法制环境。

（三）大众传媒科技传播能力建设工程

鼓励、支持“科技博览”“科技之光”“科普大篷车”等电视科技栏目进一步提高质量，使其成为有广泛影响的媒体精品。择优扶持若干有特色、覆盖率高的知名科普网站。

制定优惠政策和相关规范，积极培育市场，推动科普文化产业发展。建立与市场、公众需求相适应的管理体制与运行机制，树立以消费者为中心的经营理念。引进现代营销模式与先进编创技术，注重市场调研，提高播出和编辑出版质量。建立与市场经济相适应的科普出版物发行渠道，加强网点建设，大力扶持科普出版物在农村和边远地区、民族地区的发行工作。

提高各类媒体对公共卫生事件和重大自然灾害等突发事件的反应能力，指导公众以科学的行为和方式应对突发事件。研究开发网络科普的新技术和新形式。开辟具有实时、动态、交互等特点的网络科普新途径,开发一批内容健康、形式活泼的科普教育、游戏软件。

(四)建设科普基础设施工程

突出社会公益性,加强对科普基础设施建设的宏观指导。制定科普设施的发展规划、建设标准、认定办法和管理条例,规范科普设施的建设与管理。

科普基础设施建设纳入国民经济和社会事业发展总体规划及基本建设计划,加大对公益性科普设施建设和运行经费的公共投入。对科普教育功能薄弱的设施进行更新改造,完善基层科普设施的功能;引进和开发适应公众需求的活动项目,创新活动方式,增强吸引力,提高管理水平和服务质量。增强社区科普设施为老年人服务的功能,为他们老有所学、老有所乐、老有所为提供条件和机会。落实科普场馆对未成年人和老年人的优惠措施。

鼓励社会力量参与科普基础设施建设。落实有关优惠政策,鼓励社会各界对公益性科普设施建设提供捐赠、资助;吸引境内外资本投资兴建和参与经营科普场馆;鼓励有条件的企业事业单位根据自身特点建立专业科普场馆;落实有关鼓励科普事业发展的税收优惠政策,鼓励社会力量参与科普基础设施建设。

国家级青少年科技教育基地和科普教育基地总数由目前的300余座增加至500座,省部级青少年科技教育基地和科普教育基地总数由目前的1 000余座增加至2 000座,定期对公众免费或优惠开放。有条件的科研院所、高等院校、自然科学和社会科学类团体向公众开放实验室、陈列室和其他场地设施;鼓励高新技术企业对公众开放研发机构和生产车间。培育科普展览、展品市场,推动设计制作社会化;制定技术规范和设计制作机构的资质认定办法;择优扶持一批设计制作机构,提高设计制作水平。

一个国家科学普及的水平与这个国家科技发展的水平密切相关,反过来,科学普及会影响一个国家科技创新和发展,因为科普的广度和深度意味着科学家、发明家成长的土壤是肥沃,还是贫瘠。从更深的层面讲,普及科学知识的同时也把一种创新的意识植入了公民思想的深处,创新的意识比一项具体的发明更重要。

拓展阅读

1. [英]约翰·齐曼. 技术创新进化论[M]. 曾国屏,译. 上海:上海科技教育出版社,2002.

2. 刘华杰. 科学传播读本[M]. 上海:上海交通大学出版社,2007.

思考题

1. 什么是国家创新体系？
2. 如何建设国家创新体系？
3. 简述学习型社会和民主型社会之间的关系。
4. 如何提高公民的科学素质？

后　　记

《现代科学与技术概论》是适用于高等学校现代科学与技术概论课程使用的教材。

本教材由刘啸霆、张秀华教授主持编写；由刘啸霆（北京师范大学）担任主编，张秀华（中国政法大学）担任常务副主编，杨瑜玲（东北大学秦皇岛分校）、张亚娜（燕山大学）、张晓荣（首都医科大学）、王立志（北京外国语大学）担任副主编。

全书编写提纲由刘啸霆、张秀华提出，经编写组反复讨论、几经修改后确定。参加教材编写工作的人员按内容顺序依次为：绪论，刘啸霆、史波（北京师范大学）；第一章，杨瑜玲、刘啸霆；第二章，杨瑜玲、刘啸霆；第三章，杨瑜玲、杜疆（北京师范大学）；第四章，张亚娜、杜疆；第五章，张亚娜、黄传根（北京师范大学）；第六章，张亚娜、李天慧（北京师范大学）；第七章，张亚娜；第八章，杨瑜玲；第九章，张亚娜、史波；第十章，张晓荣、李天慧；第十一章，张晓荣；第十二章，张晓荣、黄传根；第十三章，张晓荣、刘啸霆；第十四章，王立志；第十五章，张秀华；第十六章，王立志；第十七章，王立志、张秀华。

全书初稿完成后，先由杨瑜玲对第一篇、张亚娜对第二篇、张晓荣对第三篇、王立志对第四篇分别审读和加工，再由张秀华按照编写要求逐章审读、协调各篇，提出修改意见并统一写作规范，各位作者修改稿返回后，由刘啸霆通读和定稿。

本书初稿完成后，很荣幸得知被列入北京高等教育精品教材。为此，作者们不敢怠慢，又花了很长时间推敲和完善，以使其在保持风格连续性的同时，能够在观念、体例和内容上都有一定的探新。教材编写组诚挚感谢王成兵教授和陈继莊老师在书稿完善中提出的宝贵意见和给予的无私帮助。

本书作为爱学学团的第二项集体劳动成果，我们也盼望它像第一项成果《科学、技术与社会》(2013) 那样，带给使用者便利和启迪。那是对作者辛劳的最好褒赏和纪念。

最后需要说明的是，本书在写作中参考和借鉴了国内外许多资料，特别是刘啸霆主编、高等教育出版社 1999 年版《现代科学技术概论》一书。在此，特向该书各位作者施若谷、吴建国、王荣江、刘高岑、丁国华等教授表示诚挚谢意！

当然，本书毕竟出自多人之手，各人理解不同，风格各异，统稿中虽做了尽可能的协调，仍然会存在这样那样的问题。读者阅读和使用中如发现任何问题，请随时批评指正，我们将及时加以改进。

感谢所有为本书编写提供支持与帮助的专家和朋友，特别是高等教育出版社周亚权先生的宽允和耐心，终于促成本书的问世。

编 者

2014年2月